欧亚备要

主办：中国社会科学院古代史研究所内陆欧亚学研究中心

主编：余太山　李锦绣

穹庐集

韩儒林 著
刘迎胜 审校

图书在版编目（CIP）数据

穹庐集 / 韩儒林著. —北京：商务印书馆，2024
（欧亚备要）
ISBN 978-7-100-23550-1

Ⅰ.①穹… Ⅱ.①韩… Ⅲ.①中国历史－文集
Ⅳ.①K207-53

中国国家版本馆CIP数据核字（2024）第066913号

权利保留，侵权必究。

（欧亚备要）

穹庐集

韩儒林　著

刘迎胜　审校

商 务 印 书 馆 出 版
（北京王府井大街36号　邮政编码100710）
商 务 印 书 馆 发 行
三河市尚艺印装有限公司印刷
ISBN 978-7-100-23550-1

2024年9月第1版　　开本 710×1000　1/16
2024年9月第1次印刷　印张 28

定价：138.00元

编者的话

《欧亚备要》丛书所谓"欧亚"指内陆欧亚（Central Eurasia）。这是一个地理范畴，大致包括东北亚、北亚、中亚和东中欧。这一广袤地区的中央是一片大草原。在古代，由于游牧部族的活动，内陆欧亚各部（包括其周边）无论在政治、经济还是文化上都有了密切的联系。因此，内陆欧亚常常被研究者视作一个整体。

尽管司马迁的《史记》已有关于内陆欧亚的丰富记载，但我国对内陆欧亚历史文化的研究在很多方面长期落后于国际学界。我们认识到这一点并开始急起直追，严格说来是在20世纪70年代末。当时筚路蓝缕的情景，不少人记忆犹新。

由于内陆欧亚研究难度大，早期的研究者要克服的障碍往往多于其他学科。这也体现在成果的发表方面：即使付梓，印数既少，错讹又多，再版希望渺茫，不少论著终于绝版。

有鉴于此，商务印书馆发大愿心，选择若干较优秀、尤急需者，请作者修订重印。不言而喻，这些原来分属各传统领域的著作（专著、资料、译作等）在"欧亚"的名义下汇聚在一起，有利于读者和研究者视野的开拓，其意义显然超越了单纯的再版。

应该指出的是，由于出版时期、出版单位不同，尤其是研究对象的不同，导致诸书体例上的差异，这次重新出版仅就若干大的方面做了调整，其余保持原状，无意划一，借此或可略窥本学科之发展轨迹也。

愿本丛书日积月累，为推动内陆欧亚历史文化的研究起一点作用。

余太山

藏历

唐穆宗长庆二年(822年)唐朝与吐蕃会盟 当时吐蕃赞普为可黎可足 "彝泰癸卯七年" 吐蕃年号只此一见 可证吐蕃赞普本无年号 这只是偶尔仿效汉制而已

依西藏典及传说北方有苫婆罗国(Çambhala) "时轮子说"（Kalacakra）学发展于此国 十世纪下半叶从此输入中天竺 以后又经迦湿弥罗再来吐蕃 1027年生吐蕃 引起六十年一轮的年历输入"(伯希和《汉文资料中与苫婆罗有联系的若干音译》TP. 1921. 页76)

按苫婆罗国内有徙多河(Sita) 据大唐西域记 此河即今塔里木河 这就不够令人联想到 粟特文历书残片出土之地——高昌了。

藏历亦是 60年一轮 其第一年名胜生(Rab-'byuṅ) 汉历 60年一轮称为一个甲子，因为从甲子年开始 因而 60年一轮也称一个胜生。汉历十个干与

韩儒林手迹

前 言[①]

即将过去的二十世纪是经历了诸多重大变革、涌现过无数杰出人物的伟大时代，中国史学界的许多优秀学者也在各自的专门领域作出了无愧于这一时代的贡献。河北教育出版社为了对本世纪我国史学的成就进行回顾和总结，计划集中刊行一套具有代表性的史学名著，以便于史学事业的后继者在前辈辛勤构筑的坚实台阶上向更高处攀登。这是一项极有意义的创举。其所定书目中有韩儒林先生的《穹庐集》，命我写一篇评介文字附于书后。我虽师从先生几三十年，日承耳提面命、祛蔽启蒙，但因资质驽钝，未能深切领悟先生学术的精奥，岂敢谬当评介之责！只不过将自己读先生书和往日幸闻教诲所得的粗浅体会写出来，期与读者诸君共同学习而已。

《穹庐集》是韩先生晚年亲自编订的学术论文选集。早在六十年代初，出版社就约请韩先生出一部论文集，于是先生着手整理旧作，进行仔细的校订。记得他在指导助手誊录《史集》有关成吉思汗十三翼记载的波斯原文时曾说：以前受条件局限，只有贝勒津的刊本可用，现在苏联学者已收集多种抄本作了汇校并出了新译本，可惜其原文汇校本还没有出版，无法用来修订旧作，总觉不安。大概是出于这种考虑，论文集迟迟没有交稿，即此可见先生对学术著作的严肃、慎重态度。其后，编选校订工作又因故中断了十来年，"文化大革命"结束以后才得以重新编订完成，1982年底由上海人民出版社刊行。此集收录了先生于1940年至1981年间发表的34篇论文，分为四组，第一组为蒙古史、元史（22篇），第二组为突厥诸族史（4篇），第三

---

① 编者注：此为河北教育出版社2000年版前言。

组为西藏史（4篇），第四组为西域、西夏、女真以及中俄关系的研究（各1篇）。这些论文半数以上是抗日战争期间在后方的刊物上发表的，很不容易找到，《穹庐集》的出版遂为研究者提供了极大方便，十余年来海内外学者有关这些领域的论著，引用此书者甚多，可见对学术发展起了显著的推动作用。这次重刊，在保持先生自选集原样的前提下，作了少量增补：一篇为《读〈史集·部族志〉札记》，原是先生四十年代初拟著为《拉施特史集部族志研究》的草稿，其中一部分已于当时整理成文发表，即收入本集的《蒙古氏族札记二则》，我从先生遗稿中又整理出一部分，并加了一些补注，刊于《元史论丛》第三辑（1985年）；另一篇《清代蒙古驿站》是先生为编绘《中国历史地图集》所写的考释资料，先生生前仅整理、发表了其中的《清代内蒙古驿站的方位》并收入了本集。为完整反映此项研究成果，由姚大力同志将外蒙古部分（"阿尔泰军台方位"和"巡查卡伦站"）也整理出来，合成一篇，改为今名。另两篇为《中国西北民族纪年杂谈》和《谈谈辽、金、元史籍中少数民族的译名等问题》，都是治蒙元史必须具备的知识，先生讲课中经常提及，亦予补入。

  韩先生在半个多世纪的学术生涯中，始终不渝地致力于蒙元史和西北民族史研究，从学术史上看，他和同时代的翁独健、邵循正等先生的成就，代表了我国蒙元史和西北民族史学科发展中一个新阶段的重大进步。蒙元史是一个比较特殊的学科，涉及众多的民族和极其广阔的地域，就史料而言，除我国的汉文、蒙文、藏文、回鹘文等文献外，还有十分丰富的波斯文、阿拉伯文、亚美尼亚文、拉丁文、俄文、日文等多种文字史料，加以来自各个民族、各种语言的名物制度非常多，交叉转译，互有歧误，不加考订即无法利用。明清时期的学者不满意明初草率修成的《元史》，进一步搜集史料做了许多补遗、订误的工作，有的还发愤重修，其中尤以钱大昕贡献最大。但他们所利用的史料大抵不出汉文的范围。鸦片战争后，我国边患问题日趋严重，很多关心国事的学者愈益重视西北边陲史地和与此密切相关的元史研究，成为晚清学界的一大热门。魏源著《元史新编》，第一个利用了外国资料以补旧史之缺（主要是西北诸传），被誉为"开榛莽而启津途"，但他的新资料都来自外国通俗史地读物，实无史料价值。清末洪钧出任德、俄等国公使，得到俄人贝勒津所译波斯文《史集》和多桑、霍渥士、哀德蛮、沃而甫等西方学者的蒙古史著作，他本来就热心于西北史地和元史研究，这时"愈读西书而愈有兴味"，遂据以著成有划时代意义的《元史译文证补》。从此我国学界才真正了解到国外丰富的蒙元史史料，眼界大开，许多学者在洪书基础上参用中西史料研究元史，比前一阶段有了很大进步，代表性成果就是屠寄的《蒙兀儿史记》和柯劭忞的《新元史》两部巨著。但他们的工作仍然是着力于补缀和重修《元史》，未能超出封建时代史学思想和方法的范畴。他们本人都不通西文，更不懂史料的原文，全赖他人帮助把西方学者的译述重译为汉文。域外蒙元史史料以波斯、阿拉伯文史籍为主，转抄流传中字母和音点很容易误写误置，特别是其中大量专门名词，需与他种史料（主要为汉文史料）比勘订正才能定其写读。早期西方学者多不通汉文，无法比勘，其西文译写随意性很大，时见错误，译音用字又很不规范，再经不懂专业的译人重译成汉文，往往错上加错，洪钧及柯、屠诸家未能辨别，常为其所误。蒙元史中的名物制度来源十分复杂，汉文史料和外文史料同样存在大量译名问题，这个时期的学者由于语言知识和研究方法的缺陷，不知道以汉语古音结合他民族语言的语音规律和对应规则进行审音勘同，而常用音差、音转、急读等来解释，每多牵强附会，自难有好的考订成绩。陈旧的史学思想、方法和语言知识的不足使这一阶段蒙元史研究的进步受到很大局限。

民国初年以来，在外国东方学取得重大成就的影响下，我国学者遂另辟蹊径，突破旧史学的框框，接受西方的史学思想和科学方法，把蒙元史研究推进到一个新阶段，王国维和陈垣、陈寅恪等先生是这个新阶段的开拓者。二十年代韩先生在北京大学读书时，选修陈垣、陈寅恪先生的史学课程，常从请教，遵照他们的指点，读了许多外国东方学家的著作，深为其先进的治学方法所吸引，"如同进入一个天朗气清的新天地"（先生所撰《回忆与展望》中语），对比老前辈的西北史地与元史著作，愈益感到我国学术的落后，遂立志从事这一领域的研究。三十年代，韩先生赴欧留学，先就读于比利时鲁汶大学，后转到巴黎大学，师从伯希和学习蒙古史、中亚史和中亚古文字，又到柏林大学学习波斯文、蒙古文、突厥文、藏文等。三年留学期间，他研读了更多的外国学者著作和域外史籍，节衣缩食购置这方面书籍。在如饥似渴吸收新知识的同时，还完成了突厥碑文的译注，是为我国学者研究突厥文史料的最早成果。归国后，任教于燕京大学、辅仁大学，并积极参加禹贡学会活动。1939年，为避日寇转至昆明北平研究院工作，次年受聘为成都华西协合大学教授，1943年出任边疆语文编译委员会副主任，1944年应聘为中央大学历史系教授，后兼边政系主任。在抗战时期艰苦的生活和工作条件下，先生一面任教，一面悉心著述，短短五年中就发表蒙元史、突厥史、西藏史及西北史地等方面论文二十六篇，以考证精审、富于创见受到国内外学界的重视。

这个时期韩先生的论著大多数属于名物制度的考证，这也是他的主要学术特色。先生认为，蒙元史史料非同一般书籍，人名、地名和部族、制度名有待考证者又甚多，如不经考订勘同，就失去了其在历史上的意义和价值；基本史料中的误谬如不能清除，蒙元史研究即无从进步。西北民族史的情况也是如此。因而，他以最多精力从事于这一领域研究中首先必须做的最基本工作。前辈学者在这方面之所以成绩不大，纰漏常多，主要是由于未能直接利用域外新资料和采用新方法，依赖他人译述而莫能辨正其误。先生在蒙元史方面的许多考证成果，主要是直接用波斯、阿拉伯史料原文与汉文、蒙文史料相互比勘校订，从历史学和语言学两方面进行辨析，使数十年来元史学者聚讼不决的一些难题得到解决，订正了中外史料以及前人著述中的许多谬误。下面略举数例。十三翼之战是蒙古建国前的重大事件，弄清成吉思汗十三翼的组成对了解当时蒙古的社会结构有重要意义。《圣武亲征录》（简称《亲征录》）的记载多讹误脱略，波斯文《史集》颇详，但经传抄转译，错误亦多，洪钧从贝勒津俄译本译出，柯、屠诸家据之进行考释，复以讹传讹，衍出更多错误。先生著《成吉思汗十三翼考》，对每翼的人名、部名一一作了考订。如第一翼，洪译为"谔伦额客并其族斡勒忽阑人"，以为即铁木真母族斡勒忽讷部，柯、屠皆从之，而原文此作 oghlānān，实为突厥语 oghul（意为男孩）的复数形式再加上波斯语复数后缀 -an，oghlānān ordu 系指铁木真母亲宫帐的仆从。第九翼有一部落，洪译为委神，认为即《元史》之许兀慎，按此名贝氏刊本作 H. jin，其俄译本即据此，但其他抄本有多种写法，据同书《部族志》并与《亲征录》比勘，应订正为 Nūnjīn，即嫩真部，与许兀慎为不同部落。屠寄虽然按《亲征录》比对出即嫩真，但却取《元朝秘史》（简称《秘史》）的译名"温真"，说是嫩真的音转，又说"委神、许兀慎皆温真二字变转之音"，牵强附会地把两个部落混为一谈；其实《秘史》此名的蒙文原文,据《史集》勘同应为 Nūnjīn,因第一个字母缺音点而成为 Unjin。第十二翼一个部落,洪译晃火攸特,柯氏又据哀德蛮的错误译写 Kinegkiāt 重译亨力希牙特,皆不知为何部,屠寄乃以晃火攸特为人名,作了牵强比对。其实此名贝本原文作 Qingqiāt,即《亲征录》之共吉牙部(按《秘史》译名作轻吉牙惕),两相比勘,一目了然。《史集》记载蒙古雪你惕部有一个分支部落,多桑书作 Cairounnes,哀德蛮书作 Kabterun,柯氏重译前者为喀依伦,后者为喀泼特伦,均未能与汉文史料勘同;屠寄以柯译"喀依伦"一名与霍渥士书所记塔塔儿分部"也鲁忽依"(Yerkui,据《秘史》比勘实应作 Beruqut),解释说"皆重译之音差",把蒙古部落当成塔塔儿部落,越考越错了。先生在《蒙古氏族札记》文中检查了波斯原文此名的多种写法,用汉文史料与之比勘,发现唯有 qbtrqs 的写法是正确的,此即《秘史》所载雪你惕的兄弟部落合卜秃儿合思(Qabturqas),于是自多桑以来百余年东西方学者著作中有关此部的讹误问题立即迎刃而解。此类精当考证在先生的其他论文中也非常丰富,如西北诸部名、地名,蒙古、女真之译名等等,细心的读者自能从中获得很多知识上的补益和研究方法上的启发,无须一一列举。

先生十分重视蒙元史和西北民族史上各种制度的研究,这方面的成果可以《蒙古答剌罕考》、《元代阔端赤考》、《突厥官号考释》等篇为代表。答剌罕是蒙元时代极尊荣的封号,元代文献及近代辞书对此词有各种解释,但以前学者均未能详细考明其具体封授情形及其在历史上的演变。据先生研究,此号源于柔然,《北史》载"[可汗]阿那瓌兄弟塔寒"即此,而非人名;后为突厥、回鹘人袭用,唐宋文献译作"达干",为专统兵马事的武职官称;蒙古时代则用以封授对大汗或其子孙有救命之恩的功臣,给予自在下营、免除赋税、"九罪弗罚"等特权;明以后,蒙古王公除授予救命功臣外,又授予能工巧匠,故辞书中有衍生的"工匠"一义。又,突厥官号"俟斤"也是鲜卑、柔然人先有,后为突厥、契丹、女真相继沿用,"特勤"之号则从嚈哒人到突厥、回鹘、契丹、蒙古一直因袭下来。先生认为,北方民族官号的这种因袭演变,反映了各族文化与社会制度的相互影响与继承关系,实是研究民族史者最当注意的问题。阔端赤是蒙元时代怯薛执事之一,《元史》将它和云都赤一并释为"侍上带刀及弓矢者",实误。近世学者以其对音为

Kötechi，释作向导者、侍从，皆不合原音原意。先生考明此名词根就是《秘史》和《华夷译语》中的"可团勒"（kötöl 或 kötel，注为"从马"、"牵"），加后缀 chi，为牵从马之人。元人音译非汉语词，凡 l 收声的音节，l 多变音为 n，故阔端赤之对音必为 Kötölchi 或 Kötelchi。在弄清语义的基础上，先生详细地考察了这种职务在当时的作用、地位及其变化情况。

蒙藏两族历史上关系至为密切，先生常说研究蒙元史者必须对藏史有相当了解，所以他自始便兼治蒙藏史，从唐代吐蕃到明清西藏都有所研究。其《吐蕃之王族与宦族》一文对唐代吐蕃官称"尚"、"论"作了周密考释，证明"论"（blon）为王族的通称，"尚"（zhang）为宦族的通称（原意指舅、甥、婿、姐妹夫、表兄弟等姻戚），订正了美国著名东方学家劳费尔以"尚论"源于汉语官号"尚书"及以"尚"出自一个地名的误说。吐蕃显贵人物的名号，首字多为尚、论，是因为其文武大臣多出身于赞普家族及其姻戚，由此可见吐蕃王国的权力掌握在这两大家贵族手中。先生的论断得到了学界的普遍赞同。

解放后，先生的学术生涯进入了一个新阶段，正如文集《自序》所说，他"要学会用历史唯物主义观点去研究元史"。尽管繁重的教学、行政职务（南京大学历史系主任）和各种社会工作占去了他很多时间和精力，他仍一直坚持研究工作，撰写论文。这些论文既反映了他接受新思想、运用新理论新方法进行研究的成绩，同时保持了严谨考证的学术特色。其《元朝中央政府是怎样管理西藏地方的》一文，从中央管辖机构宣政院以及分封宗王和帝师的权限，到吐蕃三道宣慰司的行政区划和乌思藏 13 万户的设置及其方位，都作了全面考述，以确凿史实证明元朝政府对吐蕃全境实行了直接的有效辖治。《论成吉思汗》一文从分析蒙古高原各部混战、民不安生的历史背景出发，评价成吉思汗统一诸部所起的作用；根据当时蒙古所处的社会发展阶段和周邻各国的情况，对蒙古统治者进行大规模向外掠夺、扩张战争的原因和影响作了实事求是的具体分析，认为简单片面地赞颂或否定成吉思汗都不是科学的态度。此文在国内外引起很大反响，使这个问题的研究更深入了一步。

"文化大革命"结束以后，万象更新，踏实地进行学术研究得到鼓励和提倡，先生特别精神振奋，虽年逾古稀，犹孜孜不倦从事著述，数年中发表十多篇文章，并与南京大学元史研究室的中青年学者一起完成了断代史专著

《元朝史》的撰写；创办了本学科第一个专门刊物《元史与北方民族史研究集刊》，并发起成立中国元史研究会，被选为会长，主编学会专刊《元史论丛》，为推动学术事业的发展殚精竭虑。这是先生的又一个学术活动高潮时期。他的论文继续发扬严谨治学的学风和精于考证的优势，篇篇有新见。如《唐代都波新探》据汉文史籍和突厥文碑铭资料考证了"木马突厥三部落"的分布地区、官号及其与唐朝的关系；《元代的吉利吉思及其邻近诸部》在总结中外学者研究元代西北史地的成绩和缺点基础上，进一步考证了各部方位，论述了忽必烈与漠北诸王争夺该地区统治权的斗争以及元朝设立五部断事官管辖这些地区的政治经济措施；《元代诈马宴新探》考明"诈马"之名系波斯语 jāmah（衣）的音译，即指"只孙服"，从而订正了史籍及前人著作中的谬误。

先生的著作为后辈蒙元史和西北民族史研究者提供了学习的典范，从中不仅可以吸取丰富的知识，更可以在治学态度和研究方法方面得到许多宝贵的启发。其一，研究历史必先求掌握充分的史料，就是先生常说的要有"上穷碧落下黄泉"的精神。如先生研究答剌罕封号，上至南北朝，下迄明清，旁及伊利汗国、钦察汗国，有关材料搜罗殆遍，综合贯通了大量例证才得出确切的结论。其二，对史料须作审慎的考订，一名一事务得其实，方可作为立论的依据。由于蒙元史史料的特殊情况，这一点尤为重要。其三，要放开眼界，注意借鉴各国学者的成果，切忌闭门造车。蒙元史是一门国际性学科，更应如此。掌握了他人之所长，加上发挥我们自己的优势，就能居于先进地位了。其四，学术研究应与时俱进。先生 50 多年前写的一篇文章中，对以前各个时期蒙元史研究的成就和缺点作了评述，并提出新阶段的任务，主要是直接掌握波斯、阿拉伯等各种文字史料，与汉文史料进行比勘研究。先生与其同辈学者为实现这个阶段的学术使命作出了贡献。现在的研究条件更加优越了，学习各种语言和获得新资料、新信息都较方便，又有先进理论的指导，我们应该提出更高的目标，在前辈的基础上把这门学科继续向前推进。

陈得芝

自　序

元代在中国历史上是一个很重要的朝代。有元一代的历史，对于促进中国这个多民族国家的发展，对于祖国辽阔疆域的奠定，对于中国各民族物质和精神文明的交流和进步，对于中外物质、精神文明的交流和进步，都产生了巨大的影响。我对元代历史的接触，是五六十年前在北京大学读书时开始的，但是对元代历史有一个比较正确的认识，那还是解放以后的事。

先从我国最早的元史著作——《元史》这部书谈起。此书从明初修成后，封建史学家对它的批评一直很多：有的从修辞用字上进行批评，说某些志传充满案牍志铭之文而不加剪裁芟刈；有的对纪、志、传三者分量的多寡加以批评，认为《元史》二百一十卷，纪、志先去其百，太无节度；有的批评《元史》志、表、传的编纂排列不合前史遗规；还有的批评它缺漏太多，宰相立传的不及半数；等等。因此，近三百年来从事重修元史的不下五六家之多。

鸦片战争后，中国进入了半殖民地半封建社会，中国人对了解西方日益迫切。于是西方史地著作译成中文的逐渐增多，我国史学家的眼界日益开阔，开始感到元代幅员辽阔，而汉文著作颇有局限，要了解元代中国的全貌，必须从西方史料中寻求补充。人们的注意力不再集中在批评明人修《元史》的疏略上，而是开始注意搜集西方史料。可是当时那些有志于重修元史的学者，虽知西方有关于元朝历史的记载，却大都无门径可寻，他们所读的西方史地著作，多是通俗读物，没有什么史料价值。至清末洪文卿出使俄国，正值拉施都丁《史集》一部分俄译本问世，他请人帮助，节译其中的《成吉思汗传》及其他一些域外材料，纂成《元史译文证补》。中国学者始知国外还有如此丰富的元史史料，扩大了元史研究的领域，中国的元史研究也开始进入了一个新时代。接着屠敬山著《蒙兀儿史记》、柯凤孙著《新元史》，都利用了一些西人所译元代史料和著作。可惜，这些老前辈为时代所限，对穆斯林史料不甚熟悉，本人又不能直接阅读西人论述，所用外国材料全是从欧洲译本重译的穆斯林史料。早期欧洲蒙古史学家，多不懂汉文，不能互相比勘，译音用字规律不严，人名地名随意译读，根据这种水平不高的西方译本请人译成汉文，自然是错上加错，结果贻误了我们的老前辈。

二十年代时我在北京大学读书，有几位师长常常指导我去读一些外国东方学家的著作，我渐渐从他们的治学方法中扩大了自己的视野，对我国西北舆地之学兴趣越来越浓厚。于是我就进一步注意这方面的中外著作，逐步得出了这样的印象：嘉道以后，我国学者在西北舆地之学方面的成就是很高的，可是由于受时代的拘限，没能进一步利用新材料，采取新方法，出现了停滞不进的状况，生命力就渐渐丧失了。例如清末西北舆地学家在古代译名的审音勘同问题上，常用音差、音转、音讹、急读来解决问题，读起来叫人产生雾里观花、牵强附会之感，不能令人信服；西方有成就的学者则别开蹊径，用汉语古音与民族语言或异国语言互相比对，进行解说，简单明了，耳目一新，另是一种境界。因此，我就遵照师长们的教导，开始从事当日所谓不中不西之学了。

一九三六年回国后不久，"七七事变"就爆发了。我携眷避兵西南。初在昆明，尚有中央研究院历史语言研究所藏书可读；继到成都，我所需要读的书就不容易借到了；及再迁重庆，读书更加困难。整个抗战期间，只好有什么书读什么书，随读随作札记，当日率尔操觚之作，都是空袭警报间歇之际整理而成的，既没有做研究工作的条件，又没有推敲字句的功夫，因此，误谬难免，浅陋之处更多。抗战结束，随校迁回南京后，课务繁忙，就无暇执笔了。

解放后，我自感宛若进入了另一世界，一切新鲜，一切令人鼓舞。为了适应新时代的需要，我不仅要学会用历史唯物主义观点去研究元代历史，而且要使元史研究能为祖国的文化建设服务。所以，解放后发表的若干篇文章，只能算是重新学习的一些心得体会。

古人刊行所著书，以求他人的指正，谓之问世。我的旧作，虽然只可覆瓿，但渴求同好批评指正之心，则甚强烈。别人提出意见，是提高自己的绝好机会,所以不揣谫陋,接受朋友们的鼓励,校订旧作若干篇,辑为此集,如能得到读者的指教与匡正,那就如愿以偿,不胜欣幸之至了。

一九八二年三月二十四日于南京

目 录

成吉思汗十三翼考 1

蒙古答剌罕考 13

蒙古答剌罕考增补 37

蒙古氏族札记二则 41

元史研究之回顾与前瞻 49

西北地理札记 55

爱薛之再探讨 72

元代阔端赤考 85

成都蒙文圣旨碑考释 96

关于洪钧 105

元代漠北酒局与大都酒海 108

蒙古的名称 112

八思巴字大元通宝跋 123

论成吉思汗 126

耶律楚材在大蒙古国的地位和所起的作用 139

从今天内蒙古自治区畜牧业大丰收回看元代蒙古地区的畜牧经济 152

影印元刊本《国朝名臣事略》序 164

关于西北民族史中的审音与勘同 167

清代蒙古驿站 172

元代诈马宴新探 210

所谓"亦思替非文字"是什么文字 216

《元史纲要》结语 218

读《史集·部族志》札记 230

突厥、蒙古之祖先传说 240

突厥官号考释 262

唐代都波新探 280

元代的吉利吉思及其邻近诸部 286

中国西北民族纪年杂谈 320

吐蕃之王族与宦族 329

青海佑宁寺及其名僧（章嘉、土观、松巴）...... 335

《明史》乌斯藏大宝法王考 355

元朝中央政府是怎样管理西藏地方的 362

清初中俄交涉史札记 369

汉代西域屯田与车师伊吾的争夺 375

关于西夏民族名称及其王号 387

女真译名考 392

谈谈辽、金、元史籍中少数民族的译名等问题 400

初版后记 402

韩儒林著述要目 404

索　引 409

成吉思汗十三翼考

《圣武亲征录》云：

> 上（成吉思汗）麾下搠只塔儿马剌（Jūchī Tarmalah，此据《史集·成吉思汗传》波斯文原文转写，下同）别居萨里川（Sārī Kahari），札答阑氏（Jadaran）札木合部（Jāmūqah Sachan）人秃台察儿（Tūqūcār）[①]居玉律哥泉（Ūlāgāi Būlāq），举众来萨里河，掠搠只牧马，搠只麾左右匿马群中，射杀之。札木合以为隙，遂与泰赤乌（Tāījīūt）、亦乞剌思（Īkīrās）、兀鲁吾（Ūrūt）、那也勤（Nōyāqīn）、八鲁剌思（Barūlās）、霸邻（Bārīn）诸部合谋，以众三万来战。上时驻军答兰版朱思之野（Tālān Bāljūs），亦乞剌部人捏群（Nakūn）之子孛徒（Bōtūn）先在麾下，至是自曲邻居山（Kūlū）遣卜栾台、慕哥（《史集》作 Mulqah 及 Tūtāq，即《元史》卷一一八《孛秃传》之磨里秃秃，《秘史》一二九节之木勒客·脱塔黑，惟《史集》为二人，且无卜栾台［Borōldāī］）二人逾阿剌乌（Ālāūt）、秃剌乌（Tūrāūt）二山来告变。上集诸部戒严，凡十有三翼……军成，大战答兰版朱思之野，札木合败走。

此答兰版朱思一役之轮廓也。是役为成吉思汗大规模战争之第一次，《史集·部族志》称之曰"泰赤兀之战"。参与此次战役之双方部族及将领大抵不出朵儿勒斤（Derlegin）及尼伦（Nirun）两派之外，故《史集·部族志》

---

① 补：据《元史》标点本卷一《太祖本纪》校勘记（四）："秃台察儿□□按《元朝秘史》作'札木合因迭兀给察儿'，'迭兀'蒙古语，意为'弟'，'秃'即'迭兀'之异写，此处混为专名，系译误。"

于叙述参与此战之两派部族时，必称之曰某族为泰赤兀之同盟，某族为成吉思汗之同盟。其参加成吉思汗方面之部族及人物，自洪文卿《元史译文证补》出版后，柯凤孙、屠敬山、王静安诸前辈，均有所考证，惟洪氏尝改原音及原文，错误实多；柯氏恪从洪译；屠氏于每翼置一统帅，殊非信史；王氏谨严，所得宜多，惜为洪译所误，致使毫无问题之人名、部族名，亦随诸人陷入泥淖，至可惜也。兹步诸家之后，以从事孛儿只斤氏（Borjiqin）初期史迹之探讨，于往昔所聚讼莫决之点，多可求得解答，惟此乃机会使然，非予之不学，反能有愈前修也。

按《史集·成吉思汗传》与《亲征录》二书之前半部，大抵代表《元朝秘史》外之另一种蒙古传说，二书内容仅有详略之别，而无次序先后之异，惟《录》文讹误，几不可读，自钱大昕以来，学者虽不断校订，然舛错之处，仍所在皆是。《史集》之在波斯，其芜乱难读之情况，亦正与其东方兄弟（《亲征录》）等，故近世蒙古史家纵兼用中国史料与回教国史料写史或修订元代史，而乖谬讹误依然不可指数也。盖蒙古史基本史料之误谬不去，蒙古史之研究，即无从进步。正误之法则惟有用中文史料与回教国史料直接互校，不然，就回教国史料言，人名、地名如有讹误，或不著音点，即回教国人，亦不能定其音读。其著音点者，又甚易误置；即无误置，因不著元音，亦往往不能决定其读法，或竟致误读，此稍读波斯、大食之蒙古史料者所周知之困难也。就中国史料言，其讹误无从厘订，与回教国材料正同，至于过去中国学者所凭借之外国材料，又多为片断或删节之重译，西方学者如误（人名、地名译写讹误尤多），中国学者自无法不误，奉讹误为新史料，此柯、屠诸家以来所以往往将《元史》部族名、人名等等愈改愈远事实也。

今吾人研究成吉思汗十三翼，即用直接互校之法，所据之本，《亲征录》用王国维校注本，波斯文《史集》用俄国贝勒津（Berezin）刊本，载《俄罗斯皇家考古学会东方部丛刊》（以下简称《丛刊》）第十三册，第一五一—一五五页。《录》文既可订正《史集》之误，《史集》亦可订正《录》文之误，彼此比对，往往真伪立辨。数十年来治《元史》者聚讼之问题，常可决定于俄顷。校雠之乐，殆无过于此者。至于人名地名一经勘同，其人其地在蒙古史上之价值，即顿然改观，此诚治《元史》者基本之工作，吾人所当及早从事者也。其目前未能勘同者，仍阙疑。

关于十三翼的文字，先列《亲征录》，次《史集》波斯文转写，再次译文，最后洪译。

第一翼：

《圣武亲征录》：月伦太后及上昆弟为一翼。

（按，《圣武亲征录》著录不足十三翼之数，诸翼次第亦不明确。本文按《史集》著录之十三翼次第，与《亲征录》相应之文字，互相比勘，逐一考订。）

《史集》波斯文原文：（略）。①

《史集》波斯文转写（以下简称《史集》）：Avval mādar i Chīngīz Khan Ūālūn Ika aqvām va atbā' va khveshān va oghlānān-i urdu va khadam va kasānī kih bi-vai mukhṣuṣ va mansūb budeh and 'ala' 'l-infirād

汉译：第一［翼］ 成吉思汗母月伦额客、族人、从人、亲属、宫帐之仆从，及各别与特属于彼之人。

《元史译文证补》重译之文（以下简称洪译）：第一翼为谔伦额格并其族斡勒忽阑人（即斡勒忽讷之变文）。②

月伦太后，《秘史》第五十五节作诃额伦·兀真（Hö'elün Ujin）。第六十一节作诃额伦·额客（Eke），蒙德合璧《蒙古源流》作 Ögelen Eke。施密德（I. J. Schmidt）注云，Ögelen 或 Öhlen Eke 意为"云彩母亲"。③ Ūālūn 为 Hö'elün 之波斯文译写。Ika 乃突厥语 eke 之波斯文译写，译言大姐，蒙古语为母亲。ujin 为汉语夫人之蒙语译音。

突厥语 oghul，元代音译为斡兀立，意为男孩、男仆从。其复数形式为 oghlan。波斯史家再加其本族语之复数语尾 -an，即成 oghlānān。洪钧译为斡勒忽阑，谓即月伦太后母族斡勒忽讷（Ulqunut），误矣。Ordu 或 Orda、Ordo，为北族宫帐之称。

---

① 补：本文在一九四〇年《中国文化研究所集刊》第一卷上发表时，每翼之下录有《史集》波斯原文及拉丁字母译写。现为排印方便起见，将波斯原文删去，仅存拉丁字母译写。以下不再说明。

② 补：本文初次发表时录有《蒙兀儿史记》及《新元史》修改洪译十三翼之文，今从略。以下不再说明。

③ 施密德：《东蒙古及其诸王室史》（I. J. Schmidt, *Geschichte der Ost-Mongolen und Ihres Fürstenhauses*），即《蒙古源流》德译本，圣彼得堡，一八二九年，第六〇、三七五页。

第二翼：

《圣武亲征录》缺。

《史集》：Duvum Chīngīz Khan va farzandān va nukarān va kasānī az amīrān va amīr-zādagān va kubknan kih ba-khuṣūsiyat ba-vai ta'alluq mi-dāshtand

汉译：第二[翼] 成吉思汗及诸子、伴当、诸将领之随从人员、贵族、特别隶属于彼之护卫。

洪译：二翼为帝及帝之子弟与其从人并各族之子弟。①

第三翼：

《圣武亲征录》：三哈初来之子奔塔出拔都、秃不哥逸敦、木忽儿好兰统阿答儿斤，察忽兰统火鲁剌诸部。

《史集》：Sivum Būrājū Bahādur az nasli Sam Qāchīūn aqa-y-i Qabul Khān az qaum i Jīrgīn kih shu'ba az Karāīt and bā-qaum i Hīdargin kih Muqaddam i īshān Mūqūr Qūrān būd az Nīrūn va Būkūrī kih dar Khrānān bud az nasli ū būdeh va qaum i Qūrlās az darlagīn muqaddam i īshān Chūrūqah

汉译：第三[翼] 出自合不勒汗（Qabul）兄（aqa）三哈初来（Sam Qāchūlai）家之奔塔出拔都（Būltāchū Bahādur），及克烈分部只儿斤部（Jīrgīn），及尼伦（Nīrūn）之阿答儿斤部（Hadargin），其将曰木忽儿好兰（Mūqūr Qūrān），在呼罗珊（Khorasan）之 Būkūrī 即出自其家，及 Dürlegin 之火鲁剌思部（Qūrlās），其将曰 Chūqūrah。

洪译：三翼为撒姆哈准之后人布拉柱把阿秃儿，又有客拉亦特之分族人，又阿答斤人将曰木忽儿忽兰，又火鲁剌思人将曰察鲁哈。

三哈初来，贝本原文作 Sam Qāchīūn，故洪氏译为撒姆哈准。但贝氏所引 C 本及 D 本作 Sam Qājūlai，F 本作 Qākhulai，用《录》文校之，ch 之音点有误，均当读为 Sam Qāchūlai，兹据改。《中原音韵》"三"字属"咸监"韵，收声于 -m。故三读作 sam。与三哈初来之"三"字对音密合。洪氏译为撒姆，似无必要。贝本奔塔出作 Būrājū，其所引异写虽有多种，但用《录》文校之，音点皆有误，但悉指引吾人读为 Būltāchū，奔塔出即其正规之译读

---

① 补：kubknan，一九五二年斯米尔诺娃（O. I. Smirnova）俄文新译本第八七页作 kazīktān。与贝勒津刊本比对，波斯文 u 与 z 形近，b 与 n 乃音点错置。kubknan 无意义，kazīktān 元代音译为怯薛丹，此云护卫。

也。盖元代蒙文音节末尾为 l 者，音译绝大部分变为 n，故 Būltāchū 译为奔塔出。

克烈有分族数支，均隶属于王罕，只儿斤其一也。①

阿答儿斤，贝本作 Hīdargin，兹据哀德蛮《史集·部族志》德文译本改正。其"阿答儿斤"条首句云："成吉思汗时代，其统帅为木忽儿·好兰（Mūqūr Qūrān）。"②

察忽兰，贝勒津刊本引 E 本作 Jauqūrqah。哀德蛮译本引 Hammer 本作 Dschawerka，足证这个人名原为 Chaqurah，抄写者将 r 与 q 易位，而字母 ch 之音点又错误，遂讹为 Jaruqah。

据《部族志》，翁吉剌部分族"火鲁剌思族（Qūrlās）统帅 Chāqūrah，在抗击泰赤兀之战中与成吉思汗结盟"。③

Būkūrī，待考。

呼罗珊，贝本作 Khranan，为 Khorasan 之讹。

第四翼：

《圣武亲征录》：鲜明昆那颜之子迭良统火力台、不答安辈为一翼。

《史集》：Chahārum pisarān i Sūrqadū Nōyān Darangī va barādarash Qūrīdaī va īshān az qaum i Nīrūn va Qīāt and baqaum i Būdāt kih ham az Nīrūn and

汉译：第四［翼］ Sūrqadū 那颜之子迭良及其兄弟火力台，彼等出自尼伦及乞牙惕部，以及亦属尼伦部之不答阿惕部。

洪译：四翼为苏儿嘎图诺颜之子得林赤并其弟火力台及博歹阿特人。

鲜明昆与 Sūrqadū 对音不谐；迭良即 Darangī。二名他处均未见。

Būdāt，《秘史》第四十六节："合阑歹的儿子争粥饭无上下，因此就做了不答阿惕姓氏。"蒙文 budagha（不答安）译言饭。洪钧不用旧译，另译为博歹阿特，似无必要。

《史集·部族志》"不答阿惕"条："成吉思汗时，其统帅为 Ūridāī。在

---

① 参见《史集·部族志》"克烈"条。
② 哀德蛮：《古突厥、塔塔儿及蒙古民族概况》（F. von Erdmann, *Vollständige Übersicht der ältesten Türkischen, Tatarischen und Mogolischen Völkerstämme*），喀山，一八四二年，此即《史集·部族志》德译本，第一七六页。以下简称哀德蛮《概况》。
③ 参见贝勒津刊本，《丛刊》第七册，第二〇七页；哀德蛮：《概况》，第九四页。

抗击泰赤兀之战中，不答阿惕部为成吉思汗之同盟军。"① 此人即本翼之火力台。

不答阿惕为合兰台之子。合兰台乃孛端察儿之曾孙。阿兰豁阿感光而生孛端察儿等兄弟三人。三子支裔，蒙古人以其禀受之异，称之曰尼伦。故不答阿惕亦属尼伦。

第五、六翼：

《圣武亲征录》：札剌儿及阿哈部为一翼。

《史集》：Panjum va shishum pisarān i Sūrqūqtū Būrgī Sachanah Bīgī va 'amzāda-y-i ū Ṭāichū va Jalāīr va Sūrquqtū Ya'nī kih khāl bar andām dārd va Qīāt Būrgīn az nasl i ū and va amīr Nūrīn az Uruq i ū būd

汉译：第五、六［翼］ 莎儿合秃·月儿乞（Sūrqūqtū Yūrgī）之子撒察·别乞（Sachah Bīgī）及其从兄弟泰出（Tāichū），及札剌儿（Jalāīr）诸部。莎儿合秃者，身上有痣之谓。乞牙惕·月儿斤（Qīāt Yūrgīn）即出自其家，异密（amīr）Nūrīn 其后裔也。

洪译：五、六翼为莎儿哈秃月儿乞之子薛彻别乞并其从兄弟泰出，及札剌亦儿人莎儿哈秃人。

依《秘史》第四八、四九节，合不勒汗有七子。长子斡勤·巴儿合黑，其子忽秃黑秃·主儿乞，忽秃黑秃·主儿乞有二子，一为撒察别乞，一为泰出。忽秃黑秃·主儿乞又名莎儿合秃（译言有痣）·主儿乞。②依《史集》，泰出为合不勒汗第三子忽秃黑秃·蒙古儿之子，乃撒察别乞之族叔，相差一代。③主儿乞又名月儿乞（Yūrgī）。帖木真与札木合分裂后，"主儿乞族人的莎儿合秃主儿乞的儿子撒察别乞、泰出二人一圈子……来相合了"。④

乞牙惕·月儿斤意即乞牙惕部之月儿斤氏。依《史集·部族志》分类，合不勒汗之后称乞牙惕。而月儿斤氏为合不勒汗长子斡勤·巴儿合黑后裔之

---

① 拉施都丁：《史集》（Rashīd ad-Dīn, Jāmi'at-Tavārīkh），贝勒津（I. Berezin）刊本，载《俄罗斯皇家考古学会东方部丛刊》（Труды Восточного Отдедения Императорского Археологического Общества）第七册，圣彼得堡，一八六一年，第二七五页。《史集》第二卷有布洛晒本刊本，名《拉施都丁的蒙古人史》（E. Blochet, Histoire des Mongols de Fadl Allah Rashīd ed-Dīn），莱顿、伦敦，一九一一年。
② 《秘史》第一二二节。
③ 洪钧：《元史译文证补》，第六一七页。
④ 《秘史》第一二二节。

部曲（见《秘史》第一三九节），故有是称。

依《秘史》第一二〇节，帖木真与其伴当札木合分裂时，札剌亦儿族人薛扯朵抹黑带领阿儿孩哈撒儿、巴剌两个儿子投奔帖木真。依《史集·部族志》"札剌儿"条，成吉思汗西征时，穷追札兰丁逃渡印度河者，即此巴剌那颜。驻扎起儿漫边界之千户 Ūqān 及其 Nūrīq Aqtāchī 皆其亲属。aqta 译言骟马，aqtāchī《秘史》译为笼马人。其兄阿儿孩哈撒儿那颜（Harqāī Nōyān）为右翼千户。①

第七翼：

《圣武亲征录》：忽兰、脱端二人为一翼。

《史集》：Haftum pisarān i Ūtūjūqū Dūārdāngī az jumlah-y-i aqvām Qīāt va kasāni kih bi īshān manṣūb va mukhṣuṣ bāshand

汉译：第七［翼］ Ūtūjūqū Dūārdāngī 诸子，及乞牙惕诸部全体及隶属于彼等之人。

洪译：七翼为渥秃助忽、都朵端乞及其麾下。

据《秘史》第四八节，忽兰为合不勒汗七子中之第五子。成吉思汗之叔祖。元代著名之巴歹及乞失里黑二答儿罕即其子也客扯连之牧马人（adughuchin）。②

脱端可能为合不勒汗幼子脱朵延·斡赤斤（Todoyan Otchigin）。

《史集》所举二名无考，贝本所引异写，亦差误莫辨。

第八翼：

《圣武亲征录》：忽都图·忙纳儿之子蒙哥怯只儿哥为一翼。

《史集》：Hashtūm farzandān Mūnkadū Qīān Chingshutva barādarān kih 'amm-zādagān i Chīngīz Khān and va qaum i Bāyā'ūt az Darlagin muqaddam i īshān Ungūr

汉译：第八［翼］ 蒙格图乞颜（Mūnkadū Qīān）之诸子敞失兀惕（Chingshut）及诸弟，皆成吉思汗之从兄弟，及朵儿勒斤之巴牙兀惕部（Bāyā'ūt），其将领曰汪古儿（Ungūr）。

洪译：八翼为蒙格图乞颜之子程克索特及其弟，皆为帝之从兄弟，又巴

---

① 参见哀德蛮：《概况》，第三〇页。
② 《秘史》第一六九节。

牙兀特酉曰翁古儿。

蒙格图乞颜为把儿坛把阿秃儿长子，成吉思汗之伯父。《秘史》第二一三节：" 成吉思汗再对蒙格图乞颜的子汪古儿厨子说：'在前你与这脱忽剌兀惕三姓、塔儿忽惕五姓、敝失兀惕、巴牙兀惕的两种与我做着一圈子。⋯⋯如今你要什么赏赐。'汪古儿说：'⋯⋯巴牙兀惕姓的兄弟每都散在各部落里有，我欲要收集者。'成吉思汗应许了，说：'你收集了做千户者。'"按，元代蒙古、钦察、康里三族均有巴牙兀惕氏（伯岳吾）。据《史集·部族志》"巴牙兀惕"条，蒙古之巴牙兀惕又分为草原与河滨两支。在抗击泰赤兀之战中，大部分巴牙兀惕人与成吉思汗同盟，为组成十三翼之一翼。①

依《史集》（洪补卷一上），"蒙格图乞颜有子甚多，长曰敝失兀惕（洪译为程克索特）率蒙格图乞颜部众以助十三翼之战"。此与《秘史》传说不同。依《史集·部族志》"巴牙兀惕"条，汪古儿属巴牙兀惕氏，一二〇六年受封为千户。蒙古破金中都，汪古儿受贿失宠。②《史集》与《秘史》所记实为一人。而所以歧异若是者，则所据之传说不同，吾人未可是此而非彼也。

第九翼：

《圣武亲征录》：答里台、火察儿二人，及朵忽兰、捏古思、火鲁罕、撒合夷、嫩真诸部为一翼。

《史集》：Nuhum Dārītāī Ūtchigīn 'amm…va Quchar 'am-zādah-y-i ū pisar i Nakūn Tāīshī va Dālū az khveshān i īshān va qaum i Dōqolāt az Nīrūn va aqvam i Nagūz va Qūrqan va Saqāīt va H.jīn az Darlagīn

汉译：第九［翼］ 叔父答里台斡惕赤斤（Dārītāī Ūtchigīn）⋯⋯及其从兄弟忽察儿（Quchar）。忽察儿者捏坤太石（Nakūn Tāīshi）子也。及其族人 Dālū，及尼伦之朵忽兰（Dōqolāt），朵儿勒斤之捏古思（Nagūz）、火鲁罕（Qūrqan）、撒合夷（Saqāīt）、嫩真（Nūnjīn）诸部。

洪译：九翼为答里台斡赤斤及捏坤太石子火察儿，族人达鲁，并都黑剌特，努古思火儿罕，撒合夷特，委神诸部。

成吉思汗之父，兄弟四人。长，蒙格图乞颜；次，捏坤太石；三，汗父也速该；四，答里台斡赤斤。依《秘史》第一二二节，帖木真离开札木合

---

① 见贝勒津刊本，《丛刊》第七册，第二三三页。
② 见哀德蛮：《概况》，第一五六页；《秘史》第二五二节。

后,"答里台斡赤斤一圈子也来了","那时又离开札木合的……捏坤太子的儿子忽察儿别乞的一圈子,……他们从札木合那里来到乞沐儿合小河的阿亦勒·合剌合纳地方会合了"。

依《秘史》第四六节,朵忽剌歹为孛端察儿四世孙,故属尼伦。《史集·部族志》记朵忽剌惕氏在泰赤兀之战时与成吉思汗联盟。①

Nagūz(捏古思),依《史集》,相传蒙古遭他族之难,逃入阿儿格乃衮(Argāna Qūn)者仅二人,一曰乞颜(Qīān),一曰捏古思(Nagūz)。乞颜之后,曰乞牙惕;捏古思之后,仍称捏古思,所谓朵儿勒斤(Darlagīn)之捏古思是也。又察剌合领忽娶寡嫂为妻,生子曰建都赤那(Kandū Chīna),曰玉律赤那(Ūlukchīn Chīna),其后为赤那思部。赤那思即《元史·宗室世系表》之直拏斯,斯(s)为复数,意为狼之集团也。②此部为尼伦之一支。故依《史集》之说,此乃尼伦之捏古思,虽与朵儿勒斤之捏古思同名,但族属迥异。

Qūrqan(火鲁罕),《秘史》无火鲁罕,故前人不能定火鲁罕是人名抑部族名。今据《部族志》考之,知其确为部族名,而非人名,盖《部族志》设有专节,叙述此部,不仅在第九翼中火鲁罕与其他三部族并列也。《部族志》叙述此部,亦称其于成吉思汗与泰赤兀战时,与汗结为同盟。③

Saqāīt(撒合亦惕),《部族志》记其在泰赤兀之战时亦为成吉思汗同盟军。④

Nūnchīn(嫩真),洪译为委神,即《元史》之许兀慎,《辍耕录》之忽神,后又译为呼神。王氏不信洪氏之说,以为系《秘史》温真撒合夷之温真。然则所谓委神者究为忽神乎?抑为温真乎?抑另为一部乎?吾人于解答此问题之前,须先订正此字之波斯文写法。洪氏所译之委神在拉施都丁书至少凡三见,除贝本之 H. jin 外,贝氏尚引有九种异写。⑤

吾人比较诸本写法,都指引吾人应读为 Nūnjīn。本翼嫩真,与波斯本之 Nūnjīn,对音密合。

---

① 参见哀德蛮:《概况》,第一八一页。
② 《丛刊》第七册,第二五〇页。
③ 《丛刊》第七册,第一一七—一一八页。
④ 贝勒津刊本,《丛刊》第七册,第一一八页;哀德蛮:《概况》,第一二九页。
⑤ 《丛刊》第十三册,第二三〇页。

嫩真之为部名，又可以《部族志》证之，《部族志》"斡罗纳儿"（Ūrnāūt）条末尾明言 Nūnjin 与 Kelengut 同出一族。①此字贝本作 Qūjīn，哀德蛮《概况》作 Nūnjīn，又作 Naubedschin。②据其译例考之，固不难知此字仅 n 母之音点倒置而为 b 也。

至于王氏谓嫩真即《秘史》之温真，其说亦是，惟王氏仅以温真与撒合夷并举为理由，而未言嫩、温差异之故。按嫩（nun）与温（un）之蒙文写法，所差仅一音点耳，盖明初翻译《元朝秘史》，所据抄本，已误嫩真为温真也，此种笔误，在《蒙古源流》蒙文本中例证甚多，可资参照。至于吾人所以是嫩真而非温真者，则以其有波斯文写法 Nūnjīn 作证也。

第十、十一翼：

《圣武亲征录》：忽都剌可汗之子搠只可汗为一翼。按坛为一翼。

《史集》：Dahum Jūchī Khān pisar i Qūtūlah Qāān kih 'am-zādah-y-i Chīngīz khān būd va atbā' va ashyā' iū Yāzdaham Āliān kih ham pisar i Qūtūlah Qāān būdeh ast

汉译：第十［翼］ 忽都剌合罕（Qūtūlah qāān）三子搠赤汗（Jūchī khān），为成吉思汗之从兄弟，及其从属。

第十一［翼］按坛（Āltān），亦忽都剌合罕之子。

洪译：十翼为忽都剌哈汗之子拙赤汗及其从人。

十一翼为阿勒坛，亦忽都剌之子。

《秘史》第五一节：忽图剌合汗生三子。一名拙赤，一名吉儿马兀，一名阿勒坛。《元史译文证补》卷一上第七页：忽图剌合汗长子拙赤罕率部下千人从成吉思汗，次子阿勒坛叛附王罕。③

按：按坛，贝本作 Āliān，t 之音点倒置，误为 i。此可由中文校改，并有贝氏所引 C、D、E 三本写法作证。

第十二翼：

《圣武亲征录》：共吉牙部塔降吉拔都统雪干、札剌吾思为一翼。

---

① 《丛刊》第七册，第二二二页；哀德蛮：《概况》，第一一〇页。
② 哀德蛮：《概况》，第一一〇、一一二页。
③ 补：斯米尔诺娃俄文新译本，拙赤罕及阿勒坛皆合答安把阿秃儿之子。意者洪氏改《史集》以迁就《秘史》乎？

《史集》：Duwāzdahum Dā'qī Bahādur az qaum i Qingqīāt kih az Nīrūn and va qaum i Sūgān ham az qaum i Nīrūn

汉译：第十二［翼］ 尼伦族共吉牙部（Qingqīāt）之塔吉拔都（Dā'qī Bahādur），及亦属尼伦族之雪干部（Sūgān）。

洪译：十二翼为答忽巴阿秃儿及晃火攸特人速客特人。

此翼今本《亲征录》不具，仅见明《说郛》本，其首先发见之者为柯劭忞氏①，故洪氏称此翼无考。惟此翼虽由柯氏发见，而《新元史》却未采入，殆柯氏于十三翼全袭洪译《史集》之文，为体例所限，所以弃而弗取欤？

塔降吉，洪译 Dā'qi 为塔忽，惜手头无贝勒津俄文译本，未能知其误译之故。《秘史》第一二〇节有速勒都思族人塔乞，《元史·后妃表》顺帝有答己妃子，似为 Dā'qi 之音译。然则塔降吉之降，殆为衍文。

Qingqīāt，洪译为晃火攸特。柯氏《氏族表序》译为亨力希牙特。二人均误，实即本翼共吉牙。柯氏《部族考》，实本哀德蛮之《不动摇的铁木真》一书。其书氏族部分，必为哀德蛮氏所译《史集·部族志》（即《古突厥、塔塔儿及蒙古民族概况》）之节本。在此书中，哀德蛮误译 Kingkiat 为 Kinegkiat，柯氏之亨力希牙特，即本于此。哀德蛮误读 ng 为 neg 之例甚多。如晃豁坛误读为 Kunegketan，柯氏从之，译为昏乃克喝坛；兀良哈误读为 Urianegkah；等等。哀德蛮误读，柯氏踵之。苟不用波斯与中国史料直接校勘，莫能知其为何部矣。

王氏补出此翼，在初期蒙古史料方面实为一种贡献。惜为洪译所误，于部族名称之勘同，仍未得进步，殊可惜也。

拉施都丁《部族志》有 Qingqīāt 部专条。大意云，此部亦属尼伦。泰赤兀之战，与成吉思汗同盟。其将曰塔吉拔都（Daqi Bahādur）。②Daqi 即塔降吉也。

《秘史》第一二〇节有轻吉牙歹一人，斡勒忽纳部人。轻吉牙歹即 Qingqiatai，其人以轻吉牙惕部名为名也。此人之名，《秘史》第二〇二节作轻吉牙歹。轻乃轻之误写。本翼共吉牙当即轻吉牙惕。

雪干，即 Sūgān。洪氏译为速客特亦非无因。Sūgān 在哀德蛮《概况》第

---

① 王国维：《圣武亲征录校注序》。
② 《丛刊》第七册，第二八四—二八五页。

十三页中，正作 Sugat。波斯文音点错置，n 误为 t，乃常事。但贝勒津刊本原文为 Sūgān，洪译未免擅改原音，故意迁就《秘史》速客之名矣。据《史集·部族志》，此族亦出自尼伦，泰赤兀之战，与成吉思汗同盟。①

第十三翼：

《圣武亲征录》：建都赤那、玉烈贞赤那二部为一翼。

《史集》：Sezdahum Kandū Chīna va Ūlukchīn Chīna az farzandān i Charaqah Līngqūm va īshān-rā Nagūz gūy-and līkin nah Nagūz i avvalin and Chih īshān Nīrūn and chunānchih dar shu'ba-y-i Tāījīūt

汉译：第十三［翼］ 建都赤那（Kandū Chīnah）及玉烈贞赤那（Ūlukchīn Chīnah），出自察剌合领忽（Charaqah Lingqum）之后，彼等号捏古思（Nagūz），但非老捏古思。因彼等为尼伦派，故在泰赤兀部支族中。

洪译：十三翼为更都赤那、乌鲁克勒赤那之后努古思人。

赤那思部虽为泰赤兀族之支派，但泰赤兀之战却与成吉思汗同盟。察剌合领忽兄死而妻其嫂，生二子，一曰更都赤那，一曰玉律贞赤那。蒙语 Chino 译言狼，chinos 乃 chino 之多数。蒙古语 gendu 意为雄，ülükchin 意为雌，故《史集》特别解释二子之名为雄狼（gurg-i nar）及雌狼（gurg-i māda）。赤那思部即此二子之后。此族亦称捏古思。此外，蒙古多儿勒斤系亦有一部号捏古思。见本文关于第九翼之考证文字。

依《秘史》第四七节，"察剌合领忽生子名想昆必勒格，想昆必勒格生子名俺巴孩，就做了泰亦赤兀惕姓氏。察剌合领忽收嫂为妻，又生一子，名别速台，就做了别速惕姓氏"。依《部族志》，"更都赤那与玉律贞赤那之后裔，及察剌合领忽与别妻所生子之后裔，俱为泰赤兀族之祖先"。② 两种传说，互不相同，姑两存之。

一九四〇年于成都华西坝

（原载《华西协合大学中国文化研究所集刊》一九四〇年第一卷第一期）

---

① 哀德蛮：《概况》，第一八六页。
② 贝勒津刊本，《丛刊》第七册，第一八五页；哀德蛮：《概况》，第七九页。

蒙古答剌罕考

昔屠寄著《蒙兀儿史记·成吉思汗本纪》，于《元朝秘史》所载一二〇六年帖木真称成吉思汗时所授九十五千户，考证甚勤。厥后日人箭内亘著《元朝怯薛考》①，于当时成吉思汗之护卫组织与职掌，研究亦甚精细。二氏皆挽近蒙古史专家，于蒙古初兴时典章制度之探索不厌纤毫，未知何故独遗当时所重视之答剌罕。考此号在蒙古初期，最为尊贵，且非一般功臣所可希冀。中叶以后，虽权奸巨憝贵盛之极，而犹以加答剌罕为荣。皇帝且往往为之特下诏谕，昭告天下。则此号在蒙古固有官号中之尊贵可以知矣。昔美人劳费尔氏（B. Laufer）于其名著《中国伊朗志》（*Sino-Iranica*, pp. 592-595）中，曾讨论此字在西方各民族中之流传与意义，惜不能直接利用中国材料，并对此号在蒙古时代之情形，亦未言及，殊不足以见答剌罕制度之演变。今不揣谫陋，作《蒙古答剌罕考》，行箧书少，缺漏必多，补遗纠谬，以俟来日。

一、元代以前之塔寒及达干

答剌罕（darqan）为北族官号，蒙古人今犹用之。其源流如何，职务如何，具有何种资格始能获得此种徽号，既受答剌罕号，所享受之权利又如何，此皆吾人所欲知者也。

答剌罕一名，来源甚古，《北史》卷九八《蠕蠕传》：

---

① 原载《东洋学报》第六卷第三号，后收入《蒙古史研究》。有陈捷、陈清泉之汉译单行本。

> 西魏文帝乃以孝武时舍人元翌女称为化政公主，妻［蠕蠕可汗］阿那瓌兄弟塔寒。

此塔寒一名，初视之似为人名，其实当为一官名。《北史》蠕蠕及突厥传中以官名为其人之名者甚多，固不仅此一塔寒也。旧说蒙古之答剌罕乃承袭突厥回鹘之达干（Tarqan），今既知阿那瓌之兄弟已具此号，则突厥之达干，又当直接承袭蠕蠕之塔寒。依伯希和氏（P. Pelliot）之说，蠕蠕为蒙古语系之民族①，然则达干一号，乃蒙古语系民族所固有，劳费尔谓"此字源于古突厥语，不源于蒙古，唐代始见著录"②云云，恐不可从。

公元第六世纪西突厥曾与东罗马通使，故突厥官名，东罗马亦曾闻之。据东罗马史家弥南（Menander）《残史》第二八章所载，东罗马使臣归时，可汗遣使臣名 Tagma，而有 Tarkhan 之号者，偕之归。Tarkhan 即达干之希腊译法，此学者周知之事也。③

《旧唐书·突厥传》称，骨咄禄（Qutluq）叛时，有生于中国之突厥人暾欲谷（Tonyuquq）投之。其为人"深沉有谋，老而益智"，与"李靖、徐勣之流"相媲美。骨咄禄得之甚喜，立为阿波达干（Apa-Tarqan），令"专统兵马事"。④ 专统兵马事，应即唐代达干之职务，证以一○七五年玛合木·喀什噶里（Maḥmūd al-Kāshgharī）《突厥语辞典》，tarxan 一字训为司令⑤，足知此官至十一世纪犹以统领兵马为其职务。然则达干乃突厥之武官，与司监统督赋入之"吐屯"及评议国事之"阎洪达"等官职，固不同类矣。⑥

---

① 伯希和以为十三世纪之蒙古，在政治、宗教方面，多承袭回纥人之旧，而回纥人又承袭其前驱突厥人之旧。至于突厥人之政治组织与官号，则更承袭其所灭之柔然之旧。柔然者，乃与蒙古极相近之民族也。(《通报》，一九一五年，第六八九页）
② 《中国伊朗志》(Sino-Iranica)，第五九二页。
③ 参见沙畹:《西突厥史料》，一九〇三年，第二三九页。
④ 参看夏德:《跋文》(F. Hirth, "Nachwörte", pp.14-20) 此文收入拉德洛夫:《蒙古古突厥碑铭》(W. Radloff, Die Alttürkischen Inschriften der Mongolei)，第二册，圣彼得堡，一八九七年，及陈垣:《元西域人华化考》卷二《摩尼教世家之儒学》。
⑤ 玛合木·喀什噶里:《突厥语辞典》(Maḥmūd al-Kāshgharī, Dīvān Lughāt at-Turk)，布劳克曼索引本，即《中古突厥语词汇》(C. Brokelmann, Mitteltürkischer Wortschatz)，第一九八页，布达佩斯、莱比锡，一九二八年。
⑥ 参阅《华西协合大学中国文化研究所集刊》第一卷第一期拙著《突厥官号考释》。(亦收入本书。——编者注)

回鹘官号多承袭突厥之旧。吾人观于唐代宗永泰元年（七六五年）与郭子仪同盟泾阳之回鹘将领，七人之中，具达干号者竟有五人，可以断其职司，必亦与突厥同，质言之，即管领兵马之武官也。

达干之上，常加阿波、莫贺等字，称阿波达干、莫贺达干等等，兹不赘述。宋太宗太平兴国六年（九八一年），王延德西使高昌。其沿途所见之九姓鞑靼（Toquz Tatar）中，亦有达干之号。①鞑靼为南北朝以来蒙古语系室韦之苗裔，则鞑靼此号未必由突厥、回鹘借来，以上文所引塔寒证之，乃其蒙古语系民族所固有也，南宋时代高昌（Qocho）畏吾儿人，即娑陵水（Selenge）、郁督军山（Ütüken）回纥之裔胄，故犹保持其旧有之达干官号。而足以引吾人之注意者，除其仍为世袭之号与唐代相同外，即当时未必复为武职，殆仅为一空衔而已。

蒙古初年，畏兀儿有仳理伽帖穆尔（Blige Temür）者，相传为唐代暾欲谷后裔，史称其"年十六袭国相答剌罕"。②答剌罕即回鹘达干在蒙古时期的读法，暾欲谷为唐代突厥骨咄禄所建第二王朝之重臣，官阿波达干，专统兵马事，前已言之，是其子孙世袭此号，至蒙古兴起时，犹相沿未替也。

同伯颜（Bayan）共倾宋室之阿力海涯（Ariq Qaya），亦北庭（Beshbaliq）人。姚燧《湖广行省丞相神道碑》云：

> 幼聪颖而辩，长躬农耕。喟然曰：大丈夫当树勋国家，何至与细民勤本畎亩！释耒求去。读北庭书，一月而尽其师学。甚为舅氏习拉带达拉寒所异，叹曰：而家门户，其由子大。③

阿力海涯既为农家子，其舅氏当亦非甚显贵之人，然其人竟具达拉寒徽号，足见与十六岁童子所承袭者，当皆为空衔，非复突厥、回纥之旧矣。

---

① 马端临：《文献通考》卷三三六"车师前后王"条；《宋史》卷四九〇《高昌传》；王国维：《古行纪四种》校录本。
② 欧阳玄：《圭斋集》卷一一《高昌偰氏家传》；黄溍：《金华黄先生文集》卷二五《合剌普华公神道碑》；《元史》卷一二四《岳璘帖木儿传》。
③ 刘昌：《中州名贤文表》卷一一；苏天爵：《国朝文类》卷五九。

二、答剌罕字意之演变

十三世纪蒙古人读 tarqan 为 darqan,译言自在。① "元代征南蛮,募勇悍为先锋,号答剌罕军,即言其纵恣无禁也。"② 是元代答剌罕之意义,与唐"专统兵马"之武职及十一世纪玛合木·喀什噶里《突厥语辞典》之"司令"迥异矣。元代刘敏中谓"答剌罕译言一国之长"③,殊不可据。马祖常译为"世贷"或"世宥",虞集从之。④ 然亦仅能表示答剌罕所享特权之一面而已,均不及自在说之足以表示其在元代之特点也。

依科伐勒夫斯基(Kovalevski)《蒙俄法字典》第一六七六页,darqan 之义有二。一曰工匠、艺人;一曰免税。法人布洛晒(E. Blochet)以为第二义系由第一义孳乳而出。⑤ 盖技术工人在游牧民族中甚少,且甚为人所重视也。布洛晒之推测,劳费尔氏已斥其谬。依劳费尔之意,tarkan(即 tarqan)为一古突厥字,蒙古无之。蒙古人只识 darqan 一字,此字在布鲁特(Kara Kirgiz)语意为工匠,在吉儿吉思(Kirgiz)语则为汗之宠臣及自由。然则 darqan 在蒙古-突厥语中,或者本别为一字,后与古突厥字 tarkan 相混而为一云。⑥ 按

---

① 《元朝秘史》蒙文第五一节"答儿罕"旁注"自在"。石泰因噶思《波英字典》(F. Steingass, *A Comprehensive Persian-English Dictionary*),伦敦,一九三〇年,第二九三页,tarkhān 有自由、免税等意。
② 见魏源《元史新编》语解。按《元文类》卷四一《经世大典·序录》"政典军制"条:"应募而集者曰答剌罕,此不给粮饷,不入帐籍,俾为游兵,助声势,掳掠以为利者也。"又同卷"招捕"条宋隆济项下:"大德五年,雍真葛蛮土官宋隆济叛,……令云南左丞月忽乃招答剌罕军入境。"魏源之说,或即本此。据《元史·文宗纪》,月鲁帖木儿(Uruq Temür)、完者都(Öljetü)及顺元宣抚司所统者,皆此军。又据《元史·朵尔直班》(Rdo-rjedpal)传,达剌罕军帅王不花(Buqa)怒其主帅曰:"吾曹便当散还乡里矣!"犹可见其恣肆之状。惟此种军队,绝不始于征南蛮,元初平宋时,业已有之。《元史》卷九八《兵志》:
> [至元]十七年七月,诏江淮诸路招集答剌罕军。初,平江南,募死士愿从军者,号答剌罕,属之刘万户麾下。南北既混一,复散之,其人皆无所归,率群聚剽掠。至是,命诸路招集之,令万奴部领如故,听范左丞、李拔都二人节制。
> 十九年六月,散定海答剌罕军还各营,及归戍城邑。

由此观之,答剌罕军本非正式军队,有事则临时招集,事定即复遣散,固非一种常备军队也。
③ 刘敏中:《丞相顺德忠献王碑》,《元文类》卷二五。《辍耕录》卷一"答剌罕"条:"答剌罕,一国之长,得自由之意,非勋戚贵族不与焉。"即本刘说。
④ 马祖常:《敕赐太师秦王佐命元勋之碑》,《中州名贤文表》卷一九;马祖常:《太师太平王定策元勋之碑》,《元文类》卷二六;虞集:《孙都思氏世勋之碑》,《道园学古录》卷一六。
⑤ 布洛晒刊本,附录第五八页。
⑥ 《中国伊朗志》(*Sino-Iranica*),第五九二—五九四页。

布洛晒之推论固误，劳费尔之揣测亦不能成立。此字在塞北民族中之历史甚长，每代各有其意义；换言之，时代不同，意义亦异。在唐代突厥、回纥为武官之号，在元代则为自在，前已言之。今《蒙文总汇》于 darqan 下仅注匠人一义，科伐勒夫斯基虽采二义，而来源恐有差异；质言之，同一地方之人民，未必兼用此二义也。依吾人所见，此两种意义之解答，似当于明代著作中求之。明王士琦《三云筹俎考》卷二谓明代鞑靼人于阵前援救台吉者，酬升打儿汉（darqan），并谓：

亦有各色匠役，手艺精能，造作奇异器具，升为此名。

是答剌罕就一种意义言，在明代为精工能匠所获之美号；今人以答剌罕呼普通匠人者，正如汉人称一般工匠为师傅，西人称一般医生为博士也。其第二种意义（免税），乃西方答剌罕所享特权之一，中文材料中向未之见；则科伐勒夫斯基所著之第一义（工匠，艺人），殆采自东方，而第二义则固元代以来西方历代相传之旧义也。

三、成吉思汗所封之答剌罕

蒙古时代答剌罕特贵，纵有功勋，亦未必能幸致此赏。兹爬梳东西史料，以考当时此号之特点。

具备何种资格，始能获得答剌罕之封号乎？关于此点，元代著作中，未见明文规定。惟吾人苟就诸答剌罕所建之功勋互相比校，亦不难发现其封赏之标准。

就吾人刻下所能裒集之材料考之，成吉思汗授封之答剌罕，共有六人，均对成吉思汗本人或其儿辈有救命之恩。一二〇六年，帖木真称成吉思汗，论功授爵，授封九十五千户，又特别提出其中建立殊勋之官人若干，而缕述其事迹。所谓答剌罕者，均在此种官人之列，此吾人所当注意者也。兹略述六人之殊功于后，借以说明其所以受封之故。

1. 锁儿罕失剌（Sorqan Shira）。锁儿罕失剌者，赤老温（Chilaghun）之父也。赤老温为成吉思汗四杰之一，其功业与他三杰等。明初修《元史》，仓促成书，采访不周，四杰之中，仅三家有传，而赤老温独无，遂使锁儿罕失剌父子泯然失传。《元史·太祖本纪》虽举赤老温归降成吉思汗，而未著锁儿罕失剌之名；《圣武亲征录》及拉施都丁《史集·成吉思汗传》详述锁儿罕失剌脱成吉思汗于难，而未言其受封答剌罕之号。考锁儿罕失剌之子孙世系与功业，详见虞集《孙都思氏世勋之碑》及黄溍《金华黄先生文集》卷三五《逊都台公墓志铭》。《世勋碑》虽明言其曾受答剌罕徽号，惟虞集所述锁儿罕失剌之功业，乃由汪古人马祖常转述其五世孙健都斑之言，辗转传说，错误实多。其叙述援救成吉思汗故事最详者，为《秘史》（第七九—八七节及第二一九节）及拉施都丁之《史集·部族志》。《秘史》之说较繁，兹特撮译《部族志》"孙都思（Sūldūs）"条之文，以见其功业之一斑。

　　帖木真幼时，与泰赤兀（Tāijīūt）战，兵败被掳，敌人以枷置于其颈，并命人看守之。已而帖木真得间脱走，藏一小湖中，沉身于水，仅露面鼻，敌酋遣人大索不获，有锁儿罕失剌者，逊都思部人，独见之。及夜，救之出水，并脱其枷，引归己帐，而藏之载羊毛车中。泰赤兀部人搜至其帐，亦未得。追搜者去，遂以甘草黄马（qula）一匹并食物及弓矢赠之，遣归其家。①

　　读《秘史》及《史集》之记载，此人于一二〇六年前，无汗马之劳、赫赫之功；其一生最大事业，非以其对于蒙古民族有若何贡献，不过对成吉思汗个人有救命之恩而已。

　　2. 召烈台·抄兀儿。据《元史》本传（卷一二三），札木合（Jamuqa）与朵鲁班（Dörben）诸部会于犍河（Kem）河岸，欲袭成吉思汗。抄兀儿悉以其谋告之，成吉思汗因授以答剌罕之号。

　　关于此役泄谋之人，《亲征录》与《元史·太祖本纪》及《召烈台·抄兀儿传》均言为抄兀儿。而《元朝秘史》及《史集·部族志》"火鲁剌思"条与《成吉思汗传》则均言为火力台（Qoridai）。依《元史·抄兀儿传》，其

---

① 《史集》贝勒津刊本，《丛刊》第七册，第二二四—二二七页。

人应为照烈部人；依《秘史》，则火力台为火鲁刺思部（Qorlas）人；《部族志》且言其为火鲁刺思人，灭里吉歹（Merkitei）所遣，非出自动。① 一二〇六年行赏时，无抄兀儿或火力台之名。殆《秘史》著者偶佚之欤？

大抵《秘史》、《史集》及《亲征录》所采之传说，来源不一，故存在矛盾。但无论告变之人为谁，其人均以泄谋告变，救援成吉思汗而受封也。

3. 博尔术（Bughurchu Noyan）。为四杰之首，右手万户，斡罗纳儿（Urnaut）分族阿鲁刺氏（Arlat）。生平事迹略具阎复《太师广平王贞宪碑》②，《元史》本传悉袭其文，但均未言其受答刺罕之号，独《史集》、《秘史》二书，录其殊勋特详，其救护成吉思汗之功，在《史集》凡两见：一在《部族志》"阿鲁刺部"条，一在《太祖本纪》后所附训言。③ 兹撮录其文于后，以见其所以受封答刺罕之故：

帖木真幼时与敌人战，口喉负创，奄奄欲毙。同行者仅博尔术及博尔忽二人；博尔忽燃火热石，投雪于石上，以蒸气熏帖木真口。及凝血出，呼吸遂通。时雪大，博尔术执裘盖帖木真首，如是看护，直至雪深至腰，而足未尝移动，旋帖木真归。《多桑蒙古史》引《史集》云："后赏二人之功，并授以答刺罕之号。"④

4. 博尔忽（Burughul）。许兀慎氏（Hūsīn），为成吉思汗母月伦额客（Hö'elün Eke）四养子之一，于四杰之中，次居第二。《元史》本传仅言其事太祖为第一千户，殁于敌。元明善《太师淇阳忠武王碑》⑤ 为《元史·博尔忽传》之史源，所记亦仅此。依今日所知，除上述与博尔术共救帖木真外，《秘史》又述其曾救窝阔台于战场，其妻阿勒塔泥（Altani）亦曾救拖雷之命。博尔忽夫妇俱能于呼吸存亡之际，忠于所事，故成吉思汗论功行赏，以答刺罕之号酬之。《秘史》第一七三节大意谓：

帖木真与王罕（Ong Qan）合刺合勒只惕（《亲征录》作合兰只之野，

---

① 《史集》贝勒津刊本，《丛刊》第七册，第二〇七页。
② 《元文类》卷二三。
③ 成吉思汗之宝训曰 Bilig，法令曰札撒（Jasaq）。参看巴托尔德：《蒙古入侵时期的突厥斯坦》（W. Barthold, *Turkestan Down to the Mongol Invasion*），伦敦，一九二八年，第四二页。
④ 《多桑蒙古史》，冯承钧译本卷一，第四二页；哀德蛮：《概况》，第一〇五页；《史集》贝勒津刊本，《丛刊》第七册，第二一九页。
⑤ 《元文类》卷二三。

《史集》作 Qalāljīn Ālāt）之战，帖木真损失甚重，除其名将忽亦勒答儿（Quyildar）死于是役外，其三子窝阔台（Ögötei）亦受重伤。次日天明，点视军马，独不见其第三子。然以其与博尔忽及博尔术同行止，知其必能生死与共，不肯相离。厥后窝阔台果由博尔忽马上挟回。"项上中箭，孛罗忽勒将凝血唑去。"

《秘史》又记其妻阿勒塔泥救拖雷云：塔塔儿亡时，有合儿吉勒失剌者逃出，因饮食无著，遂至帖木真母亲家中乞食。依蒙古旧俗，凡客人借宿乞食，无论知与不知，管家主妇合当殷勤招待。故其母即言："既是寻衣食的时，那里坐。"时拖雷方五岁，合儿吉勒肘下挟之出，用手抽刀，养子博尔忽之妻阿勒塔泥亟揪其发，而扯其手，者勒篾等闻声奔至，举刀杀之。

《元史》卷一一九称其"从太祖起朔方，直宿卫，为火儿赤。火儿赤（Qorchi）者，佩櫜鞬、侍左右者也"。但《秘史》及《史集》均称其为保兀儿臣（Bā'ūrchin），译言膳夫，虽为宿卫之最近密者，要与火儿赤不同。

5. 乞失力黑（Qishiliq）及巴歹（Badai）。元代最知名之答剌罕，为斡罗纳儿部（Urnaut）之乞失力黑，盖其曾孙哈剌哈孙（Harghasun）有拥立武宗（Qaishan）之劳，时人称呼其所袭之号答剌罕而不名。① 故其家之答剌罕，独能名震有元中叶也。乞失力黑救护成吉思汗之事迹，《秘史》第一六九节、《亲征录》、拉施都丁《史集·成吉思汗传》及《部族志》"斡罗纳儿分族"（Ūrnāūt Kelengūt）条，均有记载，《辍耕录》卷一、《元史·太祖本纪》及《元史·哈剌哈孙传》亦曾言及。惟均取材于刘敏中《丞相顺德忠献王碑》。

依《秘史》所载，王罕父子谋害帖木真，请其饮许婚酒（布浑察儿，Bu'uljar），蒙力克（Münlig）劝勿往，免遭不测，帖木真遂托辞马瘦谢之。王罕子鲜昆谋潜师往袭，圉人乞失力黑知之，与其弟把歹驰往告变，帖木真遂脱于难。②

成吉思汗称此二人"护卫我，皆能得力"③，除曾随成吉思汗西征外④，亦未见其他功勋；一二〇六年，成吉思汗授予答剌罕种种特权，殆仅以其告

---

① 《元史》卷一三六《哈剌哈孙传》。
② 《秘史》第一六五—一九〇节。
③ 洪钧：《元史译文证补·太祖本纪译证》附《太祖训言辑补》。
④ 李志常：《长春真人西游记》；《元史》卷一三六《哈剌哈孙传》。

变救已而已。《秘史》第五一节称巴歹与乞失力黑"二人都做了答剌儿罕官人",蒙文止作答儿罕①,是剌字显系后人据答剌罕之译音增加,实蛇足也。

王罕灭后,成吉思汗曾以王罕服用之物赐乞失力黑等二人,《秘史》第一八七节:

> 太祖再于巴歹、乞失力黑二人行,将王罕的金撒帐②并铺陈金器及管器皿的人尽数与了。

英人雷弗提(Raverty)译注术兹扎尼(Juzjani)书,所引回教材料,亦有类似之记述,惜未注明其出处:

> 王罕败后,成吉思汗获其金帐(Kharġah),用以赐巴歹(Bādāe)及乞失力黑(Ḳishlīk)。厥后答剌罕之徽识,即用王罕金帐一条悬于其头巾之上也。③

以下二人,《秘史》、《史集》等书,未见受答剌罕之封,惟受"九罪弗罚"之特权,此答剌罕所享受多种特权之一也。

1. 者勒篾(Jelme)。成吉思汗部下勇将有四狗(《秘史》作朵儿边那合思,Dörben Noqais)、四杰(《元史·木华黎传》作掇里班·曲律。《秘史》作朵儿边·曲律兀惕,Dörben Külügüt)之目,者勒篾者四狗之一也。者

---

① 按 darqan,音译为"答儿罕",甚为正确。但有元一代,通作"答剌罕",此种 r 前母音重现于 r 后之现象,在元代甚为普遍,如 Turqaq 之译为秃鲁华,Qarluq 之译为哈剌鲁,Qorchi 之译为火鲁赤等,皆 r 前母音亦复于 r 后读出之例也。
② 赵翼《陔余丛考》卷三三有"撒帐"一条,乃中国汉唐以来婚仪之一,与此无涉。《元朝秘史》蒙文第一八七节阿勒坛·帖儿篾(Altan terme),旁注云金撒帐,其式虽不详,似为一种大毡所制之金帐。彭大雅《黑鞑事略》"居住"条徐霆疏云:"金帐……其制即是草地中大毡帐,上下用毡为衣,中间用柳编为窗眼,透明,用千余条索拽住,阈与柱皆以金裹,故名。……穹庐有二样:燕京之制,用柳木为骨,正如南方罝罳,可以卷舒。面前开门,上如伞骨,顶开一窍,谓之天窗。皆以毡为衣,马上可载。草地之制,以柳木织成硬圈,径用毡挞定,不可卷舒,车上载行。"王罕之金撒帐,当即金帐之可卷舒者。所谓大毡者,即脱罗(toroq)毡,《元史》卷一〇〇《兵志三》:"各以脱罗毡置撒帐,为取乳车。"《元朝秘史》蒙文第一八九节"察罕脱罗黑"旁注云白大毡。是撒帐之大毡,即所谓脱罗毡也。至于取乳车,蒙名酝都,《元史》同卷:"酝都者,承乳车之名也。"
③ 术兹札尼著,雷弗提英译:《亚洲诸回教王朝史》,第九四三页注文。

勒篾，兀良哈氏（Uriangqat）。《元史》无传，《史集》所述事迹亦甚略，惟《秘史》独详。除其汗马之劳外，曾救成吉思汗及拖雷之命。据《秘史》第一四五节，帖木真与泰赤兀战，颈疮甚，者勒篾为吮其血；及帖木真夜半复苏，渴，索饮，者勒篾复裸入敌营，为盗乳酪以饮之。据《秘史》第二一四节，尚曾与博尔忽共杀某塔塔儿人，以救帖木真之幼子拖雷于呼吸存亡之际。

然则者勒篾之忠勇，固足以受上赏，而其一再救成吉思汗父子于千钧一发之际，则固与其他诸答剌罕相同也。《史集·部族志》"兀良哈"条称之为 Jalma Ūha，拉施都丁自注云：Ūha 者，盗贼、劫路贼、勇敢人之义。① 其所以得此诨名者，当即因其黑夜身入敌营而盗乳酪，救成吉思汗也。一二〇六年成吉思汗论功行赏，赐予者勒篾"九罪弗罚"。

2. 失吉忽秃忽（Shigi Qutuqu）。失吉忽秃忽是塔塔儿部（Tatar）人。据《秘史》（第一三五节及第二一四节），亦为月伦夫人四养子之一，成吉思汗以第六弟视之。据拉施都丁《部族志》"塔塔儿"条，此人为成吉思汗养子，成吉思汗甚爱之。② 拖雷幼时，为泰赤兀人抢去，失吉忽秃忽夺之归，并追杀其人。一二〇六年，赏以"九罪弗罚"，盖以此也。失吉忽秃忽为蒙古断事官（扎鲁忽赤，Jarghuchi）。《黑鞑事略》黩货可畏之胡丞相，亦即此人。其生平事迹散见拉施都丁《史集》、《秘史》中，甚略。

就援救成吉思汗之恩德言，以下三人亦有受答剌罕封赏之资格：

1. 蒙力克·额赤格（Monglik Ejige）。蒙力克，晃火坛部（Qōngqotān）人。③ 父察剌合老人（Charaqa），于成吉思汗幼年，为之挽留叛者而死（《秘史》第七二—七三节）。后王罕设计诱杀成吉思汗时，汗因蒙力克劝阻，得免于难（《秘史》第一六八节）。父子均有大恩于孛儿只斤氏（Burjiqin）。

---

① 《史集》贝勒津刊本，《丛刊》第七册，第一八九页。
② 同上书，第七三—七七页。
③ 同上书，第二——二一二页。其人《元史》无传，仅卷一九三《伯八传》著其世系。钱大昕《廿二史考异》卷一〇〇"伯八儿合丹氏"条云："按目录以伯八儿标题，以合丹为伯八儿之氏，今检传中，两举伯八名，皆不连儿字。又《元秘史》载蒙力克额赤格事甚详，即此传之明里也赤哥也。《秘史》谓其族为晃合坛氏，丹坛声相近，则儿乃晃字之讹。"钱氏之说甚是。但予检明洪武刻本及乾隆四年刻本目录，固皆以伯八标题，无儿字。同治间江苏书局刊本标题为班巴尔，则钱氏所据者，当即其祖本也。由此亦可见改译之可笑误人。

2. 孛徒（Butu）。孛徒，亦乞列思部（Ikires）人。依《亲征录》及《元史》本传，答兰版朱思（Talān Bāljüs）之战，遣使告变。

3. 特薛禅（Dai Sechen）。特薛禅，弘吉剌部（Qongqirat）人。依《亲征录》，哈答斤（Qataqin）诸部阿雷泉之盟，欲袭成吉思汗，特薛禅遣人告变。

以诸答剌罕之功业推之，此三人未受答剌罕之封号，似甚不当，岂以蒙力克为后父①，孛徒为妹婿，特薛禅为外家，或裂土封王，或视同父子，所以不再别赐特权欤？

四、答剌罕所享受之特权

叙述蒙古诸答剌罕之事迹既竟，兹再探讨赐授此号之标准。《秘史》第二〇三节译文：

> 成吉思汗说："这驸马并九十五千户已委付了，其中又有功大的官人，我再赏赐他。"

依吾人所知，成吉思汗初起时之答剌罕，除《史集》、《秘史》皆未著录之抄兀儿外，悉在此"又有功大的官人"之列。足见此种官人，皆于普通功业之外，别建殊勋，故受特别待遇。但此处所谓"又有功大的官人，我再赏赐他"者，实与蒙古原文之意不符。原文云：

土撒塔纳	莎余儿合勒	斡克速
恩有的　行	恩赐	与
Tusatan-a	Soyorghal②	Ügsü

---

① 屠寄《蒙兀儿史记》卷三谓蒙力克为成吉思汗族父，乃臆说。其所以称额赤格（父）者，依《部族志》"晃豁坛"条，殆因成吉思汗以其母月伦太后妻蒙力克也。（贝勒津刊本，《丛刊》第七册，第二一二页）

② 关于此字，见《通报》，一九三二年，第五二页。

意谓"于有恩的人们，给与恩赐"。是此类官人之所以格外受赏赐者，非因其更有大功，乃因其别有大恩也。有功者助成成吉思汗之事业，有恩者乃曾救护成吉思汗之性命。就某种意义言，一属公，一属私，须分别视之，未可混为一谈也。对于成吉思汗创立基业有功者，则委任为万户、千户之官。质言之，万户、千户之号，乃所以酬有功，依其勋业之大小，能力之高下，分别授之。其对成吉思汗有恩者——尤其对其个人生命或其儿辈之生命有救护之恩者，则更以答剌罕之号报答之。质言之，即于普通功臣应享之封赏外，别授数种特权，《秘史》所谓"我再赏赐他"也。举实例言之，速不台、兀良合台、阿术三世功业，元代功臣中罕与伦比，然而未闻其家何人受答剌罕之号，以其只对孛儿只斤氏有功，对可汗私人无恩也。搠奶子之锁儿罕失剌及牧人乞失力黑辈，才能功业均不足齿数，徒以曾脱成吉思汗于难，故特授答剌罕之号，而得"自在快活"，享受"九罪弗罚"之优待，即以其曾于某种场合下，肯冒生命危险，拯救成吉思汗或其儿子于死亡边缘也。

关于答剌罕所享特权，《秘史》及志费尼（Juwayni）《世界征服者传》均有明文规定，兹汇录于下，以资比较。《秘史》第一八七节：

> 太祖再于巴歹、乞失力黑二人行，……将客列亦惕汪豁真姓的人就与他两个做宿卫的，教带弓箭。饮酒时，又许他喝盏。直至子孙行教自在快活。厮杀时，抢得财物，打猎时，得的野兽，都不许人分，尽他要者。

又《秘史》第二一九节：

> 成吉思汗说："依着您（锁儿罕失剌）那地面内自在下营，再教您子孙行许他带弓箭，喝盏，九次犯罪休罚者。"又说："教您每自在，出征处得的财物，围猎时得的野兽，都自要者。"

志费尼于宪宗即位时（一二五一年）身历和林，见闻甚确，其述答剌罕之特权云：

> 豁免一切赋税。在战争中或围猎中所获之一切物品，独自有之。无

须特别许准，随时可入宫禁。九次犯罪之后，始受传讯，但此种则例之遵行，亦只限于舍有死刑之罪。①

如依雷弗提所引，尚有"答剌罕不受一切烦扰"②一语，似即《元朝秘史》第一八七节赐予巴歹、乞失力黑"自在快乐"之意。

兹据《秘史》及志费尼书所记，答剌罕享受之特权，可归纳为下列八点：

（一）许喝盏；
（二）教带弓箭；
（三）九罪弗罚；
（四）俘获独自有之；
（五）猎获独自有之；
（六）自在下营（即自由选择牧地）；
（七）无须取得许可，随时可见可汗；
（八）免除赋税。

第（三）、（四）、（五）三项，为东西史料所共有。（七）、（八）两项，独见西书，第（八）项尤为回教国家所重视。至于（一）、（二）两项，不见西史，独为中国史籍所乐道。兹特爬梳元代史籍，分别诠释于次。

（一）许喝盏

《秘史》所谓喝盏，乃天子宴飨时之一种礼节。元人亦称之曰"月脱"（ötök）之礼，其详细仪式《辍耕录》卷二一"喝盏"条曾详言之：

> 天子凡宴飨，一人执酒觞，立于右阶；一人执拍板，立于左阶。执板者抑扬其声赞曰"斡脱"，执觞者如其声和之曰"打弼"，则执板者即一拍。从而王侯卿相合坐者坐，合立者立。于是众乐皆作，然后进酒，诣上前。上饮毕授觞，众乐皆止，别凑节以饮陪位之官，谓之喝盏。盖沿袭亡金旧礼，至今不废。诸王大臣非有赐命不敢用焉。斡脱、打弼，

---

① 巴托尔德：《蒙古入侵时期的突厥斯坦》，第三八五页。（补：志费尼：《世界征服者传》，波耶尔［Boyle］英译本，一九五八年，第三八页。）
② 术兹札尼著，雷弗提英译：《亚洲诸回教王朝史》，第九四二页。

彼中方言，未暇考求其义。①

李文田《元秘史注》卷八云："按'斡脱'即洪皓《松漠纪闻》所云浑脱酒也。"李注殊误。《松漠纪闻》无浑脱酒之记载。浑脱二字，虽元代以前已著录，但非用以名酒。元《张光弼诗集》卷三《辇下曲》有"挏官马湩盛浑脱"之句，明叶子奇《草木子》卷四下"盛酒乳之皮袋曰浑脱"。② 李氏所言，殆指此。《元史》卷一五四《石抹按只传》："叙州守将，横截江津，军不得渡，按只聚军中牛皮作浑脱及皮船，乘之与战。"③ 是浑脱即皮囊，不惟与斡脱无关，且非专用以名盛酒之皮袋也。法国伯希和主张，蒙文 ötök（斡脱）一字，译言进酒，系借用突厥文 ötüg，译言"请"也。"打弻"乃借自突厥文 tabiq 或 tabuq，译言敬献。④ 即一傧唱曰"请酒"，一傧应曰"敬献"。其说乃探源之论，宜为学者所首肯。依《秘史》"饮酒时，许他喝盏"，及《辍耕录》"诸王大臣，非有赐命，不敢用焉"之文推之，当为成吉思汗允许答剌罕用天子饮酒之礼，非谓天子饮酒时答剌罕作执板之傧相也。伯希和以 ötökle'ül 为主格动词使役式，故亦作如是主张。然就元代诸答剌罕碑传考之，则有与此说正相反者，虞集《道园学古录》卷十六《孙都思氏世勋之碑》：

---

① 《马可波罗行纪》记大汗饮酒时之情形云："大汗将饮，宫内众乐皆作，侍臣诣前进杯，再直退三步，跪下。大汗举杯时，与宴臣民皆跪，表示敬意。于是大汗始饮。"（Ricci 英译本，第一三二页）明代陈诚、李暹于帖木儿帝国所见者，亦与此同。《西域番国志》云："凡宴会之际，尊者饮，则下人皆跪。"叶子奇《草木子》卷三所记，亦与此同："把盏则三跪：谓举盏至尊者前半跪；退三步执台全跪；俟尊者饮毕，起前接盏，又半跪。"吾人读上述三种记载，则蒙古宫廷饮酒时之情形，可以见矣。
② 漠北有八珍，马妳子即其一也。彭大雅《黑鞑事略》记蒙古人制马妳子之注云："贮以革器，须洞数宿，味微酸，始可饮，谓之马妳子。"徐霆疏云："用手沛下皮桶中，却又倾入皮袋撞之。"耶律铸《双溪醉隐集》卷六《行帐八珍诗序》："䴢沆马酮也，汉有挏马官。"注曰："以韦革为夹兜，盛马乳挏治之。"所谓浑脱，当即此处制马妳子之皮袋、革器、韦革夹兜也。
③ 《多桑蒙古史》（此据冯承钧译本）第一卷第七章引伊本·阿昔尔（Ibn alAthir）《全史》（Kamil-ut Tewarikh）述蒙古人渡河之方法云："者别（Jebe）及速不台（Söbötei）二军不用舟梁渡暗木河（Amu），蒙古军以牛皮裹树枝作鞯，藏军械服用于中，系鞯于身，手握马尾，随以泳水，举军截流而济。"冯承钧所译之鞯即浑脱也。西历一二四五至一二四七年，东行之教廷使节普拉诺·迦尔毕尼（Plano Carpini）所见蒙古渡河之皮舟，亦即此物：渡河之人，各有一圆形轻皮，周缘密设活结或扣眼，用绳穿入其中而紧括之，遂成一腹状之圆鞯，置衣服及他种什物于其内，再用力压缩衣服及皮囊。置鞍辔及硬物于其中间，渡者本人亦即坐其上。（里施［Risch］德文译本第一七〇页）吾人读伊本·阿昔尔及普拉诺·迦尔毕尼之文，则渡河之浑脱可以见矣。
④ 《通报》，一九三〇年，第三三页。

> 国家凡宴飨，自天子至亲王，举酒将釂，则相礼者赞之，谓之喝盏，非近臣不得执其政，故以命之。

依虞集之说，乃国家宴飨时，由答剌罕执行月脱之礼，非答剌罕宴饮时许喝盏也。但虞集此说实别有所本，辗转传述，遂致错误。钱大昕《潜研堂文集》卷三一《跋道园类稿》云：

> 碑志之文，近于史者也，而其家持行状乞文者，未必知旧章，秉笔者承其讹而书之，遂为文章之玷。……道园能古文而未究心史学，故有此失。

此钱竹汀评虞集《鲍君实墓志》及《张宣敏公神道碑》之语也。今可移用此语，以说明虞氏对答剌罕所享特权之误解。马祖常《敕赐太师秦王佐命元勋之碑》云：

> 至顺元年，特命，王有大勋劳于天下，凡宴飨赐月脱之礼，国语喝盏也。

马祖常之语，亦不甚明白。其记述最当者，则莫如刘敏中《丞相顺德忠献王碑》：

> 因赐御帐什器，及宴饮乐节如宗王仪。

此碑所谓御帐什器，即指王罕之"金撒帐"并器皿（《秘史》第一八八节），亦即雷弗提所引之 Khargah 也。所谓"赐宴饮乐节如宗王仪"，即《秘史》"饮酒时许喝盏"，及《辍耕录》"诸王大臣，非有赐命，不敢用焉"之意。《元史》卷一三八《伯颜传》：

> 又命，凡宴饮视诸宗王礼。

其与刘说正合。是哈剌哈孙碑文与《元史》均足证《秘史》之是，虞集所记之非也。

（二）教带弓箭

《秘史》"教带弓箭"一语，依照蒙文原意宜解为允许答剌罕之宿卫佩带箭筒①，马祖常《敕赐太师秦王佐命元勋之碑》：

> 王（伯颜）定大难，诛戮既多，宜防不测，赐怯薛歹（Kesiktei）百人，灭里吉（Merkit）百人，阿速（Asut）百人，俾朝夕宿卫王左右，以备非常。

《元史》伯颜本传与此略同，此可为《秘史》答剌罕自有"带箭筒的宿卫"之佐证。关于此点，虞集《孙都思氏世勋之碑》所述亦不合：

> 宿卫之士，必有其长，为之怯薛官，亦非贵近不得居此职，则以命之。

虞集之说，施之于赤老温（Chilaghun）固甚恰当。盖成吉思汗命四杰世领怯薛之长，而赤老温即四杰之一也，若施于巴歹、乞失力黑辈，则殊不合。盖怯薛之长，不能于四杰子孙之外求之也。② 如解为允许答剌罕有带箭筒之宿卫，则不过表示其礼遇之隆，与可汗等，与元代怯薛制度始无冲突矣。

明代鞑靼官制，多沿元代之旧，故仍用答剌罕之号。王鸣鹤《登坛必究》卷二二译打剌汗为头目，则此号在当时似不甚尊荣。其加赏此号之法规，明王士琦《三云筹俎考·封贡考》所附《夷语解说》"打儿汉"条，言之颇详：

---

① 《秘史》第一八七节。
② 《元史·兵志二》"宿卫·四怯薛"条："太祖功臣博尔忽、博尔术、木华黎、赤老温，时号掇里班·曲律（Dürben Külügüt），犹言四骏也。太祖命其世领怯薛之长，怯薛者，犹言番直宿卫也。凡宿卫每三日而更，申酉戌日，博尔忽领之，为第一怯薛；……亥子丑日为博尔术领之，为第二怯薛；寅卯辰日木华黎领之，为第三怯薛；巳午未日赤老温领之，为第四怯薛。"并参阅箭内亘《元朝怯薛考》。

凡部夷因本管台吉阵前失马，扶救得生，或将台吉阵中救出者，加升此名。如因救台吉自身阵亡，所遗亲子或孙，酬升此名。亦有各色匠役，手艺精能，造作奇异器具，升为此名。

所谓台吉者，同书注云"是王子孙"，即太子之蒙古读法。然则明代鞑靼授予答剌罕之制，仍与元代类似，即所以报部下救台吉性命之恩也，惟不识所享特权仍与元代相同否。

清朝于降服蒙古后，仍多用其旧有官号以封之，达儿汉即其一也。惟所受待遇与前大异。《蒙古游牧记》卷一云：

　　各部蒙古有功加达儿汉号者，增加俸银二十两，俸缎四匹。达儿汉者，有勤劳之谓。

答剌罕昔享"自在快活"、"九罪弗罚"等特权，至此仅增俸银二十两，俸缎四匹。答剌罕制度演变至此，已无足轻重矣。

五、元朝之答剌罕

元末杨瑀《山居新话》有答剌罕一则，陶宗仪曾闻杨氏口述，故《辍耕录》卷一"大军渡河"条亦记其事。杨氏云：

　　至顺间，余与友人送殡，见其铭旌粉书云："答剌罕夫人某氏。"遂叩其家人云："所书答剌罕是所封耶？是小名耶？"答曰："夫人之祖，世祖皇帝收附江南时，引大军至黄河，无舟可渡，遂驻军。夜梦一老曰：'汝要过河，无船，当随我来。'引之过去，随至岸边。指示曰：'此处可往。'遂以物记其岸。及明日，至其处，踌躇间，有一人曰：'此处可往。'想其梦境，遂疑其说。上曰：'你可先往，我当随之。'其人乃先行，大军自后从之。果然此一路水特浅，可渡。既平定，上欲赏其功，其人曰：'我富贵皆不愿，但得自在足矣。'遂封之为答剌罕，与五品印，拨三百户以养之。"今其子孙尚存，予每以此事叩人，皆未有知者。

钱大昕以为此事传闻失真，时代有误。《十驾斋养新录》卷一四"辍耕录"条云：

> 世祖取江南，初未亲在行间。其时河南久入版图，何至济军无舟，时势绝不相应。此必太宗壬辰春由河清县白坡渡河事，而误以为世祖也。

钱氏并引《金史·乌林答胡士传》以证其说。窃以为就史事言，钱氏之说，固不可易，顾此故事怪诞不经，殊难以置信。若其人果能于顷刻之间为太宗解决军事上之困难，太宗曲从其请，赐以答剌罕之号，则亦与蒙古国初封赐之例不甚相背。

成吉思汗之后、忽必烈之前，新授之答剌罕，亦颇见于《元史》。惜叙述简略，已不能详其封赏之故。若窝阔台时代，畏兀儿人乞赤宋忽儿，《元史》卷一二四《哈剌亦哈赤北鲁传》仅言赐号答剌罕，至《世祖本纪》所称邢州二答剌罕，钱竹汀早已考之详矣。

忽必烈时代彻兀台氏麦理[①]，曾受答剌罕封号，《元史》卷一三二本传：

> 从定宗略定钦察（Qibchaq）、阿速（Asut）、斡罗思（Oros）诸国，从宪宗伐蜀有功。世祖即位，诸王霍忽叛，掠河西诸城。麦里以为帝初即位，而王为首乱，此不可长。与其弟桑忽答儿率所部击之。一月八战，夺其所掠札剌亦儿、脱脱怜诸部民以还。已而桑忽答儿为霍忽所杀，帝闻而怜之，遣使者以银钞羊马迎致麦里，赐号曰答剌罕。

如以成吉思汗报恩之旨，审视麦理一生事业，则其人殊无膺受答剌罕之资格。成吉思汗时代，此种人物苟可获得斯号，则答剌罕已多至不可指数，

---

① 元代蒙古人称汉人曰札忽歹，波斯人音译作 Jauqut，参阅《国学论丛》第二卷第一号陈寅恪先生《元代汉人译名考》。自钱竹汀以后，学者公认彻兀惕即召兀烈惕，但其音颇与 Jauqut 相近。

无足贵矣。或者此人功业失载，传文不足以表见其殊勋，亦未可知。然就下列各种材料观之，则元初封赏答剌罕号之规定，确较蒙古初年大变，待遇亦大不同。《元史》卷一二三《月里麻思传》：

> 岁辛丑（一二四一年，窝阔台十三年）[月里麻思]使宋议和，从行者七十余人。月里麻思语之曰："吾与汝等奉命南下，楚人多诈，倘遇害，当死焉，毋辱君命。"已而驰抵淮上，宋将以兵胁之曰："尔命在我，生命顷刻间耳。若能降，官爵可立致；不然，必不汝贷。"月里麻思曰："吾持节南来，以通国好，反诱我以不义，有死而已。"言辞慷慨不少屈。宋将知其不可逼，乃囚之长沙飞虎寨，三十六年而死。世祖深悼之，诏复其家，以子忽都哈思为答剌罕，日给粮食其家人。

此人之功业至多可与郝经等，郝经仅"锡宴大庭，赏赉有差"（《元史》卷一五七《郝经传》）而已，而对月里麻思子忽都哈思竟赐授答剌罕，殆以其种属色目，特别优待之欤？抑世祖时天下承平，宗室少锋刃之危，凡能临难不苟免者，即以答剌罕号授之耶？

就以上数例观之，成吉思汗以后、忽必烈以前，答剌罕之号，已非用以报恩，仅为赏赉功臣之衔号，质言之，仅以答剌罕部分特权酬某种功业而已，其意义与普通官号无异，较蒙古初兴时迥殊矣。

此种变迁，就当时诸汗生活观之，亦甚自然。盖帖木真幼年本一漠北牧童，躬冒矢石，手创大业，九死一生之时机最多，故一二〇六年称成吉思汗时，回思功臣往昔舍命救己之恩，不能不特予上赏，以示尊异。其对本人无恩者，纵有大功，亦弗轻授，以见此号之特贵。至于忽必烈时，漠北可汗已变为大都天子，警跸森严，远离尘寰。帖木真幼年之危险，决不复见于和林金帐或大都宫阙。故遂以报恩之号转以酬有功也。

一二〇六年所授之答剌罕，仅限于曾援救成吉思汗之数蒙古人而已。厥后色目、汉人归之者众，所建勋业，亦甚炳耀；故窝阔台新授之答剌罕，即有乃蛮人（乞赤宋忽儿）。然汉人尚未见有受此封号者，足见当时对此号之授予，犹甚严格，未尝轻易假人。至忽必烈时，不惟变报恩为酬功，即汉人亦得受之矣。《元史》卷一五九《赵璧传》：

> 中统元年，［赵璧］拜燕京宣慰使，时供给蜀军，府库已竭。及用兵北边，璧经画馈运，相继不绝，中书省立，授平章政事，议加答剌罕之号，力辞不受。

赵璧，云中人，依当日种族定义，属于汉人。璧虽辞谢不受，是答剌罕之号亦可授予汉人矣。《元史·食货志》著录贾答剌罕及塔剌罕刘元帅二人，未详其事迹如何；顾就二人姓氏言，似皆为汉人也。

《元史·仁宗纪》之丑驴答剌罕（即《泰定帝纪》之丑驴答剌罕），《泰定帝纪》之阿昔儿答剌罕，与《顺帝纪》之秃秃答剌罕，均不详其事迹与赐授此号之故，或亦袭其先世旧封，如哈剌哈孙及脱欢父子之例欤？至于《武宗纪》三宝奴之赐答剌罕（并参《新元史》卷一九九），则恐与嗣后加赐权臣之意义同。

泰定以后，权奸擅政，威福自作。答剌罕一号似成权臣必有之官衔。钦察氏燕铁木儿（El-Temür）推翻甘麻剌（Kamala）系，移帝位于答剌麻八剌（Dharmapala）后裔之手。故天历元年（一三二八年），文宗御极，即加燕铁木儿以答剌罕之号，使其子孙世世袭之。然就其后日官衔"开府仪同三司、上柱国、太师、太平王、答剌罕、中书右丞相、录军国重事、监修国史、提燕王宫相府事、大都督领龙翊亲军都指挥使司事"观之，亦实与以后伯颜二百四十六字之官衔同科。盖此蒙古旧号，在成吉思汗时代，极为尊贵，故此辈权臣，于富贵之极时，亦于其一串中国官号内，加入此北族旧有之答剌罕一号，借以自娱。

当日助纣为虐者，尚有其子唐其势，及其弟撒敦与答邻答里（或作答里）等。答剌罕本为世袭之号。唐其势或以为不足以报其功，故文宗至顺元年（一三三〇年）十月，对撒敦与唐其势并赐答剌罕之号以宠异之。至于答邻答里，在元统元年（一三三三年）十月前，亦已有答剌罕官衔。是此钦察氏一门，同时有四答剌罕。统观蒙古一代，无人可与比拟矣。唐其势尝诉权相伯颜曰："天下本我家之天下也。"然则区区一官号之赐授，尚何足道哉！

燕铁木儿后，权相为蔑儿吉䚟氏（Merkit）伯颜（Bayan），其所署官衔，计二百四十六字，答剌罕即其所署官衔之一也。《元史》卷一三八《伯颜传》：

[文宗]至顺元年，文宗以伯颜有大功，不有异数，不足以报称，特命尚世祖阔出（Köchü）太子女孙曰卜颜的斤（Buyan Digin），分赐虎士三百，怯薛丹百，默而吉军、阿速军百，隶左右宿卫。……又命，凡宴饮视诸宗王礼。

按宴饮视诸宗王礼及自有宿卫，乃答剌罕所享之两种特权，已见上文，即《秘史》许喝盏、教带弓箭二事，亦即前引马祖常《敕赐太师秦王佐命元勋之碑》所举月脱之礼及赐宿卫也。惟《元史·伯颜传》似非直接采用马祖常碑文，故文句略有差异。所可疑者既享受此二种特权，即已为答剌罕矣，换言之，非答剌罕不得享受此二种特权，而本传则云：

顺帝元统三年，诏谕天下，用国初故事，赐伯颜以答剌罕之号，俾世袭之。

此诏乃元统三年（一三三五年）七月戊申所下（见《元史》卷三八《顺帝纪》），与马祖常碑文记文宗所赐二特权，当均无可疑。顾何以伯颜先赐特权，后赐名号，而撒敦则又先赐名号，后赐特权乎？若谓当时名号与特权已分，则此空洞名号，尚复何贵之有？此殊不可解者。

伯颜为其侄脱脱（Toqto）所逐，大义灭亲，时称贤相。脱脱既柄政，"诏封其父马札儿台（Majartai）为忠王，及加答剌罕之号。马札儿台辞。……监察御史普鲁台言：右丞相马札儿台辞答剌罕及王爵名号，宜示天下，以劝廉让，从之"。时马札儿台以太师就第，是答剌罕至此直成一封赠空衔矣。

至正四年，河决白茅堤，又决金堤，方数千里，民被其患，五年不能塞。至正九年冬，脱脱用贾鲁计，请塞之，以身任其事。……至正十一年，乃奏以贾鲁为工部尚书，总治河防，使发河南北兵民十七万，役之，筑决堤成，使复故道，凡八月成功。……于是天子嘉其功，赐世袭答剌罕之号。（《元史》卷一三八及卷一四二《顺帝纪》）

脱脱号称贤相，其答剌罕号之获得，犹止在治河，则元末答剌罕之赐授,最正当者,亦仅用以赏有功,盖无疑矣。

"九罪弗罚",为答剌罕所享特权之一,然而撒敦、答邻答里及唐其势并伏诛,伯颜及脱脱皆谪死,则中叶后答剌罕之特权尚何足恃哉!

六、伊利汗国及帖木儿帝国之答剌罕

西北三藩之答剌罕,吾人以史料缺乏,不甚明晰。依拉施都丁《部族志》"斡罗纳儿"(Ūrnāūt)条,巴歹(Badai)及乞失力黑(Qishiliq)二答剌罕,俱属 Ūrnāūt Kelengūt 部,故世人称其部曰 Kelengūt 答剌罕,其属人亦以答剌罕自号。① 洪钧《元史译文证补·太祖本纪译证》上,述及巴歹、乞失力黑时,引拉施都丁语:"今有货勒自弥答剌罕、土蛮答剌罕、萨塔克答剌罕,皆此二人之后裔。"吾人手头无《史集·成吉思汗传》,未能参证,但在贝本《部族志》则谓巴歹后为答剌罕货剌习迷(Tarkhan Khwarizmi)及 Sādāq 答剌罕;乞失力黑后为 Aqartāi,而 Aqartāi 在哀德蛮本复作 Aqūtāi②。阿拉伯字母 r 与 u 形近,固易致误;然与洪书之土蛮较,则完全不同,就蒙古人名言,窃谓 Aqutai(阿忽台)较可取。

波斯伊利汗(Il Khan)国,对此官号似不甚重视,故其对臣民封授亦甚滥。拉施都丁叙述合赞汗(Gazan Khan)清除积弊整理庶政之事颇多,其"猎捕"条云:

> 设有人捕得或购得一堪供行猎之鹰豹者,可以求封为答剌罕(Tarkhan,质言之,豁免一切赋税之人),因是便有扰民之特权。每年取得此号之人,为数甚众。③

答剌罕一号之价值,仅与一鹰豹相当,则此号之不为伊利汗所尊重,可以知矣。大抵伊利汗国之答剌罕,仅享有豁免赋税之权,可以自由骚扰人

---

① 《史集》贝勒津刊本,《丛刊》第七册,第二二一—二二二页。
② 哀德蛮:《概况》,第一〇九页。
③ 冯译《多桑蒙古史》第六卷,第一四五—一四六页。

民，其地位与意义，远逊于东方汗廷矣。

关于帖木儿帝国答剌罕之制度，吾人于避寇流离之中，无直接史料可供参考，兹将俄人巴托尔德（W. Barthold）所陈述者，介绍于下：

> 帖木儿帝国，每遇皇室节日，必宣布都城居民一律升为答剌罕。质言之，免除赋税也。但只有个人获得答剌罕号者，始能脱离纳税阶级，升入贵族阶级。此种答剌罕证书，乃汗所颁发，至今尚有存者。伏尔加河区，在俄国统制之下，直至亚历山大第二时代，授予答剌罕之制度，尚继续实行。将首都居民一律蠲免赋税之法，十八世纪末期，月即别（Üzbeken）时代，犹未废除。异密麻速惕（Emir Mas'ûd）于即位之初，曾宣布卜花儿（Bochara）居民悉为答剌罕，一律免除赋税。①

七、结语

依吾人研究，答剌罕乃漠北历史悠久之官号，始见于蠕蠕，曰塔寒；继为突厥所袭用，曰达干，为专统兵马之武职官号；以后回纥、达旦皆沿用之。降至南宋，在五城之地畏兀儿族中，仅成一世袭空名而已。

迨蒙古勃起，其号始贵。蒙古万户、千户之设，所以酬有功；而答剌罕之号，则专用以报私恩，大体对可汗本人或其子孙有救命之恩者，悉封以此号。其所享特殊权利，中国所重视者，为月脱、宿卫等礼仪。回教史料所乐道者，则免除赋税等实惠。至于"九罪弗罚"，则东西史籍皆有记载。明代鞑靼官名，多因元旧，故答剌罕之授予，仍以报恩为主。降至清代，仅为赏有功者之空衔而已。

成吉思汗以后，皇帝生命之危险甚少，答剌罕亦因之变为酬功之空号。成吉思汗时代，答剌罕皆其亲信，及元朝建立，则色目、汉人亦可受封矣。元之季世，权奸擅政，威福自作，然犹以加答剌罕之号为荣，朝廷且往往为之诏谕天下，以示崇异。足见终元之世，此号迄为其君臣上下所重视也。

---

① 巴托尔德：《中亚突厥史十二讲》（W. Barthold, *12 Vorlesungen über die Geschichte der Türken Mittelasiens*），柏林，一九三五年，第二三三—二三四页。

成吉思汗帝国之西方支派，亦有此制，质言之，即膺受答剌罕号者免除赋税是也。此制至十八世纪末，尚见实行云。

（原载《华西协合大学中国文化研究所集刊》一九四〇年第一卷第二期）

蒙古答剌罕考增补

（一）元俞希鲁《至顺镇江志》卷九第九页梁相《大兴国寺记》：

薛迷思贤（Semizkent）① 在中原西北十万余里，乃也里可温（Erkegün）行教之地……公（马薛里吉思，Mār Sergis）之大父可里吉思（Körgüz），父灭里，外祖撒必，为太医。太祖皇帝（成吉思汗）初得其地，太子也可那延（Yeke Noyan）病，外祖舍里八（Sharbat）马里哈昔牙（Mār Hasia）徒众祈祷始愈。充御位舍里八赤（Sharbachi）本处也里可温答剌罕（Darqan）。

吾人于此，又得一成吉思汗时代之答剌罕。据梁相撰记，马薛里吉思外祖对太子也可那延有恩，故膺受答剌罕封号，此与吾人所已求出之封赠原则，完全相合。所谓太子也可那延者，即成吉思汗幼子拖雷也。按拖雷此号，《圣武亲征录》、《元史》及《史集》均见著录。《圣武亲征录》：

壬申（应为癸酉），四太子也可那延、赤渠驸马（Chigü Gürgen）率兵尽克德兴境内诸堡而还。

《元史·太祖纪》：八年，"攻德兴府，皇子拖雷、驸马赤驹先登，拔之"。二书所纪，同为一事，录用其号，纪用其名耳。王国维《圣武亲征录

---

① 薛迷思贤之贤，乃坚之误。陈援庵先生著《元也里可温考》业已指出，贤坚二字，上半全同，"思贤"二字又常作人名，殆妄人改之也。按突厥语 Semiz 华言肥，Kend 华言城。薛迷思坚译言肥城，今撒马尔罕。

校注》并引《元史·祭祀志》（卷七四）睿宗主题曰"太上皇也可那颜"以证之。至于波斯材料方面，拉施都丁《史集·太祖本纪》所记更详：

> 四子图里（Tūlūi，史作拖雷）亦称也可那延，又曰兀鲁黑那颜（Ulugh Noyan），义皆为大。……拖雷（Toli）义为镜，薨后蒙人讳言图里，称镜为库思古（Küzkü），突厥语镜也。①

按西欧文字 Sherbet、sorbet、scherbett 乃阿拉伯文 sharbat 之借字，为一种清凉饮料。舍里别赤者，制造舍里别之人也。

古叙利亚文 Mār②，义为师；Hasia③，义为圣；Mār Hasia 乃景教对主教之称呼④。然则"外祖舍里八马里哈昔牙徒众"一语，意义殊欠明晰，殆《大兴国寺记》之作者，对上举诸字字义不甚了然也。大抵拖雷于西征途中病危，马薛里吉思外祖为景教主教，以所制舍里别饮拖雷，并率其徒众为之祈祷，拖雷适于是时病除，成吉思汗感其救济之恩，因赐以答剌罕号以酬之。

（二）《元史》卷二二四《忙哥撒儿传》："宪宗既立，察哈台之子按赤台等谋作乱，刳车辕，藏兵其中以入。辕折兵见，克薛杰见之，上变。忙哥撒儿发兵迎之。按赤台不虞事遽觉，仓卒不能战，遂悉就擒。"志费尼《世界征服者传》、拉施都丁《史集》均详载此事，谓窝阔台诸孙失烈门、脑忽、脱脱三王合谋，阴辇兵器来赴蒙哥即位大典，企图作乱。适有蒙哥之司鹰者（Qushchi）克薛杰（Kesege）因寻觅失驼，误入其军中，发现车上满载兵器，急驰还告变。蒙哥遂遣忙哥撒儿等率兵捕三王。为酬报此次功劳，乃授克薛杰以答剌罕之号，赏赉甚厚云。⑤

---

① 洪钧：《元史译文证补》卷一下，第三三页；《多桑蒙古史》，冯承钧汉译本第二〇六页。
② 唐代摩尼教亦用 Mār 一字称教士，此云师，译音为"米"。参阅《通报》，一九一三年，第七八九页；冯承钧汉译：《摩尼教流行中国考》，第八页。
③ 牟尔（C. Moule）：《一五五〇年前中国的基督教徒》（Christians in China before 1550），一九三〇年，第一四七页。
④ 《通报》，一九一四年，第六三七页。
⑤ 补：志费尼和拉施都丁二人书，五十年代以后都有欧洲文字译本。此据《世界征服者传》，博埃尔（J. A. Boyle）英文译本，第五七四—五七六、五九五页；《成吉思汗的继承者》，即《史集》第二卷，博埃尔英文译本，第二〇七—二〇九、二一七页。

（三）《元史·世祖纪》言邢州有两答剌罕，未举其名。据《元文类》卷二五刘敏中撰《丞相顺德忠献王碑》，丙申年（一二三六年）启昔礼受封顺德以为分邑（邢州即顺德，今河北邢台）。然则所谓邢州两答剌罕者，乃乞失力黑、巴歹之后裔也。钱大昕《廿二史考异》卷八六《元史·太宗纪》"孛鲁带、邢州"条，据《太宗本纪》及《食货志》"岁赐"条亦曾言之：

> 《世祖纪》邢州有两答剌罕，其一为启昔礼（Qishiliq），即哈剌哈孙（Haraghasun）之大父，其一则《太祖纪》所谓把带（Badai），即〔食货志之〕八答子也。

（四）南俄金帐汗国，亦有答剌罕制度，其特点约与波斯伊利汗国同，顾刻下流寓西川，莫由见俄国史料，仅能由普通俄史稍得消息耳。

十三世纪俄国分裂最甚，往往一小王公，富强尚不及一大地主。迨十四世纪，反抗遂起。各大城王公，力图恢复境内主权。大抵自称大王（Velikii Kniaz'），而强制其境内小王纳款称臣，凡拥有大量产业之寺院或地主而隶属于小王者，大王必尽力夺取其管辖权。其法即以所谓答剌罕（tarkhan）之免释状颁与多数僧俗地主也。就一方面言，此种免释状允许地主对其产业领域内人民有管辖权，就另一方面言，除大王外，则解除其对任何人之隶属关系。①

（五）《秘史》tusa 译为恩，动词 tusala 一译为"济"，成吉思汗用答剌罕封号以报恩人，则动词"济"字，更足表示此制之特点矣。盖成吉思汗功臣虽多，一旦身临危险，未必即能得其济，换言之，功臣对可汗本人是否有济，乃可遇而不可求之机会，遇此机会而能济其危者，其人即为"家人"、为"圉人"，亦必以答剌罕之名号及特权授之。

（六）十七世纪末法人彼第思（Petis de la Croix，一六二二—一六九五）受路易十四宰相哥勒白尔（Colbert）命，著《伟大成吉思汗传》（一七二二年英译本名 *History of Genghizcan the Great*）。书中引用 Abu'l-Faraj（一二二六—一二八六）《历代史略》，列举答剌罕所享之特权，顾 Abu'l-Faraj 书中关于蒙

---

① 巴托尔德：《中亚突厥史十二讲》，德文版，第二三三—二三四页；G. 威尔那茨基：《俄国政治及外交史》，一九三六年，第一一八页。

古史部分之材料，悉取自志费尼《世界征服者传》，故其所举特权，悉与巴托尔德《蒙古入侵时期的突厥斯坦》第三八五页所引者同。

（原载《华西协合大学中国文化研究所集刊》一九四一年第一卷第四期）

蒙古氏族札记二则

《辍耕录》蒙古七十二种

明初陶宗仪《辍耕录》卷二一"氏族"条列举蒙古七十二种，其中部名错误、重复，问题不少。昔钱大昕著《元史氏族表》已指出其中"不无重复讹舛"，以为瓮吉歹等十种皆重复。日人箭内亘用《元朝秘史》、《圣武亲征录》、《元史》及多桑书互相比较，以为七十二种之中，若除去重复者，实仅四十八种，若再减去其可疑者，则仅有四十种上下而已。二氏所举之数字可否凭信，兹不暇论，惟其中确有重复讹舛，则固毫无疑问也。至于何以一表之内有若许重复，吾人现已不能起陶九成而问之，仍无从解答。惟吾人就七十二种名称稍加考察，觉其重复之处，颇有次第规则可寻，试用数目字表示部族名称在表中之次序，立见其彼此重复者，多相连续：

  24. 散术兀歹 25. 灭里吉歹 26. 阿大里吉歹
  55. 撒术歹   56. 灭里吉   57. 阿大里力歹

         27. 兀罗兀
  58. 马札兀歹 59. 兀罗罗兀 60. 答答儿歹

  28. 别帖里歹 29. 蛮歹   30. 也可抹合剌
  61. 别帖乞乃蛮歹   62. 也可林合剌

……35. 木里乞 36. 外兀歹 37. 外抹歹
……64. 术里歹 65. 忙古歹 66. 外抹歹乃

取下行与上行比较，译音用字虽稍有不同，然大体皆同名异译，吾人颇疑陶九成原有二表，其译名或完全相同，或略有差异，殆著者除其全同而留其略异者，合为一表，遂致重复不可究诘。惟吾人所欲讨论者乃第三组上行三个连续之部族名，与下行比较，多一蛮歹，下行 61 与上行 28 相较又多下半乃蛮歹，若谓上行 29 蛮歹即为乃蛮歹，则又少一乃字；第四组 37 与 66 比对，66 又显然多一乃字。部族名称之后加一歹字，乃常例，此歹字后之乃字，必为蛇足，求之拉施都丁书，绝无以乃字结尾者，故吾人以为 66 外抹歹所多之乃字正即 29 蛮歹所少者也，此点箭内氏亦早已见及。

吾人既假定 29 蛮歹即乃蛮歹，则 61 别帖乞乃蛮歹应为两个部族，陶九成误合为一者。其表中第三种忽神忙兀歹（Hushin Manqut）即其一例。或别帖乞乃蛮歹为一部名而著者将别帖里歹乃蛮歹误分为二，亦属可能。或别帖乞为乃蛮之分族，可称为别帖乞乃蛮歹，如札剌儿分族有察哈部，故《元史》卷一二四称忙哥撒儿为察哈札剌儿氏，吾人欲解答上列诸疑问，则非求助于波斯材料不可。

依《史集·忽必烈传》，阿里不哥第二妃子忽图黑塔·合敦为乃蛮分族 Kūchūkūr 人（布洛晒刊本，第五六二页）。此族即《元朝秘史》第一五八节之古出古惕，为乃蛮不亦鲁黑汗所自出之氏族。乃蛮为大国，分族应不止此。惟此部不见于《部族志》，在别种材料中，无论为中文为蒙古文，亦未之见。

贝勒津校刊之《部族志》"乃蛮"条中，特举出 Bīkīn 一部，居近乃蛮帐幕，且与之相结合。另一部亦名 Bīkīn，亦与乃蛮同居，惟属于汪古部（Öngüt），此两部名在哀德蛮本中，前者为 Tīkīn，后者为 T. B. Kī。其居近乃蛮帐幕之部族，由《辍耕录》考之，似应读 Betegin 或 Betegi，即别帖乞也。此部既与乃蛮相结合，当然为其分族，是别帖乞乃蛮歹之名称，与察哈札剌儿同矣。质言之，乃蛮为部名，别帖乞其分族也。

至于 Naiman 一字，在蒙古文意为八。十二世纪漠北突厥种之乃蛮部名称，东西学者一般均认为即由此蒙古字而来，惟吾人于此似不能不发生怀疑者，即当日人口众多、幅员广大之突厥部族何故取一蒙古字作其部族之名称乎？《蒙兀儿史记》著者似即曾怀此疑问，故对此部名称之解释曰："乃蛮突厥语，数之八也。"按突厥语八为 altï，与乃蛮音读无干，其说实难成立，然著者不以 Naiman 为蒙古字则甚是也。十二世纪漠北部族以百数，除极少数外，其名称大概不能解释，与其自作聪明，强作解人，究不如多闻阙疑以待贤者。窃以为柔克义（Rockhill）在其译注之《鲁不鲁克纪行》中曾主张 Naiman 为突厥语光明（light）之意（见第一〇三页），其说远较蒙文八字之说为优，似可从也。

乃蛮为突厥种，别帖乞当亦属突厥人，然则依元代种人之分类言，两部均应属于色目，不当列入蒙古集团中。日人箭内氏即曾作如是主张，惟吾人须知蒙古初期部族之分类，以拉施都丁《部族志》为最详，但其分类全属传说，且史料来源不一，同书之内自相矛盾者不一而足，如果用《辍耕录》分类之法以律拉施都丁书，则克烈当列入色目矣。

雪你惕与合卜秃儿合思的译名

屠敬山《蒙兀儿史记》"蒙兀氏族表"及柯凤孙《新元史》"氏族表"，均著录大量他处绝未之见之怪名词。细读一过，知其中许多人名地名，全属译人之误译。盖波斯文蒙古史料之专门名词，抄写人最易将音点误置、倒置或漏略，西方译者如不加考证，任意译写，必致错误。我国译人据以转为华言，自不能不随之错译。又因当时中外译人，多昧于蒙古语之元音和谐律，对于译音用字之规则，毫不讲求，遂致屠柯二家巨著，蒙受损失，实冤枉之至。今以雪你惕及合卜秃儿合思两族译名为例，请言其以讹传讹、辗转因袭沿误之状。

拉施都丁《史集·部族志》"雪你惕（Sūnīt）"条云：

名为 Qīrqīn 之部族，出自雪你惕。①

此 Sūnīt 即《元朝秘史》之雪你惕，其名今尚为锡林郭勒盟之苏尼特旗所使用。《元史》中名速你带、薛尼带者亦甚多，皆 Sunitai 之对音。《秘史》之雪你惕与拉施都丁书之 Sūnīt 译音亦极密合，本不致发生丝毫异议，不幸

---

① 《史集》贝勒津刊本，《丛刊》第七册，第五五页。

哀德蛮所本之拉施都丁书写本误写 Sūnīt 为 Suweit①，遂致中外学者枉耗许多心血。

英人霍渥儿思（Howorth）著其《蒙古人史》第一卷时，即采哀本 Suweit 及多桑本 Sūnīt 之两种译写。②柯氏重译之《部族考》，系根据哀本③，故译 Suweit 为苏畏亦特，以为乃与雪你惕绝不相关之部族。故在其《新元史·氏族表》中分别列为两表。柯氏虽在苏畏亦特之下注明"一作苏尼特"，但未考虑苏尼特即《史集》、《秘史》雪你惕之今译。故在尼而伦派（Nirun）之后另举雪你台及格泥格思二部，谓"俱尼而伦派，拉施特书遗之，今补"。④吾人于此深感中外译者误人之深矣。

屠氏《蒙兀儿史记·蒙兀氏族表》知其为异文，弃而弗取。但屠氏则谓"主因，柯侍讲译'部族考'作苏畏亦，音尚近，唯以为即苏尼特氏，大误"。⑤屠氏一方面以 Sūnīt 之误写 Suweit 为东西学者聚讼不决之主因（*Juyin），另一方面又不承认柯氏一作苏尼特之说，是其对于此部族误解之深与柯氏等。

海屯（Haithun）《东方史》中著录 Sonic 一部，德人里施（Risch）谓即 Sūnīt⑥，甚是。t 变为 c，似应以突厥字 Tigin（特勤）在蒙古文变为 Chigin（赤斤）之现象解释之。

阿拉伯字母 u 与 ü 不分，据《蒙古源流》，知 Sūnīt 当读为 Sünit，与《秘史》雪你惕较，正合。蒙文 Süni，意固为夜，如径以该部之祖夜生，故名雪你惕⑦，似无根据。蒙古人名有不少沿用突厥之旧者，部族名称似亦有此现象，雪你惕、雪干（Sügen）等部之名，或系来自突厥之苏尼、高车之薛干等部名也。

雪你惕部人绰儿马罕（Chormaqan）为蒙古初期西征之将帅。柯氏未注

---

① 哀德蛮：《概况》，第三四页。
② 霍渥儿思：《蒙古人史》（H. Howorth, *History of the Mongols*）第一卷，伦敦，一八七六年（以下简称霍渥儿思书），第二五页。
③ 根据柯氏《译史补》释音可以推知，兹不赘述。
④ 《新元史》卷二八"格泥格思"条注文。
⑤ 《蒙兀儿史记》卷一五三，第三六页下。
⑥ 见里施（Friedrich Risch）之《普拉诺·迦尔毕尼行纪》（*Johann de Plano Carpini*），第一〇八页译注引。
⑦ 《蒙兀儿史记》卷一五二，第十九页。

意苏畏亦特即雪你惕之讹误，乃于其氏族表苏畏亦特部中译 Chormaqan 为察儿马根（卷二八第三九页），而于卷一五〇绰儿马罕传称其为斡帖格歹氏，是柯氏视此蒙古大将为氏族各异之二人，误矣。

Qīrqīn 族在俄人贝勒津校本所引 D 本中作 Qbnrqn①，在多桑本作 Caïronnes②，在哀德蛮本作 Kabterun③。霍渥儿思于其《蒙古人史》中采用哀德蛮之译写。④ 柯氏《新元史·氏族表》及其所译《部族考》，亦直接或间接兼采多桑及哀德蛮之译写，译 Caïronnes 为喀伊伦，译 Kabterun 为喀泼特伦，谓喀伊伦亦曰喀泼特伦。⑤ 贝勒津对此 Qīrqīn 当有考证，惜手头无其译本，未能参考。洪钧《元史译文证补·部族考》佚，不知其对此部有无解说。

按 Caïronnes、Kabterun、Qīrqīn 及 Qbnrqn 四字，乃同一部名之四个异写，其中当然仅有一是，其余三者悉讹。亦或四者俱误，无一正确。假如其中果有一是，则何者为误，何者为是？假如四字俱讹，则正确者又当如何译写？此吾人所当解决之问题也。

柯氏《氏族表》"苏畏亦忒"条无条件地承认喀伊伦与喀泼特伦异名同实，其故若何，未加说明。至于此部族在中文史料中有无相当之名称，则更未提及。

《蒙兀儿史记》在译音勘同上，比较注意，惜为时代所限，尚未能解决此种问题。其《蒙兀氏族表》"主因"条下注云：

> 阿亦里兀惕部郝华（Howorth）书作也鲁忽依，柯侍讲新史作喀伊伦，皆重译之音差。

此说非是。据目前所见拉施都丁书诸写本，尚未能断定其书中有无《秘史》第五三节阿亦里兀惕之部名。至于郝华书（指霍渥儿思之《蒙古人史》）之 Yerkui（柯译也鲁忽依）乃转抄哀德蛮书第四一页之译写。而哀德蛮译写

---

① 《史集》贝勒津刊本，《丛刊》第七册，第五五页。
② 冯译《多桑蒙古史》第一卷，第一六八页。
③ 哀德蛮：《概况》，第三四页。
④ 霍渥儿思书第一卷，第二五页。
⑤ 《新元史》卷三八，第三八页。

之 Yerkui，是否正确，尚待取其波斯原文与中文材料比对，方能决定。

按 Yerkui 为塔塔儿分族之一，波斯原文作 Barqūī。用以与《秘史》塔塔儿分族比对，实应读为 Barqūt，即《秘史》塔塔儿分部之备鲁兀惕，盖 b 与 y 乃音点之误，t 与 i 形近而讹也。屠氏以雪你惕支族 Caïronnes（喀伊伦）当塔塔儿分族之 Barqut，殊不足取。

然则 Caïronnes，或 Kabterun，或 Qīrqīn，或 Qbnrqn，果当中文材料中何部欤？吾人以为拉施都丁既以 Qīrqīn 为雪你惕之支族，则在拉施都丁书以外之蒙古传说如《元朝秘史》中，当亦有与雪你惕族有关之氏族。《秘史》第四七节云：

> 抄真斡儿帖该生六子，一名斡罗纳儿，一名晃豁坛，一名阿鲁剌惕，一名雪你惕，一名合卜秃儿合思，一名格泥格思，就做了这六等姓氏。

斡罗纳儿，即拉施都丁《部族志》之 Ūrnāūt，晃豁坛即 Qōngqotān，阿鲁剌惕即 Ārlāt，雪你惕即 Sūnīt，译音密合，均毫无可疑。独合卜秃儿合思与格泥格思，颇不易于拉施都丁书中求其对音。昔俄人巴拉第（Palladius）曾译《永乐大典》十五卷本《元朝秘史》为俄文，未知其对此二族，有无研究。嗣后波兹德涅夫（Pozdnief）根据中文音译蒙文本，将第一卷蒙文复原。一九一〇年法人布洛晒复将第一卷第一至六十节译为法文。① 布洛晒对于人名地名之勘同，用力甚勤，除参考施密德（Schmidt）刊行之蒙文《蒙古源流》及与《元朝秘史》有姐妹关系之拉施都丁书外，并搜得俄国波兹德涅夫复原之蒙文本，以资比较。布洛晒以为格泥格思（Geniges）即拉施都丁之 Gänigit（译写略误），兹姑不论；又将合卜秃儿合忽复原为 Khabdour Khaghu。② 布洛晒未说明其所以如此复原之理由，且未说明此种复原系出自波兹德涅夫抑系由其本人自造，依吾人揣测，当系由波兹德涅夫复原而为布洛晒所采用者。故吾人不妨以"波兹德涅夫-布洛晒之说"称之。彼等以合卜秃儿（Khabdour）当作一字，以合忽（Khaghu）当作一字，有何理由，亦未加

---

① 《拉施都丁蒙古史导言》(*Introduction āl'histoire des Mongols de Fadl Allah Rashīd ed-Din*)之附录，第二七二—二九八页。
② 十五卷本汉译作"忽"，十二卷本作"思"，由是知布洛晒所据者亦为《大典》本。

说明。而此部在《秘史》中又仅此一见，故吾人苟无旁证，实不能批评其是非。惟就所有蒙古部族名称观之，率皆一名一字，无一个部名由两字构成者[1]，此吾人所当注意者也。

此合卜秃儿合思，在《秘史》为雪你惕之弟兄。依吾人推想，当即拉施都丁《部族志》雪你惕分族之 Qīrqīn（或 Caïronnes，或 Kabterun，或 Qbnrqn），但合卜秃儿合思与此四字读音，颇不相类，固未可贸然谓其"音差"也，吾人遍校刻下所能接触之拉施都丁书，发见哀德蛮《古突厥人、塔塔儿人及蒙古人概观》（即《部族志》德文译本第三四页）所据抄本，原作 Q.b.t.r.q.s.，用以与合卜秃儿合思比对，知其音读必为 Qabturqas，中波双方译音，毫厘不爽，不胜欣快。惜哀德蛮无中文材料供其参考，且受多桑 Caïronnes 译音之影响，竟摈而弗取，致令东西学者沿误至今，实可浩叹！

Qabturqas 既即《秘史》之合卜秃儿合思，则其在蒙古史中之面貌，顿时改观，吾人取以校多桑后百余年来东西蒙古史家之著作，则所有关于此部之讹误，均可迎刃而解，《大典》本《秘史》合卜秃儿合忽之忽字，乃与思字形近而讹，由是复可证明波兹德涅夫-布洛晒复原之 Khabdour Khaghu 毫无足取，不惟合卜秃儿与合思不能分开，其所复原之一 ghu（忽），实沿袭汉译之误写。至于多桑之 Caïronnes，依其译例推测，原文当为 Qirun，哀德蛮之 Kabterun，则为 Qbtrūn。今用多桑、哀德蛮、贝勒津诸异写，与 Qbtrqs 彼此互较，均有脱误。惟贝勒津所引 D 本之 Qbnrqn 与 Qbtrqs 最近，所差仅尾母形近而讹，及一字母音点倒误而已。

拉施都丁书虽未言雪你惕之所出，但依其部族分类之定义言，此二族当属于"言语面貌类蒙古而本为突厥后称蒙古之集团"。如用拉施都丁之定义以范围《秘史》，则二族在《秘史》中同属尼伦系（Nirun），与其在拉施都丁书中列于札剌儿、塔塔儿等部集团不同，惟《秘史》与拉施都丁书，乃代表二种平行之蒙古传说，吾人固未可是甲而非乙，亦未可彼此互相调和也。况成吉思汗三世以上世系，无论根据何种史料（《元朝秘史》、《辍耕录》及

---

[1] 或以为槐因兀良孩及《辍耕录》卷一"蒙古七十二种"中之也可·抹合剌及别帖乞·乃蛮歹皆二字部族名，何故谓蒙古部名无二字构成者？按槐因兀良孩意为林木中兀良孩。槐因意为森林，仅表示此种兀良孩人所居之地方而已。至于也可·抹合剌，不过是一个部族名的形容词而已。别帖乞·乃蛮歹业已在前文中加以讨论，兹不赘述。

《元史·宗室世系表》、拉施都丁书、《蒙古源流》）无不互相龃龉，更无问各族之所出矣。

（原载《华西协合大学中国文化研究所集刊》一九四〇年第一卷第二期）

元史研究之回顾与前瞻

研究历史，须先搜集材料。材料经考订、分析、综合、贯通后，始能写成历史。在目前之中国，欲以关于元史之中西材料分析贯通而编为历史，则为时尚早。故今日所欲言者，在探讨我国过去研治元史者之工作，及吾人今后应努力之方向而已。

现存正史尽为史料。以二十四史而论，学者向以《元史》为最坏，盖至正二十八年（一三六八年）闰七月元帝北遁，十二月明太祖即下令纂修《元史》，上距元亡才四阅月，即距二次开局亦仅一年。时间仓促，自不能无懈可击。

当时承命纂修诸臣，对《元史》似亦不甚满意。如参与史局之朱右即曾作《元史补遗》十二卷。其书虽佚，但吾人顾名思义，可知躬与其役者，事后亦憾其书缺漏甚多也。有明一代，学者对《元史》虽不满意，顾其书为"昭代所修，未敢议及"，故仅作正误、续编、补遗等工作，未见有发愤重修、取而代之者。如永乐中胡粹中《元史续编》即为好例。

清初，邵远平作《元史类编》四十二卷，其书一名《续宏简录》，乃续其祖邵经邦之《宏简录》也。自谓除采用《元文类》、《经世大典》、《元典章》等书外，复广收元人文集以补《元史》之缺遗，今就其书观之，邵氏当时所能见到之材料而彼未之见者尚多，盖其目的在续"祖录"，并无意推翻旧《元史》也。

至钱大昕，始欲别为编次，以成一代之信史，所撰《元史稿》一百卷，未成书。一九○五至一九○六年间，日人岛田翰至江浙访书，犹曾见钱氏手稿，据其所作《访余录》，谓曾见钱书二十八册，缺前二十五卷。范希曾《书目答问补正》及一九三○年《通报》伯希和（P. Pelliot）文中，均曾据岛田翰书,推测钱稿尚未全亡。希望有好事者起而刊行之,以慰元史学者之渴望。钱氏自谓有重修《元史》之志,归田以后便即搁置,今仅有《艺文志》及《氏族表》二书行世。吾人虽未见竹汀残稿,但据《潜研堂全集》,即可知其搜集材料之能力,如元人普通著述外,兼访释道二藏,纸上材料外,又旁及金石文字,倘钱氏书成,则后之改造元史者,必不至若是之多也。

清末魏源作《元史新编》九十五卷。时值鸦片战争之后,中西交通日渐发达,历史范围因之扩大。魏源修《海国图志》时,知元代西北二藩所及甚远。遂继钱氏后,发愤重修元史。其书亦未完成。光绪末年始有刊本。今读魏氏书,不惟体例不能使人满意,即其所采外国史料,如马礼逊《外国史略》、玛吉思《地理备考》,亦均无史料价值。盖魏氏为时代所限,虽知海外有新史料,而尚无搜求之门径也。

魏源系湖南邵阳人,其同乡有曾濂者,作《元书》一百〇二卷,大抵以魏书为蓝本,稍加若干史事而已。就史料言,益不足道矣。

* * *

迨洪钧《元史译文证补》出,乃为元史开辟一新大陆焉。四十年来,国内治元史者,犹多不能出洪氏矩矱。考其成就,所以能如是之大者,除洪氏个人努力外,其所遭遇之时机,亦实一重要因素也。兹将欧洲东方学家研究蒙古史之情况稍述于后,以见洪钧西使时所遇机会之佳,及其所以能在《元史》上有巨大贡献之故。

西人翻译中文蒙古史材料,约始于明清之际。初,东亚、中国耶稣会士均受葡萄牙人保护。康熙时,法王路易十四闻而羡之,亦派六人来华。当时法国教士中有宋君荣(Gaubil)者,译《续宏简录》本纪十卷为法文,一七三九年出版。又有冯秉正(Mailla)者,将《通鉴纲目》、《续通鉴纲目》译成法文,计十三大册。其中第九册全为叙述元代史事者。顺治初,达海(Dahai)、厄尔德尼(Erdeni)等已译《元史》为满文(书名 *Dai Yuwan Gurun i Suduri Bithe*, 12 vols, 1644)。故冯书于元史部分,亦有参考满文译本处,一七七九年出版于巴黎。路易十四所遣派之六人中,尚有一人曰刘应(Visdelou)译《文献通考》之《四裔考》中塞北民族史料为法文(*Supplément à la Bibliothègue Orientale*),但其中无蒙古部分,此可不论。

十九世纪初期,俄人俾丘林(Н. Я. Бичурин)译《元史》之太祖、太宗、定宗、宪宗四本纪为俄文，惜其所据者为乾隆改译本，致使西方学者如多桑（Mouradgea D'Ohsson）、贝勒津（И. Н. Березин）等人时生误会。

中文元史史料既被介绍至欧洲，遂有人参用东西方材料起而著成蒙古史或注释蒙古史料者。

十九世纪初年，施密德（I. J. Schmidt）在外蒙传教，得蒙文《蒙古源流》，译成德文，一八二九年以蒙德合璧形式刊行于圣彼得堡（名 Geschichte der Ost-Mongolen und ihres Fürstenhauses）。时多桑书已出第一册，故施氏曾采用其所运用之中、西、回教材料作注解。

多桑利用回教与中文材料著成的《蒙古史》于一八二四年初版，一八三四——一八三五年再版，一八五二年三版。其书初版在施密德书之前，故施密德得参考其书。及再版时大加增补，复得参考施氏所译《蒙古源流》。除回教材料外，多桑采用三种中文材料（即前述之法译诸书）。在志费尼（Juwayni）、拉施都丁（Rashīd ad-Dīn）、瓦撒夫（Wassaf）等人书未全译为中文之前，其所采用之回教材料，仍有参考之价值。

哀德蛮（F. von Erdmann）执教于喀山大学。一八六二年作《不动摇的铁木真》（Temudschin der Unerschütterliche）。此书大体译自拉施都丁《史集》之《部族志》及《成吉思汗传》，但亦参用中国材料。如一八五七年俄人瓦西列夫翻译之《蒙鞑备录》，哀书即曾用之。

一八三三年俄国皇家学院悬金征求钦察汗（即金帐汗）史论文，其条件必须应用中国、中亚及钱币等材料。应征者仅哈麦尔（Von Hammer-Purgstall）一人。其论文即著名之《钦察汗史》（Geschichte der Goldenen Horde im Kiptschak, 1840）也。一八四〇年出版于匈牙利京城。一八四二年复著《伊利汗史》，出版于德国南部之达木施塔特（Darmstadt）。

英人霍渥斯（Howorth）继诸家之后作《蒙古人史》（History of the Mongols），第一卷出版于一八七六年，为中国部分之蒙古；第二卷（分二册）为金帐汗史，出版于一八八〇年；第三卷为伊利汗史，出版于一八八八年。霍渥斯不通东方语言，所用材料皆转手译著。惟其书为蒙古通史，读之可略窥蒙古族发展之轮廓。

上举诸书皆节译回教国材料及节录中国史料之译文而成之历史。

其发愤翻译波斯文重要蒙古史料之全书者，似始于俄人贝勒津。（按

Petis de la Croix 在十七世纪曾利用波斯、阿拉伯史料著《伟大成吉思汗传》)贝勒津根据波斯文之拉施都丁《史集》,于一八六一年译出《部族志》,一八六八年译出《成吉思汗传》前半部,一八八八年译出后半部。俄译与波斯文分册刊行。就蒙古史料言,拉施都丁《史集》与《元史》有同等重要性,惜译文为西欧不甚通行之俄文,故虽有三册译文,几与未译等。

* * *

公元一八八七年,即霍渥斯全书完成及拉施都丁《史集·部族志》及《成吉思汗传》有俄文译本之前年,洪钧出任德俄奥荷公使。洪氏本熟于西北地理,恰又际遇此难逢之时代与机会,故能在元史学上别辟一新天地。洪氏大概不能直接阅读西文书,为之收集材料与翻译者,有使馆馆员,洋文参赞金楷利等。其《元史译文证补·太祖本纪》即据贝勒津俄译拉施都丁《史集·成吉思汗传》重译为中文者。惟节略太多,未可全信。《部族志》亦有译文与考证,惜身后稿本亡失,不可复见。就史料言,仅《太祖本纪译证》可供参考,其余补传皆取材于多桑书,而多桑书今已有完全译本,故其书除考证外,已失去其时代价值。

洪氏之后,融合中西史料而改造元史者,有柯劭忞、屠寄两家。屠寄作《蒙兀儿史记》一百六十卷,缺若干卷,厘为二十八册,屠氏对于译名非常矜慎,但其工具及训练尚不足以解决其所遇之困难。如其书名"蒙兀儿"即系杜撰,不见著录。屠氏作《蒙兀儿史记》时,与柯氏相互交换新材料。屠氏有子相助,宜能为之广收西方史料,但其子皆非蒙古史专家,所译乞迷亚可亭(Jeremiah Curtin)之《俄国蒙古人》(*The Mongols in Russia*, 1908),以及《历史家之历史》(*History of Historians*)等书均无史料之价值。

柯劭忞作《新元史》二百五十七卷,费时达数十年,日本帝国大学特为此赠以文学博士之名誉学位,徐世昌为总统时,以之并入正史,颁定为二十五史。一般学者亦多以为《新元史》采撷钱大昕以来研究之结果,熔铸新旧材料于一炉,集元史学之大成。但吾人就其所用史料观之,用其书须严加审慎,《蒙兀儿史记》有自注,著者虽有武断处,吾人犹可凭其所据材料以定其是非。至于柯书则不然,无论新旧材料均不注明出处,遂至学者惮于引用,盖其所用旧材料犹完全存在,而所译新材料则甚难完全凭信也。

***

统观吾国元史研究之进步，可分五个阶段：明人虽不满意《元史》，而犹无发愤重修之意，不过仅做拾遗、续补等工作而已。此第一期也。

第二期之学者，已不甘于作《元史》之诤臣，若钱大昕、魏源等，皆曾爬梳群书，发凡起例，别造新史者也。

迨洪钧《元史译文证补》出，吾国学者始知《元史》之外，蒙古所征服及所接触之他种民族中，尚保存不少蒙古史料。于是柯劭忞、屠寄诸家，遂利用此种新发现之材料，而成其《新元史》、《蒙兀儿史记》等书。惟此期之学者，不惟不能直接阅读新史料之原文，且亦未能阅读欧洲东方学家之译文，全凭舌人为之重译。原译如误，重译自不能不误。即原译不误，由于舌人知识不足而致误者，亦不可胜数。此元史研究进步上之又一阶段也。

柯、屠之后，我国治元史者率皆通习欧洲语文。能直接阅读西人译著，不复再假舌人隔靴搔痒矣。唯元史史料非一般科学书籍可比。人名、地名、制度名有待于考证者又至夥。苟能勘同而未经勘同，则其人、其地在元史上即失去其意义与价值。盖域外重要蒙古史料，多为波斯、大食文字，字母与音点，最易错误，若不用中文史料与原文校对，则原文人名、地名，不惟泰西译者不能定其读音，即大食、波斯学者亦莫能定其写读。故吾国学人如但凭西人译文研究元史，则西人随意译写之舛误处，吾人必仍旧因袭莫能改正。质言之，即吾人绝不能跳出西人范围而别有所贡献也。近若干年来吾国元史研究所以仍少进步者以此，此元史研究之第四阶段也。

故吾人今后研究元史，于域外史料，决不能仍以贩卖西方译文、拾人牙慧为满足。必须直接阅读史料所在之原文，与中文材料作比较之研究。原文不易了解之处，将见中文材料往往可以解释之，中文材料不可解释之处，将见域外材料往往可以订正之。如是研究，始可扫荡洪钧以来元史著述上无数谬误，而渐趋于光明之境域。惟一人精力究有限度，无论如何渊博，绝难尽通与元史有关之各种语言文字，尽读与元史研究有关之各种研究论文。窃以为吾人今日应各本所长，分力合作，先校译波斯、阿拉伯、拉丁、俄、蒙古、亚美尼亚、西藏、突厥等文字中之蒙古史料，而成蒙古史料丛书。或仿施密德之译校《蒙古源流》，噶特麦尔（Quatremère）之译校《旭烈兀传》，原文与译文合璧，附加详细注释；或仿贝勒津之译校《史集》，忽达斯（Houdas）

之译校《札兰丁传》，原文与译文分装。然后考证者始有可信材料供比较，写史者始有可靠材料供运用。不然正确史料尚不可得，或竟不知已可运用之史料之存在，而遽写蒙古历史，则其书是否可以立足二十世纪之史学界，不难预知矣。

一九四〇年十二月十五日于成都
（原载《责善》半月刊一九四〇年第二卷第七期）

西北地理札记

一、楼兰故城在西域交通上之地位及其距阳关乌垒鄯善新都之道里

西汉初年，匈奴是汉朝北方最大的敌人。公元前二〇二年刘邦即皇帝位，逾年（前二〇〇年）即被匈奴围困于平城（大同），七日始解。嗣后匈奴辱骂吕后、蹂躏稼穑，汉家备受其骚扰与威胁。当日匈奴不仅据有蒙古全境，而且控制西域诸国，"引弓之民尽为一家"，汉家君臣上下认为，欲制匈奴，必须首先争夺西域，断其右臂，以削弱其力量，于是公元前一三八年遣张骞使西域进行凿空之业。

公元前一二六年张骞自西域归，汉人于西域地理始获得明确之知识。五年后（前一二一年）匈奴浑邪王降汉[①]，汉人始获得西通西域之交通路线。又十三年（前一〇八年），虏楼兰王[②]，敦煌与西域城郭诸国之交通始无被匈奴切断之虞。又三年（前一〇五年），汉与乌孙[③]和亲，经二十年之努力，切断匈奴右臂之理想竟得实现。又四年（前一〇一年），李广利伐大宛[④]之后，

[①] 浑邪休屠王故地即汉武威、张掖、酒泉、敦煌四郡。
[②] 楼兰故城，斯文赫定已于一九〇〇年发现。其废址当北纬四十度三十一分，稍西于东经九十度。王国维先生以为楼兰当在今罗布淖尔西北隅，不当在泊之东北隅。（《观堂集林》卷一七《流沙坠简序》）一九二七年徐旭生先生与斯文赫定同往新疆时，途中曾举此说以问之，博士答曰："王氏之说不误，但彼不知古淖尔与今泊并非一地。余所发见之城，固在今淖尔之东北，然实在古淖尔之西北，王氏之论非惟不能驳斥余等之说，反足以证成余等之说矣。"（《禹贡》半月刊第四卷第九期，《辨鄯善国在罗布泊南说》，徐旭生先生跋文）斯文赫定所发见者乃鄯善国故都，其新都详见后注。
[③] 乌孙治赤谷城，在勃达岭（Bedel）西，伊犁河（Ili）流域当为其故地。
[④] 即今费尔干纳（Fergana）。

置校尉屯田渠犁①，汉朝于西域始获得经营西北之根据地，自此以乌垒、渠犁为中心②，转兵东向，与匈奴共争车师前王庭③。及车师被汉控制，遂于乌垒设立都护治所，以树立汉人之统治权，建立抗击匈奴、管理西域之政治军事中心。

大抵两汉经营西域之目的，在凭借西域以东制匈奴，故西汉以乌垒为中心，东以车师前王庭为前卫；东汉则以柳中④为中心，东以伊吾⑤为前卫。汉朝之势力中心逐渐东移，即匈奴之国势日见削弱，故匈奴经营西域之中心，初在焉耆、危须、尉犁间⑥，及汉朝势力强大，遂东退于车师，再退于伊吾，而终退出于西域。

西汉经营西域之中心既西在乌垒，故阳关与都护治所间之交通线，即由玉门阳关⑦西经楼兰故城而直达乌垒之大道，盖西汉时车师与伊吾尚均在匈奴之手，势亦不能舍弃此道，而别采后世安西—哈密—吐鲁番之线也。中原与西域之交通既只有此线，则楼兰城在此线上地位之重要可想见矣。

二十年前王国维先生根据玉门塞上出土之木简，指出汉代西域南北二道分歧不在玉门阳关而当自故楼兰城始，则其城又非仅西域孔道上一普通据

---

① 徐松《西域水道记》卷二谓策特尔（Chadir）及车尔楚（Char-chï）"两程之间平原衍沃，南近［塔里木］河者渠犁故地，北近山者乌垒故地"。突厥语 chadir 译言"帐幕"，欧阳玄《圭斋集》卷九《赵忠靖公马合马沙（Muhmmad Shad）碑》云"茶迭儿者，国言庐帐之名也"，茶迭儿即 chadir 之元代音译也。突厥语 char-chï 译言"游行商人"，二地相去百六十里。又《汉书·西域传》"渠犁东北与尉犁接"，徐松补注云："敦薨水自今博斯腾淖尔（Bostan Naghur）溢出之河，渠犁在河西，尉犁在河东。"

② 见前注。

③ 车师前王庭治交河城，即今吐鲁番之雅儿城（Yar-Khoto）。

④ 柳中即今鲁克沁（Lukchun），其西北五十里哈拉和卓（Qara-Khoja）即汉高昌壁，西距雅儿城（汉交河城）九十里。

⑤ 伊吾又称伊吾卢，即今哈密。德人赫尔曼（A. Herrmann）以营盘当之，误甚（见其所著《楼兰》一书），盖此说只可迁就《后汉书·西域传》"伊吾北通高昌壁"，"北有柳中"之"北"字而已。蒙古人称哈密为 Qami，当地人称之曰 Qomul。伊吾卢与 Qomul，音译上当有关系。

⑥ 当地人称焉耆曰哈剌沙尔（Qara-Shahr），译言黑城。徐松谓危须城当在今博斯腾淖尔东南尉犁，见前注。

⑦ 汉代玉门有二，太初前之玉门在敦煌东，殆即今日玉门旧县。王国维《流沙坠简序》谓："太初以后之玉门关，以《括地志》所记方位道里言之，则在唐寿昌县西北百一十八里。今自敦煌西南行一百四十里，有巴彦布喇渴（Bayan Bulaq），陶氏（《辛卯侍行记》）以为唐寿昌县故址，自此西北百一十八里讫于故塞，则适在东经九十四度、北纬四十度之交，当九十四度稍西之［斯坦因所发现城关］废址，实为太初以后之玉门关。"至于阳关，《括地志》谓在寿昌县西六里，则二关得相通矣。

点，且为西域交通之咽喉矣。《观堂集林》卷一七《敦煌汉简跋》十四云：

> 今案汉时南北二道分歧不在玉门阳关，而当自楼兰故城始，自此以南则从鄯善傍南山北波河西行至莎车，北则东越车师前王庭或西趣都护治所，皆随北山波河西行至疏勒。故二道皆出玉门，若阳关道路止于婼羌，往鄯善者绝不取此，故西域传言"婼羌僻在东南，不当孔道"。《汉书》记北道自车师前王庭始，记南道自鄯善始，当得其实。然则楼兰以东实未分南北二道也。

王氏所言，至为详明，惜中外历史家之研究楼兰者或未见其文，或不信其说，大抵仍本旧传，谓西域南北二道自玉门阳关始，此实西北地理进步上之一大遗憾也。兹据《汉书·西域传》所载各国间道里再加推算，以实王氏之说，以证楼兰为西域交通枢纽。

《汉书·西域传》："鄯善国本名楼兰，王治扜泥城。"① 按汉昭帝元凤四年（前七七年）傅介子刺楼兰王，立尉屠耆为王，更名其国为鄯善，其国都由今罗布泊西北之楼兰废址迁于泊西南唐代之石城镇，当即在此时。

若楼兰故城为南北二道分歧之点，则由鄯善（质言即其新都）归汉者必先北至楼兰故城，再转道而东至阳关；由鄯善赴都护治所亦必先北至楼兰故城，再转道而西至乌垒；其由乌垒归汉或赴鄯善者方向相反，而所遵之道路则相同。

据《汉书·西域传》"鄯善"条，由鄯善新都去阳关一六〇〇里，去都护治所一七八五里，则由鄯善新都经楼兰故城至阳关与由鄯善经楼兰故城至都护治所道里之和为三三八五里。

据《汉书·西域传序》，都护治所经楼兰至阳关为二七三八里，则鄯善新都至楼兰故城之道里为三二三点五里（三三八五里减二七三八里除以二）。

由此吾人可以推知下列三地间之距离：

楼兰故城去阳关为一二七六点五里（一六〇〇里减三二三点五里）。

---

① 《唐书·地理志》"贾耽入西域道里"谓"自蒲昌海（罗布泊）南岸西经七十屯城，汉伊修城也。又西百八十里至石城镇，汉楼兰国也，亦名鄯善"。此唐代之石城镇当即汉代鄯善国新都，扜泥城似可为此新都之名。

楼兰故城去乌垒为一四六一点五里（一七八五里减三二三点五里）。

吾人既求得阳关去楼兰故城之道里为一二七六点五里，楼兰故城去乌垒为一四六一点五里，二数相加之和为二七三八里（一二七六点五里加一四六一点五里）。即阳关乌垒间之距离，与《汉书·西域传序》所志者完全相同，故知吾人之推算绝不错误，而由阳关赴北道之乌垒与赴南道鄯善等国者，其分歧之点不在玉门阳关而必在楼兰故城也。

且据上列数式不惟可知楼兰故城去阳关、乌垒、鄯善都城三要点之道里，更可根据所得数字以决定楼兰新旧二都城之方位。至于斯文赫定氏（Sven Hedin）所发现之废墟是否为楼兰故城，尤可以上列数目字验之。

由阳关赴鄯善新都者何故不取今罗布泊南之直线而反迂绕泊西北之楼兰故城乎？此读者应有之疑问也。按《汉书·西域传》所记各国都间之道路为都护设立后西域之孔道，宜与清代蒙古之军台大道相仿，孔道之外非别无他道可寻，但由汉代记载及挽近考古家在甘新发现之遗迹考之，孔道沿途皆有障塞、烽燧、仓库、守卒等设备。楼兰故城去鄯善国都才三百余里，由阳关直达鄯善国都，其距离绝不止一二七六点五里，为缩短三日程之距离而增加一千二百余里之军事设施，利害相权，吾知汉代参谋部之所从矣。

二、玉理伯里山之方位

公元一二四六年罗马教廷使节普拉诺·迦尔毕尼（Plano Karpini）经行 Koman 之地，谓第聂伯河、顿河、伏尔加河及押亦黑河（Jaik）四河流贯其境。① 后七年（一二五三年）法国圣路易（St. Louis）使臣鲁不鲁克（Rubruk）复经行其地，谓 Koman 即钦察（Qibchaq）。② 然则十三世纪之钦察地域，即今黑海、里海以北之大平原也。

成吉思汗西征时，钦察非统一之国家，《元史》、拉施都丁《史集》及

---

① 《迦尔毕尼行纪》，里施德译本，第二二四页。
② 《鲁不鲁克行纪》，里施德译本，第八六页。

俄国史籍所著录之钦察首领虽仅有亦纳思①、哈剌察儿②、八赤蛮③、合丹（Qotan）④、宽阔（Kunjak）⑤等人，而当时钦察部名之见于伯巴儿思（Baibars Rokn ad-Din）回教国史者则竟有十一部之多，此等部族名称诺瓦里（Novari）书曾转载之，故伯巴儿思书虽亡，吾人今日犹可见其名称也。⑥

蒙古既灭钦察，其人民与酋长自难免不被虏东徙。然蒙古之视色目人，

---

① 关于亦纳思之时代，《元史·土土哈传》殊不可据（参看冯承钧先生《西域南海史地考证译丛》所收伯希和著《库蛮》）。《元史·土土哈传》云："太祖乃命将讨之（亦纳思），亦纳思已老，国中大乱，亦纳思之子忽鲁速蛮遣便自归于太祖，而宪宗受命师师已扣其境。"太祖讨蔑里乞与宪宗征钦察，乃系两役，年代相距十数年。阎复撰《纪绩碑》及虞集撰《世绩碑》叙述至为分明。《纪绩碑》云："太祖征蔑乞国，其祖火都（Qodu）奔钦察。遣使谕亦纳思曰：汝奚匿予负箭之麋（《秘史》第一九九节作"中箭的鹿一般"），亟以相还，不然祸且及汝。亦纳思遣使者曰：逃鹮之雀，薔荟犹能生之，吾顾不如草木耶？岁丁酉，宪宗在潜邸，奉命薄伐，兵已扣境，公（土土哈）之父班都察举族迎降。"《世绩碑》云："太祖皇帝征乞思火都，火都奔亦纳思，遣使谕之，弗从。及我师西征，亦纳思老，不能理其国。岁丁酉，亦纳思之子忽鲁速蛮自归于太宗，而宪宗受命师师已及其国，忽都鲁速蛮之子班都察举族来归。"《元史·土土哈传》系以《纪绩碑》为蓝本，略参《世绩碑》而成，由于史臣笔削无方，竟删去丁酉二字，致使相距数十年之太祖、宪宗两次西征混为一事，惹起不少考证。甚矣！转手材料之难凭也。

又纪绩、世绩二碑，同出一源，详略处可互补，惟虞集长于古文而不甚明了史事，故其文集中所收碑文虽多采取成文，稍变字句，而一转手间辄乖史事。《纪绩碑》述太祖时所征者为蔑乞国（Merkit）火都（Qodu），且可由他史史源证明之。虞集撰《世绩碑》，删去蔑字，于乞字后妄加思字而成乞思，致与宪宗所征之蔑乞思（Mekes）相混，不知蔑儿乞为蒙古部族名，牧地在薛凉格河。蔑乞思为阿速都城，远在太和岭（今高加索山）之北，二者相去数千里，乌可以其音近而相混乎？所以怪者乾隆改译本《名臣事略》、《元史·土土哈传》均同此误，而荷兰 De Groot 译《土土哈传》，则又将麦怯斯误为蔑儿乞（参见伯希和：《库蛮》），古今中外，无独有偶，虞伯生可以解嘲矣。

又按"逃鹮之雀，薔荟犹能生之"一语乃北族当时流行之谚语。《元朝秘史》第八十五节逊都思人（Sūldūs）沉白（Chimbai）、赤老温劝其父锁儿罕失剌（Sorghan-shira）援救帖木真云：Sibaghuqan-i turumtai buta-tur qorqobasu butatur aburaju' ui（"雀儿被龙多儿赶入丛草呵，丛草也能救他性命"）。波斯人志费尼《世界征服者传》第一册第一九七页亦有类似记载。据云，有若干贵族避匿阔端（Köten）所，其母命其交出，阔端答曰：Baghās i altuyūr Ki az makhālib i baz ba-Khārbani panahad az Saulat amān mi yābad（"脱出鹰爪逃入荆棘之鸢鸟犹能免搏击而获安全"）。中国、蒙古、波斯三方面史料均有记载，足证此语在十三世纪流行之普遍。参看巴托尔德《蒙古入侵时期的突厥斯坦》，第四一页。（补：波耶尔译的志费尼《世界征服者传》一九五八年已出版，这个蒙古谚语在其英译本第二四二页。）

② 程钜夫云"其先以北方君长归国"，成都各图书馆无湖北先正遗书，故未能检《雪楼集》以考究此支钦察人之历史，兹据钱大昕《元史氏族志》卷二引文。

③ 《元史·宪宗纪》、《地理志》、《五行志》均有记载，又见布洛晒刊本第四一一—四四页。

④ 《多桑蒙古史》引俄国史，见冯译本卷一，第一四一页。

⑤ 《史集》贝勒津刊本，《丛刊》第七册，第一七一页。

⑥ 冯译《多桑蒙古史》卷一，第四〇页。

仅次于本族，故钦察人之仕于元朝而跃为一代名臣者颇夥，惟吾人苟就其在《元史》及现存元人文集中自有专传或碑铭者考之，见其人绝非来自钦察各部，殆悉出自玉理伯里山一地，质言之，殆悉与土土哈（Tūtqāq）先人同源，此读史者所不可不注意者也。①

此支钦察部人源出热河中部，本蒙古种，迨移居西北，雄长其地之后，始改名钦察，人民亦逐渐突厥化，屠寄于此早有详细考证②，伯希和氏亦有所论列③，此可不论，至其所徙之玉理伯里山果何在乎？《蒙兀儿史记·氏族表》"钦察"条注云：

玉里伯里，今乌剌儿岭、里海北，欧亚二洲之界山也。④

伯希和氏以玉理伯里之"原名好像是 Yür-beli"⑤而未确指其方望，按《元史》卷一二四《忙哥撒儿传》"朕讨定斡罗思、阿速、稳儿别里钦察之域"，稳儿别里即玉理伯里，伯氏拟测不足取。但据马可瓦尔特（Marquart）书谓：

---

① 史称土土哈祖居玉里伯里，《纪绩碑》作玉理伯里，《世绩碑》作玉黎北里。土土哈之外，《元史》卷一三一《伯帖木儿传》："伯帖木儿钦察人也。至元中充哈剌赤（Qarachi）。"哈剌赤，土土哈父班都察部属之号，见纪绩、世绩二碑。《元史》卷一三四《和尚传》："和尚，玉耳别里伯牙吾台氏。"袁桷《清容居士集》卷二六《玉吕伯里公神道碑铭》称伯行玉吕伯里氏，伯行即《元史》卷一三一之拜降，传称北庭人，盖史臣误玉吕伯里为别失伯里，而复用其古名也。钱大昕以元代北庭属畏兀儿，故于《元史氏族表》列拜降于畏兀部，复易北庭人为畏兀儿氏。《新元史》卷一五四易拜降为伯行，称玉吕伯里人，乃据袁桷集改，甚是，而《新元史·氏族表》则仍照抄钱氏书，称拜降，不称伯行；称畏兀人，不称玉吕伯里人，并漏其二子之名。一手成书，不应失检如此，自相矛盾。姚燧《牧庵集》卷一七《坤都岱公神道碑》称坤都岱（乾隆中改译如是，苟不能发现聚珍版之前，原辑之姚集，元代译名，殊不易复原。柯据改译之名收入《新元史》卷一五二，但《氏族志》复漏其人之世系）之父库春（亦改译）为钦察酋，太宗之世，贵由、蒙哥、速不台讨平之。以土土哈父班都察降蒙哥之例考之，亦有出玉理伯里山之可能，但未可必。《元史》卷一三一完者都及卷一三三完者拔都乃一人，传文仅称其为钦察人，惜不能求得《雪楼集》，不知能否据《林国武宣公碑》以定其族属。其余尚有苦彻拔都儿（卷一二三）及昔都儿（卷一三一），皆钦察人，因无旁证，不能知其族属。此外《新元史》卷二〇五增钦察人《兀鲁思传》。《元史》及碑传中所见之钦察名臣大略如是。
② 屠寄：《蒙兀儿史记》卷三，第二六页。
③ 《库蛮》，第二五页。
④ 《蒙兀儿史记》卷一五四《氏族表》"钦察"条。
⑤ 《库蛮》，第三〇页。《多桑蒙古史》卷一，第一四〇页转录之钦察十一部名中有 Elberli 一部，冯承钧先生亦以为似即玉理伯里。二说并待证。

他（钦察）的中心好像在兀拉山山中。①

二氏之说差同。今马可瓦尔特书无检阅机会，可置弗论。屠氏之说果有征乎？吾人遍检屠书，未见所本，则中文材料竟无足以定玉理伯里山方望之证据乎？

按自来东西学者之研究钦察部人土土哈，率皆于《元史》本传外，取材于虞集撰之《句容郡王世绩碑》，而忽略阎复所撰之《句容武毅王纪绩碑》。阎复之五十卷《静轩集》虽已久佚②，而此碑文则尚残存于苏天爵《国朝名臣事略》卷三中，惜今通行之聚珍本《元名臣事略》为乾隆中改译本，书内人名地名一律更改，致使《元史》之重要史源无法使用，殊可浩叹。幸清季归安陆心源据元统乙亥建安余氏勤有书堂元刊本③撰《名臣事略校补》四卷④，于补缺正误之外，兼将旧译专名一一注出，于是几同佚失之元代宝贵史料又得死而复苏，殊可庆幸。陆氏校补本《枢密句容武毅王传》引《纪绩碑》云：

公（土土哈）钦察人，其先武平折连川（Jeren Ke'er 译言黄羊甸）按答罕山部族，后徙西北绝域，有山曰玉理伯里（改为伊埒巴尔），襟带二河，左曰押亦（改为约罗），右为也的里（改为伊苏），遂定居焉，自号钦察。其地去中国三万余里。夏夜极短，日暂没辄出。川原平衍，草木盛茂。

《元史·土土哈传》悉袭碑文，惟删去押亦及也的里二河名，遂使玉理伯里山失其所在；又删去"川原平衍，草木盛茂"二句，遂致读者不能明了玉理伯里山所在之地形。吾人今读聚珍版《元名臣事略》，虽知此山左右有约罗、伊苏二水，亦绝不能知其为今日何水，进而推知玉理伯里山之方位，幸陆书注出二水旧译，则二水之今名及此山之方望遂得解决。

按押亦为突厥语 Yaiq 之音译，也的里为突厥语 Idil 之音译，乃伏尔加、

---

① 《库蛮》，第二五页。
② 清季缪荃孙据《元文类》、金石碑版辑得阎文四十三篇，釐为五卷，仍名《静轩集》，收入其所刻之《藕香零拾丛书》中。
③ 补：一九六二年已影印出版。
④ 收入《群书校补》卷一九至二二。

乌拉尔二河之中古名称。二水名亦见《元朝秘史》，第二六二节作亦的勒札牙黑，第二七〇节作阿的勒札牙黑（当分写），乃押亦及也的里之蒙古读法。至于突厥语押亦，蒙古语译作札牙黑者，盖有不少用 y 发声之突厥字，在蒙古语中皆作 j 也。如 Yasaq 在蒙古语作 Jasaq（札撒），Yalair（押剌亦儿）作 Jalair（札剌亦儿），皆是其例。此二水名西历五六九年已见著录，俄人布来特施乃德（E. Bretschneider）于其《中世纪研究》第三〇六—三〇七页曾搜集历代行纪中各种异写，可参看也。

然则所谓玉理伯里山者在今伏尔加及乌拉尔二河之间，《纪绩碑》称其地"川原平衍，草木盛茂"，以今地形图考之，则此山当不甚高大，且又必在此二河下游近里海处，似不能于其上游乌拉尔山中求之也。

三、钦察、康里、蒙古之三种伯牙吾台氏

《元史》卷一三四《和尚传》："和尚，玉耳伯里伯牙吾台氏。"玉耳伯里为钦察境内之山名，则和尚所自出之伯牙吾台氏（Bayaut）乃黑海、里海北钦察部之伯牙吾台氏也。十三世纪奈撒微（Nasavi）所撰《札兰丁传》（Sīrat as-Sultan Jalal ad-Din Mangobirti）称花剌子模沙（Khwarizm Shah）诸后妃中惟 Qothbed-Din 之母出于 Yemek 分族之伯牙吾台氏（Beyawout），Qothbed-Din 母与花剌子模沙摩诃末母后 Turkan 合敦同为康里部（Qanqli）人，则此伯牙吾台氏乃咸海北康里部之伯牙吾台氏也。①《元朝秘史》第一五节及第一二〇节均著录有巴牙兀惕（Baya'ut）姓氏，则又蒙古之伯牙吾台氏也。然则十三世纪蒙古与突厥种之钦察、康里二部皆有伯牙吾台氏，名称虽同，种

---

① 《札兰丁传》，忽达斯（O. Houdas）译本（Histoire du Sultan Djelal ed-Din Mankobirti），巴黎，一八九五年，第四四页。忽达斯注云"此族为蒙古朵儿勒斤（Daurliguin）之一支"，参看德麦松（Desmaisons）男爵《鞑靼与蒙古史》Histoire des mongols et des Tartares, St. Petersbourg），一八七四年，第六〇页。按忽达斯之说殊误，《鞑靼与蒙古史》为阿布勒·哈齐（Abou'l-Ghazi）所著，其书部族部分悉本拉施都丁《史集·部族志》，而拉施都丁书蒙古部族之分类未可施之于康里人也。多桑云"此 Yemeks 部昔必包括于康里称之内"（冯译《多桑蒙古史》第九三页），其说甚是。《元史》卷一三三《也速觫儿传》："也速觫儿，康里人。父爱伯，伯牙兀"；卷一三四《斡罗思传》："斡罗思，康里氏。曾祖哈失，伯要。"布来特施乃德谓伯牙兀与伯要似皆指康里部伯牙吾台氏（《中世纪研究》第一卷，第三〇三页），然则康里部之有伯牙吾台氏，中文史料中亦见著录矣。

属迥异，元代文籍中苟称某人为伯牙吾台氏，吾人须细加审辨，未可遽定其人为色目或蒙古也。

伯牙吾台氏又有伯岳吾、伯要歹、巴牙兀惕等异写，皆 Baya'ut 一字之同名异译。突厥语谓富为 bai，蒙古语谓富为 bayan，则此 Baya'ut 之名称殆出自 bayan 之蒙文多数也。

《元史·后妃传》成宗后"卜鲁罕皇后，伯牙吾氏驸马脱里思之女"，《后妃表》成宗卜鲁罕皇后"伯岳吾氏，勋臣普化之孙驸马脱里忽思之女"。钱大昕《元史·氏族表》列脱里思于色目类钦察之后，柯劭忞《新元史·氏族表》从之，而屠寄《蒙兀儿史记·氏族表》则以脱里忽思为蒙古巴牙兀惕氏，并举其世系如次：

不合古列坚—翁罕古列坚—脱里忽思古列坚

然则脱里忽思一门究属突厥种之钦察部乎？抑属蒙古部乎？脱里忽思世系分明，屠氏究又何所据而云然乎？此正吾人辨别三种伯牙吾台氏之好例也。

按不合古列坚见于《元朝秘史》蒙文第二〇二节，为成吉思汗九十个五千户之一。日人那珂通世《成吉思汗实录》称此人为蒙古札剌亦儿氏木华黎之弟。《蒙兀儿史记》卷三《成吉思汗本纪》引用其说，未加批评，但同书卷二七《木华黎传·不合附传》注则详斥其非：

不合，《亲征录》作不花，《秘史》卷四云古温兀阿两个子木合黎、不合，卷八成吉思汗护卫万人，其中一千教木合黎亲人不合管者，那珂通世误认此不合即功臣千户之不合古列坚，反疑元明善《东平忠宪王安同碑》所云札剌儿氏亲连天家、世不婚姻之说非是，殊不知功臣千户之不合古列坚后妃旧表称为勋臣普化，乃成宗皇后卜鲁罕之祖，实巴牙兀氏，与此札剌亦儿氏木合黎之弟不合名同而氏不同。

屠氏辨明木华黎弟不合与不合驸马为二人，名同而氏不同，极是，其以不合驸马即勋臣普化亦甚当。顾屠氏仅能以对音为据，未举出旁证，吾人今再举回教材料证实之。拉施都丁《史集·部族志》"伯牙吾台氏"条云：

成吉思汗时，有左手千户①名 Urqa Gūrgān 者出自 Jadi② Bayaut 氏，汗以女妻之，吾国之 Hungan Gurgan 即出自其家。③

此 Urqa 一人，贝勒津又引 C 本及 D 本，亦均误。惟哀德蛮本④作不合古列坚（Buqa Gurgan）不误，其人即《秘史》第二〇二节之不合古列坚、《后妃表》之勋臣普化也。柯译《部族考》系据哀德蛮《不动摇的铁木真》（Temudschin der Unerschütterliche, 1862）绪论译成，故其所撰《氏族表》Buqa Gürgen 译为布哈古而干。屠氏据柯译之文与《秘史》不合古列坚勘同，甚是。成吉思汗幼年十三翼之战，伯牙吾台氏助汗击泰赤兀族，拉施都丁于《成吉思汗传》虽称当时伯牙吾台氏之首领为翁古儿（Ungur）⑤，而《部族志》"伯牙吾台"条则明言当时统帅伯牙吾台族助攻成吉思汗仇人者为 Urqa Gurgan（即 Buqa Gurgan 之误写），至于翁古儿则为左翼之别一千户。⑥拉施都丁书虽前后互歧，而吾人据此知 Buqa Gürgen 即《元史·后妃表》勋臣普化之亦可信也。

翁罕古列坚，柯译作宏罕古而干，乃 Hungan Gurgan 之音译。窃疑 Hungan 一字似应读为 Hunagān，蒙文文言 Ünegen 十三世纪读为 Hünegen（《秘史》蒙文第二四七节音译为忽捏坚），华言"狐"也。拉施都丁为波斯人，谓吾国之 Hungan（古列坚）出自不合家，意即伊利汗国之 Hungan 驸马出自不合也，然则此人是否为不合或普化之子脱里忽思之父，犹当阙疑也。

普化孙脱里忽思之名不见于拉施都丁《史集·部族志》"伯牙吾台氏"条。《铁穆耳汗本纪》仅称其长皇后名卜鲁罕合敦（Bulghan Qotun）伯牙吾台氏，未举其父之名。⑦波斯文《贵显世系》（Mo'eezz el-ansāb）著录卜鲁罕父之名，法人布鲁赛（Blochet）且以为此人即阿里不哥（Ariq Böge）婿⑧，但所

---

① 屠表作右手千户，误。
② 贝勒津本作 Jadī，其所引 C 本及 D 本作 odāi（见《丛刊》第七册，第二三三页）；多桑本作 Djeda，（冯译《多桑蒙古史》卷一《附录》）。（补：赫达古洛夫俄译《史集·部族志》第一七五页脚注，Jada 今为色楞格河左岸支流。）
③ 《史集》贝勒津刊本，《丛刊》第七册，第二三三—二三四页。
④ 哀德蛮：《概况》，第一五五页。
⑤ 《史集》贝勒津刊本，《丛刊》第十三册，第一五一—一五五页。
⑥ 《史集》贝勒津刊本，《丛刊》第七册，第二三三—二三四页。
⑦ 布洛晒刊本，第五八三—五八四页。今蒙古文言貂字写作 bulaghan，蒙文《秘史》第九节"不鲁罕"旁注云"貂鼠"。蒙俗命名，多取婴儿坠地时初见之物类，则成此后即以貂鼠为名也。
⑧ 同上书，第五六二、五八四页。

举卜鲁罕父名之两种写法，均不能读为脱里忽思，则此人之勘同尚有待也。

然则脱里忽思父女为蒙古伯牙吾台氏，毫无可疑。那珂通世以其祖不合为札剌儿氏固非，钱大昕、柯劭忞属之钦察氏亦误；屠氏虽能辨之，而以伊利汗国之 Hungan 驸马为勋臣普化之子、脱里忽思之父，亦不可从也。《元史·后妃传》：

> 成宗贞慈静懿皇后名失怜答里，弘吉剌氏斡罗陈之女也。大德三年十月立为皇后，生子德寿，早薨。

钱大昕《廿二史考异》卷九三：

> 按《后妃表》失怜答里元妃早薨，至大元年追尊谥曰贞慈静懿皇后。册文云："先元妃，宏吉剌氏。"又云："椒掖正名，莫际龙飞之会。"是贞慈之薨，在成宗御极以前，成宗朝亦未加后谥，传称大德三年立为后者，误也。考《成宗纪》大德三年册立为皇后者，乃伯牙吾氏，非宏吉剌氏。

《史集·铁穆耳汗本纪》无失怜答里之名，谓长皇后即卜鲁罕，足证钱竹汀之说甚是。但钱氏及其后之元史学者于皇子德寿之非失怜答里所出一点，犹均未指出。元末杨瑀《山居新话》（陶宗仪《辍耕录》卷五"僧有口才"条亦记此事）"胆巴"条：

> 胆巴①师父者，河西僧也。大德间朝廷事之，与帝师并驾，适德寿太子病瘵而薨。不鲁罕皇后遣使致言于师曰："我夫妇以师事汝至矣，止有一子，何不能保护耶？"师答曰："佛法譬若灯笼，风雨至则可蔽，若尔烛尽，则灯笼亦无如之何也。"可谓善于应对。

---

① 《元史》卷二〇二《释老传》："又有国师胆巴者，一名功嘉葛剌思，西番突甘斯旦麻人。"《佛祖历代通载》卷二二记功嘉葛剌思（Kun-dga'-gras = Anandakirti），译言普喜名闻，惟以胆巴（Dampa，译言微妙）称著。

是德寿太子明系卜鲁罕皇后之亲子，非失怜答里所出也。若谓私家记载，得诸传闻，未可凭信，则吾人犹可以亲见金匮秘书之拉施都丁书证之。《史集·铁穆耳汗本纪》云：

> 卜鲁罕合敦生一子，名德寿太子（Tāshī Ṫāīshī）。①

柯、屠诸家所见之拉施都丁书，乃多桑、哀德蛮等之节译本，均未见《史集》原书，故自钱大昕后改造《元史》者虽多，犹无人敢据《山居新话》或《辍耕录》以订正《元史·后妃传》之误也。

元代蒙古部族中"生女世以为后，生男世尚公主"者，除弘吉剌氏及其分族亦乞列思氏（Ikires）、兀勒忽讷惕氏（Ulqunut）、火鲁剌思氏（Qurlas）、燕只斤氏（Iljiqin）②外即推伯牙吾台氏。据《史集·部族志》"伯牙吾台"条所著录者考之，宪宗之后昔里吉（Shīrkī）之母③及世祖之后镇南王脱欢（Tūqān）之母均出此族。④

至于元代后妃之出自钦察部伯牙吾台氏者，殆只有顺帝后答纳失里（Tanashri）一人。燕帖木儿之子唐其势云"天下本我家之天下也"，则其女之得立为顺帝皇后可以知其故矣。

《元史》卷一四三称泰不华（Tai Buqa）为伯牙吾氏，世居白野山，陶宗仪《书史会要》谓其人号白野，蒙古人，我国元史学者自钱大昕以后莫不以钦察人视之。陈援庵先生《元西域人华化考》（第七九页下）且举元顺帝后燕帖木儿女以证伯牙吾氏之属钦察部而泰不华之必为色目，但吾人今知钦察部外，康里、蒙古均有伯牙吾氏，名同而所隶属之部族不同，则泰不华之是否为色目人犹未可必也。如以白野为白里之讹、玉理伯里之省，则亦只为一种待证之假定而已。

钱大昕《元史氏族表·钦察部》之末尚著录买买一人，屠表从之。按王士点、商企翁《秘书监志》卷九《秘书卿题名》仅称"买买字子昭，伯要

---

① 布洛晒刊本，第五六四页。
② 《史集·部族志》"宏吉剌氏"条仅著录合赞汗皇后，未著录驸马。
③ 《新元史·后妃传》宪宗"有失力吉妃子，伯要牙氏"，柯氏以妃所生昔里吉之名为妃子之名，误甚，盖柯氏所本者为哀德蛮书，译者重译致误也。
④ 《史集》贝勒津刊本，《丛刊》第七册，第二三七页。

氏"，则此人之为钦察为康里为蒙古亦未能定也。

四、设里汪与失儿湾非一地

元《经世大典图》①不赛音境内西部有一城曰设里汪，在兀乞八剌（'Ukbarâ）之东，罗耳（Lur）之西，《元史·地理志·西北地附录》系据《大典图》编成，故其名亦并见《元史》。六十年前，俄人布来特施乃德（F. Bretschneider）曾研究此城之对音与方望，其言曰：

> 《大典图》之设里汪，在编者之意，显然指太和岭南（外高加索）东部之 Shirwan（失儿湾），但编者将其地位安置过南，殊误。

以下即述回教著作中太和岭南失儿湾城之沿革，最后又言：

> 《元史》卷一二〇《曷思麦里传》叙速不台及哲伯远征太和岭（高加索山）地区时，亦尝言及失儿湾沙。
> 失儿湾今尚为外高加索山地方之一省区名，其首府曰 Shemakha。②

布氏以设里汪与失儿湾二名相类，即贸然指鹿为马，视为一地，殊为武断。故虽详述失儿湾之沿革，亦殊无用。布氏不怀疑其地理知识之不足，反轻言《大典图》编者伪误，殊欠谨严。

洪钧《元史译文证补·地理志·西北地附录释地》为其平生得意之作，然细考其内容，亦大体本诸布氏。惟于设里汪一地，则不肯轻采布氏之说，而别求解答，惜为时代所限，亦未得解其疑窦也。洪氏云：

---

① 关于此图之流传，参看伯希和：《经世大典西北地札记》，《通报》，一九二〇年，第九八——一〇〇页。
② 布莱特施乃德：《中世纪研究》，第二册，第一二〇—一二一页。布氏对此名之研究，一八七六年初揭于《英国皇家亚洲学会北中国分会集刊》（Journal of the North-China Branch of the Royal Asiatic Society）新辑第十卷，第一七〇—二九六页。设里汪在第二八五页。

> 案体格力斯河东有支河曰呼耳汪，滨河有城亦曰呼耳汪。《元史》地名，凡有里字，多为耳字音之变，惟呼、设二音不合，而图形甚合，或者西图字音变其土语耶？①

按洪氏所拟定之呼耳汪，在回教地理书中作 Ḥulwan，西图地名，率皆名从主人，即有转变，亦不致如此之甚也。继洪氏而研究《大典图》者则有丁谦、柯劭忞及屠寄诸家。丁谦曰：

> 按今图摩苏耳东南有小河曰刹布亚法耳，西南流入体格力斯河，二河交会处之南，有特里汗里亚城，特里汗即设里汪转音。②

丁氏治域外地理，用力甚勤，惜资料不足，方法亦误，故其著述虽多，可取者实属寥寥。此处丁氏用现行地图，求早成废墟之中古小城，结果自可想象，其以特里汗拟设里汪实属无稽。柯劭忞云：

> 一名失儿湾，太祖十六年，者别攻拔其城。按《大典图》误，当作兀乞八剌东北，当次于巴耳打阿（Bardâ'ah）、打耳班（Darband）之下，不当介于毛夕里（Mawṣil）、罗耳之间。③

柯氏对设里汪之考证，复蹈数十年前布氏之误，其说或即抄自布氏书也。屠寄云：

> 洪说既不敢自信，鄙意亦以为非。然今波斯西境，却无设里汪音类之城名。惟亚尔的兰部西境，有绍宛河，为底格里斯河上流之支流，此水西南经毛夕里，入底格里斯河。绍宛二字与设汪音近，然濒河之城，无同名绍宛者。岂城今已废，故不载耶？抑有之而译者漏逸耶？不可知也，若竟依独逸人图，以失儿湾当设里汪，则应在兀乞八剌东北，而

---

① 《元史译文证补》卷二六下，第三页下（广雅书局本）。
② 《浙江图书馆丛书》第二集《元经世大典地理考证》卷三，第四页。
③ 《新元史》卷五〇，第二七页。

《附录》当次于巴耳打阿、打耳班之下，不当介于毛夕里、罗耳之间。意《大典图》方位差误，《附录》据图编次，因而误其秩序，如途思之比也。①

屠氏亦于现在地图上求设里汪之对音，故其成绩亦与丁谦等。

依吾人所知，设里汪实别为一地，特诸人所搜史料不足，故不能定设里汪与失儿湾之分别。此则前辈为时代所限，未可求全责备也。Shīrwān 乃《元史·曷思麦里传》之"失儿湾"，而《大典图》之设里汪，即第十一世纪 Ibn Hawkal 以来大食地理书所著录之 Sīrawān 也。其地正在兀乞八剌之东，罗耳之西，音读与地望，无一不合。兹译吉·列·斯特兰吉（G. Le Strange）《哈里发东部统治区地理》之文，以见其地之状况。

> Māsabadhān 及 Mihrajānkudhak 两地域，在小罗耳（Lur）之西，及阿拉伯阿剌黑（'Irāk）之边界上，其主要城市为 Sīrawān 及 Ṣaymarah 两城之废墟，今尚存在。Māsabadhān 现用作 Māyidasht 平原南之地域名。依浩卡尔（Ibn Ḥawkal）之说，Sīrawān（或 As-Sīrawān）昔为一小城，其屋宇用灰泥涂石筑成，颇似毛夕里。其地出产寒热两带水果，胡桃及瓜果尤丰，名品之瓜名曰 Dastabūyah；枣柳树亦盛，前已言之。卡兹维尼（Ḳazvīnī）曾提出 Māsabadhān 地方有盐、硫磺、矾及硼砂等矿产……②

此城名在吉·列·斯特兰吉书所附第五图又写作 Sīrwān，以《大典图》之设里汪校之，音更近，盖原字 r 母后未著音符，故吉·列·斯特兰吉有两种推测也。

---

① 《蒙兀儿史记》卷一六〇，第二五页。
② 斯特兰吉：《哈里发东部统治区地理》（G. Le Strange, *The Lands of the Eastern Caliphate*），剑桥大学出版社，一九三〇年，第二〇二页。

五、乌鹆、Huiur 及 Hor

彭大雅《黑鞑事略》第四八节"其残虐诸国"条下，著录一国，名"乌鹆"。王国维注云，乌鹆即"回鹘"，而未加说明。① "鹆"与"欲"字同音，同隶"喻"母，与"鹘"字之隶"匣"母迥异，故知"鹆"绝非"鹘"之讹。且曹元忠曾见旧抄本，"鹆"字作"鹜"。② "鹜"与"鹆"形近而伪，与"鹘"字字形不类。

Uighur 一字，似首见于外蒙古《磨延啜碑》北面第三行③，唐译为回纥，继徇回纥之请，改为回鹘。其见于十三世纪著录者，则有委吾、外伟、畏兀等异译，然与乌鹆之音读比较，均差。即与西方阿布列·法拉齐（Abulfaradj）书之 Ighur④、鲁不鲁克（Rubruk）书之 Jughur⑤、海屯（Haithon）书之 Iogur⑥ 亦不类。故知彭大雅书乌鹆读音之来源，必属另一系统。吾人曾检查西籍，见乌鹆之音译，只与普拉诺·迦尔毕尼（Plano Karpini）书之 Huiur⑦ 相近，换言之，普拉诺·迦尔毕尼书之 Huiur 及 Sari-Huiur，与西方著作中他种写法均不合，惟与彭大雅之乌鹆类似，足证提供二人以乌鹆（Huiur）音读者，当属地域或部族相近之人，质言之，方言相近之人也。

彭大雅与普拉诺·迦尔毕尼分别于一二三二年及一二四六年亲至漠北，前后相距仅十四年，二书叙述鞑人"残虐诸国"亦略同，乌鹆或 Huiur 同在已破或已降者⑧ 之列，至于畏兀儿早于一二〇九年纳款矣。

藏文 Hor 一字，意为突厥，为蒙古，故美国艾德噶（J. H. Edgar）⑨ 曾主张西康东部雅楚河上流之霍耳部（Hor），即秦、汉时代小月支之苗裔。此说能否成立，兹姑不论，吾人所欲言者，藏文 Hor 一字，由突厥或蒙古部

---

① 《黑鞑事略笺证》第二一页。
② 罗振玉本附曹元忠《黑鞑事略校记》第三页。
③ G. J. 拉木施台德：《蒙古北部卢尼字体回纥文二碑》，刊于《芬兰-乌戈尔学会会刊》，一九一三年，第三〇卷第三号。
④ 布来特施乃德：《中世纪研究》，第一册，第二六二页。
⑤ 《鲁不鲁克行纪》，里施德文译本，一九三四年，第四五〇页。
⑥ 布莱特施乃德：《中世纪研究》，第一册，第二六三页。
⑦ 《迦尔毕尼行纪》，里施德文译本，一九三〇年，第一一四页。
⑧ 同上书，第一九四—一九六页。
⑨ 《上 Nya 或雅尔隆的霍尔人》，《中国西部边疆研究学报》第五卷，一九三二年，第六九—七二页。

中何名而来乎？依吾人揣测，Hor 殆即 Huiur（乌鹆）之西藏读法，换言之，Huiur、Hor 同出一源，同指普通译写之畏兀儿也。此说虽无旁证，但颇有可能，姑志于此，以待世之博雅君子论定焉。

一九四一年二月二日于成都
（原载《华西协合大学中国文化研究所集刊》第一卷第三期）

爱薛之再探讨

《元史》卷一三四之聂思脱里（Nestorianism）教徒爱薛 'Tsa，为口操大食语之拂林①人，凡稍治元代也里可温（Erkegün）史者，于其史事家世，均熟知之。此人经［审温］列边阿答（Siméon Rabban-ata）介绍，东来元廷，已由陈援庵先生据程钜夫撰《拂林忠献王神道碑》首先指出。②其佐孛罗丞相（Būlād Chingsang）西使波斯事，伯希和据拉施都丁《史集》研究亦甚明白。③其诸子史事，则屠敬山④及英人穆勒（A. C. Moule）⑤均曾裒集《元史》本纪中材料，详加阐述。至于日人佐伯好郎⑥虽亦曾译《元史·爱薛传》为英文，顾未附加按语，可置弗论。

世谓四库开馆而古籍沦亡。此语对于吾等研究元史者言，则别具特殊意义。盖元代文籍中蒙古、色目等族专名，一经馆臣改译，除熟见者外，即不复能知其为何物。姑就吾人行将研究之《牧庵集》言，如尚书省臣乞台普济改译为"奇塔特布济克"⑦，景教名人孛鲁欢改为"布尔哈"⑧，诸人在元史上地

---

① Porum，杜环《经行记》称苫（Shām）国，今叙利亚。
② 陈垣：《元代也里可温考》，"东方文库"第七十二种，第二三页。
③ 见《通报》，一九一四年，第六三九—一六四〇页；一九二八年，第一六三页。
④ 《蒙兀儿史记》卷一一七《爱薛传》。
⑤ 穆勒：《一五五〇年前中国的基督教徒》（A. C. Moule, *Christians in China before the Year 1550*），一九三〇年，第二二八—二三三页。
⑥ 佐伯好郎：《中国聂思脱里教之文献及遗物》（Y. P. Saeki, *The Nestorian Documents and Relics in China*），一九三七年，第五〇八—五一〇页。
⑦ 《牧庵集》卷二六《开府仪同三司太尉太保太子太师中书右丞相史公先德碑》。
⑧ 《牧庵集》卷一三《皇元高昌忠惠王神道碑铭并序》。此人即《元史·宪宗纪》掌宣发号令之必阇赤孛鲁合（Bolghai），一二五四年鲁不鲁克曾见之（参阅柔克义英译：《鲁不鲁克行纪》，第一八七页；《通报》，一九一四年，第六二九页）。按《牧庵集》卷一四《平章政事蒙古公神道碑》，即《元文类》卷五九、《中州文表》卷一一《平章政事忙兀公神道碑》。所谓忙兀公者，亦

位甚为重要,犹不难就碑传内容,一一勘同。至于在当日无甚声名者,则直不能再知为何人矣。《新元史》采录姚集之《坤都岱传》①,即其例也。爱薛史料在《牧庵集》中未曾为诸前辈所使用者,关键亦正在此。

现行聚珍版《牧庵集》,系清代纂修《四库全书》时,由《永乐大典》辑出。② 当日馆臣,潦草塞责,不忠所事,于《牧庵集》卷一卷二《诰制》一门,排列至为零乱,非详加比勘,往往不能知受封者父子兄弟之关系。③ 吾人今日所研究之新材料,即正在卷二《诰制》门中,故于爱薛一门追封制,应先定其次序如下:

《蒙克特穆尔祖考伊苏追封秦国康惠公制》
《祖妣克呼氏呼实尼沙赠秦国夫人制》
《考崇福使阿实克岱追封秦国忠翊公制》
《秦国忠翊之弟巴克实巴追封古哩郡恭懿公制》

原本《牧庵集》中依理尚应有阿实克岱妻及巴克实巴妻之追封制,惜皆亡失,不可复见,可勿论。考阿实克岱父子之得受追封荣典,实因其子蒙克特穆尔显贵之故。伊苏夫妇追封制中,称此人为尚书左丞。然则所谓尚书左丞蒙克特穆尔者,果何人乎?

(接上页)讳博罗欢,聚珍版又改译为博啰罕,《文类》与《文表》通行本皆未经改译,故其中人名、地名,犹不致因而发生讹误。至于高昌忠惠王答失蛮(改译作达实密)父字鲁欢(改译为布尔哈)及其子,至少在《新元史》中,即发生严重问题。柯氏据《高昌忠惠王神道碑》作《答失蛮传》附于《新元史》卷一三三《字鲁欢传》,是柯氏明知字鲁欢与答失蛮为父子矣。而卷二八《氏族表》"怯烈部"条,则于博罗欢世系外,更取《牧庵集》改译之布尔哈世系,别列一表。旧《元史》一人两传,学者讥其草率,今新史又有一家两表之事,可胜浩叹。盖新史氏族表旧材料全袭钱大昕之文,而于所增新材料未细加比勘也。

① 《牧庵集》卷一七《百夫长赠中大夫上轻车都尉曹南郡侯坤都岱公神道碑》;《新元史》卷一五二《坤都岱传》。
② 聚珍版本为现行诸本之祖本,故诸本无不改译。按牧庵原书,固少发见之望,即未经改译之大典辑本,如有踪迹,亦当追寻。
③ 如卷二珊竹氏(Saljiut,改译为散周氏)纽邻(改译为纳喇,Nara,此言日)为也速答儿(Yisudar,改译为伊苏德勒)之父,故纽邻追封制在也速答儿前,是也。而纽邻父太答儿(Tatar,改译为塔塔尔)追封制,则列于卷一《考赠蔡国武穆公制》之前,若不详加研寻,则其人竟与张柔为同胞矣。张柔一门追封制八道,分列四处,次序益乱。(吾人以蔡国武穆公为张柔之父者,乃根据虞集《道园学古录》卷十八《中书平章政事蔡国张公墓志铭》而定)

就蒙克特穆尔译音言，固一望而知其原文为 Möngke Temür（汉文长生铁），元代音译为"忙哥铁木儿"。忙哥铁木儿《元史》有三[1]，一为武宗时尚书左丞，一为顺帝时右丞，其另一则为术赤（Jochi）[2]曾孙。最后一人为钦察（Qibchaq）汗之元首，可置弗论。第二人为参政为右丞时，姚燧早于仁宗皇庆二年（一二一三年）九月十四日卒于郓城矣。[3]且顺帝时，亦无尚书省之设，则其人非阿实克岱子，自不待言。故所谓蒙克特穆尔者，必武宗时尚书左丞忙哥铁木儿也。

忙哥铁木儿《元史》无传，其事仅散见于武仁两纪及《宰相表》中。顾其父祖两代名称，但依清代音译考之，犹可推知一二。祖考伊苏，乃蒙文 Yisu 之音译，华言为九，窃以为其原名，即吾人所探讨之爱薛也。爱薛为大食语 'Isa 之音译（西欧诸国大体均读 Jesus，中国译作耶稣），清代馆臣不知其本为大食语，徒以爱薛与伊苏（Yisu）音近，遂妄改之，致令研究元代也里可温之中外学者，读之而不觉也。祖妣克呼氏，克呼为克烈（Kereit）之改译，程钜夫撰追封制，称之为撒剌氏（Sarah），详见下文。父考阿实克岱，蒙文 Asightai，华言有利益（《蒙文总汇》卷一第一页，柯瓦列夫斯基字典无此字），乃由阿速歹（Asutai）改译，吾人将于下文详言之。呼实尼沙及巴克实巴，未能求得其元代原译。

据姚燧所撰忙哥铁木儿祖父两代追封制，爱薛世系如下：

伊苏（爱薛）｛阿实克岱——蒙克特穆尔　（阿速歹）　（忙哥铁木儿）　巴克实巴

妻克呼氏名呼实尼沙（克烈氏又作撒剌氏）

按爱薛世系，详见程钜夫撰《拂林忠献王神道碑》，兹抄录于下，以资比较：

---

[1] 汪辉祖：《三史同名录》卷一九。
[2] 《元史·宗室世系表》误。洪钧《元史译文证补》卷六有《忙哥帖木儿补传》。
[3] 《牧庵集》附录《姚燧年谱》。

```
                              ┌ 也里牙 ── 宝哥
                              │ 胺合
                              │ 黑厮
不阿里 ── 不鲁麻失 ── 爱薛 ──┤ 阔里吉思
                              │ 鲁合
                              │ 咬难
                              │     宣哥
                              └     安童
```

吾人若比较以上两表人名，必甚惊异，不惟爱薛孙辈中无忙哥铁木儿之名，即其六子名称，亦无一类阿实克岱或巴克实巴者，然则吾人何能主张阿实克岱为爱薛，或伊苏为爱薛乎？

考《元史·武宗纪》至大二年（一三〇九年）八月癸酉（二十三日）第三次尚书省成立，乞台普济为太傅右丞相，脱虎脱（Toqto）为左丞相，三宝奴、乐实为平章政事，保八为右丞，忙哥铁木儿为左丞，王罴为参知政事，行新政。三宝奴等曾密劝武宗废仁宗（武宗弟，时为皇太子），立皇子为皇太子，故至大四年（一三一一年）正月庚辰（八日）武宗崩，越日壬午（十日）即罢尚书省。仁宗旋以诸人变乱旧章流毒百姓为名，于同月丙戌（十四日）诛脱虎脱、三宝奴、乐实、保八、王罴五人，杖流忙哥铁木儿于南海，以泄私憾。由至大二年八月二十三日至四年正月十日，忙哥铁木儿之居尚书省者，凡一年四阅月。其一生事迹，大略如此。

据爱薛神道碑，至大元年（一三〇八年）六月爱薛卒于上都，年八十二。据《姚燧年谱》（《牧庵集·附录》），燧于至大二年拜荣禄大夫集贤大学士承旨知制诰同修国史。则伊苏诸追封制，必草于至大二年八月二十三日尚书省成立以后，正其孙忙哥铁木儿贵显之时也。

至大四年（一三一一年）正月仁宗既诛尚书省臣，旋召世祖朝谙知政务素有声望老臣十六人赴阙，程钜夫即其一也。从此"再掌制诰，高文大册，多出其手"[①]。明年皇庆元年（一三一二年）正月，加崇福使也里牙秦国公。

---

① 钱大昕：《潜研堂文集》卷三一《跋雪楼集》。

依《元史·爱薛传》，皇庆元年追封拂林王谥忠献，则程钜夫所撰之爱薛夫妇追封制及神道碑，当在此时。

忙哥铁木儿之历史及姚燧、程钜夫二人所撰追封制神道碑之时期既明，吾人始可以更提出下列新问题，进而与上文所提出者，一并解决矣。

忙哥铁木儿与脱虎脱等于尚书省所行新政，负同等责任，何以同僚五人皆伏诛，彼独不死？仁宗以私憾仇恨尚书省臣，何以即位未及一年，即再加封忙哥铁木儿之祖考与祖妣？《牧庵集》中祖妣为克呼氏呼实尼沙，何以《雪楼集》中作撒剌？又《牧庵集》中爱薛子孙之名何以与《雪楼集》中所著录者完全不符？（此点已见前）

钱大昕《十驾斋养新录》卷十五《史氏墓三碑》：

> ［史氏］庆源碑载其三世子女嫁娶最详，秉直长女为太师国王（木华黎）夫人，其事不见于他书。史氏父子兄弟各以功名自立，要亦连姻贵族所致。论史者不可不知也。

愚按古今中外有无数史事，率皆可以琐琐姻亚解释之，固不仅史氏一家然也。谱牒学之可贵，此亦一端。今吾人于上述诸问题，亦须以女系关系解释之。《元史》卷三四《文宗本纪》：

> ［至顺元年七月］铁木迭儿（Temüder）子将作使锁住，与其弟观音奴、姊夫太医使野理牙，坐怨望、造符箓、祭北斗、咒咀，事觉，诏中书鞫之。①

吾人由此知野理牙为仁宗时权相铁木迭儿之婿。铁木迭儿于仁宗罢尚书省后十四天，即被任为中书右丞相，此后专权恣肆，炙手可热，则其婿野理牙次年加封秦国公，并加封其父爱薛为拂林王，可以知其故矣。

爱薛妻之氏族问题，更易解答。姚集称爱薛妻克呼氏，克呼乃聚珍本改

---

① 天历二年明宗暴崩，时论颇谓野理牙所致毒，文宗尝欲杀之以灭口。故屠寄于《蒙兀儿史记·爱薛传》注云："也里牙景教徒，必无造符箓祭北斗事。旧纪云然，定非信谳，盖不便论其本皋，虚构狱辞，以饰观听耳。"

译，原文必作克烈氏。观于殿版《元史·太祖本纪》改克烈为克呼，可以知矣。钱大昕《金石文跋尾》卷一九《揭傒斯撰长明灯记》：

> 公（野仙帖穆而）娶完泽氏（Öljeitü），河南王之女。考延祐元年封河南行省左丞相卜怜吉带为河南王。卜怜吉带阿术（Archu）之子，姓兀良合氏（Uriangqut），此完泽盖名而非氏也。《元史·泰定帝纪》：泰定元年册八八罕氏为皇后，八八罕实瓮吉剌氏（Ongqirat），亦以名为氏，元人文集中似此称谓者颇多。

钱说足为解决爱薛妻为克烈氏抑为撒剌氏之助矣。盖撒剌本为亚伯拉罕（Abraham）妻之名，今译撒拉（《创世记》第十七章），大食文写作 Sarah，基督教女信徒，常用作洗名，则爱薛妻又称撒剌氏者，亦以名为氏也。至于《牧庵集》呼实尼沙之原译及原字，虽已不得而知，要必为洗名外之本名也。

忙哥铁木儿所以未与第三次尚书省臣同日伏诛之故，依吾人推测，约有四因：

（一）《元史》卷二三《武宗纪》：

> ［至大二年七月］乐实言，钞法大坏，请更钞法，图新钞式以进。又与保八议立尚书省。诏与乞台普济、塔思不花、赤因铁木儿、脱虎脱集议以闻。……乙巳，保八言："……政事得失，皆前日中书省臣所为，今欲举正，彼惧有累，孰愿行者？臣今不言，诚以大事为惧。陛下若矜怜保八、乐实所议，请立尚书省，旧事从中书，新政从尚书。尚书请以乞台普济、脱虎脱为丞相，三宝奴、乐实为平章，保八为右丞，王罴参知政事。"
>
> ［八月］癸酉立尚书省，以乞台普济为太傅右丞相，脱虎脱为左丞相，三宝奴、乐实为平章政事，保八为右丞，忙哥铁木儿为左丞，王罴为参知政事。

倡立尚书省者为乐实与保八，七月保八所拟尚书省臣名单，尚无忙哥铁木儿之名，是其与尚书省成立之关系，不若保八等之深可知矣。然则乐实、保八等俱伏诛而彼独受杖流处分者，殆仁宗以其有首从之别欤。观八座中郝彬于尚书省成立后，以江西等处行中书省参知政事，入为尚书省参知政事（《武宗纪》），而未受处分，似不能不令人作如此揣测也。

（二）《元史》卷一三八《康里脱脱传》（按《黄金华集》卷二八《敕赐康里氏先茔碑》不载此事）：

> 至大三年尚书省立，（脱脱）迁右丞相，三宝奴等劝武宗立皇子为皇太子。脱脱方猎于柳林①，遣使急召之还。三宝奴曰："建储议急，故相召耳。"脱脱惊曰："何谓也？"曰："皇子寖长，圣体近日倦勤，储副所宜早定。"脱脱曰："国家大计，不可不慎，曩者太弟躬定大事，功在宗社。位居东宫，已有定命。自是兄弟叔侄，世世相承，孰敢问其序者？我辈臣子，于国宪章，纵不能有所匡赞，何可赞其成？"三宝奴曰："今日兄已授弟，后日叔当授侄，能保之乎？"脱脱曰："在我不可渝。彼失其信，天实鉴之！"三宝奴虽不以为然，而莫能夺其议也。

皇储废立之议，《脱脱传》仅言三宝奴等，则忙哥铁木儿与闻与否，虽不能定，然创议之人，要为受封特多（赐号答剌罕，封楚国公，以常州路为分地）之三宝奴，而非忙哥铁木儿，则甚明也。

（三）至大三年（一三一〇年）十月云南省丞相铁木迭儿离职赴都，四年（一三一一年）正月十四日诛尚书省臣，二十五日（丁酉）即以铁木迭儿为中书右丞相。观仁宗一代铁木迭儿之跋扈，则武仁授受之际，彼虽尚未执政，而诛戮尚书省臣一案，似不致未曾与闻。忙哥铁木儿为野理牙之侄，而野理牙则为铁木迭儿之婿，其所以独得不死者，殆铁木迭儿从中左右之欤？

（四）忙哥铁木儿祖母及母，均与皇室有极深关系（下详），其所以独得保全首领者，殆内廷亦有以袒护之欤？

忙哥铁木儿在武仁两朝之政治关系既明，则爱薛神道碑不见其父子名字之问题，亦易解释矣。（一）神道碑为仁宗御赐，乌能以一年前天子杖流

---

① 《大清一统志》卷六"顺天府·古迹"条："柳林在通州南漷县西，元至元十八年如漷州，又如柳林，自后，皆以柳林为游畋之地，建行宫于此。"

罪臣之名字，见诸碑文？窃谓忙哥铁木儿父子名之被删削，殆出于爱薛后人之本意，弗欲引起天子旧恨；而姚燧撰追封制中史事之不见于程钜夫撰神道碑，关键亦正在此。

（二）元代色目汉人多一人而二名，钱大昕《金石文跋尾》卷一八《跋元廉密知儿海牙篆额之松江宝云寺记》：

> 廉密知儿海牙者廉希宪之子恂也。……犹梁暗都剌（'Abd Allah）即梁德珪，段那海（Noqai）即段贞，洪双叔即洪君祥，皆一人而二名也。

今吾国基督教徒，原名之外，另有受洗圣名，元代人似亦有此习惯。神道碑所举爱薛六子也里牙（Elijah），腆合（Denha），黑厮①，阔里吉思（Georges），鲁合（Luke），咬难（Johanan）②，及《元史》卷三四所举爱薛女阿纳昔木思（Onesimus），皆基督教名，换言之，皆受洗圣名也。而《牧庵集》所录者，皆蒙古名称，然则碑文所著爱薛子孙名中，或已有忙哥铁木儿父子圣名乎？

蒙古史料，散在东西，但就一国或一种文字纪录而读之，往往不能得其意义，必须哀集东西史料，互相比较，彼此参阅，始能洞见其真正价值。此种例证，不胜枚举，而姚燧所撰忙哥铁木儿一门追封制，即其一也。故吾人于研究姚文之前，应先读陈援庵、伯希和、Moule 诸先生之研究，始能明其意义。

吾人如对爱薛一门史事，所知甚悉，则姚牧庵撮要式之大文，自不难一一考释。不幸今日情形，恰正相反，吾人须据牧庵高文典册进而推求爱薛一门史事，困难重重，可想而知。以下笺释，亦仅就吾人所了解者，一一表出，其中待发之覆，则犹待专家之指示也。

---

① 此名似非音译，参见《通报》，一九三二年，第一七九页。
② 《元史·爱薛传》未著此人。

《蒙克特穆尔祖考伊苏追封秦国康惠公制》

……繄我高后，于尔先人，闻为世之所贤，奏遣伻而将致。由渠既耄，辞不能往，以汝克肖，代之而行。非家学有自而来，不父誉如是之力。春秋方富，初供奉乎东朝。夙夜惟勤，载徒征于西域。托椒房之亲，以为傅父，居画室之馆，以鞠帝姬。虽一话而一言，可三薰而三沐，即其时皆书之册，视他日取用为模，至今天府，所藏尚存。

高后即元宪宗及世祖之母唆鲁禾帖尼别吉（Soyorghaqtani Begi），至元三年（一二六六年）追谥庄圣皇后，至大二年（一三〇九年）加谥显懿庄圣皇后者也。后乃克烈部（Kereit）长王罕（Ongkhan）弟札合敢不之女，宪宗二年春卒。克烈部世奉聂思脱里教，故高后亦崇信之。参阅陈援庵先生《元也里可温考》第四〇—四一页；伯希和《远东及中亚之基督徒》（Chréstiens d'Asie Centrale et d'Extréme-Orient），《通报》，一九一四年，第六三八—六四一页。关于唆鲁禾帖尼一名之异写与读法，参阅伯希和《Seroctan 的真实名字》（Le vrai nom de "Seroctan"），《通报》，一九三二年，第四三一—五四页。

据神道碑，列边阿答介绍爱薛于定宗，今读制文知定宗所召者，本为爱薛之父，而非爱薛。其父年迈，不能远行，爱薛代父应诏耳。定宗左右多景教徒，对教士亦颇优遇，顾其本人，未尝皈依也里可温。就制文衡之，恐以高后闻列边阿答推荐爱薛父之贤，奏召其人，较近真。

高后所请者，本为爱薛之父，"由渠既耄，辞不能往，乃命其克肖"之子，代之而行。此事与《佛祖历代通载》卷十二，忽必烈请八思巴之故事极类似。

景教中心，远在西土，东亚仅见流行。唐代以后，塞北虽尚有遗迹，而通达教义者，恐难逢其人。盖东西绝远，交通艰难，西方教士弗乐东就。故东亚基督教徒，代有聘请教士之举。忽必烈命马可波罗父西归，请教皇遣派通晓"七艺"者百人东来①，固为家喻户晓之事实，而大都主教孟德高维奴（Jean de Monte Corvino）之东行，据《多桑蒙古史》第三卷第四章所引《教会

---

① 玉耳英译：《马可波罗行纪》第一卷，第一三页。

年历》，亦出于忽必烈之请。顺帝时大都阿速人（Asut）福定（Fodim Iovens）等上书教皇，请遣高僧，昔人皆视为商贾伪托者，今亦证实其可信矣。①

关于列边阿答，伯希和于其《蒙古人与教廷》（*Les Mongols et la Papaulé*）第二卷中，设有专章（单行本第二九—六六页）详加研究。神道碑称爱薛卒于至大元年（一三〇八年），年八十有二。伯希和以为列边阿答介绍爱薛东来，当在一二四六年八月贵由即位之时。②然则爱薛当时仅二十岁，故制文称其"春秋方富"云云。至其初期所事者，为宪宗（非定宗）母后之"东朝"。

爱薛副孛罗丞相西使，碑文明言在癸未（一二八三年）夏四月，而挽近中国两位元史专家，则皆加更改，殊可怪也。（一）屠寄以爱薛奉使在至元二十八年（一二九一年）。质言之，即马可波罗西归之年。盖屠氏以孛罗丞相即马可波罗（主此说者，尚有 Pauthier、Yule、Charignon、张星烺先生等），故不惜更改其所本之史料，以迁就威尼斯商人。今据伯希和考证，知孛罗丞相为蒙古朵儿边氏（Dürben），非威尼斯之商人，而与马可波罗同行西去之蒙古使臣，杨志玖先生近亦于《经世大典》遗文中查出，仍《马可波罗行纪》（Yule, p. 32）所举之兀鲁䚟（Oulatay）、阿必失呵（Apusca）、火者（Coja）三人③，无正、副使孛罗、爱薛，则一二九一年之说，自不能成立。（二）柯劭忞《新元史》误癸未为辛未，谓爱薛奉使在至元八年，益谬。此点伯希和氏已指出（《通报》，一九二八年，第一六三页），兹不赘述。

"虽一话而一言，可三薰而三沐，即其时皆书之册，视他日取用为模。"显然指景教经典而言。景教经典以叙利亚文为主，而叙利亚又为爱薛之生地，则其所用之经典，必为叙利亚文无疑。按雍正三年（一七二五年）冯秉正（De Mailla）曾于北京发现叙利亚文写本。一九二五、一九二六年，北京大学明清史料整理会亦于午门楼上发见景教叙利亚文圣诗。据欧洲叙利亚语专家意见，此写本当为十二三世纪物④，然则殆即姚牧庵所谓"至今天府，所

---

① 玉耳：《中国及通往其地之路》第三卷，第一七九—一八三页。此事多桑疑伪。（见冯译《多桑蒙古史》，第三卷第七章）今经东西学者考证，《元史·杭忽思传》等传中实有其人。
② 伯希和：《蒙古人与教廷》，第一三四页。
③ 杨先生发现之史料，极为珍贵。其文名《关于马可波罗离华的一段汉文记载》，刊于《文史杂志》第一卷第十二期。惟玉耳引哀德蛮书，谓阿必失呵为孛罗纳儿部（Urnaut）人，微误。盖其所据者，为《不动摇的铁木真》也。应云斡罗纳儿分床晃火坛部（Qongqōtan）人，此人为《秘史》中著名之蒙力克后嗣，其波斯文写法为 Apishqā，参阅哀德蛮：《概况》，第一〇二页。
④ 佐伯好郎：《中国聂思脱里教之文献及遗物》，第三一五—三一八页。

藏尚存"之残余欤？

《马可波罗游记》有马薛里吉思（Mār Sergis）而无爱薛。神道碑爱薛子六人，《元史》仅著其五。殿版《元史》改爱薛为"阿锡页"，故萧若瑟《圣教史略》所引马可游记之"赫西亚"，必注释家撮引殿版《元史》之文。至爱薛封秦国公，萧氏再转为"晋伯"，直令人废书而叹矣。

《祖妣克㬎氏呼实尼沙赠秦国夫人制》

……由嫔椒房，娶妻必食于河鲤，爱从戎辂，大人未造而渊龙。由托子其王姬，是用尊为傅母。……生子则贤，既闻关成功于万里；有孙而相，亦崇高位至于三公。……高后之明并日月，生及依其末光；夫人之行如山河，没可忘其幽贲。

爱薛妻克烈氏，克烈部世奉景教，人所共知，则爱薛以一远人而娶于斯族者，可以得其故矣。追封爱薛制，称其"托椒房之亲"，此制又谓"嫔于椒房"、"依高后之末光"，则爱薛妻应即唆鲁禾帖尼之侍从，其得偶于春秋方富之景教教师者，或竟出于唆鲁禾帖尼之意也。

爱薛"为傅父，居画室，鞠帝姬"。其妻则"子王姬，为傅母"。其子则与帝姬共傅母。制文中虽未明言爱薛夫妇所教育者究为何人，顾由追赠爱薛妻制"爱从戎辂，大人未造而渊龙"及阿实克岱追封制推之，吾人似不能不认为即宪宗之女也。

《考崇福使阿实克岱追封秦国忠翊公制》

……昔在宪宗，未登宸极，初因太子同生于其地，故即在军，钧锡以是名。嘉与帝姬，共其傅母。臣求爱遇于当世，人谁过诸？女采抚鞠于内廷，妻亦赐者。逮六飞之巡蜀，乘世传而超燕。世祖异观，宗臣不劣。所欲则与之聚，为猷而必其成。属叛王阻兵于北荒，致懿亲绝使于西海。责从间道以往，奚翅乎十万里之遥？竟怀重宝而归，已忽焉四三年之久。……

元宪宗四子，曰班秃（Baltu），曰阿速歹（Asutai），曰玉龙歹失（Urangtash），曰昔里吉（Sirki）。清代改译之阿实克岱与阿速歹音近，故可推定：（一）爱薛子忙哥铁木儿父亦名阿速歹。（二）阿速（Asut）即阿思（As）之复数，亦名阿兰（Alan），为太和岭北之民族。《元史》卷二太宗十二年（一二三九年）长子出征，蒙哥征阿速，破其蔑怯思（Mekes）城。蒙哥次子阿速歹，当即生于是役军中。时蒙哥年三十二也。（三）蒙人命名，多取婴儿坠地时初见之物，阿速歹之名即取其所生之地也。

爱薛居画室之馆，为王姬傅父，其妻又本为高后之侍从，则其子阿实克岱之抚育于内廷，固无足异。阿实克岱妻追封制虽佚，据此制文，知其妻亦为皇室所赐予，则其人之身份，当与撒剌近似矣。

一二四六年爱薛东来时，年二十，则其子于一二五九年宪宗巡蜀时，至多不过十一二岁。制文"所欲则与之聚，为猷而必其成"必为后日事。

一二八三年爱薛副孛罗丞相西使，其子阿速歹当与之同行。爱薛事功较多，故制文仅言"载徒征于西域"，阿速歹殆无甚勋业，姚牧庵特以西行事，实其制文耳。

建立波斯伊利汗（Il Khan）国之旭烈兀（Hülegü），为忽必烈之同母弟，故称其后人为"懿亲"。海都（Qaidu）阻兵北荒，察合台（Caghatai）后人附之，波斯与大都间交通因之断绝，所谓"致懿亲绝使于西海"也。

此人卒年，虽不得知，其做崇福使，要必先于野理牙后于爱薛也。

《秦国忠翊之弟巴克实巴追封古哩郡恭懿公制》

……逃自叛王，弃其尽室。义定君臣之分，石可转而心靡移。思轻妻子之私，裾虽牵而首不肯。遄其归以万里，始克觐于九重，帝曰嘉哉，世所难者。故其赉赐之物，俄然充牣其庭。或为廷士于中，或将边兵于外，居无常所，至则有功。……封依兄国于拂林，兼位崇以二品。

古哩乃拂林之改译,有制文"封依兄国于拂林"之句可证。吾人于此,应感谢清代馆臣之潦草塞责,仅改题目。苟滴水未漏,尽变元音,则所谓"古哩郡"者,吾人又不知其为何地矣。

巴克实巴所脱逃之叛王,似为海都或东方叛王,不得为阿里不哥。盖阿里不哥与忽必烈争位时,巴克实巴尚不能逾十岁,乌能有牵裾之妻子乎?

一九四一年八月二十五日于成都

(原载《华西协合大学中国文化研究所集刊》一九四一年第一卷第三期)

元代阔端赤考

元代怯薛之任务及名称，略见于《元朝秘史》（卷三、七、九、十），杨士奇《历代名臣奏议》卷六七[①]，及《元史》卷九九《兵志》"宿卫·四怯薛"条。《元史》称阔端赤之职务云：

> 侍上带刀及弓矢者，曰云都赤、阔端赤。

今蒙古文言刀为 ildü。但十三世纪此字则读为兀勒都（Üldü）。[②] 今鄂尔多斯南部犹称刀为 uldu。青海东北部的土族（蒙古人）读为 urdu。[③] 故云都

[①] 明经厂足本未见。此据张溥三百二十卷删节本。元成宗大德七年郑介夫上《太平策》一纲二十目，其"怯薛"条所记名称，为有《元史·兵志》所不载而犹未经人研究者，兹撮录其文，略释于后："《周礼·天官》冢宰，曰膳夫，曰庖人，曰内饔，曰外饔，曰浆人，曰亨人，曰笾人，今之博而赤也。曰幕人，曰司服，曰司裘，曰内宰，今之速古儿赤也。曰掌舍，曰掌次，今之阿察赤也。曰阍人，今之哈勒哈赤也。曰缝人，曰屦人，曰典妇功，今之玉烈赤也。曰宫人，今之烛剌赤也。"博儿赤（Ba'urchi）、速古儿赤（Sügürchi）已见《元史》，且早经东西学者研究，兹不赘。阿察赤之原字，似为 Achachi。按蒙文 acha，译言叉子棍，叉股事，乃骆驼背上所载张设帐幕之什物。《周礼》掌舍"掌王之会同之舍"，掌次"掌王次之法，以待张事"，是二者之职务，均为国王远行时，张设临时行辕幕案，以供息止，蒙古 Achachi 所司，亦即此也。哈勒哈赤《高丽史》作哈里哈赤，乃 Qa'alghachi 之音译，qa'algha 译言"关口"（明王鸣鹤《登坛必究》哈儿哈译言"关口"），则哈勒哈赤即守关口之人，故郑介夫径以《周礼》阍人拟之（《元史·兵志》司阍者曰八剌哈赤）。欧人称张家口为 Kalgan 者，即用蒙人称呼也。玉烈赤即 Üilechi，此云工人，其字根为 üile，意为事务、工作，元人译为勾当。烛剌赤《元史·文宗纪》（卷三三）亦见著录，原字当为 Julachi，《周礼》宫人"掌王之六寝之修"，执烛即其职务之一，蒙文 jula 灯也、烛也，则 Julachi，自亦可以拟宫人。

[②] 《元朝秘史》第一九五节。《华夷译语·器用门》，环刀译为温都；明王鸣鹤《登坛必究》卷二二《译语·铁器门》，腰刀为亦儿度，可知明季东蒙读法，已与元代异，与今同矣。

[③] 思麦德（A. de Smedt）及田清波（A. Mostaert）：《蒙法字典》（*Dictionnaire Monguor-Francais*），第四七四页。

赤应复原为 Ülddüchi。① 云都赤所任之职务，详见陶宗仪《辍耕录》卷一"云都赤"条，兹不赘述。

阔端赤亦为侍上带刀及弓矢之人乎？此不可不察也。依吾人所知，东西学者对此官职之音译、意义与职责，已有不少研究，顾其中待发之覆，所在仍多，今不揣谫陋，依次分述于下。

一、阔端赤之音译

一九〇四年沙畹（Ed. Chavannes）著《蒙古时代之汉文石刻及档案》（Inscriptions et Pièces de Chancellerie Chinoises de l'époque Mongole）刊于《通报》，曾译《元史·兵制》"四怯薛"条为法文（《通报》，一九〇四年，第四三一页），但对阔端赤未加诠释。

一九二八年日本白鸟库吉著《高丽史中所见蒙古字之解释》，揭于《东洋学报》第十八卷第二期。对于此字，必有研究，惜刻下僻居西川，不得见其文。惟一九一六年《东洋学报》箭内亘《元朝怯薛考》，对《元史·兵志》怯薛执事官之蒙古名称，曾作简略说明，箭内亘氏自谓系受白鸟氏之指教，刻下箭内亘原文虽亦莫能参考，幸其书有中文译本，犹可略见白鸟氏之主张。箭内云：

> 阔端赤为 Kutechi 对音，有向导者、侍从、护卫兵等意。②

按柯瓦列夫斯基（Kovalevski）《蒙俄法字典》第二五九三页 Kutechi 一字有二义，一为引导人（guide, conducteur），二为侍从（une suite, escorte, covoi），白鸟、箭内之说，似完全本此。

一九三〇年法国伯希和曾于《亚洲学报》（*Journal Asiatique*）著《〈高丽史〉中之蒙古字》（Les Mots Mongols Dans Le 高丽史 Korye Sa）一文，批评

---

① 冯译《多桑蒙古史》第七卷第二章第一一五五页转录拉施都丁书。文中有 ildu 一字，与现在蒙古文言同，顾吾人未见原文，未敢便认多桑译写完全可信也。
② 陈捷译：《元朝怯薛及斡儿朵考》，第一六一一七页。

白鸟氏之说，不幸成都亦无此报，吾人今亦仅能根据译文，以见伯氏之主张而已。

  这（阔端赤）是一种宿卫的名称，此名并见《元史》。（《通报》，一九〇四年，第四三一页）其原称或者是 Kötöchin，不过这个对音有点难题，因为按照译写的对音，应为 Kötölchi。①

按柯氏《蒙俄法字典》第二五九五页著录 kutuchi（Kötöchi）与 kutechi（Kötechi）二字，意义全同，其读音略异，殆方言有别也。白鸟或箭内用 kötechi 比对阔端赤，乃据柯氏字典第二写法，伯希和氏所据者则第一写法也。但就音译言，无论白鸟氏所主张之 kötehci 或伯氏所主张之 kötöchin，均不能与阔端赤比对，此点伯氏亦曾言之。

据《蒙文总汇》（*Mongghol-un Üsüg-ün Quriyaqsan Bichik*），kötel 译言"跟马人"。思麦德及田清波所刊之《蒙法字典》亦译 Kütel 为"牵引"。②《华夷译语·人事门》"牵"字下注蒙文音为可团勒（kötöl）。《秘史》第九十九节可团勒旁注从马。石泰因噶思（Steingass）《波英字典》第一〇五八页收 kūtal 一字，英译为 a led horse，即所谓从马（马伕牵着的备用马）。柯氏字典收录 kutel（第二五八九页）、kutul（第二五九四页）二字，释义为山口，并用波斯文 kūtal 与之对译，显然漏掉"从马"之意。

《秘史》第九〇节阔脱勒周（kötöljü）旁注牵着。柯氏字典第二五九五页著录动词 kutulku（kötölkü）一字，又读 kutelku（kötelkü），意为引导、伴随。第二五九一页 kutelchi 释为引导人。与《史集》释 kutelchi 为马夫相同（详下）。由此看来，应另有读音略异而意义全同之 kutulchi（kötölchi）一字，惜柯氏字典中未见此字。

按《广韵》端字在"桓"韵，惟"桓""寒"通用。《中原音韵》端字在"桓欢"韵部，韵母音值为 on，但"平水韵"端字已收入"寒"韵，韵母音值为 an。所以元代有时用端字译 tan 或 ten，如 Sultan 译为算端，窝阔台次子 Köten 译为阔端，斡端《秘史》作兀丹（Udan）。有时又用端字译 ton 或 don，

---

① 冯承钧译：《西域南海史地考证译丛续编》，第七二页。
② 思麦德及田清波：《蒙法字典》，第二〇六页。

如西藏大德 Bu-Ston，元代译为布思端。①元人音译外来字，以 l 收声之音节，l 变音为 n，乃常见之事，故阔端赤之原字，必然为 Kötelchi 或者 Kötölchi。

此犹单就理论上立说也。阔端赤之为 Kötelchi，吾人犹可由波斯文材料方面证明之。冯译《多桑蒙古史》第六卷第九章第一四六页：

> ［合赞］斡耳朵之鹰坊人与猎户为数亦夥，所属尚有马夫（Kouteldjis）、骡夫、驼夫、村正无数。

多桑此段文字，乃全译拉施都丁书，其所用以译写波斯字之字母，虽 q 与 k 不分，莫能定其原字，但吾人就石泰因噶思《波英字典》所收录 Kūtal 一字字意观之，知多桑所译写之 Kouteldjis，原字必为 Kūtalchi。石氏注解 Kūtal 为由马夫牵着的备用的马（a led horse），则 Kūtalchi 当为管理此种马匹之人，正多桑翻译拉施都丁书之马夫（Kouteldjis）也。

石氏于其所收集之非波斯字，多著明其国籍，质言之，即于外来字前，必标明其为何种民族之字也。此字虽未标明，吾人却不能贸然视其字为波斯所固有。柯氏《蒙俄法字典》于 kutel 字下，除注一西藏字 ñag 外，复注一回回字 Kūtal。藏文 ñag 意为"缺口"，与柯氏之俄文、法文注解，完全相合。而于回回 Kūtal 一字，柯氏似仅以译音视之，未注明其意义。吾人今据石氏字典，知 Kūtal 之字义，在回回史料中，仍系备乘之从马，而柯氏未加考释也。据柯氏字典及其他诸蒙文字书，知回回字书或史料中 Kūtal 与 Kūtalchi 二字，乃蒙古字之音译，而石氏字典亦未加说明也。

因此，吾人主张元代所译写之阔端赤为 Kötelchi 或 Kötölchi。

二、阔端赤之意义与职务

阔端赤之译音既明，兹再进而讨论其意义与职务。

今蒙古王府常备马匹若干，以备不时之需，如有过路公人要求乘用，王

---

① 补：罗常培、蔡美彪两先生《八思巴字与元代汉语》第一一五页，八思巴字译写端字作 don。

府即解马相送，并派当差一人跟随之。此跟马之人，对于道路极为熟悉，故其职务除跟马外实兼引路。蒙人称此跟马之人及所跟之马，均曰 Kötel，故《蒙文总汇》译此字为跟马人。然则柯氏《蒙俄法字典》但译 Kötelchi 为向导，为从人，殊不足以见此字之特点。再以前文引用之《元朝秘史》、拉施都丁书、石氏《波英字典》等书证之，知 Kötelchi 或 Kötölchi 在元代必为牵从马之人，绝非普通向导也。

从马者何？《秘史》第六六节记也速该因德薛禅（Tai Sechen）允以女孛儿帖（Berte）为其子帖木真妻，"就留下他一个从马做定礼"（Kötöl morin yīn belge ükkchü）。① 《秘史》第九十九节记蔑儿乞（Merkit）人为报也速该夺

---

① 《历代名臣奏议》卷六七郑介夫《太平策》"怯薛"条论当日怯薛之弊云："如有职役定员，则挟资投入者，无所容力；有出身之例，则别里哥选，不禁自绝。"又"选举"条云："以天子委用之人称为别里哥选。"窃以为"别里哥"，即 belge 之音译。按 l 为一音节之收声时，元人通常读为 n，但在 g 前，l 音必保存。成吉思汗异母弟 Belgütei，元译别里古台，此名当即由"别里哥"加"台"构成，观于柯瓦列夫斯基字典 belge 之回回字写法作 balgū、balgai 可知。据柯氏字典，belge 有符号、徽章等意（第一一五页），则所谓别里哥选者当即天子恩赐特殊凭证而不受普通法律惯例拘束也，其意义与《秘史》"礼物"之义亦不相背。

此外亦有所谓别里哥文字者，乃通政院兵部所转发之一种天子恩赐凭验，乘驿使臣，可凭之享受某种特别待遇或携带某种物品也，可参阅排印本《站赤》第二、一二五、一三四、一三五、一三六、一三九、一六一（与一三五同）、一七〇等页。《元典章》卷三六第三七页"铺马驮酒"条所引皇庆二年圣旨与《经世大典·站赤》至顺二年（即《站赤》下，第二页）所引用者为同物，惟《元典章》尚保存俚语汉译，《大典》则改译为文言耳。俚语圣旨较近真相，兹姑举出作例，以见元代颁行别里哥之制度："照得中书省于皇庆二年二月二十七日奏过事内一件：差将各处去的使臣并回去的使臣每、外路官人每根底，他每自己索的葡萄酒并酒将去呵，却谎说是上位赐将去的么道说的人多有，么道，听的来也有，咱每与将去的也者，似这般谎将葡萄酒并酒去的，好生计较者，么道，亦烈赤（Ilechi，译言使臣）根底传圣旨来，俺商量：上位知识的外路官人每根底，若上位谁根底赐将葡萄酒并酒去呵，交宣徽院与兵部印信文书呵，却交兵部官与印信别里哥文字，凭著那别里哥将去者，若无兵部别里哥文字的，沿路有的脱脱禾孙每，盘问了，留下将去葡萄酒并酒，标著他每姓名说将来，俺上位根底奏了，要罪过呵，怎生，奏呵，那般者，么道，圣旨了也，钦此。"按"铺马驮酒"条陈援庵先生于其《元也里可温考》曾节引之，日人佐伯好郎踵其后，亦于其《中国聂斯脱里教之文献及遗物》（The Nestorian Documents and Relics in China）中，译全文为英文，顾佐伯氏对此元代案牍文字本身，未能了解，遂致误译甚多，难以卒读。此条系"行省准中书省咨，御史台呈，淮东廉访司申"三道公文组成，经由四个衙门。文中由"延祐四年正月三十日"至"申乞照详"，为淮东廉访司之"申"，至"相应具呈照详"，为御史台之"呈"，末尾"得此部省咨请依上施行"为中书省之"咨"。段落分明，不膺钩画。而佐伯氏竟将廉访司申之尾与御史台呈之首，合为一段，御史台之尾又与中书省咨，合为一段，遂使次序井然之公文三道，错乱不可究诘矣。至于译文内容，更仅观止。佐伯氏于本条首句"行省"下特注淮东二字，元代有淮东行省，未之前闻。亦烈赤此云使者，而译作人名。"俺商量"之俺，乃中书省八座自称，为第一人称代词复数，而佐伯氏则一律译为我（I），致使中书省奏，变为亦烈赤语，废解殊甚。至于因错断句读而妄译误译之处，则更无法指数矣。

妻之仇，袭击帖木真时，诸弟均人骑一马，逃入山中，独帖木真"准备一个从马"（nigen mori Kötöl jasaba），其妻无马骑，因而被掳。由此二节所记也速该父子事观之，二人均于所乘马外，别有从马，以备缓急。是十二三世纪时蒙古之 Kötöl 或 Kötel，当即吾国古来所称之军中副马也。

蒙古战士从马颇多，甚引南宋行人之注意。赵珙《蒙鞑备录》"马政"条云：

凡出师，人有数马，日轮一骑乘之，故马不困弊。

彭大雅《黑鞑事略》"其军"条：

有骑士而无步卒，人二三骑或六七骑。

徐霆疏云：

霆往来草地，未尝见有一人步行者。其出军头目，人骑一马，又有五六匹或三四匹马自随，常以准备缓急。无者，亦须一二匹。

元代蒙古战士，需要助手甚多，每届出征，辎重奥鲁在在须人经管，而其所恃以行动作战之马匹，更须专人照料，阔端赤者即管辖此种从马之人。战时马匹为将士第二生命，则阔端赤所以在元代怯薛中占重要地位之故，亦可以恍然矣。

吾人仅就《元朝秘史》、拉施都丁书及各种字书寻究，已可推得以上之结论。幸《元史》列传中别有证据，恰足证实阔端赤为司马之官，而非普通之向导或从人。《元史》卷一七五《张珪传》载泰定元年六月，珪诣上都陈奏二十事，其第十四项云：

阔端赤牧养马驼，岁有常法，分布郡县各有常数，而宿卫近侍，委之仆御，役民放牧，始至即夺其居，俾饮食之，残伤桑果，百害蜂起。其仆御四出，无所拘钤，私鬻刍豆，瘠损马驼。大德中始责州县正官监视，盖暖棚团檀枥以牧之。至治初，复散之民间，其害如故……臣等议宜如大德团檀之制，正官监临，阅视肥瘠，拘钤宿卫仆御，著为令。①

这段文字为阔端赤系司马之官的有力佐证。

三、成吉思汗之阔端赤

蒙古初期掌成吉思汗从马者，皆其亲信，《秘史》第一九五节记讨灭乃蛮之役云：

> 自己做头哨，教弟合撒儿（Qasar）主中军（Ghul），斡赤斤管从马。

末句原文作 Otchigin noyan-i Kötöt jasa'ulba。按 Kötöl 系由 Kötö 孳乳而出之名词。（Kötö + l，参阅施密德之《蒙文文法》第二十页）则 Kötöt 应为字根 kötö 之复数。此斡赤斤官人，即成吉思汗季弟帖木格斡赤斤（Temügei Otchigin）也。《元史》卷一一七成吉思汗异母弟别里古台（Belgütei）传云：

> 太祖平诸部落，[别勒古台]掌从马，国法常以心腹，遇败则牵从马。②

由以上二事观之，阔端赤地位之重要，可以见矣。或谓《圣武亲征录》云：

> 别立古台那颜（Belgütei nayan）掌上（成吉思汗）乞列思事（原

---

① 张珪所陈二十事，虞集《道园学古录》卷一八《中书平章政事蔡国张公墓志铭》仅略著数事，《历代名臣奏议》删节本卷三一四，亦仅载二十事题目，未知经厂本如何。
② 屠寄《蒙兀儿史记》卷二二《别勒古台传》于从马下自注云："蒙兀语曰'乞列思'，译言'禁外系马所'，如今日上驷院卿。"殊不妥。按从马为动物，乞列思为禁外系马之地，二者绝不同物，何能均以乞列思当之？"乞列思"一字乃 Kīrīas 之音译，不能与 Kötöl 视为一物。且"上驷院卿"，清代学者以蒙文 Adughun-u Sayid 译之，此云"牧群之官"。adughun 元代音译作"阿都温"，译言"口"或"马群"，其官为"阿都赤"（Adughuchi，见《大元马政记》及《元史·兵志》"马政"条。《秘史》及《华夷译语》均作"阿都兀赤"），成吉思汗时职在饲养马匹，非掌从马者也。

注：系禁外系马所），亲御上马。①

《秘史》第二四五节"成吉思汗的乞鲁额（kirü'e）"旁译"聚马处"，当即此乞列思。②

《秘史》第一二四节又谓别里古台之职务为阿黑塔臣（Aqtachin）③，译言掌骟马人或笼马人。究竟应该如何解说乎？窃以为此三职者——掌从马，掌乞列思事，阿黑塔臣——所指实为一事。盖其所掌之马皆为骟马，非哈刺赤（Qarachi）所掌之乳牝马。骟马所系之地，曰乞列思，故称之为阿黑塔臣或掌乞列思事均无不可。赵珙云"人有数马，日轮一骑乘之"，是蒙古战士乘用之一切骟马，皆可称从马，故吾人以为以上三职，实一事也。

四、元代一般军官之阔端赤

元代蒙古战士皆有从马，吾人前已言之。既各人皆有从马，即皆有阔端赤以掌管之。就《元典章》④、《大元通制》所载文件观之，元代一般将士之阔端赤，大抵悉由其躯口充任。⑤《元典章》（卷三四第三一页上）至元六年《蒙古军躯条画》：

曹州那怯千探马赤躯口张四十五等告，本使合剌章（Qarajan）出军，

---

① 柯劭忞《新元史》卷一〇五《别里古台传》改禁外系马所为牧场，殊谬。盖牧场为牧马人所掌，而禁外系马所则笼马人之事也。吾人就《秘史》、《亲征录》、《元史》及拉施都丁书考之，别里古台实掌管成吉思汗之骟马或从马，而非其牧养马匹之官。《秘史》第一二四节于帖木真称汗时，且明言："别勒古台、合剌勒歹、脱忽剌温两个掌骟马，做笼马人。泰亦赤兀歹种忽图、抹里赤、木勒合勒三个教牧放马群。"元代普通阔端赤虽掌牧放，但成吉思汗之牧马人与笼马人，则各有专官掌管，与一般军士不同。况《亲征录》及《元史》均明言乞列思为禁外系马所乎？《秋涧集》卷八二、九二谓"阿塔赤汉语群牧所官"也，柯说殆受其影响。
② 补：一九五二年《史集》俄文译本《成吉思汗传》第九二页作kirias，译系马桩，音最合。
③ 洪钧《元史译文证补·太祖本纪译证》但言别勒格台掌帝马，刻下手头无拉施都丁原书，未知洪氏重译有无删节或臆改。
④ 本篇所引《元典章》文件，悉据陈援庵先生《元典章校补》一一补正。
⑤ 《历代名臣奏议》卷六七郑介夫《太平策》"厚俗"条："北方以买来者，谓之躯口，南方以受役者，即为奴婢。"

叔叔充阔端赤，四十五等落后，缘无本使，枢密院议得，既是自行告称系探马赤军人头口，本使合刺章出军，在家津贴军钱，拟即便分付。

及元代疆土日辟，军纪亦随之日坏，一般军人于"蛮子地面（按指南宋旧壤），跟随省官，寻道子，寻前程"，每遇国家风尘之警，本人即不肯再冒险出征，而令其掌管从马之阔端赤代替之。《元典章》（卷三四第二五页）《探马赤军交阔端赤代役》条：

> 至元二十八年十月枢密院据蒙古都万户囊家歹（Nangqiatai）蒙古文字译该：枢密院官人每根底，囊家歹蒙古文字里有，至元二十八年九月二十一日紫檀殿前面奏：探马赤军人在前阿术（Archu）管的时分，好有来。如今倘或出军的，他每的正身不当军，交阔端赤出军有。百户牌子头他每的官人，觑面皮，不交他正身当军有，交他每的阔端赤出军有。如今上位可怜见呵，似那的每交阔端赤出军的，好生严切治约的圣旨索有，么道奏呵。索甚，么道圣旨有，您每的勾当有，您每好生钤束者，么道，圣旨了也。又题奏：这军每随处蛮子地面里交阔端赤应当着身役去了有，那的每根底拘收将来呵，怎生，么道奏呵，虽然是小勾当呵，说的是有，交拘收者，么道，钦此。①

又《大元通制》亦有禁止私代圣旨：

> ［至元二十九年十二月二十五日枢密院］奏：完泽（Öljei）丞相说有：这来的军每自己替头里教阔端赤来的一般歹军来有，说有，如今俺商量来，阔端赤根底教自替头里来的人每，阔端赤根底教他每另做了数目，他每根底要罪过呵，怎生，那般行文书？么道奏呵。那般者，么道，圣旨了也。钦此。②

---

① 元代白话圣旨，多由蒙文直译，若有蒙古原文与译文互相比较，更见真意，顾现存之元代八思巴字母圣旨碑，凡"由词臣润色者，国音但对音书之"（钱竹汀语，见《金石文字跋尾》卷一九〇《皇太后懿旨碑》碑阴）；其汉、蒙并列者，寥寥可数。
② 《通制条格》卷七〇。

忽必烈朝为元代鼎盛时期,而军队头目已腐化若此,无怪元代享祚之不永也。

五、元代官吏之阔端赤

元代文籍中亦有译阔端赤为从人者,据吾人所见,似专指非军官之随从,惟其人似亦与照料马匹、引导道路有关。《永乐大典》卷一九四二五引《成宪纲要》云:

> 省部定到,起铺马使臣换马处,正使支粥食、解渴酒,阔端赤支粥。宿顿处正使臣白米一升,面一斤,酒一升,肉一斤,酒盐杂支钞[十文],炭五斤,自十一月初一日为始,至正月三十日支住。阔端赤不支酒肉杂支钞,米一升,面一斤。①

按元代案牍文字,原稿或为中文,或为蒙古等文字,其原稿为蒙古文而须颁行于汉地者,必副以汉文译文。现存元代汉文档案,或为俚语,或为文言,《元典章》、《大元通制》、《六条政类》等书所载大半皆俚语文件。文宗至顺间虞集等纂修《经世大典》,其所据材料,除文言文件外,俚语文件必甚多。今所见《大典》残卷几尽为文言而少俚语者,殆编修者改译之也。《元史》诸志多系删节《大典》而成,去真相益远。今蒙文原稿已不可复见,吾人欲研究元代典章制度,宜尽量于接近原形之残存俚语文件中求之。兹所引《成宪纲要》文件之原文与俚语译文,虽俱亡失,幸《经世大典·站赤》中统四年三月亦载此条,可资比较。本文阔端赤三字,《大典》悉作从人,《元史·兵志》"站赤"条乃《大典》之节略,故亦作从人。足证《大典》与《纲要》所本之原文,必为 Kötelchi(阔端赤),一译意,一译音耳。

《经世大典》又载至元十五年五月省部致益都路淘金总管府施行之命令,云"府官一员,阔端赤,驼驮马,共三匹"②,其职务当亦为非军官之从人。

元代有蒙古、色目、汉人、南人之分,其法律地位,颇不平等,故同为

---

① 排印本《站赤》下册,第一二五页。《文渊阁书目》卷一四《政书》:"《成宪纲要》一部五册阙。"
② 《站赤》上册,第三七页。

阔端赤，犯同一罪过，而所受处分则彼此互异。《元典章》卷四九第九页下（并参阅同书同卷第一七页《盗贼出军处所》条）：

> 色目人骨头的阔端赤每根底，不刺；高丽、汉儿、蛮子阔端赤根底，刺字。

此处所谓色目人骨头的阔端赤意即色目氏族之阔端赤。《元朝秘史》第二四一节"对于孛罗忽勒的 yasun（骨头）给与一百秃马惕"（原译作"赏与了孛罗忽勒一百秃马惕的百姓"，脱漏 yasun 一字，殊与事实不合。盖成吉思汗灭秃马惕部时，孛罗忽勒早为该部擒杀矣），yasun 一字旁译骨头，乃直译，柯氏《蒙俄法字典》（第二二七四页）于此字著录四义，第一义为骨头（os），第四义为种族、家庭（race, famille）。又《蒙古世系谱》（卷二）博丹察尔（Bodanchar）"九世孙超齐（Jochi），奇尔嘛虎（《秘史》五十一节作吉儿马兀）① 后人，因奇尔嘛虎之名，名其骨（博明注云骨即氏族之类），曰却忒（Kiöt）"。故知所谓色目人骨头的阔端赤者，即色目氏族之阔端赤，而《秘史》孛罗忽勒的骨头者，乃孛罗忽勒之家属也。

兹将吾人研究结果略举于次，藉清眉目：

（一）阔端赤一词应由 kötel 或 kötöl 孳乳而出，意为牵，柯氏字典遗此义，仅释为山口。且未查回教史籍中 kūtal 之字意，殊属失检。（二）伯希和欲以 Kötölchi 比定阔端赤。然就元代 köten、Sultan、Udan 诸字汉字音写及波斯史料著录之 Kūtal 及 kūtalchi 证之，阔端赤可以为 Kötölchi 之音译，亦可为 Kötelchi 之音译。（三）阔端赤原意为牵从马者，非普通向导。在元代则为掌管从马或牧养马驼之人或从人。（四）掌从马者必为其主人之心腹，成吉思汗从马尝以其二季弟掌之。（五）元代战士之阔端赤概为其驱口。南宋亡后，太平日久，蒙古战士腐化，每令其阔端赤冒名出征。（六）《元史·兵志》侍上带刀及弓矢之任务，仅足可表示云都赤，殊不足以见阔端赤之职责。

（原载《华西协合大学中国文化研究所集刊》一九四一年第一卷第四期）

---

① 关于此人，参阅拙著《读蒙古世系谱》，《齐鲁、华西、金陵三大学中国文化研究汇刊》第一卷，1941年。

成都蒙文圣旨碑考释

年来敌机肆虐，频炸成都。当局为便利市民疏散计，乃拆除城门，展宽道路，以利行人。今所考元代残碑，即一九四一年拆除老南门时出土也。原石现藏四川省立博物馆，宽约一公尺，高约四十五公分。原高几何，已不可知。现存碑文，悉为至元国书，无一汉字。洗剔既竟，馆长冯汉骥先生以初拓本一纸相赠，嘱为考释。予受而读之，则元代八思巴（'Phags-pa）字蒙文圣旨碑也。未几，余忽患重病，数月未克工作。此碑研究，遂亦搁置。顷者病愈，复得稍亲书卷，重理旧业。因再取元代残石，略为考释于下。

按元代圣旨碑款式，上半刻国书，下半刻汉字译文。今此碑仅余蒙文部分上截，约当原文三分之一，全碑七分之一。

依元代圣旨碑体例，碑文前部必列举成吉思汗以下诸帝名号。今此残石所举共九帝，其最后者为 Rin-chen-dpal，即元宁宗懿璘质班也。故知此石为元顺帝圣旨碑。

往昔所见蒙文圣旨碑，但用十二属纪年，不著帝王年号。今此碑末行 jijing 二字，显为顺帝年号至正之音译，乃前此所未见者。惜年月在下截，当亦早供墙基磨石之用，已不能确定其时日矣。

碑中 ching yang geung 三字，为此碑所在寺观名称。第三字为中文宫字音译，第二字得为阳或羊，第一字得为清或青。然则此碑原在老南门西四里许之青羊宫，迨断碎后，始移作南门基石矣。

蒙古初用畏兀儿字"书国言"。世祖至元六年（一二六九年）二月十三日又颁八思巴所制新字，译写玺书。顾其字与蒙语颇扞格，未甚通行。现行蒙古文字，仍由畏兀儿字演变而出。今日大漠南北，已难见至元国书遗文矣。

元代八思巴字母音值，东西学者早有详细讨论。或用以考求元代汉字声韵，或取以研究蒙古文字古读。惜刻下为敌寇所挠，未能求得一种供参考，至以为憾。兹借吐蕃字母为向导，别取目前所能接触之陕西韩城神禹庙、河南安阳善应村储祥宫、陕西郃阳光国寺（《通报》，一九〇八年，影印插页第一九、二四、二五页）、陕西整屋重阳万寿宫（明赵崡《石墨镌华》卷六）蒙文圣旨碑四通，反复比较，以求得八思巴体与畏兀儿体蒙古字之对音。

兹将八思巴字母、陶宗仪《书史会要》汉字译音、吐蕃字母与拉丁字母译写以及八思巴体与畏兀儿体相应字母之译写对照写出，分注于下，以资比较：

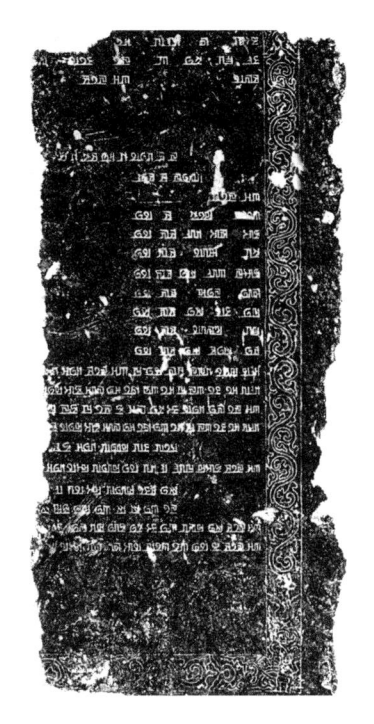

八思巴字母							
《书史会要》译音	葛	渴	咔	誐	者		遮	倪
吐蕃字母								
拉丁字母译写	ka	kha	ga	ṅa	ca	cha	ja	ña
与至元国书相应之畏兀儿字音	k	k,g	g,k	ng	c	ch	j,ch	
八思巴字母							
《书史会要》译音	怛	挞	达		钵	发	末	麻
吐蕃字母							
拉丁字母译写	ta	tha	da	na	pa	pha	ba	ma
与至元国书相应之畏兀儿字音		t	d,t	n	p		b	m
八思巴字母							
《书史会要》译音	拶	惹	嚩	若	萨	阿		耶
吐蕃字母							

续表

拉丁字母译写	tsa	tsha	dsa	wa	sha	za	'a	ya
与至元国书相应之畏兀儿字音	ts	ts'	ja	v,w	z	s	g,gh	y,j
八思巴字母	ㄒ	᠊	᠊	᠊	᠊	᠊	᠊	᠊
《书史会要》译音	啰	罗	设	沙	诃	哑	伊	邬
吐蕃字母	ㄒ	᠊	᠊	᠊	᠊	᠊	᠊	᠊
拉丁字母译写	ra	la	sha	sa	ha	'a	i	u
与至元国书相应之畏兀儿字音	r	l		s	h	alif	i	u
八思巴字母	᠊	᠊	᠊	᠊	᠊	᠊	᠊	᠊
《书史会要》译音	医	汗	退	霞	法	恶	也	呙	耶
吐蕃字母	᠊	᠊			᠊		᠊	
拉丁字母译写	e	o			hw			
与至元国书相应之畏兀儿字音	e	o	q,gh	h'	f	ö,ü	ä(e,i)	w

八思巴字母既如上表，现将成都圣旨碑按原碑行次译写于下。成都残碑与重阳宫碑最为近似，故所有残字，均可一一补出：

1 mon kha deṅ ri [yin khu chun dur]

2 ye kä su ja li yin ['i hä'än dur]

3 qa'an jar liq [ma nu]

4

5

6 　　　　　[ba laqad] un da ru qas [da]

7 　　　　　da'ul qa q [ui]

8 jar li [q]

9 ji[ṅ] gis qanu

10 äo khäo däe qa'a nu

11 sä chän qa'a nu

12 äol jäe thu qa'a nu

13 khäu lug qa'a nu

14 bu yan thu qa'a nu

15 gä gä'än qa'a nu

16 qu thuq thu qa'a nu

17 ren chän dpal qa'anu ba jar liq dur d [o yid]

18 deṅ ri yi jal ba ri ju hi rü'är äo gun [athu qayi]

19 jar li 'u dun yo su'ar a li ba al ba [qub chi ri]

20 deṅ ri yi jal ba ri ju hi ru 'är äo gun [athu qayi]

21 　　　chin yaṅ gäuṅ dur aq [un]

22 jar liq äog bäe e dä nu gäuṅ qon dur…[bu ba ri]

23 　　　thu qayi gäuṅ go nä… [bu]

24 　　　li ju tha tha ju bu ab [thu gayi]

25 jar liq thu gä'ä jü yo su äu gä['ue]

26 jar liq ma nu ji jin näo

今蒙古文言，与元代蒙语，出入颇多。姑置勿论。兹但用拉丁字母，将此元代国语诏旨，译写为现行文言，复取当日汉译俚语，分注于下，以资比较。

1 möngke tengri [-yin küchün -dür]
　　长生　天　底　气力　里

2 yeke suu jali-yin [i begen-dür]
　　大　福荫　底　　护助　里

3 qaghan jarligh [manu]
　　皇帝　圣旨　俺的

6 　　[balaghat] -un darughas [-da]
　　　管城子　底　达鲁花赤每　根底

7 　　daghulqaq [ui]
　　　　宣谕的

8 jarli [gh]
　　圣旨

9 chi [ng] gis qan -u
　　成　吉　思　皇帝　底

10 ökötei qaghan -u
　　窝阔台　皇帝　底

11 sechen qaghan -u
　　薛禅　皇帝　底

12 öljeitü qaghan -u
　　完泽笃　皇帝　底

13 külüg qaghan -u
　　曲律　皇帝　底

14 buyantu qaghan -u
　　普颜笃　皇帝　底

15 gegegen qaghan -u
　　格坚　皇帝　底

16 qutughtu qaghan -u
　　忽都笃　皇帝　底

17 irinchenbal qaghan -u ba jarligh -tur t [oyit]…
　　亦怜质班　皇帝　底　圣旨　里　和尚

18 tengri-yi jalbariju irüger ökkün [atughai]…
　　　　天　　祈祷祝寿　　给与

19 jarlighut -un yosughar aliba alba [qubchiri]…
　　圣旨每　底　体例依　不拣甚么差发　科敛

20 tengri-yi jalbariju hirüger ökkün [atughai]…
　　　　天　　祈祷　祝寿　　给与

21　　　　　　　　ching yang güng -dür aq [un]…
　　　　　　　　　青　羊　宫　里　住的

22 jarlighökkbei   eden-ü güng gön-dur… [buu bari-]
　　　　圣旨与了也　这的每底　宫　观里　　休　著

23　　　　　tughai güng gon -ä… [bu]
　　　　　　者　宫　观里

24　　　　liju tataju buu ab [tu ghai]…
　　　　　夺着　扯着　休　要　者

25 jarlightu ke'ejü yosu ügeküi [üiles]…
　　圣旨有　么道　体例　无的　勾当

26 jarligh manu ji jin nö [küge ghil?]…

　　圣旨　俺的　至正　[第二年？]

原文既明，请仍用元代圣旨俚语成例，转译如次：

　　长生天［底气力里］大福荫［底护助里］皇帝圣旨……管城子底达鲁花赤每［根底］宣谕的圣旨。成吉思皇帝，窝阔台皇帝，薛禅皇帝，完泽笃皇帝，曲律皇帝，普颜笃皇帝，格坚皇帝，忽都笃皇帝，亦怜质班皇帝底圣旨里和尚……告天祝寿者。依［在先］圣旨体例里，不拣甚么差发……告天祝寿者。……青羊宫里住的……圣旨与了也。这的每宫观里……休著者。宫观里……休夺要者。……有圣旨，么道，没体例勾当……圣旨俺的。至正［二年？］

其若干蒙古古字之应加诠释者，亦请论述如次：

八思巴体字母 n ṅ（畏兀儿体作 ng）b s d th（畏兀儿体作 t）l m ch j y r 与畏兀儿体音值相同。此外 'a 在前元音字中畏兀儿体为 g，如 gege'en—gegegen；在后元音字中为 gh，如 qa'an—qaghan。g 在畏兀儿体字中有时为 k，如 Ögün—Ökkün。

字首 h 今日已消失，如 hirüger，今作 irüger。

k 与 kh 畏兀儿体均作 k，如 khülüg—külüg。

a　蒙古字第一音节字首如为 a，即用此母表示，如 alba；如为 ö，亦加此母，但无音，如 Öködei。

ᡍ 为 e，如 deṅri；为 i，如 öködei 之末母 i。

Shabs-kyu（u）在前元音字中为 ü，如 öljeitü；在后元音字中为 u，如 qutuqtu。

q　藏文无此母。八思巴体与畏兀儿体音同，如 qan。

元世祖中统元年（一二六〇年）命八思巴制蒙古新字，"其母凡四十有一"，用以"译写一切文字"。各族语言不同，所用字母即不能完全相同。译写汉语之若干字母如 ts、tsh 等，蒙语即无此种辅音；反之，蒙语 r 诸母，译写汉语亦无用。

契丹、西夏、女真国书，皆模拟汉字而成。八思巴为忽必烈创制新字时，似颇受三种国书影响，故亦力求方整（dürbeljin）。惟蒙语属阿尔泰语系，一字多音，与一字一音之汉藏语言迥异。欲造成一字一音之方体字，惟有将多音之蒙古字切断拼写，始能达其目的。此事与蒙语本性，至为乖忤。其所以不能永久通行者，此亦一重要原因也。

元代寺观圣旨碑，凡为免除赋税禁止侵占而立者，皆千篇一律，就历史言毫无意义。而世人所以犹珍贵之者，乃以语文属于兄弟民族，物稀为贵也。大抵此种诏旨，本有现成格式，仅因时地之别，更换若干文字而已。然其中一名一字之微，亦往往可资考古。

qan-u、gön-e、jarliqut-un 诸字国书写为 qa nu、go ne、jar li ghu tun，u、e、un 皆为表示格义（kasus）之字，与上字韵尾辅音连读为一音（nu、ne、tun 等），殆即《元史·八思巴传》所谓"其相关纽而成字者，则有韵关之法"欤？本传又称"其以二合三合四合而成字者，则有语韵之法"，吾人观于 su（福荫）、gön（观）、göuṅ（宫）诸字，即可了然矣。

元顺帝之前有十三帝，此碑所列帝王名号，仅有九人。忽必烈之前无贵由及蒙哥，不解何故；忽必烈之后无泰定帝及文宗，盖由于派系与仇恨之故，元朝皇帝皆忽必烈之后裔，成宗为忽必烈所选定，后嗣子孙自无异议。自武宗起，除泰定帝外，皇帝皆答剌麻八剌子孙，泰定帝为答剌麻八剌兄甘麻剌之子，顺帝似不承认其为正统。碑文无文宗，则甚易理解，此碑立于至正二年（一三四二年），而顺帝已于后至元六年（一三四〇年）将文宗杀明宗之罪昭告于天下，撤其庙主矣。

碑文中可汗、可汗名号、天、圣旨等字，均抬头顶格，与中文同，成吉思汗刻石已然（参阅拉德洛夫《蒙古古物图谱》，第四九页图三）。然非蒙人直接受中原影响，当系间接由畏兀儿人输入（伯希和《蒙古人与教廷》，第二五—二六页）。

诏旨起首款式似首见于《秘史》第二七五节长子西征之役，拔都遣使给窝阔台奏章：Möngke tengri-yin küchün-dür qaghan abaghai-yin su-dur，译言"长生天底气力里，皇帝叔叔底福荫里"。蒙古原始宗教为珊蛮教，故《秘史》中"长生天"字样屡见不鲜。关于西人对"长生"一词之研究，可参阅《亚洲学报》上册《中文文献中已被证实之若干中亚字》第四五一—四五九页"Mängü"及"Möngkä"条。Su《秘史》音译为速，旁注福荫。元朝秘史

（第二七二节）于成吉思汗尊号前加索图一词，《蒙古世系谱》于忽必烈尊号前加苏图一词，均 Sutu 之音译，华言洪福，福也。

六行 ba laqad 今蒙古文言单数作 balaghasun，《秘史》音译巴剌合孙，复数作巴剌合惕，与碑同，译言"城每"。

六行 da ru qas 字根 daru- 有压、胜等义。darugha 译言头目首领，darughas 其复数也。叶子奇《草木子》谓达鲁花"犹荷包上压口捺子"，盖比喻也。《秘史》作答鲁合臣（darughachin），元代通称达鲁花赤（darughachi），译云掌印官。其职务可参阅杨维桢《东维子文集·送旌德县监亦怜真公》。

六行 da 此为表示位置格之字，中文以"根底"或"根的"二字译之。沙畹云："予曾将此种语言特点告俞阿尔（cl. Huart）君，蒙彼示我以假定解释云，根的或根底与突厥文 Kendou、Kendi（即自己）或不无若干关系，若采此说，则根底恰有亲身之意。"（《通报》，一九〇八年，第三七九页脚注）其实根底即根前，俞阿尔之说未免穿凿。

成吉思汗但称汗（Qan），自窝阔台起始称匣汗（Qaghan）。此种简朴制度，明叶子奇《草木子》卷三下尝称赞之。世祖以后始有所谓国语尊号。兹但举碑中九帝名号，略为解释：Chinggis（成吉思，太祖）出于突厥语 tenggiz，此云海洋；Ökötei（窝阔台）为太宗名，非尊号；Sechen（薛禅，世祖），此云聪明；Öljeitü（完泽笃，成宗），此云幸福；Külüg（曲律，武宗），此云俊杰；Buyantu（普颜笃，仁宗），此云有德；Gegegen（格坚，英宗），此云光明；Qutughtu（忽都笃，明宗），此云吉庆；Rin-chen-dpal（懿璘质班，宁宗）为吐蕃字，译言宝祥，乃梵文 Ratnasri 译文。元代帝室，崇信喇嘛教，故男女名称，多取梵藏文字。中文懿璘质班，系由蒙文读法 Irinchenbal 译出。

十七行 toyit 为 toyin 之复数，译言和尚。明人音译作脱印。此字系借自畏兀儿语 toyin，而畏兀儿语 toyin，似又中文道人之音译也（参阅邦氏及葛玛丽《吐鲁番突厥语文件分析索引》第四四页）。

十八行 hi rü'är《秘史》作希鲁额儿，译云"祝寿"。今字根 iruge-，h 已消失。按此 h，即所谓字首 h 也。凡十三四纪之字首 h，今蒙古文言悉已消失。在明代东蒙古往往变为 f，如 hula'an 今作 ulaghan，《登坛必究》卷二二《译语》作伏剌案（fula'ghan）是也。明末建州卫以蒙古字书国言，所借蒙古字，固多从东蒙古读音，即满语本身，在阿尔泰语系中，亦有 f < h 现象，故满文祷祝一字为 firu-（《蒙文总汇》i 部第十三页）。在保存古音最多之西宁东北那林沟（Naringuor）Alima-Xanqshar 方言中，凡古文字首 h，亦大体皆变为 f，参阅思麦德及田清波《蒙法字典》f 部（第九八——一三页）所引诸古字之比较研究。

十九行 Yosu'ar 字根 yosu 译言理，元代译为体例。ghar 为 iyar 之变。按 iyar 为表示工具格之字，惟在若干第二类变化之名词中，此字有时变为 ghar，yosughar 即其例也（参阅施密德《蒙古语文法》第八五页）。

十九行 qub chi ri《秘史》（第一七七节）音译作忽卜赤里，旁译科敛，今蒙古文言作 qubchighur。十三世纪蒙古入主波斯，此字亦随之传入，其字形作 qubjūr，又作 qūbjūr 及 qufjūr，与 qubchiyur 近，意为头匹百者抽其一，而复折合为金钱（石泰因噶思《波英字典》第九五一页）。

二十四行 bu《秘史》音译作不，译言为休。今文言为 buu，只用于否定命令动词前。中文译为休，甚佳。

二十五行 gä'ä jü 此当读为 ke'ejü，译言说着，或么道。元代蒙文"人"字为 Kü'ün，今作 kümün，则 ke'ejü 应为今 Kemejü。参阅拙著《元代阔端赤考》注十七（《华西协合大学中国文化研究所集刊》第一卷第四期）。

二十六行 nao- 此当读为 nö-，下半漫漶，不可识。原字应为 nököge，此云第二。考盩厔重阳宫蒙文圣旨碑称七月为秋季第一月（namur-un terigün sara），此碑不用十二属而用年号纪年，应立于至正二年。

一九四一年于成都

（原载《华西协合大学中国文化研究所集刊》一九四二年第二卷第二期）

关于洪钧

始吾读陆润庠《元史译文证补序》，见其凡涉及洪书内容处，十误七八①，心窃异之。以为陆为洪书付托人，自谓"重勘数过，始付梓人"，何致颠倒错乱，误谬若斯？继思元史为专门之学，非八股之士所熟悉。陆氏腐心帖括点画间，自不能领略洪书。然于其所举洪钧出使年代，则未致疑也。盖洪陆两家既同乡里，复结亲好，关系至为密切。且陆序作于光绪二十三年（一八九七年），上距洪氏归国才数岁，料无发生舛误之理。故予前讲《元史研究之回顾与前瞻》时，即率然从之。②孰料其所举年代竟亦非史实。陆序云：

光绪己丑岁（一八八九年），吾洪文卿侍郎奉命出使俄、德、和、奥，驻其地者三年。……壬辰（一八九二年），侍郎归。

今检《清史稿·交聘表》：

光绪十三年丁亥（一八八七年）五月丁巳，洪钧自前内阁学士派为出使俄、德、和、奥大臣，光绪十六年（一八九〇年）七月召回。

---

① 举例言之，陆序云："当时用命诸王，则前有术赤、察合台、旭烈兀，后有拔都等。"按《元史译文证补·太祖本纪译证》明言其自西域凯旋东归时，道遇旭烈兀来迎，时年九岁。则当太祖起兵时，旭烈兀方在襁褓，牙牙学语，何能奉命西征？至于拔都西征，为太宗年事，旭烈兀西征则又在宪宗即位之后。拉施都丁书为波斯文，陆序谓为阿剌比文。多桑书系洪氏假自德国藏书官舍，为法文，而陆氏则谓为英文。哀德蛮书为德文，非俄文。按洪氏所重译之拉施都丁书，收入《俄罗斯皇家考古学会东方部丛刊》，第五册为《部族志》俄文译文，一八五八年；第七本为《部族志》波斯原文，一八六一年；第十三册为《成吉思汗传》波斯原文及译文，一八六八年；第十五册为《成吉思汗传》波斯原文及译文，一八八八年。

② 参阅《责善》半月刊第二卷第七期第十页。（亦收入本书。——编者注）

是洪钧出使在一八八七年，不在一八八九年，任满归国在一八九〇年，不在一八九二年明甚。光绪十三年五月丁巳当为洪钧拜命之日，其到达俄京，则在是年冬。缪祐孙曾在圣彼得堡车站躬迎洪氏。其《俄游汇编》卷九云：

> 光绪十三年十一月二十一日甲戌，晴。出使大臣洪阁学至，皆往迓于车栈。

陆氏不能了解洪书内容，犹可原谅，而于洪氏出国归国眼前时事竟亦误推两年，则殊令人扼腕。予前轻信陆说，以洪钧抵俄，在贝勒津（I. N. Berezin）及霍渥尔斯（H. H. Howorth）二人成书之次年，近日谈元史史料者，亦往往踵予之误，殊滋愧恨。今既知陆说不可信，予之讲辞，自必须稍加修正：

> 岁丁亥（一八八七年），洪钧抵俄京。明年（一八八八年），霍渥尔斯《蒙古史》全书完成，贝勒津俄译《成吉思汗传》亦全部刊出。洪氏本熟于西北史地，恰又遇此难逢之时代与际会，故能在中国元史研究上别辟一新天地。（参阅《责善》半月刊第二卷第七期第十页）

陆序舛误，已如上述。即为洪钧撰墓志者，亦多不能表章其学术，实为可惜。顾肇熙为洪氏所作墓志之文，书其家事及所历官甚详，惜行箧书少，未得检出一读。武进费念慈撰《清故光禄大夫兵部左侍郎洪公墓志铭》，于洪书内容，殊不了然。费氏云：

> 俄罗斯为国，古乌孙地也。公求得古元时旧时所载记，皆畏兀文。译归，以校史，多所勘正，成《元史译文证补》若干卷。既殇，陆祭酒师为校写付梓。（闵尔昌《碑传集补》卷五）

按洪钧所重译西域史，原文或为波斯文，或为大食文，非畏兀文。虽元代泛称大食、波斯为回回，然回回、畏兀各有邦域与定义，未可贸然混而为一也。元代畏兀但指高昌五城之地种人而言，其先世号回纥，本居漠北仙萼河（Selenge）流域，书用突厥字，今日犹屹立于色楞格河支流鄂尔格图河畔荒草斜阳中之唐登利啰·没密施·颉·翳德密施·毗伽可汗墓碑，即是此种文字。（参阅芬兰赫尔辛基大学从事阿尔泰语研究的教授 G. J. Ramstedt 之《北蒙古之两方畏兀儿卢尼文字碑铭》［Zwei Uigurische Runenschrift in der Nord. Mongolei］，芬-乌学会会刊第三十期，赫尔辛基，一九一三年）继用畏兀儿字，为今日蒙文、满文所自出。及回教输入，始渐采阿拉伯字母，以成今日之文字。然明代《华夷译语·高昌国书》，犹是畏兀儿字。元代高昌畏兀儿尚未皈依回教，更无论其文字矣。故费氏"皆用畏兀文"之说，无论如何解释，均不可通。

洪钧所译《中俄交界全图》，今日治西北史地者，犹多用之。此图在政治上曾发生纠葛。《清史稿》列传卷二三三《洪钧传》亦曾言及。则此图之原本如何，似亦值述其究竟。按《中俄交界全图》原名《亚洲俄罗斯及其邻地》（Asiatische Russia und die anliegenden Lander），一八八三年俄国参谋部出版。原图缩尺四百二十万分之一，洪氏据为底本，放大为一百八十二万五千分之一，光绪十六年出版，凡十数页。其图北至托波尔斯克（Tobolsk），南抵西藏中部，西达费尔干纳（Fergana），东迄太平洋。洪钧使俄时，此图仅出版四年而已。①

《元史译文证补》阙文若干篇，而以《部族考》之散佚最可惜。此篇若存，其后柯劭忞、屠寄诸家书必减少许多错误，可断言也。柯劭忞虽曾将《史集·部族志》"据未译本辑补"（《新元史考证》第一卷第一页），收入《译史补》卷六。顾其所本者，不惟非拉施都丁原书，亦非贝勒津译文或哀德蛮译文（《古突厥、塔塔儿及蒙古民族概况》），乃哀德蛮所著《不动摇的铁木真》一书导言而已。此书为著作，非史料，译名既多舛误，且采用不少中文史料（如瓦西理俄译《蒙鞑备录》）。柯氏不察，一一采用，遂致其《新元史·氏族志》一部两表，一人两表，与旧《元史》之一人两传差同，殊堪叹惋。

一九四二年四月十二日于成都
（原载《边政公论》一九四二年第一卷第九期）

---

① 参阅德人赫尔曼（A. Herrmann）《中国地图学中之西域》（Die Westländer in der chinesischen Kartographie），赫氏此文收入斯文赫定（Sven Hedin）之《南部西藏》（Southern Tibet，一九二二年）第八册第二卷。

元代漠北酒局与大都酒海

酒局一词，数见于《秘史》。除第一八七节译作古鲁额（kürü'e）外，他处均作秃速儿格（tüsürge）。按动词 tüsür（《华夷译语》音译为土俗儿）译云倾。tusürge《秘史》第一三〇节译为瓮，《蒙文总汇》译为喷壶。故所谓酒局者，必为一种巨大的盛酒之器也。

《秘史》第二一三节记成吉思汗命其保兀儿臣（Ba'urchin，译言膳人）孛罗忽勒（Burughul）及汪古儿（Önggür）坐于大酒局左右。第二三二节及二七八节言门内二人拿（baritughai）酒局。第二四五节记帖卜腾格里（Teb Tenggeri）进成吉思汗帐，坐于酒局西边。是酒局一物，必为幄帐中重要陈设之一，其所在地又必临近帐门也。

关于酒局，《秘史》无详细描写。顾中外史料，均见记载。名虽不同，实物则一。吾人参照比较，犹可考知此一代制度也。

《秘史》第一八七节，帖木真以所获王罕金酒局、器皿（altan gürüge ayaqa saba）赐巴歹（Badai）及乞失里黑（Qishiliq）。吾人试读东罗马 Menander Protector 记载，知北族君长，至少自六朝以来，饮器酒瓶及大壶，皆金制也。①

一二四六年四月，普拉诺·迦尔毕尼（Plano Karpini）在拔都帐，见帐内近门处设一桌，桌上置饮料（大半为奶酒），盛以金银器皿。②

鲁不鲁克（Rubruk）自述其一二五三年六月离 Soldaia 后初遇蒙古时，宛若置身另一世界。门口有一桌，上设杯盏及一革囊，盛奶子或他种饮料。③

---

① 亨利·玉耳：《中国及通往其地之路》（*Cathay and the Way Thither*）第一卷，第二〇九页。
② 《普拉诺·迦尔毕尼行纪》，里施（F. Risch）德译本，第二二八页。
③ 《鲁不鲁克东方行纪》，柔克义（Rockhill）英译本，第八一页。

至撒里答（Sartach）帐，觐见时，见幄帐门口有一桌案，上陈马湩及杯盏。① 至其觐见拔都时，又见幄殿入口有桌案，上陈马湩及嵌饰宝石之金银大盏。② 一二五四年他在和林觐见蒙哥汗时，亦谓帐口有桌案，上设马湩。

迦尔毕尼及鲁不鲁克在蒙古将官或君主帐中所见之帐口酒案，与《秘史》之酒局，当为一物。形制虽有精粗之别，而作用则一。然则所谓酒局者，幄殿贮酒之器也。大抵蒙古时代，宴飨为国家大事之一，参加之人甚多，所需马湩之量亦甚巨。帐内特设酒局，以为临时挹取酒湩之地。而掌司御宴之保兀儿臣，亦即面北坐于此物左右，以与可汗宝座遥遥相对也。

酒局之用途既明，吾人始可以进而讨论别种形式之酒局矣。鲁不鲁克谓和林皇宫大殿门口，有巴黎金器匠制造之大银树。树下有四银狮，口吐白色马湩。有四管通树顶，每管泻出饮料一种，即葡萄酒、黑马乳、蜜酒及米酒是也。③ 此银树之制作，固甚精巧。就其作用言，亦为酒局之一种。盖宫内陈设，随国势隆盛而改观也。

冯云鹏《金石索》"金索三·杂器之属"收录元至正辛丑（一三六一年）朱碧山所制银槎杯图，并附《朱竹垞银查歌》一首。据云："杯以银为之，形如槎，空其中，有口，以出入酒。"惜冯氏昆仲仅见杯图，未睹原物，不知其形制大小。中国历代饮酒之器，种类至夥，然以枯树为象，他代似未之见。今读鲁不鲁克纪行所记和林酒树，颇疑所谓银槎杯者，乃朱碧山仿制之蒙古酒局也。此器至奇。布歇尔（Bushell）于其《中国艺术》（*L'Art Chinois*, p. 127）表彰于前，一九一四年比人汪黑（Vanhée）又于《通报》（第一九一页）刊其图于后。顾二人均以奇器视之，未明其渊源。兹特指出，用谂世之关心元代文物者。

酒局乃幄殿门口盛酒及放置杯皿之器。虽因时代关系，形制不同，而其物要为漠北幄殿中之陈设，非汉地所固有也。及蒙古入主中土、奠都燕京，遂于"登极、正旦、天寿节会朝之正衙"大明殿内，亦设置酒局。此则清室因萨满教（Shamanism）关系，于坤宁宫设置两大锅灶，同一意义。质言之，即移其漠北幄殿固有器物于大都宫殿，以便举行其旧有仪式也。《辍耕录》

---

① 《鲁不鲁克东方行纪》，柔克义（Rockhill）英译本，第一〇四页。
② 同上书，第一二三页。
③ 同上书，第二〇八页。

卷二一"宫阙制度"条：

［大明殿］中设七宝云龙御榻。……前置灯漏，贮水运机，小偶人当时刻捧牌而出。木质银裹漆瓮一，金云龙蛇绕之，高一丈七尺，贮酒可五十余石。雕象酒桌一，长八尺，阔七尺一寸。玉瓮一。

此木质银裹漆瓮，又名酒海。同书卷五"劈石斧"条：

天子登极、正旦、天寿节御大明殿会朝时，则人执之（指劈石斧），立于酒海之前。

又《元史》卷八〇《舆服志》"殿上执事"条：

酒人凡六十人：主酒（国语曰答剌赤，Darachi）二十人，主湩（国语曰邰剌赤，Qarachi）二十人，主膳（国语曰博儿赤，Ba'urchi）二十人。冠唐帽，服同司香。酒海置漏南，酒人北面立于酒海南。

吾人就《辍耕录》及《元史》所记酒海与漏之位置推之，不难知两书之酒海，即木质银裹酒瓮也。"酒人北面立于酒海南"，犹为《秘史》第二一三节保兀儿臣"面北坐"之遗制。然则酒瓮、酒海、酒局，实一物也。

大明殿中酒局制作之时日，吾人今日犹可考得之。《元史》卷一三《世祖本纪》：

［至元］二十二年正月壬寅，造大樽于殿。樽以木为质，银内，而外镂为云龙，高一丈七尺。

《元史》虽只言造大樽于殿，而未明言为何殿，顾就此大樽质料、形式、尺寸考之，与《辍耕录》所志大明殿酒瓮悉合。则定其制造时期为西历一二八五年三月六日，而酒局又称大樽，非穿凿也。

马可波罗自谓时常出入宫禁，至元二十九年（一二九二年）始离中国。

大明殿中大樽式酒局，彼自有亲见之机会。吾读其行纪中所述大都宫殿中大酒瓮，窃疑其即至元二十二年（一二八五年）所造之大明殿大樽也：

> 殿中有一器，制作甚富丽，形似方柜，宽广各三步，刻饰金色动物甚丽。柜中空，置精金大瓮一具，盛酒满，量足一桶。柜之四角，置四小瓮，一盛马乳，一盛驼乳，其他则盛种种饮料。柜中也置大汗之一切饮盏。有金质者甚丽，名曰杓，容量甚大，满盛酒浆，足供八人或十人之饮。列席者每二人前置一杓，满盛酒浆，并置一盏，形如金杯而有柄。①

大都除大明殿之外，其他宫殿亦置有酒海。明洪武初，工部郎中萧洵奉命参加毁元旧都，归著《故宫遗录》。据其所见，广寒殿、大明殿后之延春堂，皆设有酒海。惜叙述简略，形式不详。今可知者，惟万寿山顶广寒殿，有可贮三十余石之大酒瓮。《元史·世祖本纪》：至元二年十二月己丑，"渎山大玉海成，敕置广寒殿"。惟其质为黑玉，"有白章，随其形，刻为鱼兽出没于波涛之状"②。与马可波罗所见者，形式花纹俱异。

皮袋盛马湩置于木案之上，为今日巴失基尔德（Bashkirds）人室内主要家具。是酒局之制，在北方民族中，犹有存者。

（原载《东方杂志》一九四三年第三九卷第九号）③

---

① 《马可波罗行纪》，冯承钧汉译本，第三四九页。
② 陶宗仪：《南村辍耕录》卷二一"宫阙制度"条。
③ 补：《光明日报》一九八二年四月一日"北京北海团城玉瓮亭"条载："北京北海团城玉瓮亭建于一七四九年（清乾隆十四年），亭内陈列一块黑色整玉雕成的大玉瓮，高零点七米，直径一点三五米，重约三千五百公斤。瓮身刻有鱼龙海兽，姿态生动，是我国现存年代最早、形体最大的传世玉器。"此大玉瓮，显然即元代广寒殿的大玉海。

蒙古的名称

昔洪钧著《蒙古考》(《元史译文证补》卷二七下《西域古地考》)，萃集中外史料，考证蒙古的译音、意义及原始住地。以后柯劭忞、屠寄等元史专家，多遵循其说，可惜没有特殊贡献。今取挽近的新研究及新材料，对蒙古名称的译音及意义再作探讨，殆亦留心塞北民族史者所乐闻欤？

蒙古的名称，唐代已见著录。《旧唐书》卷一九九下《北狄传》称之为蒙兀，《新唐书》卷二一九《北狄传》称之为蒙瓦。他们是大室韦的一个部落，居地约在今额尔古纳河的上游，这是谁都知道的。唐代以后，译名繁多，就不胜枚举了。今姑就王国维《观堂集林》卷一五《辽金时代蒙古考》一文中所引用的史料考之，辽金两代蒙古名称的异译，已有下列二十余种：

  鞑劫子（宋欧阳修《五代史记》卷七三《四夷附录》引胡峤《陷虏记》）

  萌古（《辽史》卷二四《道宗纪》太康十年。屠寄《蒙兀儿史记》卷一作盟骨，与原书不合）

  谟葛失（同上，卷二九《天祚纪》保大二年）

  梅古悉（同上，卷三三《营卫志下》）

  毛褐（宋王偁《东都事略》卷一二四）

  蒙古里（宋叶隆礼《契丹国志》卷二二《四至邻国地理远近》）

  盲骨子（宋洪皓《松漠纪闻》）

  朦骨（《松漠纪闻》引《契丹事迹》，王考作朦古，兹据古今逸史本改）

  蒙子（宋楼钥《北行日录》卷下乾道六年正月十五日）

  萌骨子（宋李心传《建炎以来系年要录》卷九六引《蒙古编年》。按此处蒙古二字当为清代改译）

萌子（同上，卷一九一）
萌骨（宋李心传《建炎以来朝野杂记》乙集卷一九）
萌古子（宋徐梦莘《三朝北盟会编》卷九引赵良嗣《燕云奉使录》。按许涵度本作蒯骨子，王考改蒯为萌，甚是）
毛割石（同上，卷二一引史愿《亡辽录》）
蒙国斯（同上，卷二二〇引孙淮夫等《上两府札子》）
蒙古（同上，卷二四三引《炀王江上录》。按屠寄《蒙兀儿史记》卷一谓蒙古之称，始于李志常所撰《长春真人西游记》，失考）
毛揭室（宋杨仲良《皇宋通鉴长编纪事本末》卷一四三）
蒙国（宋刘时举《续宋中兴编年资治通鉴》卷四绍兴五年。按王考作蒙古，兹据东方学会本改）
朦辅（金宇文懋昭《大金国志》卷十二皇统七年）
谋葛失（《金史》卷二太祖纪天辅六年。按王考作谟，非原文）
蒙古斯（宋赵珙《蒙鞑备录》"国号年号"条）

在王氏引用的史料中，尚有《建炎以来系年要录》所引的王大观《行程录》，《行程录》虽为南宋伪书，而蒙古的译名，则绝不能伪，惟李录北族人名地名，悉经四库馆臣改译，原来面目，不可复见，兹暂从略。在王氏所举的二十多个异译之外，我们顺便再加入两个辽金时代的别种异写：

蒙骨（《契丹国志》卷二二《控制诸国》）
萌古斯（金《完颜希尹神道碑》，北平研究院史学集刊第一期插图）

元陈元靓《事林广记》庚集卷十《至元译语》及明茅元仪《武备志》卷二二七的《译语》，我现在都没有参考的机会，不知道有没有蒙古名称的译音，可是我们至少可以加入下列明清两代的几个异译：

忙豁勒（《元朝秘史》蒙文。柯劭忞《新元史》、屠寄《蒙兀儿史记》均言蒙古本称忙豁仑。按忙豁仑为蒙古文 Mōngghol-un 之译音，此云"蒙古的"，两家舍现成的忙豁勒不用，均取其属格的译音，殊谬）

蒙古鲁（明《华夷译语·女真语》。德人 Grube 刊本第一七页。此名当为女真语译音）

莽官儿（明王鸣鹤《登坛必究》卷二二《译语》）

莫卧尔（明程百二《方舆胜略》附利玛窦《山海舆地全图》。《禹贡》半月刊第五卷第三四合期插图三）

蒙古勒（《蒙古源流》卷三）

蒙兀儿（避寇西来，读书极感困难，惭愧得很，我还没有见过柯劭忞及屠寄使用这个名称的元代史源。洪钧《蒙古考》云"至今波斯人仍称蒙兀儿"，又谓明代"莫卧尔即蒙古，实即蒙兀儿"。倘二家的根据在此，则未免荒唐可惊矣）

我们就以上所列举的三十多个译名比较起来，不难把它们分作下列五组：

第一组：蒙兀、蒙古、萌古、蒙骨等。

第二组：韈劫子、谟葛失、毛割石、梅古悉等。

第三组：盲骨子、萌古斯、蒙古斯等。

第四组：蒙古里、忙豁勒等。

第五组：莫卧尔、蒙兀儿。

关于第一组蒙兀与蒙古的译音，洪钧已经研究过。他说："蒙兀《新唐书》作蒙瓦，尤与'忙豁'音近。蒙兀，忙豁，二音一敛一纵，秘史于忙豁字旁，皆注中字（按仅豁字旁注中字，洪氏失检）明宜敛音口中，不宜纵音口外，忙豁敛音，即蒙兀矣。"

洪氏在元史研究上的贡献虽多，惜为时代所限，他的知识和工具，尚不足以解这种译音的问题。洪氏不知"兀"、"瓦"二字的唐代音值，竟用现代普通话的读音去比对，如何能得到较好的结果？我们现在只需举出伯希和的研究，便可见洪氏"蒙瓦、蒙兀与忙豁音类"的价值了：

蒙兀二字唐代读为 Mung-nguat，乃 Mongghol 之绝对的正规译音。这是《旧唐书》的译写。《新唐书》作蒙瓦（Mung-ngwa）。但"新书实本旧书"，王国维业已言之。所以新旧两书的史源只有一种，而两个译写当然也只有一个正确。我毫不犹豫地主张《旧唐书》的写法是正确

的。(《通报》卷二六第一二六页)

按兀字收声 -t，唐代的西北方言，已读为 -r。这可以用唐代吐蕃音译的《千字文》、《金刚经》之类的敦煌残卷去证明。这个收声 -r，正即 Mongghol 之 -l 的对音。所以洪氏的主张，绝不能成立。至于洪氏斤斤考求的蒙兀与蒙古的是非问题，留待讲第三组时再说。

第二组鞑劫子、谟葛失等译名，从时间上看只出现于辽代。鞑劫子一名仅见胡峤《陷虏记》。(峤于辽太宗大同元年随萧翰北入辽，七年后南归，著此书记其见闻) 伯希和在评论王国维遗书时，对此有扼要说明：

> 王国维以为第十世纪中叶胡峤陷虏记的鞑劫子即蒙古。在那个时代，这个译音大概可复原为 Makäs。这没有一点不可能，因为这个译名，非由蒙文原字译出，而是由一种颚音很重的语言（如契丹语）译出的，并且加上了一个复数 -s。这个复数，嗣后又在下列诸译名中遇到，如梅古悉、谟葛失、毛割石、毛褐室、萌古子、盲骨子、蒙国斯、蒙古斯、萌子、蒙子等等。

伯希和所列带复数 -s 之诸译名，其间实有明显差异。鞑劫子、梅古悉等名，首字皆是阴声，而萌古子以下诸名则为阳声。如谓前者系从契丹语译出，则辽人对蒙古尚有"朦骨"、"萌古"等译名，何以时代相同而差异若此？又谟葛失一名见于辽末，至《金史》载天会三年（一一二五年）谟葛失来附，是这个名称的最后一次出现。王国维主张这是部名而非人名，果尔，则《辽史》所载金人击败谟葛失，"擒其子陀古"及天祚"封谟葛失为神于越王"，《金史·太宗纪》所载谟葛失"遣其子菹泥格失入贡"等，应如何解释呢？看来它究竟是人名还是部族名，尚须阙疑。总之，第二组诸名称只在辽朝一百多年中用过，契丹人口中的此类名称如果是部族名，那末应是哪个部族呢？何以这个部族在辽代突然出现，辽亡后又突然消失了呢？倘以上疑点不能解决，似难于断定第二组诸名称即是蒙古之译名。

第三组诸名皆见于金代，其末字均为"斯"或"子"。按洪皓《松漠纪闻》明言，盲骨子即辽人所撰《契丹事迹》之朦骨，《唐书》之蒙兀部，故此组为蒙古之译名绝无疑问。这应该如何解释呢？

我们知道，蒙古人的老家，两唐书已经指明在今额尔古纳河（望建河）上流的呼伦诺尔（俱轮泊）一带。元代"生女世以为后、生男世尚公主"的弘吉剌部，在辽金时代称为王纪剌、广吉剌（皆 Qongqirat 的同名异译。至其在译音上的问题，我在此恕不多谈），他们的居地，屠寄（《蒙兀儿史记》卷二第十九页）及日人箭内亘（《元代的东蒙古》）已经根据《元史》卷一一八《特薛禅传》，考出来在黑龙江额尔古纳河（也里古纳）与特勒布儿河（迭烈木儿）合流处苦烈业尔山（苦烈儿温都儿斤），与两唐书所记载的蒙兀地望完全相合。拉施都丁《部族志》"弘吉剌"条说：

> 这部的祖先，脱离 Ergene Qun 时，足部为炭火所伤，故该部多足疾。（贝勒津刊本，《丛刊》第七册，第一九五页）

这个山口（Qun 译言山口），就是唐代突厥祖先传说中的"先人窟"。冯承钧《成吉思汗传》第二章（第一五页）主张 Ergene 即额尔古纳。就蒙古民族的史实言，自然甚有理由。但拉施都丁明言 Ergene 意为峻崖，其说若有据，则冯氏的假设犹当阙疑。不过无论如何，蒙古人的老家在额尔古纳河上流，是毫无可疑的。

自从蒙古民族见于唐代著录起，到成吉思汗勃兴止，中间几百年，汉人并没和他们壤地相接过。换句话说，蒙古与汉人之间，尚有别种民族间隔着。就唐代讲，由大唐的幽州（北平）出古北口向北行，经过奚、契丹、霄三个民族，才能到蒙兀所隶属的室韦边界。及朱全忠篡唐，契丹耶律阿保机也于同年"告天即皇帝位"，在中国北部建立了一个大国。后契丹亡、女真兴，疆界并自宋辽界河白沟南移至淮河。所以五代和两宋（南宋断自成吉思汗兴起时），汉人和蒙古人始终没有直接交通的机会。因此，凡关于这个未来的强勇民族的知识，汉人只有间接从契丹、女真人口里"听"来。

上述历史背景既已明了，再回头看第二、第三两组译名的差异。这两组译名有两个异点：（一）第二组的首字都是阴声，第三组的都是阳声。（二）就时代言，第二组译名大抵都是北宋时代的，质言之，应该是从契丹人口中听来的；第三组译名是南宋时代的，即是从女真人口中听来的。所以伯希和氏拟测的契丹语和语音上的解释，对第二组言，大体是可信的。若应用于第三组，就不见得合适了。因为第三组首字为阳声，如何能用 Măkes 式之 mă- 去比对呢？况且就时代言，这几个译名既然都是南宋的，我们也应该用当日立国北方的女真人的语言去解释，不可再在其胜朝遗语中推究了。

清代的满洲人是女真的裔胄。他们的语言虽不能完全代表女真语，可是与之极为相近。在满洲语中蒙古写作 Monggo，语尾无 -l，复数作 Monggoso（参阅 P. G. von Möllendorff 的 *A Manchu Grammar*, p. 4）。那末，不惟第三组的萌古斯、蒙古斯、盲骨子等译名应该用 Monggoso 式去解释，即伯希和认为是 Mongghol 之省译的第一组，其中怕也有不少是直接由 Monggo 译出的。质言之，它也是全译，不是把蒙文原字省了一个 -l，也不是袭用契丹的旧译。

洪钧怀疑蒙古之古字，译音不合，应读为蒙兀。他说：

> 元时西域人拉施特而丁奉敕修史，亦称蒙兀勒（洪氏译蒙字不信，详下），不称蒙古勒……尝询波斯使臣，详审语音，实非"古"字。《瀛环志略》云：明嘉靖间，撒马儿罕别部莫卧尔攻取中印度立国，势张甚，谓莫卧尔即蒙古，实即蒙兀儿。萃中外之见闻，以相印证，其为蒙兀而不当作蒙古，明甚。

屠寄书称《蒙兀儿史记》，大概即受洪氏这段文字的影响。按蒙古二字，始见无名氏《炀王江上录》，其书所记为金海陵王南侵事，则蒙古二字系由女真语重译，自无可疑。倘若满文 Monggo 一字可以代表女真语，则此字之译音当然为"蒙古"而不当为蒙兀。质言之，蒙兀者，蒙古人之自称，蒙古者，女真人对蒙古人之称呼也。

洪氏为西人译文中的 G 母所误，终生未能解答何以同一 go 音有时译"兀"有时译"古"，同一 ga 音有时译"哥"有时译"哈"。柯、屠诸家踵之，亦无丝毫进步，遂致所译新史料，人名地名，大半与蒙古语音规律相背，与元代译名不能相应，良可慨叹。不过有一点我却不能不在这里指出，即洪氏谓西域人（指波斯大食）称蒙古为蒙兀勒，实不可信，因为西域人称蒙古曰莫卧尔（Moghul），绝不能译为蒙兀勒或蒙兀儿，妄改原音以迁就己说，乃洪氏书中常见的事。

蒙古自称曰 Mongghol，那末第四组的译名，当然一望就可以知道是它的译音了。老前辈们对于这一组的同名异译，自然用"音讹"、"音转"、"译音无正字"等老套子去解释，但这一组的译名，个个都有它所以然的理由，个个都表示出来它的时代性或地方性，我在这里不想讨论这种专门问题。

第五组莫卧尔这个译名，不是直接由 Mongghol 译出，而是由回教民族的 Moghul 译出的。一五二六年 Baber 在印度建立 Moghul 帝国，明末耶稣会士绘制中文世界地图，把这个国名译为莫卧尔。其实 Moghul 一字，乃波斯大食人对 Mongghol 一字的误读，其异写尚有 Magoll、Mogol、Mogull、Moghul、Moghol、Moghal、Mughul、Mogul 等等。至于 Maghoore、Magor，则又为西班牙及葡萄牙语 Mogor 的讹转。（参阅 The Oxford English Dictionary, vol. VI, Mogul 条）

在元代欧洲僧侣及商客的东方纪行书中，蒙古一名，迦尔毕尼作 Mongal（《迦尔毕尼行纪》，里施德译本，第二七九页），鲁不鲁克作 Moal（《鲁不鲁克行纪》，柔克义英译本，第一一二页），马可波罗作 Mungul（《马可波罗行纪》，玉耳英译本，第一册第二八五页）。此外尚有 Simon de Saint Quentin 的 Mongali，Ricold 的 Mogali 等异写。本文旨在讨论中文译名，关于蒙古在西方的译音，暂从略。在现代蒙古方言中，甘肃西部蒙古人自称曰 Monguor，鄂尔多斯自称曰 Monggal，亦不俱论。唯对屠寄径用蒙兀儿来译写蒙古族名，则必须略加辨析。按儿字中古音读若 nzi、ni，辽代以降北方音渐变为 ð、er，用来译写他族语之 r 音。现所见元代文献中凡译名之儿字，悉与 r 对应（r 音尚有用里、鲁等字译写），未尝见有用以译写 l 音者。Mongghol 之译音只能为蒙古里、忙豁勒，至于唐代译名蒙兀，则已包含了其尾音 -l（已见前述）。故"蒙兀儿"之译名，断难成立。

蒙古的意义，中外史料，都有记载；研究的人也很多。不过我们觉得现在还有再探讨的必要。南宋彭大雅《黑鞑事略》云：

> 黑鞑之国号大蒙古。沙漠之地，有蒙古山，鞑语谓银曰蒙古，女真名其国曰大金，故鞑人名其国曰银。

蒙古名称，远在金前。此说在时间上的谬误，博明《西斋偶得》业已指明。蒙文银字作 münggü（n），读音虽与 Mongghol 略近，字形却不相同，而且一为前元音字，一为后元音字，绝不可妄加附会。《一文钱·罗梦》云：

> 蒙古儿，觑着他，几多轻重。

市井用蒙古作银的隐语则可，用银解释蒙古则不可。
拉施都丁《部族志》第四章第一节：

> Moghul 一字，原读 mong-ol，意衰弱与坦白的心（波斯文 Firo-manda va sada dil）。但乞颜（Qian）在蒙古语中，乃由高山下注之急流奔瀑。乞颜族人极强勇，故用此字以自号。（贝勒津刊本，《丛刊》第七册，第一七八页）

拉施都丁的注文，多桑《蒙古史》第一卷第二章曾经引用。施密德（I. J. Schmidt）注释其《东蒙古及其诸王室史》（即《蒙古源流》德译本）时，据多桑译文批评道：

> 多桑采用拉施都丁之注释，训蒙古为简朴孱弱，毫无根据。盖西域史家，于蒙古语一无所知也。

洪钧著《蒙古考》，对拉施都丁书之说则完全接受。他说：

> 元西域史解蒙兀为孱弱，亦为鲁钝。此必元人所自言，非拉施特而哀丁所能臆造。《易》曰"物生必蒙"，朔漠部名，乃有合于华文训义，斯又史学家所乐为称引者矣。

屠寄踵洪氏之后，则直认此义出于汉文。《蒙兀儿史记》卷一：

> 蒙兀之义为银，或曰孱弱，曰鲁钝者，既入中原，附会汉文为此说也。

以上诸家或对拉施都丁的注解表示反对，或对它表示赞成，独对其析 Moghul 为 Mong-ol，则尚无人表示意见。我就以上五组的译名考之，无论是契丹人或女真人的读法，第二个音都是有辅音声纽的（-g，-k 等），不是一个元音。Mongghol 原字的第二个音是 ghol，也不是 -ol。虽说十二世纪初年蒙古人用以"书国言"的畏兀儿字母，数目太少，不足以完全表示其必要的元音及辅音，可是我们根据《华夷译语》的凡例，尚不难辨明忙豁勒的豁字，声母是不是一个真 gh：

字旁小注"中"字者，乃喉音（Gutturale）也。
字旁小注"丁"字者，顶舌音也，以舌尖顶上颚读之。

《元朝秘史》忙豁勒之豁字旁，小注"中"字，足证其辅音声纽确为一个真 gh，质言之，即其字确为 Mongghol，绝不能读为 Mong-ol 也。

Mongghol 既不能读为 Mong-ol，则拉施都丁的注解根本既不能成立，赞成它固不可，反对它亦不必。

明代机洼（Khiva）汗阿布勒哈齐（Abu'l Ghazi Baghadur）为术赤裔孙，著《突厥世系》一书，前部大抵悉本拉施都丁书，惟关于蒙古名称的解释，则稍有不同，原书为东突厥语，德麦逊（Desmaisons）曾译为法文，其第二章第十二页云：

Moung-ol 误读为 Mog-al。moung 者愁悲，ol 者诚实坦白也。

按畏兀儿语 Mung 译言愁悲。（W. Bang und A. von Gabain, *Analytischer Index der Türkischer Turfan-Texte*, s. 28）是阿布勒哈齐又就其母语揣测敷会矣。其释 -ol 与拉施都丁书同，可惜我手头的工具太缺乏，尚不能找出他的出处，证实他。

《蒙古世系谱》（排印本第六页）对于蒙古的名称亦有解释：

先是国号必达（按依据蒙文《蒙古源流》，其原字当为 Bida）。至是（帖木真称成吉思汗时，质言之，即一千二百零六年）始号蒙古，以其剿定诸国，故曰蒙，取居中驭外之义，故曰古。

按《蒙古世系谱》为清代著作，其原文予虽未见，顾就著者对蒙古名称的解说观之，犹不难推求其原字。蒙文 Mong 译言富足、傲慢、勇敢，ghul 译言中，《世系谱》著者，即用此 Mong + ghul，敷会 Mongghol 也。

施密德注释其所译《东蒙古史》之库克蒙古勒（Geschichte der Ost-Mongolen, S. 380）云：

蒙古一名，由意为傲慢勇敢之 Mong 字孳乳而出。

Schmidt 的揣测敷会，与《世系谱》的著者，不谋而合。都是在蒙古语汇中寻求与蒙古音近的字，去解释这个唐代已见著录的名称。

谈到了库克蒙古勒，我们不能不对这个名称稍加解释。《蒙古源流》卷四记成吉思汗即位时云：

岁次己酉（实为丙寅），于克鲁伦河北郊即汗位……因号为库克蒙古勒云。

库克蒙古勒乃 Köke Mongghol 的译音，此云青蒙古，和唐代突厥人自称为青突厥（Kök Türk，见突厥文《阙特勤碑》），意义完全相同。因为青色是天（Tengri）的颜色，在塞北民族固有的珊蛮教中，是神圣的颜色。所以突厥人蒙古人都用这种颜色称他们的国号及传说中的始祖——苍狼，拙著《突厥蒙古之祖先传说》一文（《国立北平研究院史学集刊》第四期）曾详细讨论这一点，今不赘述。

青蒙古含有宗教意义，在某种情形之下，蒙古人自称如此，是可能的。而一二〇六年成吉思汗称青蒙古，则绝非史实。因为中文、波斯文及初期的蒙文史料，都没有这种记载。而且每一代的太祖皇帝建立国号，是中国的旧俗，蒙古人初不之知（参阅《蒙鞑备录》"国号年号"条）。《蒙古源流》的著者萨囊彻辰所本的史源，大概是受了中原文化的影响，故有此说。窝阔台时，但称大蒙古朝（四部丛刊续编本孔元措《孔氏祖庭广记》玄三第一六页上）、大蒙古国（同上，洪七第三二页下）。忽必烈建立汉族式的国号，乃出于汉人的建言。（参阅元王恽《秋涧先生大全集》卷八六"建国号"条等）在成吉思汗时，如何会有"国号"的观念？

一九四一年十一月十四日于成都

（原载中央大学《文史哲》季刊一九四三年第一卷第一期）

八思巴字大元通宝跋

友人藏古钱一枚，幕无字，面为八思巴文。承以拓片相赠，嘱为考释，展而读之，则元武宗所铸大元通宝也。钱铜质，重二十公分，圆形，方孔，为中国式。惟中国钱文大抵皆以上下右左为序，此则上下左右，犹存蒙文体制耳。其文曰：

tay　uen　thuṅ　baw[①]

元代八九十年，凡三设尚书省，其主要目的，皆在综理财用，更新庶政。武宗至大二年（一三〇九年）八月癸酉（二十三日）第三次尚书省成立。变易钞法，鼓铸铜钱，即其新政之一也。九月一日颁行至大银钞，下诏规定新旧钞票兑换率。至大三年（一三一〇年）正月丙申"立资国院泉货监，命以历代铜钱与至大铜钱相参行用"。二月丁卯尚书省臣又言，止以至大钞与铜钱相权通用。惟尚书省臣三宝奴等曾密劝武宗废仁宗（武宗弟，时为皇太子），立皇子为太子。故至大四年（一三一一年）正月八日武宗崩，越日即罢尚书省。仁宗旋以"变乱旧章流毒百姓"为名，同月十四日诛三宝奴等五人以泄私憾。[②] 并于四月丁卯诏废至大银钞铜钱，仍用中统钞。其诏书条画，载《元典章》卷二十第八至十页，可参看也。

---

① 关于八思巴字之拉丁字母译写，参阅拙著《成都蒙文圣旨碑考释》，《华西协合大学中国文化研究所集刊》一九四二年第二卷第二期。（亦收入本书。——编者注）

② 元武宗至大三年二月"三宝奴赐号答剌罕"。成吉思汗时代，答剌罕享受"九罪弗罚"之特权。元代中叶，权奸大憝，滥膺此号，观于三宝奴之被诛，知特权之不可恃矣。

幕　　　　　　　面

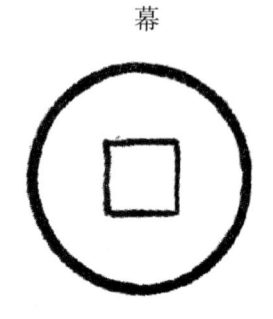

至于铜钱之价值，《元史·食货志》"钞法"条及《元史纪事本末》"尚书省之立"条，均详言之：

> 至大银钞自二两至二厘，定为一十三等。每一两……准白银一两，赤金一钱，……其钱曰至大通宝者，一文准至大银钞一厘。曰大元通宝者，一文准至大通宝钱一十文。历代铜钱，悉依古例，与至大钱通用，其当五，当三，折二，并以旧数用之。

吾人读上引诸文，可得以下结论：

一、元代大抵以中统钞作主币，至元钞作辅币，第三尚书省所变易之钞法，则以至大银钞为主币，以至大通宝及大元通宝两种硬币为辅币。

二、至大三年（一三一〇年）正月丙申发行至大通宝及大元通宝，至大四年四月丁卯废止，其在法律上之寿命，仅四百余日，以理度之，传世当极少。元代铜钱见于《元史·食货志》者，此二种外，只元末至正通宝一种而已。①

三、大元通宝一文准白银一钱。

四、元代政府虽只以至元钞为辅币，不铸铜钱，但历代旧钱通行民间，此点赵翼《廿二史札记》业已言之。

关于钱文译音，亦有足言者。大字属泰韵，元代八思巴字圣旨碑凡中文大字一律译为 tay，犹存古音，此钱亦然。今广州客家、汕头、福州固读大为 tai，大夫、大王、大学、大黄诸辞之大字，中原人亦犹读 tai 也。thuṅ baw 与

---

① 《中央研究院历史语言研究所集刊》策三本第二分册，王静如：《释定海方氏所藏四体至元通宝钱文》，惟此钱不见《元史》。

今日北京话通宝二字读音同，可勿论。兹所欲言者，元字译写为 uen 耳。

八思巴字大元通宝之"元"字，乃"四合而成"之字。其第二字母，拓本不甚清晰，误认为一 Ya-btags（i），故译写为 iän。嗣后阅读字画清楚之蒙汉合璧八思巴字碑文渐多，始知"元"字之第二字母实为一 Wa-zur（u），所以此字应译写为 uen 或 uän。〔一九八一年改正〕

清冯云鹏《金石索·金索四》泉刀之属著录此钱，并引《西清古鉴》云："元武宗钱二品……后一品'大元通宝'，西番篆。"所谓西番篆，即 tay uen thuṅ baw 四字也。八思巴字，方体，类似汉文篆体字，故有西番篆之误解。

一九四三年四月十二日于重庆

（原载《金陵、齐鲁、华西三大学中国文化研究汇刊》一九四三年第三卷）

论成吉思汗

近来有些历史家完全否定了成吉思汗，特别是霸权主义者，他们一贯鄙视侮辱弱小民族，认为他们是劣等民族，只配供人驱使。为了消灭他们的民族自豪感，霸权主义者把弱小民族历史上的杰出人物也一一贬低否定，企图使之甘心屈居殖民地的奴仆地位。对于成吉思汗，这些霸权主义者只片面地强调他的屠杀和破坏，强调各族一城一地抗战的英勇，而对他在历史上所起的进步作用，没有作出正确的估价，这是不能令人同意的。世界上从来没有不死人、没破坏的战争，东西方历史家对成吉思汗的评价从来也没有一概采取否定态度。就西方讲，十三世纪末期亲身到过中国的意大利人马可波罗（一二九〇年离泉州）不是说"人民见其善而乐于归附他"么？和他差不多同时的法国历史家茹安维尔（一二二四——一三一七）对成吉思汗也有好评。至于小亚美尼亚的海敦和谷儿只（格鲁吉亚）的历史家，竟对成吉思汗大加赞赏。① 他们的评论是否正确是另外一事，姑置勿论。我们今天就成吉思汗在蒙古民族历史上、中国历史上、世界历史上所起的作用进行考察，似乎是很必要的。不过我的理论水平很低，历史知识也极有限，提出的看法不知有无是处，很希望得到读者指教和批评。

一

有星的天　　　　Hodutai tenggeri

---

① 格鲁赛：《远东史》(R. Grousset, *Histoire de l'Extreme Orient*)，一九二九年，第四二六页。

旋转着	Horčĭju büle'e
众百姓反了	Olon ulus bulqa büle'e
不进自己的卧内	Oron-dur-iyan ulu Oron
互相抢掠财物	Olǰalaldun büle'e
有草皮的地	Körisütei etügen
翻转着	Körbeǰú büle'e
全部百姓反了	Gür ulus bulqa büle'e
不卧自己被儿里	Könǰile-de'en ulu gebten
互相攻打	Görüleldün büle'e

《元朝秘史》第二五四节这首诗歌①真实地说明了十二世纪末蒙古高原上社会混乱的情况。这种混乱情况是当日各部落间的复仇和掠夺战争造成的。就拿有记载的成吉思汗一家来说吧，他的名字帖木真就是他家和塔塔儿部仇杀战争的纪念品。他父亲是被塔塔儿人毒死的，他母亲是从蔑儿乞部抢来的有夫之妇，他自己的妻子后来也被蔑儿乞人抢去过，像这样的仇杀和抢夺的混乱社会，广大蒙古牧民如何能生活下去！十三世纪中叶波斯历史家志费尼曾说过："在成吉思汗出现以前，他们没有首领或君长。每一个或两个部落分散地居住着，他们不互相联合，他们之间进行着不断的战争和敌对行动。其中有的人把抢掠和暴行、不道德和放荡视为英雄和美德的行为。金朝皇帝经常强索或掠取他们的财富。"②蒙古广大人民处在这种无休止的战争中，遭受了很大的灾难和死亡。当时谁能统一各部落，制止抢掠和残杀，谁就会受到人民的拥戴和歌颂，谁就推动了历史向前发展。成吉思汗就是完成这一伟大历史任务的人物。

当时蒙古高原上的部落很多，大体说来，以成吉思汗为首，以克鲁伦、鄂嫩、土拉三河发源处为根据地的蒙古诸部落是一个集团。它的东方呼伦、贝尔两湖及额尔古纳河一带十几个部落是一个集团，其中以塔塔儿为最大。

---

① 这是依据蒙古文直译的，旧译作"天下扰攘，互相攻劫，人不安生"。
② 波斯志费尼（一二二六？——一二八三年）：《世界征服者传》，J. A. 波义耳英文译本，一九五八年，第二一页。

此外，土拉河流域有克烈集团，色楞格河下游有蔑儿乞集团，这两个集团的西方是阿尔泰山地区的乃蛮国。这几个集团进行的长期复仇战和掠夺战，使蒙古地区陷于分裂和混乱。最后成吉思汗把他们都打败了，把蒙古统一了，人民才得到了安定。当然，成吉思汗和其他几个集团的首领一样，主观上不是为了人民的安定，而是为了满足"恶劣的情欲——贪欲和权势欲"而进行战争的。成吉思汗以歼灭仇敌、乘其骏马、纳其妻女为人生最大乐事，就是最好的证明。①

那么为什么成吉思汗独能完成蒙古统一的历史使命，其他部落的首领都失败了呢？这就不能孤立地只从蒙古的内在的因素寻求答案，而必须进一步看看它南方的强大邻人——金国在蒙古统一过程中所起的重大作用。

在女真统治者的心目中，最大的敌人，除南宋外，便是北边的蒙古族了。辽代在今乌兰巴托东西大道旁建立了许多边防城。现在根河—满洲里一线的界壕遗址若为金初泰州婆卢火②所浚的话，金初边境亦和辽代差不多。在这样的情况下，蒙古族几乎完全处在他们的掌握之中。金世宗以后，国力渐衰，边界后撤到今内蒙古呼伦贝尔盟莫力达瓦旗—河套西曲一线的新边墙。距金国最近的塔塔儿集团，逐渐强大，成了金国背后的威胁。成吉思汗建国前，金国于一一九五、一一九六、一一九八年连续出兵栲栳泊（今呼伦泊）、斡里札河（今苏联境内乌尔杂河）、移米河（今伊敏河）等地③进行剿袭，借以减轻北方的压力。其中一一九六年斡里札河一役，成吉思汗为了报复血仇，曾协助金国丞相完颜襄攻击塔塔儿。金国前后几次进兵，直接地削弱了东部集团的势力，间接地却帮助了成吉思汗完成蒙古统一的大业。

塔塔儿集团对于成吉思汗协助金国打败同族人，当然十分痛恨。从一二〇〇年起，东方集团十一个部落便联合起来袭击他。一二〇一年更在根河结成联盟，推札木合为首领，对他举兵进行报复。④可是一方面由于这些部落连年遭受打击，内部不能团结，一方面也由于成吉思汗接受了金朝的官职

---

① 洪钧：《元史译文证补》卷一下，第二八页；拉施都丁：《史集》第一卷第一册，一九五二年，斯米尔诺娃俄文译本，第二六五页。
② 《金史》卷七一《婆卢火传》；王国维：《观堂集林》卷一五《金界壕考》。
③ 《观堂集林》卷一五《辽金时蒙古考》。
④ 《元朝秘史》第一四一—一四四节；《史集》斯米尔诺娃俄译本，第一一六—一一七、一一九—一二〇页。

和支援，在蒙古族中增加了威望和力量，战争一接触，东方集团便溃败了。

一二〇二年成吉思汗灭掉了塔塔儿，从此蒙古水草丰美的呼伦贝尔著名牧场，落入成吉思汗手中了。成吉思汗控制了两个集团的富饶草原，真是如虎生翼，新占领的呼伦贝尔草原给成吉思汗提供了大量的战马和牛羊，物质力量成倍地增加了，多年来蒙古高原上各集团间势力均衡的局势维持不住了。于是一向局促在三河发源地的铁木真，竟能于一二〇三年灭克烈，一二〇四年灭乃蛮，一二〇六年自豪地宣告"七载之中成大业"[①]，而称成吉思汗了。

十二世纪末居住在蒙古高原上的部落，依《元朝秘史》及波斯拉施都丁《史集》所著录的统计，差不多近一百个。这些部落不仅强弱大小不一，而且语言、宗教、民族、文化水平也不完全相同。统一之后，统统在蒙古这个共同名称下结成一个强大的共同体。从前各个部落各有自己的名称和首领，有时为了战争的需要也成立部落联盟，推举一个共同首领，不过战争一结束，联盟就解散了。有时一个部落首领死了，所辖的牧民逃散，这个部落便若存若亡。自从成吉思汗统一各部落后，有不少非蒙古族的人民也被吸收进去。于是蒙古顿时成为一个势力强大、人民众多的共同体的名称。我们当然不能说有了成吉思汗才有了蒙古族，但成吉思汗的统一事业对蒙古族的形成是一个很大贡献，却是不能否认的。至少我们也应该说，伟大的蒙古族在世界历史舞台上起重要作用，是从成吉思汗开始的。

当然，对于以成吉思汗为首的蒙古贵族讲，掠夺所得比劳动所得还要光荣，因此，蒙古统一之后，社会秩序虽然安定了，可是他们并不从事畜牧业的发展，却驱迫蒙古牧民远离蒙古高原，深入邻国进行大规模的掠夺战争。在这些战争中，死的牧民当然回不到本土，活着的也多半成守在初征服的土地，从事镇压和监视。因而蒙古本土的劳动力严重缺乏，生产迅速下降。读《元史》本纪蒙古各部连年饥馑的记载可以推知，在贵族阶级穷奢极欲的同时，牧民已陷于饥寒交迫的地步。

[①] 一二一九年成吉思汗致丘处机诏书中语，见陶宗仪：《南村辍耕录》卷一〇"丘真人"条。

二

　　北中国自安史乱后，就陷于割据状态。自契丹族占据燕云十六州后，白沟河便成了契丹、北宋两国不可逾越的鸿沟。十二世纪初女真南下，更把中国从淮河中流拦腰切断，分成两个天下。此外，西夏据河西，西辽也建国于新疆及其以西的地区。成吉思汗兴起时，中国正处在这样四分五裂的衰落局面。西夏、金国和西辽东部所割据的地方，都是唐代的州县，所统辖的人民，除西辽外，绝大多数是汉人。这时不仅淮河以南的南宋过着萎靡不振、偷生苟活、"甘弱而幸安"的生活，就是进入中原的女真、党项劲旅，也早已变成游手好闲的腐朽地主了。这些国家在战争时期所驱迫的兵士，多数是汉族农民，少数是北方各族的牧民或农民，差不多等于驱迫汉族农民自相残杀。和平时期各国各有疆界和禁令，经济文化不能互相交流、互相学习。居统治地位的地主知识分子更竭力鼓吹忠于本国君主的封建思想，以愚弄本国人民，加深各国间的敌对和隔阂。这就严重地阻止了各族社会经济的发展和文化的进步。

　　成吉思汗及其后人摧毁了或开始摧毁这几个处在衰朽阶段的王朝，扫除了各族间的疆界，消灭了分割汉族的墙壁，使汉唐以来我们多民族的大国又恢复原状。因而各族人民的精神状态顿时改观。以前各国所关心的如何防御、如何隔绝的问题不存在了。如何称伯称侄、用大量岁币购买一年苟延残喘的和平的问题不存在了。西夏亡后，元代历史家说："天下会于一，驿道往来，视为东西州矣。"① 这种说法不正可以反映当时人对中国恢复统一、结束分裂的心情么？

　　在我国历史上北族有许多杰出的首领：匈奴的冒顿，突厥的土门、室点密兄弟，回纥的怀仁可汗，都是一世之雄。可是何以他们都不能进入中原，成吉思汗及其后人独能成功呢？看来不是成吉思汗比冒顿等人特别有才干或武力特别强大，而是当时金、宋特别衰朽，和以上诸人所面对的汉唐时代，形势大不相同。

　　当时西夏最小，它"抗衡辽金宋三国，俛乡无常，视三国之势强弱以为

---

① 《金史》卷一三四《西夏传》。

异同"。可是成吉思汗对这样一个小国,一生却攻打了多次,临死还没得亲见其灭亡。可见他的武力不是什么无敌的。

蒙古和金国的战争最久,战祸也最惨酷,有人把"河朔生灵尽"、"白骨纵横似乱麻"的责任,都归给成吉思汗,是不是公平呢?我们详细分析一下金国内部的情况,认为结论不能是那样地简单。

处在衰朽阶段的金国,蒙古兵一踏进国境,所有矛盾都暴露出来了。女真政权从中都(今北京)逃避到开封后,黄河以北的统治力量削弱,农民起义遍地爆发了,这些起义绝大多数是自发的、无组织的。有领导有组织的农民队伍,只有杨安儿领导的红袄军,活动在蒙古、金国和南宋三种势力接触的山东地区。各地武装地主既然不能再依靠金国政权来镇压农民军,便各自"据险自守",对其邻近的农民军进行镇压。这些地主为了控制劳动力,便劫持其佃客、乡邻、亲族,结集在山寨或水栅里,组织成他们自己的地方武装。如果地方州县官被农民杀掉或逃走,这些武装地主也就"入县摄事",作威作福起来了。①

武装地主的势力大小强弱颇不相同,弱小的为强大的所吞并,或自动地加入强大的组织,借以保存自己的力量,继续对农民军进行镇压。元初刘因《静修文集》卷一七《郭弘敬墓铭》云:"金贞祐至南渡,而元军北还,是时河朔为墟,荡然无统,强焉弱凌,众焉寡暴,孰得而控制之?故其遗民自相吞噬殆尽。"足见当时地主武装之间互相残杀的惨酷。

武装地主的政治路线不是固定的,要看怎样最符合他们的利益。金世宗曾说这些人"辽兵至则从辽,宋人至则从宋,本朝至则从本朝"②,正足以说明他们只注意保持自己的统治地位,不管皇帝是哪一族的人。金末河北苗道润、武仙之流继续为女真皇帝效劳,参加反对蒙古军的战争。③ 张柔、张荣之流则降附蒙古,加入反对金国的行列。在蒙古、女真、南宋三种势力接触的山东地区,更有些混入农民军的投机分子李全之流,在叛金降宋之后,见

---

① 参阅《元史》卷一五〇《张荣传》,卷一五一《王义传》、《邸顺传》、《王善传》、《赵天锡传》,卷一五二《王珍传》、《张子良传》、《赵柔传》、《杨杰只哥传》,卷一五三《王守道传》,卷一六六《郑义传》,卷一九三《石珪传》;《新元史》卷一五三《田嗣叔传》;《蒙兀儿史记》卷五一《耿福传》等。
② 《金史》卷八《世宗纪》。
③ 《金史》卷一一八。

蒙古势力强大，便又投降了蒙古。他们不管背叛谁、拥护谁，目的只有一个，就是想凭借一个政权扩大自己的势力，猎取更高的地位。在这一点上，所有武装地主们都是一致的。

成吉思汗西征时，把灭金的任务完全交给木华黎。木华黎接受的军队，除汪古、契丹、女真兵外，蒙古兵仅仅只有一万三千人。[①]他所辖的汉军，尽是新降的武装地主军队，蒙古灭金的长期残酷战争，实际上主要是这些投降蒙古可汗和继续支持女真皇帝的两种地主，在扩大蒙古政权或保护女真政权的条件下，在两个政权统治者的指挥下进行的战争，双方所残杀的几乎全部是汉人，蒙古和女真统治集团虽也参加战争，但更大的任务是组织监督这些残酷的战争。

金国内部的民族矛盾也是尖锐的，元朝多承用金制，元朝把国人分为四等，大概也是学习金朝的，因为金朝在兵权财权上，用人已有"先女真、次渤海、次契丹、次汉儿"[②]的次序。渤海人数不多，又与女真为同族，矛盾不很突出。河北汉族对女真猛安谋克人户强夺土地，结怨最深，所以女真政权迁汴后，河北农民便乘机起来进行报复。[③]契丹族的地主不甘心失去政权，蒙古兴起时也纷纷起来为他们做向导、当谋士，有的且纠众独立，建立政权。

可见成吉思汗兴起时，金朝已处在瓦解的前夕。除了南宋与金国、西夏与金国、蒙古与金国、契丹与金国的战争外，金国内部还充满了农民反抗地主的阶级矛盾、汉族契丹族反对女真政权的民族矛盾，也充满着继续效忠女真皇帝和降附蒙古可汗的地主阶级之间的矛盾。在遍地战火的北中国，死亡了无数人，荒废了很多良田沃土，农业生产受到了严重的破坏，因而金国山东、河北、山西、河南到处缺粮，普遍陷于饥馑状态，有的地方竟达到人吃人的地步。[④]刘因描述当日的情况道："河朔大乱凡二十余年，数千里间，人民杀戮几尽，其存者，以户口计，千百不一余。"[⑤]我们若把所有这一切灾难完全推到成吉思汗身上，显然是不符合事实的。

---

① 《元史译文证补》卷一下，第六页；《史集》，斯米尔诺娃俄译本，第一七九页。
② 徐梦莘：《三朝北盟会编》乙集，《靖康中帙》卷七三引赵子砥《燕云录》。
③ 元好问：《遗山集》卷一八《张文贞公神道碑》，卷二八《临淄县令完颜公神道碑》。
④ 《金史》卷一〇七《高汝砺传》、《张行信传》，卷一〇八《胥鼎传》、《侯挚传》，卷一〇七《陈规传》等。
⑤ 《静修文集》卷一七《孙善墓志》。

可是这种灾难,一部分毕竟是成吉思汗造成的。成吉思汗初入中原,目的只在于抢掠财物,不在于占有土地,金国大河以北虽说只有十一个城没有打下,可是接受金国降款后,他就退出居庸关了。蒙古以畜牧为业,不需要大量劳动力,缺乏的只是手工业工人,因而屠杀人民,毫不顾惜。常用屠城等残酷手段,对待英勇抗战的人。人死多了,劳动力就减少了,这不仅和武装地主的利益相矛盾,而且对蒙古军顺利地进行战争,也很不利。所以当时史天倪、王楫、刘世英、塔本等都相继向蒙古统帅木华黎、孛秃等建议,改变屠杀政策。嗣后大规模屠杀虽稍稍停止,可是各族将领却大量俘虏人民,作为自己的农奴,这样做也破坏了农业生产。

金哀宗说:"北兵所以常取金胜者。恃北方之马力,就中国之技巧耳。"[①]金哀宗用唯武器论的眼光看蒙古的胜利和金国的败亡,当然是不正确的。蒙古受地理条件的限制,除了为畜牧狩猎服务的简陋手工业外,当时其他技术工人,不仅极端缺乏,甚至根本没有。成吉思汗为了军事的需要,竭力输入当日世界上各种最先进的军事经验和技术。他从中原搜罗了大批手工业技术人员——造弓的、造甲的、造鸣镝的、造攻战之具的、造火炮及金汁炮的等等[②],直接地改进了他们的武器,间接地也提高了他们手工业的技巧。他又从中原输入造桥技术、符牌与驿站制度,来改善他们的交通条件,重用中原医生,来改善蒙古的医疗和卫生,更迁移大量农民到漠北,来发展蒙古的农业。[③]成吉思汗的主观意图虽然是用这些农民、技术人员和手工业工人来加强武力进行掠夺战争,但同时也改进了蒙古的特殊生活条件,发展了生产,对蒙古人民是起积极作用的。不过这一点积极作用是建立在广大中原人民的痛苦和死亡之上的。成吉思汗向漠北迁移的农民和工人,不仅沿途缺乏食物,大批死亡,就是到了漠北,由于地理条件突变,寒冷不支,以后也有大批再迁回中原的,利害得失衡量起来,代价显然是太大了。

成吉思汗把东起太平洋西到黑海间的疆界都扫除了。就当时的世界讲,中国是经济文化最发展的地区之一。就中国讲,中原的经济文化发展的水平

---

① 《金史》卷一一九《完颜娄室传》。
② 参阅《元史》卷一四九《郭侃传》、《石天应传》,卷一五一《薛塔剌海传》、《高闹儿传》、《张荣传》、《张拔都传》、《贾塔剌浑传》,卷一二七《伯颜传》,卷二〇三《孙威传》。
③ 李志常:《长春真人西游记》,王靖安遗书本,第二二页;《中州名贤文表》卷二二;许有壬:《怯烈公神道碑》。

又最高。大批游牧族进入中原,大批少数民族移居内地后,他们在经济上、文化上都得到了发挥才能的机会,特别是进入内地的少数民族在祖国的散文、诗歌、书法、绘画上,在医药和农业科学上,都贡献出卓越的成就。①

成吉思汗所建立的王朝,就中国的全部历史看,社会经济究竟是发展了呢,还是衰退了呢?有些大汉族主义历史家心中横着少数民族做中国皇帝的时代必为黑暗时代的偏见,抓住一些符合自己需要的史料,加以夸张和普及,就把那个时代渲染成了人间地狱。例如有人爱用"贫极江南,富称塞北"两句话来描写元代的社会,难道"每一年有收二三十万石租子的、占着二三千户佃户"的江南大地主也是"穷"到"极"点?鬻儿卖女的蒙古人,也是"富"得堪"称"么?② 若认为汉唐有文景之治、开元盛世是理所当然,在少数民族做皇帝的元代,阶级矛盾就一定不能缓和,不可能出现"治世",这是什么逻辑呢?任何封建王朝都是民族的监狱,在一定的时间或一定的条件下,民族矛盾都会变得突出,但要说蒙古王朝没有一线光明,是不符合历史事实的。

从成吉思汗到元顺帝,总的看来,这个王朝可分两个阶段。忽必烈以前,政权是统一的,政治中心在和林,经济文化高度发展的汉族地区,只是这个国家的一部分,蒙古贵族仅遣人搜刮、需索,却没把全部力量投到这里。忽必烈以后,西北藩属独立,政权分裂,他仅仅占有东方,差不多只做了中国的皇帝。到了这时,政权的经济基础几乎全部建立在汉族地区,要想进行长期统治和剥削,必须加强汉地的统治力量,在这方面,蒙古统治集团采取的办法很多,我们在这里只谈他们的屯田和马政。

蒙古统治者在经济落后的边疆地区实行屯田政策是十分成功的。这种屯田政策,成吉思汗已经开始实行了。他迁移大批汉族农民到漠北,委任镇海管理,进行垦殖。以后他的子孙继续执行这种政策,《元史·兵志》"屯田"条说:"勺陂、洪泽、甘、肃、瓜、沙因昔人之制,其地利盖不减于旧;和林、陕西、四川等地,则因地之宜而肇为之。"从蒙古的鄂尔浑河及西伯利亚叶尼塞河流域,到西南的云南诸省,开辟了汉唐两代所未曾开辟过的土地。

蒙古统治者为了养马,把牧地也扩大了。东越耽罗(今朝鲜济州岛),

---

① 陈垣:《元西域人华化考》。
② 《元典章》卷二四,第五页;卷五七,第一五页。《元史》卷二七及二九。

北逾火里秃马（今苏联贝加尔湖东西），西至甘肃，南至云南等地，都有他们的牧马场所。①

蒙古皇帝加强屯田和马政的目的，在于镇压国内各族人民、解决粮饷和交通工具的问题，但耕地面积和牧地范围扩大了，农产品和牲畜的数量增加了，对社会经济的发展是有利的，这不正是所谓"祸兮福所倚"么？

元代地方官的升降往往由其对农业增产有无成绩来决定，这当然只是具文。但就偶然遗留下的生产数字来看，至少在一定时期内，生产力确实年年有所增加。依《元史·世祖本纪》，至元二十五年耕旷地三千五百七十顷，二十八年一千九百八十三顷；至元二十三年植桑枣杂果诸树二千三百九万四千六百七十二株，二十八年植树二千二百五十二万七千七百余株。依《元史·地理志》的记载，至元二十七年全国人口达到五千八百八十三万四千七百十一人，超过历史家歌颂的"开元全盛日"一千多万人（《旧唐书·地理志》：开元二十八年全国人口四千八百四十四万三千六百九人）。仅根据元代是蒙古人做皇帝这一点，就断言社会经济趋于萎缩，显然是不符合历史事实的。

三

关于成吉思汗西征的记载，我们今天能读到的，主要是回教地主知识分子记录下来的。蒙古人信仰珊蛮教，对于回教的风俗习惯自然不会尊重，这些回教历史家诅咒成吉思汗是不难想象的。因此，我们今天应该用批判的眼光来对待这些记载。

蒙古草原上自古就有中亚商人贩卖东西双方的商品。一二一四年成吉思汗在北京近郊接受金国求和的时候，中亚花剌子模国王摩诃末派遣赛夷·宝合丁·剌昔到北京见成吉思汗②，借以侦察蒙古的虚实。当时成吉思汗即要求蒙古和花剌子模双方经常派遣使臣、商人、商队往来，交换两国精良商品，维持永久的和好。成吉思汗对待花剌子模商队也是友好的，可是贪婪的花剌

---

① 《元史》卷一〇〇《兵志·马政》。
② 十三世纪波斯历史家术兹札尼：《亚洲诸回教王朝史》，H. J. 雷弗提英译本，一八八一年，第九六六页。

子模边将由于垂涎蒙古商队的珍贵商品，竟干起杀人越货的勾当来。及成吉思汗再派使节去质问，又遭到使臣被杀、使团成员被割去胡须的侮辱。[①] 摩诃末统一中亚和成吉思汗统一蒙古高原以后，双方贵族继续向外掠夺邻人的财富，那是必然的。可是在西夏和金国灭亡之前，若不是花剌子模对蒙古实行进攻，成吉思汗是否便挥戈西向，实在很难说。花剌子模的欺侮，对素重复仇而又处在无往不胜时期的蒙古贵族，是不能忍受的，所以成吉思汗决心进行的复仇战争，才会鼓舞起来他们的敌忾心。

成吉思汗西征时，花剌子模的算端也才刚刚并吞了波斯和河中（锡尔河与阿姆河之间的地区）。在这些新征服的疆域中，政权还很不稳定，统治力量也很薄弱。就军队讲，军人是康里人，不仅军权掌握在康里军官手中，地方政治也由他们操纵。宗教呢？派别很多，算端属阿里派，与伊斯兰教名义上的首领哈里发处于对立地位。特别是花剌子模的人民对康里军队的暴横，厌苦莫名。这就是花剌子模当日国内的情况。在统治集团中，算端与康里将领、地方首领、报达的哈里发、他的母族之间，各有各的打算。战争由可耻的边将杀人越货引起，士气也不容易鼓舞。因而便提不出一个作战部署的整体计划，也组织不成全国一致的抗战力量，只有步步退却，着着溃败，进行一城一地的守御战了。

成吉思汗西征的对象，除花剌子模外，还有一个里海北部的钦察。成吉思汗何故遣速不台、者别二将越过高加索山，进击钦察，绕道里海以北返回蒙古呢？这仍是为了复仇和掠夺。

从蒙古的土拉河到里海北的伏尔加河，这个无边无际的大草原上都是突厥人，虽有部族间的分界，却无语言上的隔阂。这个草原的最西端，住的是突厥钦察部人。成吉思汗的世仇蔑儿乞部破灭后，首领逃入乃蛮，及乃蛮败亡，又逃入钦察。成吉思汗遣速不台等进击伏尔加河和乌拉河之间玉理伯里山的钦察部，就是因为它藏匿了他的"负箭之麋"[②]——蔑儿乞部部长。

钦察各部落或逃或战，意见很不一致，他们向邻人斡罗思人请求援助，

---

① 十三世纪波斯史家奈萨微：《札兰丁传》，O. 忽达斯法文译本，一八九五年，第五七一六一页；巴托尔德：《蒙古入侵时期的突厥斯坦》，第三九九页。
② 苏天爵：《元名臣事略》卷三《土土哈事略》引阎复撰《纪绩碑》。里海北岸距垂河甚远，《土土哈事略》所记成吉思汗遣人向钦察索仇人与《秘史》、《史集》、《元史·速不台传》所记的战争，应非一事。

斡罗思各封建主又各顾自己的利益，行动也不能统一，所以他们的联军，遇到成吉思汗的这一支偏师就被击败了。看来这次战争，是乘机复仇，是偶然的，若说成吉思汗在蒙古大本营早就制定了进军克里米亚半岛的作战计划，似乎是不大可能的。

历史家说成吉思汗一生曾"灭国四十"。[①] 他所灭的西域各国，当然也在这个数目之内。这些国家的奴隶主或封建主为了巩固自己的统治和剥削，把自己的国家看成禁区，封闭本国人民的耳目，和外国隔绝起来。他们只希望所辖的人民浑浑噩噩，愚昧忠顺，千秋万代供他们一家一姓任情压迫和剥削。如今"一代天骄成吉思汗"出现了，他的战马冲破了大大小小"四十"个国家封禁人民的铜墙铁壁，使他们的人民看见了更大的世界可以活动，看见了更高的文化可以学习，从历史发展的趋势看，成吉思汗难道是该否定的么？"灭国四十"是不会没有流血和破坏的，然而我们是拥护各国大小奴隶主、封建主的封锁禁闭呢？还是赞成成吉思汗打破封闭，给各族人民在经济文化上创造互相交流互相学习的条件呢？对社会发展起推动作用的，是封闭呢，还是冲破封闭呢？当然不会是前者。

当然，成吉思汗在西域的破坏，毕竟是巨大的。以畜牧业为生的蒙古人，对于农业和城市的摧毁毫不吝惜。花剌子模首府玉龙杰赤变成泽国，马鲁绿洲成了荒芜之区，都是成吉思汗灌城决堤的结果。血族复仇在当日蒙古人生活中还占重要位置，成吉思汗的一个孙子战死在范延城下，这个城堡在成吉思汗的愤怒之中，也全部毁灭了。

成吉思汗从动身西征起，便采用中原的交通制度，在通往西域的大道上，开辟"驿路"，设置"驿骑"、"铺牛"和"邮人"，把中原原有的驿站系统延伸到西域。[②] 一直到他的子孙时代还继续改善和发展这一艰巨事业。西征时带去大批汉族技术人员，沿途劈山开路，修筑桥梁，改善东西交通条件，为了维持道路上的安全，他还特别在交通大道上设置护路卫士，颁布保护来往商人安全的札撒（法令）。《突厥世系》著者花剌子模的阿布勒哈齐（一六〇五——一六四六年）说："在伊朗和都兰（今中亚）之间的一切地方享有这样一种安宁，头顶金盘，自东徂西，不会遭受任何人的侵犯。"这样东

---

① 《元史·太祖本纪》。
② 《长春真人西游记》；《世界征服者传》，第三三页。

西畅通无阻的时代,古代史上曾出现过几次?

　　成吉思汗把东西交通大道上的此疆彼界扫除了,把阻碍经济文化交流的堡垒削平了,于是东西方的交往开始频繁,距离开始缩短了。中国的创造发明如火药、纸币、驿站制度等输出到西方,西方的药品、织造品、天文历法等也输入了中国。泉州和波斯的忽里谟子之间有大量的商船定期往返,中国和东南亚各国(真腊、暹、爪哇、印度等等)的使节和商人,在一定时期内几乎相望于道。由于海上交通的频繁,舶公航海经验的积累,元代中国航海家除了"凭针路定向行船"外,潮汛、风信、气象的规律也能初步掌握了。[①]明初郑和西使,正可看作元代海外交通事业的继续和发展。

(原载《历史研究》一九六二年第三期)

[①] 《远东史》,第四二六页;《永乐大典》卷一五九五〇,第九页,中华书局影印本第十七函第一六七册。

耶律楚材在大蒙古国的地位和所起的作用

中国的士大夫对于大蒙古时代^①的耶律楚材一向都有好评。一二六〇年郝经《立政议》中关于耶律楚材的颂辞可以代表元朝士大夫的意见。他说：

> 当太宗皇帝临御之时，耶律楚材为相，定税赋，立造作，榷宣课，分郡县，籍户口，理狱讼，别军民，设科举，推恩肆赦，方有志于天下，而一二不逞之徒，投隙抵巇，相与排摈，百计攻讦。乘宫闱违豫之际，恣为矫诬，卒使楚材愤悒以死。[②]

历史事实的真相真如郝经所说的么？耶律楚材真是大蒙古国的宰相，真能为大蒙古国立下这么多的"功业"么？

明朝的士大夫对于耶律楚材也是推崇备至。沈德符说他"大有造于中国，功德塞天地"[③]，张溥说他"功侔周召"[④]。至于其余的赞颂，我们就不必再一一列举了。

近几十年来研究耶律楚材的人很多。袁昶[⑤]、张相文[⑥]、王国维[⑦]、陈援庵先

---

① 成吉思汗立国之后、忽必烈改易国号以前，当时人称他们所建立的国家为大蒙古国。当日蒙古和金国、南宋、高丽等国的国书往来，亦是如此称呼。近有人称这个时期为蒙古帝国，或蒙古汗国，我认为名从主人，才符合历史主义，所以仍用大蒙古国称呼这个时代。参阅赵珙《蒙鞑备录》、彭大雅《黑鞑事略》、王恽《秋涧集》卷八一、郑麟趾《高丽史》卷二六、一二四二年重刊《孔氏祖庭广记》末叶牌子、《元史》卷一四九《耶律留哥传》等等。
② 郝经：《陵川集》卷三二，并参阅《湛然居士集》孟攀鳞、王邻、李微、行秀等人序文。
③ 《万历野获编》卷二八"耶律楚材"条。
④ 《宋史纪事本末》卷一〇一"北方诸儒之学"张溥评论。
⑤ 参阅渐西村舍本《湛然居士集》。
⑥ 张相文：《湛然居士年谱》、《西游录今释》。
⑦ 王国维：《耶律文正公年谱》。

生[①]等都下过很深的功夫。在欧洲各国，法国的雷木萨、帝俄的布来特施乃德[②]对耶律楚材也都有比较详细的介绍。

解放后，历史工作者对耶律楚材也有很高的评价：有人说他保护了人民未受屠杀，有人说他为元朝订立制度，使之走向汉化。也是一片赞扬。现在不是想做翻案文章，要故意给耶律楚材一些恶评，只是认为：要想知道一个人，必须首先了解他所处的时代。蒙古统治集团究竟需要什么人？耶律楚材究竟有哪些本领符合蒙古可汗的需要？这些问题弄清楚了，耶律楚材代表什么人的利益、反对什么人、在当时究竟起了什么作用等等问题就好解决了。

元朝的皇帝从忽必烈起，名义上虽说仍是成吉思汗的继承人，可是所继承的国家却不是统一的了。西北诸藩国中，除了他的兄弟旭烈兀使用"伊利"[③]这个汗号来表示他的地位和元朝皇帝不是对等的以外，其他各藩国都独立，地方化了。连名义上和元朝的关系也是时断时续。元朝的政令已经很难达到天山以西，所统治的民族主要是汉族，所依靠的物质力量，主要是中原汉族人民和封建农业经济，因而忽必烈便不能不把政治中心从漠北的和林迁移到今日的北京，不能不采用中原旧有的封建统治制度来统治中原封建社会的人民。"用汉法"，"治汉民"，"帝中国，当行中国事"，是十三世纪六十年代忽必烈所面临的问题，是大蒙古国末期的问题，十三世纪初年耶律楚材进入成吉思汗的穹庐时（一二一八年），"汉法"问题还根本提不到议事日程上。

耶律楚材所处的时代，是大蒙古国的初期，严格地说，是成吉思汗统一蒙古地区、进兵中原以后，和他儿子窝阔台在位的时代。这短短的二十几年中，蒙古统治者对汉地控制的情况和面积大不相同，因而所需要的"人才"也就很不一样。现在我们就从成吉思汗和窝阔台这两个时代的具体条件来研究耶律楚材所处的地位及其所起的作用。

一二〇六年成吉思汗统一蒙古高原后，即准备并吞金国，那时女真统治集团虽已腐朽不堪，可是蒙古一时还无力把它并吞下去。一二一一——一二一四年成吉思汗进兵金国，孤军深入，南达黄河北岸，由于得地没兵戍守，不得

[①] 陈垣：《耶律楚材之生卒年》、《耶律楚材父子之异趣》。
[②] 布来特施乃德：《中世纪研究》（英文），第九——二页。
[③] 伊利译言"隶属"，洪钧音译作伊儿。按元代音译译例，"儿"字与 r 字母对音，还没有见过用以译 l 字母的例子。

不在和议成立后，退回山后去。以后他用兵西域达七年之久，东归后西夏未灭，他就死了。他所建的大蒙古国，东起朝鲜，西达黑海，北逾贝加尔湖，南方进到冀晋陕甘等省的北部汉族农业地区的边缘。总的看来，成吉思汗一生活动的地区，是畜牧业地区和半农半牧地区，和中原汉族封建社会，始终没有发生较深的关系。因而耶律楚材的"以儒治国"的本领，对于当日的蒙古统治者就没有多大用处；而且楚材投入蒙古后，在成吉思汗时期的十年中（一二一八——一二二七年），他本人"流落遐荒"，也根本不在中原。

女真迁汴后，蒙古兵再度进入河北，这时除投降蒙古的和继续拥护金政权的两种汉族武装地主互相火并外，所有两方官兵对各地起义的农民军都进行残酷的镇压，黄河以北广大地区陷于"荡然无统"的状态。

在这个时代，蒙古的统治集团在中原和西域进行战争的主要目的，仍是抢掠财富，扩大掠夺面积，和在蒙古高原进行的战争是一贯的。不过在草原上抢掠的对象只能是牲畜和人口，在中原和西域的农业地区更增加了布帛金银等等而已。① 抢掠的方法是直接的，换句话说，蒙古的将士到了一个地方，亲自动手，进行掳掠。对于抢得的东西，大家进行俵分，就是成吉思汗也有一份。②

在这个得地不守，以抢掠财物和扩大抢掠面积为主要目的的时代，蒙古统治集团所需要的是什么样的中原人物呢？首先是武装地主。蒙古军队人数不多，这些人能为他们组织武装力量，进行打天下的战争。其次是技术人员和手工业工人，他们能制造更多更精良的武器和改善蒙古统治集团的物质生活与卫生条件。至于舞文弄墨、通晓汉族封建统治的所谓儒者或士大夫，当日和劳动人民一样看待，也只是被掳掠去当奴隶使用而已。

那末耶律楚材在这个时代拿什么本领给蒙古统治阶级服务呢？耶律楚材虽是契丹人，可是他的家族从他的八世祖起，早已充分地汉化了。他们祖孙父子都是汉族封建社会中的典型士大夫。耶律楚材会作诗，会弹琴，还会参禅。不过所有这一切对于草原上一个"只识弯弓射大雕"的蒙古统治者来说，都是一文不值。这位契丹贵族知识分子别有一套技能，在大蒙古国初期

---

① 据志费尼（一二二六？——一二八三年）说，蒙古人在西域最初还不注意金银和宝物（《世界征服者传》，一九五八年 J. A. 波义耳英文译本，第六三三页，以下简称《征服者传》）。
② 赵珙：《蒙鞑备录》"军政"条；彭大雅：《黑鞑事略》"其赏罚"条；《元朝秘史》第二六〇节。

需要大量技术人员的时候,是符合需要的。

《元史》卷一四六《耶律楚材传》主要是根据宋子贞撰的《神道碑》写成的。这一篇《神道碑》又是由他的门下士赵衍所撰的行状改写而成,其中充满了谀辞与诬说。但是说他"通天文、地理、律、历、术数及释、老、医、卜之说",却是真实的。他能给成吉思汗服务的本领,也就是这些"方技"①之术。

耶律楚材著有《五皇秘语》、《先知大数》等书,见明代黄虞稷《千顷堂书目》。他在《进西征庚午元历表》中说,他在成吉思汗的政权里"五载有奇,徒旷蓍龟之任",寄张本的诗中也说"自天明下诏,知我素通蓍"。② 可见成吉思汗一二一八年把他从北京找到漠北,"处之左右,以备咨访",所咨访的就是这一套占卜之术。他的传记缕述了他在成吉思汗时期的许多"功业",如:对夏雨雪、冬大雷、月食、长星见西方的解释,祭角端的建议③,西夏亡时搜取大黄药材,以及以后用太乙数推知窝阔台出猎不吉等等,没有一项不是医卜星相之术的事。耶律楚材对某些自然现象的迷信解说,今天看来十分荒唐可笑,但在文化水平很低、迷信甚深的蒙古军队中,却能起巨大的麻醉作用。所以成吉思汗每遇将兵出征,必命楚材预卜吉凶,借以增强将士的斗志,坚定胜利的信心。可是这种迷信勾当在蒙古可汗的眼中,比较武装地主的冲锋陷阵来,分量究竟要轻得多。所以他跟着蒙古军队到西域流浪十年,心情十分潦倒,在他的诗篇中充满了侘傺浮沉的诗句。④

耶律楚材是个居士,他父亲耶律履也通佛法。⑤ 耶律履做过金朝的礼部尚书,"尤邃于易、太玄,至于阴阳方技之说,历象推步之术,无不洞究",并

---

① 窝阔台一二三四年攻南宋,命姚枢"即军中求儒、道、释、医、卜、酒工、乐人"。忽必烈所重视的刘秉忠,本是个和尚,除通《易》及邵氏《经世书》外,"天文、地理、律、历、三式、六壬、遁甲之属无不精通",还著有《平砂玉尺》、《玉尺新镜》等书,足见蒙古初期对术数技艺的重视。
② 《湛然居士文集》卷八及卷一二。
③ 参阅盛如梓:《庶斋老学丛谈》。
④ 《湛然居士文集》卷二《复用前韵唱玄》:"天涯流落从西征";《用前韵感事》二首:"流落遐荒淹岁月,赢得飘萧双鬓雪";《用李德恒韵寄景贤》:"牢落十年扈御营";卷三《和移剌子春见寄》其二:"生遇干戈我不辰,十年甘分作俘臣";《过云中和张伯坚韵》:"自怜西域十年客,谁识东丹八叶孙";《过云中和张仲华韵》:"致君泽民本不难,言轻无用愧偷安,十年潦倒功何在,三径荒凉盟已寒";《过白登和李振之韵》:"十年沦落困边城,今日龙钟返帝京";等等。
⑤ 耶律履撰有《天竺三藏吽哈啰悉利幢记》,见释念常《佛祖历代通载》卷二〇。

著有《乙未元历》。① 这一套家学没有失传，楚材也著有《庚午元历》，自称曾做大蒙古国的"春官"。此外在西域他还管理过小规模的屯田，他在《西游录》中说："昔徙河中之豪民子弟四百余人，屯田于塔剌思城，奉朝命，委予权统之。"所有这一切，在大蒙古国初期都是无足轻重可有可无的工作。

一二〇六年蒙古统一政权建立后，国内行政、国外交涉一天天多起来了，文书往来，也就频繁起来了。尤其是蒙古"一军中宁有多少鞑人，其余尽是亡国之人"②，蒙古统治者倚仗这些"亡国之人"把掠夺面积扩大到蒙古高原以外，号令禀报，就不能再用派遣使者口传消息的旧办法了。

一二〇四年蒙古"以畏兀字书国言"，才有文字，与成吉思汗同辈的蒙古贵族当然都不识字。于是，掌管文书的必阇赤就成了不可少的人员了。

大蒙古国的初期，东方汉地各族，通行汉文，西方回回田地，通行波斯文，中间地区用的大约是蒙古文，因此蒙古在漠北时期的中书省或秘书处，大约应有蒙文、汉文、波斯文三个系统。③ 蒙古宗王大臣使用的必阇赤，所主管的应该是蒙古文书，大约蒙古人识字的太少，所以这些必阇赤大都是畏兀儿、克烈等部人（如成吉思汗的幼弟斡赤斤的必阇赤撒吉思，四环卫的必阇赤野里术等都是畏兀儿人，成吉思汗任命的必阇赤长怯烈哥和镇海是克烈人）。④ 至于文书"行于回回者，则用回回字，镇海主之，行于汉人契丹女真诸亡国者，只用汉字，移剌楚材主之"。《元史·耶律楚材传》和宋子贞所撰《神道碑》都没有提到楚材为蒙古可汗掌管汉文文书，但是他在蒙古政权中取得地位，掌握权力，却正是由于他是一个必阇赤（管文书人）。

---

① 元好问：《故金尚书右丞耶律公神道碑》，《元文类》卷五七。
② 《黑鞑事略》"其阵"条。
③ 一二四六年罗马教皇伊诺桑第四遣派教士普拉诺·迦尔毕尼到和林，觐见元定宗，大臣镇海、合答等为了复教皇的来信，"问我们，在教皇左右，有无通晓俄文或回回文或鞑靼文的人。我们回答，在我们那里，无人通晓俄文或回回文或鞑靼文，我们国家固然有回回人，但住得离教皇很远。因此我们声称，依我们的意见，最好用鞑靼文写回信，再［口］译给我们。我们将此译文如实记下，并把原本与译本一同交给教皇"。见迦尔毕尼所撰的《蒙古历史及一二四五——一二四七年行纪》，一九三〇年里施德文译本，第二五四—二五五页。这里除回回文、蒙文外，特别提到俄文，大概是因为当时充译人的，适为斡罗思公爵牙罗斯拉夫的侍卫帖木儿，他当然是通俄文的。一九二〇年在梵蒂冈档案中发现了元定宗的回信，信是波斯文写的，印文是蒙古文，印的形式是中原传统的方形。这封回回文复函，可能就是镇海写的。参阅法国伯希和：《蒙古人与教廷》第一二、一三页间的插页。
④ 参阅《元史》卷一三四《撒吉思传》、《也先不花传》，卷一三五《铁哥术传》等。

一二二〇年成吉思汗召见全真教道士丘处机,处机"惮于远行",欲于"德兴(今河北涿鹿)盘桓",成吉思汗下诏促其就道,这个诏书就是耶律楚材执笔的。①

一二二一年南宋赵珙使蒙古,见木华黎于燕京,归著《蒙鞑备录》,记所见闻。他说:"燕京现有移刺晋卿者,契丹人,登第,见为内翰,掌文书。"当时楚材远在西域,赵珙在燕京就听到他的名字,足见他已有一定的权势了。一二二五年楚材尚留在高昌城(今新疆吐鲁番),中原的官僚地主便开始通过他向蒙古可汗钻营。他寄赵元帅书云:

> 足下有安天下之志,仍托仆为先客,仆备员翰墨,军国之事,非所预议。②

他虽不能预议军国之事,可是遇事"得以行其私意",早已能作威作福了。一二二七年成吉思汗死,他大约在宁夏,以后拖雷监国,调他回燕京,才再回中原。计自一二一八年北上,在西北流浪了十个年头。在这十年中,他的任务是掌管占卜星相和汉文文书而已,军国之事,是没有资格过问的。

窝阔台即位后,大蒙古国的情况如何呢?成吉思汗晚年已把蒙古本土和西方阿姆河以东的土地,分封给他的四个儿子,东方分给他的几个兄弟、亲戚和功臣。在封地以内,各有各的垄断剥削权,他人是不许染指的。大蒙古国东南部的一个小角落即中原地区的北部,和西南部的一个小角落即阿姆河西呼罗珊等地,战争还在进行,土地得失不常,统治权还不巩固。在大蒙古国全国范围内,这些地区只是整个国土边缘上的一小片土地,无论政治上经济上都还不占重要位置。而且这些地区似乎还是大蒙古国的公产,还没有分赐给诸王和功臣。成吉思汗的各支子孙都有派人到这些地区索取财物③的权利。

这时和林城虽尚未建立,政治中心却在漠北。在蒙古统治集团的政治军事活动中,中原地区虽已开始被重视,但也只是全国范围内军政事务的一

---

① 耶律楚材:《西游录》。
② 《湛然居士文集》卷八。
③ 《元史》卷二《定宗纪》;《征服者传》,第四八三页。

个方面而已。这个时期的军国大事主要是命绰尔马罕继续进兵波斯；命速不台等攻钦察、不里阿耳等地；高丽亦在用兵；至于金国，大汗决定自己去亲征。① 一二三四年金朝亡后，举行第二次大聚会，会上决定了长子出兵东欧，和阔端、曲出等进兵宋境。这些军国大事，都是蒙古可汗和自己的"亲骨肉"商量决定的，当然不需要一个作诗、弹琴、参禅的中原士大夫参加谋议。

　　成吉思汗进兵西域的期间，把经略太行以南中原地区的任务交给了木华黎。木华黎从一二一七年接受命令起，到一二二三年死在解县（今山西运城西南）止，七年之中，占领了山东、河北、山西、陕西等省北部的一些城镇，接纳一些投降的汉族武装地主。可是新略取的土地，尚有继续拥护女真政权的武装地主的反抗，和农民军出身的彭义斌等的进攻，政权是不巩固的。而且当时"凡纳土及始命之臣，皆令世守。郡邑长吏，皆其僮仆"。"天下郡县犹以财赋自赡。"向人民搜刮来的财赋，大都不向蒙古统治集团缴纳。这些土皇帝（诸路长吏）"兼领军民钱谷"，"聚敛自私，资至巨万"。蒙古中央政府的仓廪府库却无斗粟尺帛。西域人虽说教给北军将士一套讨"撒花"（译言礼物）银的办法，向中原各阶层人民敛钱，但所敛财货尽归私人所有，蒙古最高统治者仍然得不到好处。窝阔台即位后，曾把所占领的土地划出一部分分封给宗亲勋贵，可是也不是顺利无阻、没有遇到反对的。② 当初次进兵金国时，蒙古统治者还可以纵兵大掠，俵分掠夺品，既已占领之后，人民成了自己的"赤子"，不能再动手直接抢掠了。眼看一块肥肉，只是没有办法把它吞下去，当时的近臣别迭等竟然要向经济条件发号施令了，他们建议：

　　虽得汉人，亦无所用，不若尽去之，使草木畅茂，以为牧地。③

　　中原地区有一套现成的封建剥削制度，官僚地主是这套制度下敲脂剥髓的能手。北方民族的统治者不通过这些官僚，不用这一套制度，在中原是剥削不到什么东西的，别迭的话正反映了生产落后的蒙古统治阶级在汉地不能

---

① 《征服者传》，第一九〇页；《元史》卷二《太宗纪》。
② 《元史》卷一二六；《元名臣事略》卷七引《廉希宪家传》；《元史》卷一五三《王玉汝传》。
③ 宋子贞：《中书令耶律公神道碑》，《元文类》卷五七。

直接进行抢掠的情况下，对于剥削汉族农民陷于一筹莫展的焦急心情。

有人认为别迭的主张，是想扩大牧地，繁殖更多的马羊。这当然是合乎情理的，也是可能的。但是在当日中原农业高度发展的具体情况下，扭转历史前进的车轮是行不通的。那时有无数武装地主携其部曲投降蒙古，目的不过在保存生命财产，保存劳动力，扩大耕地面积而已。一二三一年彭大雅叙述北中国的情况说：

> 汉地万户四人：如严实之在郓州，则有山东之兵；史天泽之在真定，则有河东河北之兵；张柔之在满城，则有燕南之兵；刘黑马之在天城，则有燕蓟山后之兵。他虽有领众者，俱不若此四人兵数之多，势力之强也。①

这些手握重兵的新降武装地主愿意引颈就戮么？木华黎统辖六万二千人，受命经略中原时，大约只带来二万三千蒙古兵②，攻城略地，全靠这些汉族武装地主。如果"悉空其人，以为牧地"，继续打天下，再向什么地方补充兵员呢？

把华北高度发展的农业地区"空其人以为牧地"，是开倒车，是违反社会发展规律的。社会的发展规律是："文明较低的征服者，最大多数的场合上，不得不与被征服国度的较高的经济情况（被征服以后的那个样子）相适应"。深切了解蒙古统治集团和中原经济情况的中原封建官僚——耶律楚材出来献策了：

> 陛下将南伐，军需宜有所资，诚均定中原地税、商税、盐、酒、铁冶、山泽之利，岁可得银五十万两，帛八万匹，粟四十余万石。③

原来掠夺中原农民的手段除了直接下手抢掠和间接的"撒花"外，还有草原上向未见过的"地税、商税、盐、酒、铁冶、山泽之利"等花样，而且

---

① 《黑鞑事略》"其头项分戍"条。
② 拉施都丁：《史集》第一卷第二册，一九五二年斯米尔诺娃俄译本，第一七八页。
③ 宋子贞：《中书令耶律公神道碑》，《元文类》卷五七。

在一年之内就能掠夺到那样大量的粮食、布帛和现金。以窝阔台为首的蒙古统治集团扭不过社会发展的规律，只得顺着历史车轮前进的方向进行统治，把一切搜刮的部署和组织，完全委任中原地主阶级代办了。就在这样的条件和情势下，一个平凡人物才能扮演英雄的角色。

这时金政权还在开封苟延残喘，它原有的十九个路中，南京、京兆府、凤翔、鄜延、庆原、临洮、河北东、大名府等路，有的还金瓯无缺，有的还能控制大部分；东北的上京、咸平、东京等路，名义上还在契丹耶律留哥的后裔统治下。受蒙古政权号令的地方，只有北京、西京、中都、河北西路、山东东西两路、河东南北两路，总共八路而已。耶律楚材口中的"天下"，事实上就是这么一块土地。在这八个路的范围之内，即今山西和山东、河北两省的北部，也就是大蒙古国东南角的一小片土地上，耶律楚材以替代蒙古统治集团搜刮财富的首领的资格，组织亡金的士大夫陈时可、刘中等任征收课税使，设立了十路课税所，这十路是：

  燕京课税所（金中都路的西部）
  宣德课税所（金西京路的东部）
  西京课税所（金西京路的西部）
  太原课税所（金河东北路）
  平阳课税所（金河东南路）
  真定课税所（金河北西路）
  东平课税所（金山东西路）
  北京课税所（金北京路）
  平州课税所（金中都路的东部）
  济南课税所（金山东东路）[1]

这种课税所也不是耶律楚材创设的，他不过把金朝各路转运司的机构[2]恢复起来而已。《元名臣事略》卷十三引《杨奂文集》：

---

[1] 《元史》卷二《太宗纪》。
[2] 《金史》卷五七《百官志》"都转运司"条。

岁在己丑（原文如此，应为庚寅）十有一月，中书耶律公以军国大计，举近世转运司例，经理十路课税。易司为所，黜使称长。相丰歉，察息耗，以平岁入。奏可，一听中书省总之。

根据楚材的《神道碑》，说一年之后（一二三一年）窝阔台见诸路所贡课额，完全符合元奏之数，才深切认识到"天下虽得之马上，不可以马上治之"的道理了，于是"即日授中书省印，俾领其事"。《元史》本传竟干脆说即日拜中书令了。

按《唐六典》卷九：

中书令之职，掌军国之政令，缉熙常载，统和天人；入则告之，出则奉之；以厘万邦，以度百揆；盖以佐天子而执大政者也。

这是唐代的中书令。元朝的中书令呢？《元史》卷十五："中书令一员，银印，典领百官，会决庶务。"只有皇太子才能担任这个职务。耶律楚材是大蒙古国的中书令，却绝对和以上两个时代不同，这个中书令什么样呢？

一二三二年，即耶律楚材拜中书令之次年，南宋彭大雅使蒙古，说"诸国亡俘或曰中书丞相……随所自欲而盗其名，初无宣麻制诰之事"。又说耶律楚材"或称中书侍郎"。两年之后（一二三四年）徐霆到草地，说：

"鞑人无相之称，只曰必彻彻。必彻者汉语令史也，使之主行文书耳。"
"若宰相，即是楚材辈，自称为中书相公，初非鞑主除授也。"
"鞑主亦不晓官称之义为何也。"
"只是见之文书者，则楚材、镇海得以行其私意，盖鞑主不识字也。若行军用师等大事，只鞑主自断，又却与其亲骨肉谋之，汉儿及他人不与也。"①

可见耶律楚材的中书令，不过是窃号自娱而已。

---

① 参阅《黑鞑事略》"其相"、"其称谓"、"其印"、"其官称"条。

那末耶律楚材在大蒙古国的地位到底如何呢？《元史》卷二《太宗纪》说：" 命河北汉民以户计出赋调，耶律楚材主之；西域人以丁计出赋调，麻合没的滑刺西迷主之。" 真相也只是如此。麻合没的·牙老瓦赤父子，深知中亚情况，令他们掌管中亚的赋税①，耶律楚材深知汉地封建制度，又出身契丹贵族，故令他为首领，组织一群善于搜刮的官僚，进行征收黄河以北的课税而已。

在大蒙古国虽说事无巨细，须由可汗自己决定，可是舞文弄墨的必彻彻（即必阇赤），却可以上下其手，弄权行私。因此，不仅当时想攀龙附凤的士大夫，伺候他的颜色，就是手握兵柄的汉军万户如严实之流，亦不能不向他低头。②

蒙古旧制 "凡攻城邑，敌以矢石相加者即为拒命，既克必杀之"。这大概是蒙古草原上复仇战争的残余作风。随着汉人及各族人民加入蒙古军的增多，随着客观形势的需要，残酷罪恶的屠城行为亦逐渐减少。"奇巧之工，厚藏之家" 是统治集团所需要的，供给刍秣的农民亦是军事活动所不可少的。③ 总之在进入中原以后，"得地无民，将焉用之"？蒙古军往往停止屠城，是受了这些客观条件的制约。若把停止屠杀某一城镇，归功于某人的只言片语，那是令人难以置信的。可是《元史》传记中这类粉饰的记载，却偏偏多。特别是汴梁未屠，宋子贞归功于耶律楚材，姚燧归功于窝阔台的私人医生郑景贤。④ 看起来，事情如何会那样简单。投降蒙古的官僚，日久得到信任后，在蒙古将士面前说几句话，少杀几个人，是可能的，也是正义的行为。估价太高，是不应该的。

大蒙古国的初期，北中国连年战争，人民不死于兵火，便死于饥馑，悲惨景象达到 "千百不余一" 的程度。蒙古政权的各族地主，对土地占有当然无大问题了，最严重的是劳动力的缺乏，因而在军前掳到的人民，即作为自己的 "躯口"。在中原封建社会中，有势力、有地位、素受尊重的儒者、士大夫，亦遭到同样的命运。一二一五年蒙古军占领中都，亡金的士大夫便

---

① 《征服者传》，第九七页；《史集》俄译本第二卷，第六四页；《元朝秘史》第二六三节。
② 《元史》卷一五九《宋子贞传》；《元名臣事略》卷一〇引徐世隆撰《宋子贞墓志》。
③ 元好问：《遗山先生文集》卷二六《东平行台严公神道碑》。
④ 《牧庵集》卷三《郑龙冈先生挽诗序》。

"混于杂役,堕于屠沽"了。一二三三年汴梁城破,社会地位很高的大批士大夫被略为驱口,这些人不仅"羁孤流落,人所不能堪","饥寒不能自存",而且身受"指使之辱",亲任"奔走之役"。① 耶律楚材在这批驱口中,"奏选工、匠、儒、释、道、医、卜之流,散居河北,官为给赡"。这些走投无路的地主知识分子,如何不感激涕零呢?以后楚材又在燕京置编修所,平阳置经籍所,显然也都是为这批获得自由、恢复了社会地位的儒者而设立的啖饭之所,一般地主知识分子飞黄腾达,全恃考试,在这样混乱的情况下,由于耶律楚材的建议,使四千多个(包括被俘的)儒者通过考试,顿成新贵②,他自然会受到这些人的顶礼膜拜的。

看来,耶律楚材所代表的阶级利益,主要是地主阶级中知识分子的利益。

他反对的是什么人呢?我认为他所反对的主要是蒙古政权中操纵财政经济的西域商人。中央亚细亚人自古就善于经营商业。③ 中原地区和蒙古草原都是他们的市场。蒙古统治集团进入中原后,由于东西交通无阻,中亚大批商人也东来了。他们对于聚敛、经营、运输、贮藏有一日之长④,因而蒙古统治者用汉人直接向中原人民征收课税,而管理财政,则使用西域商人。他们的代表人物是从玉龙杰赤城来的花剌子模人麻合没·牙剌瓦赤⑤,被派到汉地代替牙剌瓦赤的商人奥都剌合蛮⑥,不花剌人赛典赤,费纳客忒人阿合马等等。这些西域商人惟利是图,同中原大官僚、大地主之间在争夺权力和权利方面是有矛盾的,西域商人不利于人民的最显著的恶政是经营扑买和斡脱钱⑦,耶律楚材抓住了这些广大人民所反对的苛政,与奥都剌合蛮进行激烈的

---

① 参阅《遗山先生文集》卷二三《廉访使杨君神道碑》,卷三九《癸巳岁寄中书耶律公书》;《元名臣事略》卷一三《李冶传》等等。
② 《元史》卷二《太宗纪》,卷八二《选举志》"科目"条。
③ 《旧唐书》卷一九八"康国"条。
④ 王恽《秋涧集》卷八二:中统二年(一二六一年)七月"十七日乙丑大司农左三部尚书赛典只改授平章政事制辞曰:'两朝眷遇,凡事精勤。常办集于军前,能经营于意外。欲旌成绩,宜处台司,……'办集、经营,当时论者谓于公甚为切当,公遂置酒,重以润笔为答"。《史集》卷二(一九六〇年费尔霍夫斯基俄文译本第一八六页):"在那时忽必烈奉蒙哥可汗命,进兵那个地方(汉地),他的兵士饥寒交迫。他(赛典赤)出现了,完成了应当服务的程序,忽必烈同意优待他为蒙哥可汗任职,而且就这样做了。"举赛典赤这个例子,可以推想其他西域商人。
⑤ 《征服者传》,第二五七页。
⑥ 《征服者传》,第二四三页。
⑦ 参阅《元名臣事略》卷六张柔,卷七史天泽、廉希宪,卷一〇张德辉等传。

斗争，这当然会受到官僚地主的喝彩，也受到人民的拥护，虽然扑买和羊羔息仍继续施行。

对于不通汉语不识汉字的蒙古统治集团讲，汉族人名是不容易记忆的，而且他们对新用的汉人也未必肯费点脑筋记住他的姓名。年纪小的，他们称呼他为"玉出干"（译言少），胡子黄的叫他为"昔剌"（译言黄）。① 耶律楚材胡子特别长，所以获得了个"吾图·撒合里"（译言长髯）的名号。时势造英雄，这个长髯人在蒙古统治集团中获得了一定的地位。《元史》卷九六《食货志》"岁赐"条"勋臣"中就有"曳剌中书兀图·撒罕里"的名字。元许有壬《圭塘小稿》卷十《元故右丞相怯烈公（镇海）神道碑铭并序》："国史曰脱必赤颜，至秘也，非有功不纪，公名在焉。"《圣武亲征录》大约就是一种脱必赤颜的汉文译本，其中有镇海的名字，也有耶律楚材的蒙古语称号"兀都·撒罕"，足证在蒙古统治者的心目中，楚材是一位对他们"有功"的人。

（原载《江海学刊》一九六三年第六期）

---

① 《元史》卷一五三《刘敏传》，卷一六九《贾昔剌传》。

从今天内蒙古自治区畜牧业大丰收回看元代蒙古地区的畜牧经济

(读报随笔)

　　历代评论古人古事的历史家,大都是事后诸葛亮,大都是用他们所掌握的当代理论和知识,作为他评论古人古事的依据。后代的进步理论总比前代的更加发展,后人的知识也比古人更丰富,古人不能理解的事,到了后世往往成了常识。因而后人对古代的兴衰关键、成败原因,就比较古人容易看得清楚。假若我们今天有"回生之术",把元朝的一位知识分子复活起来,请他评论元代的盛衰成败,我们一定会感到他的言论见解,幼稚得可笑。可是我们今天研究元代历史的人,若果把自己封锁在线装书中,在思想感情上终日和元代的帝王将相文人雅士相周旋,而不关心今日的政治、经济、军事、文化各方面建设的伟大成就和胜利经验,就是说不了解现状,那末我们掌握的元代知识即使和元人一样多,而对元代史事和人物的看法,将也和坟墓中的元代知识分子差不多,恐怕绝不会比他们高明多少。

　　十五年来我国社会主义建设事业突飞猛进,一日千里,取得了伟大的成就,创造出史无前例的宝贵经验。这种成就和经验,是封建社会、资本主义社会所不能想象、无法取得的。我们根据最近内蒙古草原牧业丰收的建设经验,回过头来看元朝的畜牧业经济,就比较容易找出元代同样事例的得失成败的真正原因来,也比较容易看出前人不能理解或理解错误的事实来。这是换了人间的社会主义时代才出现的新的优越条件。我们研究历史的人如果不利用这种新的优越条件以研究史事,就未免辜负这个伟大时代了。

　　今年(一九六四年)国庆前夕(九月二十九日),《人民日报》第五版上刊载十五年来《我国少数民族地区经济繁荣文化发展》的报道：

> 全国少数民族地区牲畜，在十五年中增长了一倍半还多，这种发展速度，不仅在我国解放前从未有过，而且和世界上畜牧业发达的国家相比，也是很高的。内蒙古畜牧业发展尤为迅速，今年牲畜总头数比一九四七年自治区成立时，增加了将近四倍。公社化以后六年来，内蒙古畜牧业连年丰收。一九六四年牧业年度内，全区成活仔畜一千多万头（只），比十五年前全区牧畜总头数还多百分之十。

我们知道内蒙一九六三年畜牧年度比一九六二年度牲畜纯增四百多万头。①一九六四年度锡林郭勒盟人口十万，牲畜已增加到八百万头②，出现牲畜多、劳动力不足的现象。我们把今天内蒙古获得空前丰收的各种措施，同元代蒙古地区的畜牧业经济互相比对，得到不少启发和体会。就是说，有些平时未能引起注意的元代记载，现在看来都有特殊意义了；对古人曾着手做而做不成功的事，今天才看出症结所在了；对有些外国别有用心的历史家关于元代蒙古畜牧业经济的荒谬评价，也容易拿出确凿证据，揭发他们不可告人的目的了。

一、"千里移场"

一九六四年一月五日《人民日报》第二版刊载新华社记者的报道《欢腾的草原》说：今年苏尼特左旗、苏尼特右旗、二连等地"草场干旱，牧草生长不好，可是牲畜发展又比较快，过冬过春牧场不足。经过盟领导机关通盘考虑，和水草丰美的东乌珠穆沁、西乌珠穆沁、阿巴嘎等旗商量，决定把几个草场干旱的公社，共二十五万多头牲畜，暂时迁移到东乌珠穆沁等旗草原，等到干旱牧场轮歇，再逐渐搬回来"。

---

① 《内蒙古草原改观牧业丰收》，《人民日报》一九六三年十二月十日。
② 参阅《人民日报》一九六四年七月十九日新华社记者的报道《十万和七百五十万的启示》和九月二十九日的新闻《我国少数民族地区经济繁荣文化发展》。

"千里移场，事情多么新鲜！"

"在社会主义制度下牧区人民就是这样互相帮助，来共同对付自然灾害的。"正如新华社记者报道一个老大娘所说的那样，"如果在解放前，封建王公各霸一方，我们到那里连个站脚的地方也不会给你。"

千里移场在解放前任何时代都是不可能的。

从匈奴时代起到解放前止，广袤无垠的蒙古大草原，北方民族都是把它分割成一片一片的"分地"。各个奴隶主或封建主把他们的牧奴或牧民完全封锁在自己的分地之内。为了控制这些劳动力和剥削对象，牧人只能在分地之内随水草迁徙，不能离开这个禁区一步。而且各个牧地，各有主人，牧主也不容许邻族邻部由于天旱草枯搬到自己的牧地，避难保畜。

成吉思汗前，蒙古族是部落组织，蒙古高原上分布着大大小小近百个部落。各个部落都有他们固定的牧地。例如蔑儿乞集团在鄂尔浑河和色楞格河合流的地区①；塔塔儿诸部在呼伦湖和贝尔湖一带②等等。各部之内，又包含若干分部。部落领袖把保持祖宗的牧地，看作是自己最大的职责。③

各部落的牧民仅能在其所隶属的部落内游牧，只有个别对成吉思汗及其子孙有救命之恩的人，在成吉思汗统一蒙古之后，为了报答恩情，才被赐予"自在下营"的特殊权利。④

成吉思汗统一蒙古后，解散了部落组织，采用千户、百户、十户的体制；把当日蒙古全体人民划分成九十五个千户，分别命八十八个"功臣"进行统治。⑤

成吉思汗死后，蒙古地区分封给幼子拖雷；绝大部分的军队，也遗留给他。那末绝大部分的蒙古牧民，应该也都留在蒙古本土了。至于他所接受的是哪些千户，我们用《元朝秘史》第二〇九节和波斯拉施都丁《史集·成吉思汗传》中"关于成吉思汗的万户、千户和军队表"互相比对，就不难略知梗概。⑥

---

① 《元朝秘史》第一〇五节。
② 《元朝秘史》第五三节。
③ 参阅《圣武亲征录》成吉思汗责按弹、火察儿语。
④ 《元朝秘史》第二〇七、二一九节。
⑤ 《元朝秘史》第二〇九节。
⑥ 参阅一九五二年斯米尔诺娃俄文译本，第二六六—二七四页。

在今日蒙古地区中，除拖雷的封地外，尚有达尔湖、乌丹城等处的外戚分地，乌兰察布盟汪古驸马封地，以及东蒙古地区内成吉思汗诸弟和"功臣"的分地等等。

忽必烈取得政权后，除把一部分儿子分到南方外，一部分儿子的分地仍在北方。如克鲁伦河土剌河流域的晋王甘麻剌①，以及牧地似乎一度在和林西北帖木儿河上的北安王那木罕②等等。即使分地在南方的，漠北似乎仍有他们的牧场。至于《元史》"诸王世系表"和本纪所列举的诸王，分地何在，绝大部分已难以指出其确切地区了。但是不管如何，拖雷的后裔代代分封，分地就一再分割成越来越零碎的小块采邑，这是可以断言的。分地逐渐变小，就意味着牧民能游牧的范围也越来越狭窄了。

这些狭小的分地，元代称之为部，也称为投下，有时用它的蒙文音译称为爱马（Ayimaq）。如称某王分地内的牧民，即称某王部民。蒙古牧民"著籍"某王的部中，这个部就成了他们世袭的监狱，永远不能离开了。《元史》卷二九《泰定帝纪》：

> 泰定元年三月给蒙古流民粮钞，遣还所部。敕擅徙者斩，藏匿者杖之。六月赈蒙古饥民，遣还所部。七月赈蒙古流民，给钞二十九万锭遣还，仍禁勿擅离所部，违者斩。

中原农业地区遭遇干旱，找不到水源进行灌溉，只有坐视禾苗枯死了，把禾苗移到千百里外风调雨顺的地方栽植，是不可能的事。蒙古牧民的牲畜是会行动的动物，是会跟着牧民逃避旱灾的。这个地区水干草枯了，不难赶到别的水草丰美的地方去放牧，借以保全牲畜的生命。这是畜牧业遭遇旱灾时独具的特别有利条件。可是这种特别有利条件在解放前封建主各霸一方的时代，是无法利用的。因而遇到天旱就出现牲畜死亡，牧民饥馑的灾情了。《元史》卷二《定宗纪》：

> 是岁（定宗三年戊申）大旱，河水尽涸，野草自焚，牛马十死八九，

---

① 《元史》卷二九《泰定帝纪》。
② 《元史》卷一一七《牙忽都传》。

人不聊生。

又卷三一《明宗纪》：

> 天历二年五月赵王马札罕部落旱，民五万五千四百口不能自存。

封建主的"分地"就是他的独立王国。未受灾的封建主如果遇到邻部遭受天灾，只有幸灾乐祸，坐视邻部牲畜饿死，如何会把自己的牧场借给邻部解除灾难呢？至于受灾区的封建主，由于惧怕丧失剥削对象，也决不允许他的牧民离开自己的领土迁到他处谋生。元朝的统治集团不是曾制订残酷的法律，用死亡的威胁，来控制牧民，防止逃亡么？因此辗转在死亡线上的牧民，如果不甘心坐以待毙，除冒生命的危险逃亡外，又有什么活路呢？

只有今天——牧场所有制改变、牧民项上锁链斩断、人民公社成立后的今天，遇到旱灾，在人民政府统一的领导与安排下，才能"千里移场"，利用畜牧业独有的避旱条件，保护牧民与牲畜的安全。

元代中央政府的宣徽院设有阑遗监（《元史》卷八七），专管逃亡无主的奴隶和牲畜，蒙古人称之为孛兰奚，大概是移到内地的草原原有制度吧。

二、"牧民笑送大风雪"

古代的畜牧业经济是很脆弱的。过去蒙古地区遇到一次特大的风雪，满谷羊马，可以一夕死光。蒙古旧社会的畜牧业，全恃个体劳动，牲畜既无防寒设备，牧民亦无集体抗灾的组织。冬春季节的暴风大雪，对于草原牧民几乎成了人力不可抗拒的灾难。因而元代典籍和《元史》记载蒙古地区的严重风雪灾害，多得几乎是不能一一列举的。元虞集《道园学古录》卷一七《贾公神道碑》（并参阅《元史》卷一六九《贾昔剌传》）：

> 大德九年朔方乞禄伦之地，岁大风雪，畜牧亡损且尽，人乏食。其部落之长咸号救于朝廷。

《元史》卷一三六《拜住传》：

> 延祐间朔漠大风雪，羊马、驼畜尽死，人民流散，以子女鬻人为奴婢。

《元史》卷二八《英宗纪》（并参阅卷二九《泰定帝纪》）：

> 至治三年四月蒙古大千户部，比岁风雪毙畜牧，赈钞二百万贯。

《元史》卷三〇《泰定帝纪》：

> 致和元年六月。是月诸王喃答失、彻彻秃、火沙、乃马台诸部风雪毙畜牧。士卒饥，赈粮五万石，钞四十万锭。

我们从今天我国社会主义建设的经验看，蒙古地区的自然灾害，不是绝对没法避免或减轻的。只是在旧社会的封建制度统治下，不可能施行有效的抗灾措施而已。唯心主义的历史家只见事物的表面，看不到事物的本质。根据《元史》对元代蒙古地区饥荒频繁的记载，便得出元代蒙古畜牧业经济衰落的结论来，这是值得讨论的。

元代蒙古地区是中国的一个行省（岭北等处行中书省），牧民在中央政府统一管理的条件下，遇到自然灾害时，皇帝有剜肉补疮的可能。就是说，有可能拿中原农业地区的粮食，赈济漠北的灾民，借以显示皇帝对本族牧民生活的关怀。这些"仁政"，由于当日元朝中央政府存有纪录并流传到今日，因而我们今天才有蒙古皇帝救灾的知识。根据今天牧区人民公社草原建设的成功经验，畜牧业在古代封建制度下是绝对无法抵御自然灾害的。那末除元朝以外，其他各个朝代蒙古地区风雪干旱的灾害所以不多见者，不是元代独多，其他各代特别地少，而是其他各代政治上多与中原地区隔绝，中央政府没有文字记载流传下来，牧民虽大量死于风雪饥馑，后人也无从知道而已。元代蒙古地区在全国统一的管理下，灾害大小都有记载，相形之下，就好像元朝蒙古地区灾荒独多了。

外国别有用心的历史家一心想把蒙古民族的历史抹黑，一心想挑拨我国各民族间的关系,说元朝蒙古统治集团入主中原后,首都设在北京,蒙古地区成了远离中央政府的一个行省,成了边陲,这就必然地不能促进它的畜牧业经济繁荣和发展了。

我们不禁要问,生产的发展和衰落,不取决于牧民生产积极性的高低,而决定于距离首都皇帝的远近么?距首都近的地方,能得到皇帝的"恩泽",生产就会发展;距离首都远的地方,得不到"浩荡皇恩",生产就会落后。这算什么历史唯物主义呢?其实他们不过是为了不可告人的目的,不惜歪曲历史,企图破坏我们的民族团结而已。

我们认为元朝北方草原常常遭受天灾,是因为封建主(留在蒙古的和移居内地的)剥削太重,牧民无力改善畜牧业抗灾保畜的物质条件,与他们距离国都的远近,是风马牛不相及的。

按元代蒙古牲畜分两种,一属私人,一属官家。依元代蒙古地区税则,就是不满三十头羊的羊群,也要"见群抽分一口"。自己无有牲畜的贫苦牧民,若牧养官家的羊马,以"十分为率,官取其八,二与牧者"。剥削到这样严重的程度,牧民如何会有力量兴建躲避风雪的棚圈?又如何会有力量防治牲畜的病疫呢?

元朝中央政府虽说不断赈济各部饥馑,可是这只能对各部封建主有利,对贫苦的牧民未必会有什么裨益的。

蒙古地区今昔救灾的办法可分作两类,一种是积极的,一种是消极的。前者的努力目标,是保护生产的牲畜;后者只是救济而已。在风雪来临的时候,在政府的领导下发动全民和风雪搏斗,抢救饥寒交迫中的牲畜,制止灾情的发展和扩大。保住了牲畜,即保住了牧民的衣食,救济就成为不必要的事了。现在内蒙地区冬春的抗灾保畜工作,就是如此。

一九六四年四月七日《人民日报》刊载新华社记者《牧民笑送大风雪》的报道:

> 去冬以来内蒙古地区有二十个牧业旗的七百万头牲畜遭受严重的风雪袭击,但是广大牧民在党和政府的领导下,以无比英勇顽强的精神同风雪搏斗,正当风雪交加的时候,广大干部和牧民一道站在抗灾第一线,出现了全党全民合力抗灾的动人场面。锡林郭勒盟动员了全盟几乎

所有的汽车、胶轮马车和牛车等运输工具，运输饲料等抗灾物资，全盟的所有养路工人，日夜破雪开道，保证把这些物资及时送到牧场。全盟各级干部热烈响应中共盟委的号召，冲破风雪到牧民家里……给牧民们带来了党和政府的关怀，给瘦弱的牲畜带来了饲料，到畜群去替换长年放牧的牧工回家休息。

解放前的封建主封建官僚会在隆冬风雪中替代牧工放牧吗？会站在抗灾第一线，为了保护牲畜用尽一切办法和风雪搏斗吗？这是绝对不可能的事。

元朝皇帝的所谓"救灾"是消极的，当风雪降临的时候，他们不从事拯救，也不可能拯救牲畜的大量死亡。冰天雪地中孤立无援的贫苦牧民，既无术挽救饥寒交迫中的牲畜，也无力保存自己垂危的生命，只有坐以待毙，和牲畜同归于尽了。等到风雪季节过去，造成的损失已经不可挽救的时候，大都深宫中的皇帝才开始施行"仁政"了。这种消息我们可以从他们进行赈济的时间看得出来。蒙古风雪大灾，都在冬春两季，而元朝皇帝赈济的时间，却常在四月到六月（参阅前文所引《元史》资料），也就是说，到冰雪消融，进入夏季，灾情严重性已经成了过去的时候，才"大发慈悲"了。赈济的粮钞，当然是交给各部的封建主，能否落到幸存的牧民手中，我们就无法知道了。

解放后牧地所有制改变了，牧民当家做主，生产积极性发挥出来了。对于自然灾害不仅是灾来救灾，而且采取积极措施，大力加强"防患于未然"的物质保证了。特别是人民公社成立后，牧民有了集体力量和组织，在国家大力帮助下建设起来各种防灾保畜的设备，因而近几年来蒙古草原虽然连连遭受特大的风雪和旱灾，但牲畜不仅没有受到巨大损失，反而创造出空前未有的丰收纪录。一九六三年十二月十日《人民日报》报道：

"在这里（内蒙古）一年有三四个月是风雪季节。过去一场暴风雪，往往造成大批牲畜死亡。由于气候变化剧烈，草原上还容易流行各种牲畜疫病。"

"公社在这些牧场上兴建了五十万座棚圈，冬春风雪季节大部分牲畜有了暖和的防寒设备。"

>"公社都建立了畜牧兽医站,生产队设有跟群放牧的兽医和防疫人员……有效地防治了牲畜疫病。"
>
>"特别应该提到的是粮站,在严冬到来之前提前把粮食当作战略物资运进牧区,使牧民掌握抗灾保畜的主动权。"

这些防灾保畜措施才不过是刚刚开始。内蒙发展畜牧业的建设事业在党的领导下,是日新月异的;因而尽管冬春之间风雪依旧,草原上的主人,却"笑送大风雪"了。

三、"在无水草原上打井"

《元朝秘史》第二七九节窝阔台可汗说:"川勒(意为旷野)地面先因无水,止有野兽,无人住。如今要散开百姓住坐,可教察乃、畏吾儿台两个去踏验,中做营盘的地方,教穿井者。"

我生长在中原的农村,幼年也见过农民为了吃水或溉田进行打井。因而对窝阔台在"无水处教穿井"(《秘史》第二八一节)的措施,看不出来有什么特殊意义来。近读一九六三年十二月十日《人民日报》关于《内蒙古草原改观牧业丰收》的报道,才知道在无水草原上打井和农业区打井,两者的作用大不相同。草原上打井就意味着牧场面积的扩大、畜牧业的发展。因而我们对《秘史》关于窝阔台大规模穿井的记载,就不能不重新估价了。

窝阔台的措施,在主观意图上,当然是为了更多地"于百姓处科敛"。可是为畜牧业提供发展的条件,客观上终究是符合人民的利益的。

窝阔台以后,元朝皇帝亦不断在漠北进行凿井的活动。《元史》卷一五《世祖纪》至元二十五年六月"丁丑发兵千五百人诣漠北浚井"。又卷二七《英宗纪》延祐七年七月"甲申车驾将北幸,调左右翊军赴北边浚井"。

可是漠北浚井却不是容易的事呵。一九六三年十二月十日《人民日报》报道:

>在无水草原上打井不是轻而易举的事。地下水位低的地方,往往打

下七八十米深，还不见出水。在伊克昭盟鄂托克旗、杭锦旗高原，打井很艰难，挖几尺就碰到坚硬的砂岩层。但是五年来，全区草原上一共打成了两万八千多眼新井，相当于原有水井的一点八倍，使三万平方公里无水草原有了水。

牧区公社开发无水草原，得到国家大力帮助……从一九五八年开始，国家派出一支牧区机井建设队伍，在这些无水草原上，开凿了八十多眼机井。这种机井现在都安装上水泵和柴油机，每小时能抽水三四十吨。围绕着这些机井，公社开辟了许多四季营地，从前渺无人烟的无水草原，现在出现了许多牧民居住的蒙古包和畜群。

元朝统治者虽然想扩大牧场面积，可是他们限于当日的社会制度和技术条件，我们可以断言是不会有成效的。"挖几尺深就碰到坚硬的砂岩层"时，他们大概就没有办法了。在地下水位低的地方，当时打一个八十米深的井，怕是不可能的。就是能打比较深的井，成本太高，牧主决不会干，一般牧民也打不起，更不要说每小时出水三四十吨的机井了。因而元朝统治者虽有扩大牧场面积、发展畜牧业经济的愿望，也绝对不能实现。现在草原穿井的技术条件没问题了，可是牧区人民公社如不成立，草场没有统一规划，没有得到国家的大力帮助，要想开发无水草原，取得"新添仔畜一千多万头"的空前丰收，也是不可能的。这种社会主义建设的宝贵经验，只有在我国草原公社化以后才能取得。我们今日有了这种经验，才能理解窝阔台、忽必烈等在无水草原穿井的重要意义和他们毫无成就的真正原因了。

四、"草原英雄小姐妹"

内蒙古乌兰察布盟达尔罕茂明安联合旗新宝力格公社有两个蒙古族小姑娘，一个年十一岁，一个年九岁，由于受到集体主义教育，把公社财富看得像自己生命一样宝贵。今年二月九日气温降到零下三十七度，在漫天狂风大雪的袭击下，在饥寒劳累的折磨中，为了保护她们牧放的一群三百八十四只羊，敢于舍己为公，一昼一夜曲曲折折奔跑了大约一百里路，表现出无比英勇的高尚品质。这两枝内蒙"最鲜艳的花朵",受到全国广大人民的爱重。她们的动人事迹,今年三月十二日和五月十九日《人民日报》先后曾发表了两次详细报道。电影工作者把她们映上了银幕①,戏剧工作者把她们搬上了舞台②。她们在保护牲畜的搏斗中受了严重的冻伤,送入病院后,引起全国广大人民的关怀和惦念。八月十六日《人民日报》发表她们"伤愈出院"的喜讯,才使全国人民感到宽慰和欣悦。

这样为了集体利益忘我奋斗的革命接班人,只有在社会主义社会、在社会主义教育培养下才会涌现出来。若在封建压迫极端严重的元朝社会里,就是具备斗争性和龙梅、玉荣同样坚强的牧羊少年,由于社会阶级地位不同,也只能作出反抗牧主的英勇行动,对于社会财富的增加是不会有什么贡献的。元张养浩《归田类稿》卷一一《驿卒佟锁住传》:

[元仁宗]延祐丁巳春,余以公余,馆兴和者凡再月。驿卒有佟锁住为余言:"本江西泰和人,七岁时,与群儿戏里中,为过骑掠之而北。……贷我。闻土俗奴亡而获者,必钳而黔之……主人以察罕名我,且授皮衣一袭,羊二千余头,命服而牧之;且戒曰:'羊有瘠者、伤者、逸者、无故物故者,必汝挞'。距牧地二十里,每出必负馈约他牧者偕行,不然则迷不返……闻同牧者数十辈,皆中国良家子,为奸民所贩至此。……一日,吾羊寝山麓,有牛百余自绝顶奔饮于溪,羊不及避,而躏死十数。意其不免,遂委裘于山,以疑追者,决意亡去。时年十六矣。颇健于行,始日百里,数日二百或三百,惟南其向,饥则嚼野葱水饮,夜则视穹庐有灯火者往宿焉。有问则以蕃语答之,故无所疑讶者。"

这位少年驿卒佟锁住从七岁起就被掠卖到蒙古草原上给牧主当奴隶,天天在皮鞭子下过日子,他对所放牧的奴隶主羊群,当然不会爱护。为了反抗残酷无理的虐待,决心和奴隶主进行坚决的斗争,冒着死的危险毅然逃跑了。具有这样阶级斗争精神的英勇少年,如果生长在今天社会主义的温暖阳光下,一定也会像蒙古的两个小英雄一样,爱护公社财产,做出惊人的事

---

① 内蒙古自治区领导人到医院探望两位小姐妹的纪录片,曾在国内各地放映。
② 剧名《草原小姐妹》,北京京剧二团国庆节演出。

业。他们同是牧羊少年，一个是奴隶主皮鞭下的奴隶，一个是中华人民共和国的主人，遂使他们的生产积极性和对待牲畜态度完全不同了。后者牧放的三百八十四只羊，在那样大灾难中，只冻死三只；元朝佟锁住放牧奴隶主的两千余头羊，在他逃亡以后，一定是逸者逸、伤者伤，损失就不可数计了。那末元朝畜牧业如何能发展呢？元朝类似的事情，绝不止这一件。

就研究古代史的人来讲，我们深切感到对今日的现状了解得越多越透彻，对古代史事的认识也会越深刻。古人说"不知今，焉知古"是有道理的。近来读报，时时留心蒙古地区畜牧业经济发展的情况，这对于进一步理解元代的畜牧业经济，给我们不少启发。谨试写笔记数则，聊述自己的浅薄体会，敬希读者多多指正。

（原载《南京大学学报》一九六四年第八卷第三、四期）

影印元刊本《国朝名臣事略》序

《元朝名臣事略》十五卷，元苏天爵撰。天爵（一二九四——一三五二年）字伯修，真定人。他的父亲苏志道曾在和林做过官，虞集给他撰有墓志。天爵曾经受业于安熙、吴澄、虞集等，一生多半在御史台任职，晚年以江浙行省参知政事总兵饶、信，死于军中。他的著作流传下来的，除本书之外，有《国朝文类》和《滋溪文稿》。还有《松厅章奏》、《武宗实录》、《治世龟鉴》和《春风亭笔记》等，都已散佚。

清《四库全书总目提要》说天爵此书"记元代名臣事实，始木华黎，终刘因，凡四十七人。大抵据诸家文集所载墓碑、墓志、行状、家传为多，其杂书可征信者亦采掇焉，一一注所出，以示有征。盖仿朱子《名臣言行录》例，而始末较详；又兼仿杜大珪《名臣碑传琬琰集》例，但有所弃取，不尽录全篇耳。后苏霖作有《官龟鉴》，于当代事迹，皆采是书，《元史》列传皆与是书相出入，足知其不失为信史矣"。就这一类书的编纂方法来讲，朱熹的《名臣言行录》，摘取各家的"嘉言懿行"，自成一书；杜大珪的《名臣碑传琬琰集》，只把一些墓碑、墓志、行状、家传汇集起来，没有做什么加工整理工作；而天爵此书，剪除芜词，存其要点，把这一类书的编纂工作向前推进了一步。此书取材极广博，四十七个人的传记，从一百二十多篇墓志、行状、家传及其他文篇中采掇而成。其中有不少碑传早已散佚，全靠此书保存了下来，成为研究蒙古史的珍贵资料。清朝末年福建重刊姚燧《牧庵集》的时候，曾取此书"互相考证，借资审定"；缪荃孙辑元明善、阎复等人的文集，也从此书中搜集了许多资料。明朝初年纂修《元史》，更多取材于此书，例如《木华黎传》，差不多全采此书。又此书四十七篇事略，都是元朝前期的名臣，除前四卷所录都是蒙古人、色目人外，其余都是汉人（其中没有南人），而《元史》列传前三十二卷都是蒙古人和色目人，三十三卷以下都是汉人和南人，可见《元史》连列传的编次也是仿照此书的。

《国朝名臣事略》元刊本极少见。清朝乾隆中叶武英殿聚珍版本刊行后，一般读者所能见到的，就是这个本子。殿本是依据四库全书于敏中家藏本刊印的。这个本子，除了人名、官名、地名都遵照乾隆皇帝的谕旨，一律改译外，因为校勘不精，差不多没有一篇没有错字和脱文，脱文多的竟达千字以上。最荒唐的是《赵良弼传》和《贾居贞传》中间，四库全书所根据的抄本缺少了八页，把两篇传并为一篇，这样就少了《参政贾文正公》一个题目，原来四十七人，仅有四十六人了。殿本刊印时只得把许有壬《序》、王守诚《跋》和目录中这一篇题目都删去，并把卷首转录的《四库提要》所说的"凡四十七人"改为"凡四十六人"。如果没有元刊本出现，就无法知道中间究竟脱了多少。清光绪十三年（一八八七年）王灏刊《畿辅丛书》，收有此书，可也没有什么订正。光绪二十年（一八九四年），福建校刊的聚珍版本，才把赵、贾两传分开来，并附有傅以礼的校勘记一卷。傅氏在跋文中说："今借元椠旧钞两本一再雠对，得还旧观，从此海内读者当同所愉快。"但傅氏只就各本雠对，未能作进一步的校正，不但改译了的人名、官名、地名没有给改回来，就是卷二《阿里海涯传》近千字的脱文，也没有给补正，其他错字脱文也大都没有改正。清末归安陆心源（一八三四——一八九四年）撰《群书校补》，有《名臣事略校补》四卷，根据元刊本校殿本，把改译了的人名、官名、地名一一给改回来，错字脱文也一一改正，才使读者得见此书的真面目。但是读者根据陆氏的校补对照原书，还不如直接读元刊本来得方便。

《国朝名臣事略》中的人名、官名、地名经过改译以后，往往使读者不知道原来究竟是作什么的，这对于研究蒙古史的人带来了很大的障碍。姑且举一个例：土土哈的先人是钦察族一个部落的部长，居住在玉理伯里山。元朝初年，这一支钦察族举族东迁，在元代政治上具有很大势力，《元史》中有传的就有十多个人。近几十年来，国内外的蒙古史家对于他们的故乡玉理伯里山，费了不少心力去考察，可都没有能够指出它的确切的方位。当然，那些蒙古史家都是读过这部《名臣事略》的。《事略》卷三《土土哈传》，根据阎复的《句容武毅郡王纪绩碑》，对玉理伯里山的方位叙述得极清楚，无奈地名经过改译,说这山"襟带二河,左曰约罗,右曰伊苏",这就使得读者不知道那两条河究竟原来叫什么,也就无法根据这两条河来确定玉理伯里山的方位了。如果取元刊本来一查对,"约罗"原作"押亦","伊苏"原作"也的里",那么只要稍为懂得一点西北地理的人,就会明白原来指的是伏尔加河和乌拉尔河了。因为突厥人称伏尔加河为也的里,称乌拉尔河为押亦,蒙古人沿袭突厥人的旧称,只由于方言的不同,把乌拉尔河称为札牙黑罢了。《元朝秘史》中也提到过这两条河。《纪绩碑》里并且指出钦察族的居地"川原平衍,草木茂盛",那么玉理伯里山在乌拉尔河和伏尔加河下游入黑海处,是毫无疑问的了。

这样一部重要的历史书,清朝修《四库全书》的时候漫不经心,根据于敏中进呈的本子胡乱抄了下来,又改译了人名、地名,弄得百孔千疮、面目全非。现在中华书局根据元统乙亥(一三三五年)建安余氏勤有堂刊本重新影印,让它以本来面目与读者相见。这对于我们从事蒙古史研究的人来说,实在是值得欢喜赞叹的。

(原载中华书局《元朝名臣事略》卷首,一九六二年)

关于西北民族史中的审音与勘同

西北民族史料中，问题最多的恐怕是译名（人名、地名、物名、制度、风俗习惯的名称等等）了。就拿汉文史籍来说，或由于所根据的资料来源不同（如有的得自所记载的本民族，有的则是根据重译或三译），或由于编纂历史的人不懂民族语言，致使同名异译、前后颠倒、或脱或衍等等现象屡见不鲜。在传抄或印刷中，因译音用字形近而造成错上加错的例子，就更不胜枚举了。

清朝乾隆年间修《四库全书》，下令将辽、金、元三史及同时代文集中的少数民族的人名、地名等统统改掉，《辽史》据索伦语（达斡尔语）改，《金史》据满语改，《元史》据蒙古语改。《元史》中的人名有译自蒙古文，也有译自阿拉伯文、畏吾儿文、藏文和他种文字的，不是蒙文而用蒙古文来改，就不免张冠李戴、指鹿为马了。如奥都剌合蛮是阿拉伯文 Abdar-Rahmān 的音译，意为"慈悲之奴仆"，《语解》改译为蒙文温都尔哈玛尔（Ündür Qamar），意为"高鼻子"；汪古部长名阿剌忽失，是突厥文 Ala Qush 的音译，意为"杂色鸟"，《语解》改译为蒙文阿噜哈斯（Aru Qas），意为"山阴的玉石"，完全是胡闹。同时因时代不同，读音也很有差别，用清代的蒙古语读音去改译元代的蒙古人名、地名，也很不妥当。因此，《元史》被改得面目全非。当年汪辉祖、魏源等元史专家，或托辞"僻处草茅，未由仰见"；或把自己著作出版的时间倒填日月，利用各种方法进行抵制。《续资治通鉴》用的就是改过的名字，标点本如果重版，应该统统改回来才好。三史还有未改过的本子可以依据，有些文集只剩下四库馆臣的改本，可就麻烦了。乾隆皇帝下令纂修三史国语解，目的别有所在，不过纂修者对于审音勘同却做了不少工作。可惜他们语言学的修养不足，方法又不科学，只体现了专制皇帝的横暴和对史籍的破坏而已。

研究民族史，第一步的资料工作，不光是搜集，还要考订。这就需要在音韵训诂上下一番功夫，尽可能将译名复原，弄清楚它的意义，然后才谈得上整理资料并利用它来为研究服务了。

要做好这一步工作，一、必须具有一定的音韵学知识，懂得汉字的古代读音；二、必须学习少数民族语言，懂得西北民族的语言规律；三、还必须知道不同时代的翻译规则。

汉语的语音有一个发展变化的过程，不同的时代，不同的地域，汉字的读音有很大的差别。古人书中少数民族的译名，用的是他那个时代的读音。如果不辨明这些译名的当时读法，就无法准确地复原，当然更谈不上拿这些名称去和某一民族的语言作比较了。明朝研究古音的学者陈第在谈到后人读《诗》中存在的问题时说："以今之音读古之作，不免乖剌不入。""乖剌不入"不过读着别扭，觉得不押韵，如果拿今日读音读古代少数民族译名，并据此去做比较研究，那就难免要隔靴搔痒了。

我国音韵学家把汉字分为两类，凡以鼻音 m、n、ng 收尾的字，称为阳声字；韵母中无鼻音成分的叫阴声字。与收声 m、n、ng 的阳声字相应的入声字，收声为 p、t、k，我们研究西北民族史进行勘同工作时，首先引起我们注意的就是这些收声 p、t、k 的入声字及 m 收尾的阳声字。

根据《广韵》，入声字中收声 p 的有"缉"、"合"、"盍"、"叶"等九韵，唐代西北民族文字的音节收声 b 及 p 的，必选这九韵中声音相近字对音，如突厥官名 Yabghu 音译为叶护，用汉文叶（yieap）字与 yab 对音，突厥文官名 Alp 意为英雄，汉文音译用"合"（hap）字对音。

入声字中"质"、"术"等十三韵的字，收声为 t，唐代民族语中音节有 d、t、r、l 收声的，用汉字音译时，均选用这十三韵中声音相近的字，如用设译 Shad（官名），汨译 qut（幸福），密译 mir（星期日），阙特勤译 Kül Tigin（人）。

入声字中收声 k 的是"屋"、"沃"、"药"、"铎"等十二韵的字，当时用以译写民族语中音节有 q、gh、k、g 收声的字，如 Tutuq 都督，Toghla 独乐（河名），Beg 匐（官名），Bökli 莫离〔支〕（官名）。唐代黠戛斯有个属部名都波，有人望文生义说都波就是北魏的拓跋，须知拓跋的音值是 t'ak-b'at，都波是 Tuba，根据唐代音译规律，拓跋与都波对音是不可能的。

突厥字中第一音节为 is 或 iz 时，汉文音译常省略第一个元音字母 i，如 Isbara 始波罗、Izgil 思结等。

民族语中收声为 m 的音节，汉译用 m 收尾的"侵"、"寝"、"沁"等二十七韵中的字对音，如隋唐以来的拂林一词，东西学者都知道是东罗马，至于原字是什么，二三百年来猜谜的不下十余家，有人不做审音工作，竟用 Bolin（希腊人的罗马京城的称呼）、Farang（波斯人对欧洲人的称呼）等字与拂林勘同，是望文生义瞎猜的。唐代西北方言读拂林为 P'urlim，本世纪初在突厥文《阙特勤碑》中发现 Purum 一字，拂林的勘同问题才解决了。

元代阳声字中的收声 m 尚保存着，所以元人用三（sam）字译写 Sam Qāčūlai 三合出来的 sam，用林（lim）字译 Qorum（和林）的 rum。

唐朝末年，吐蕃有两个显贵氏族，一个是 Myaṅ 氏，一个是 Mchims 氏。曾有人考订 Myaṅ 氏就是《唐书》记载的綝氏，Mchims 氏就是璨氏。查《广韵》，綝字在"侵"韵，丑林切。粗略点讲，音值为 chim。藏文史籍中的 Mchims 氏，显然是《唐书》中的綝氏；"侵"韵中綝、琛两字同组，所以《唐蕃会盟碑》中的琛氏，藏文正作 Mchims 氏。璨字属去声"翰"韵，音值为 ts'an，不仅声母不同，韵母的收尾也不是 -m。

我国西北少数民族，多属阿尔泰语系，这个语系的最大特点是元音和谐律。就唐代突厥文讲，突厥语有 a、ï、o、u 四个后元音，e、i、ö、ü 四个前元音，但只用♪、↑、〉、∩四个符号表示，在辅音方面，b、d、l、n、r、s、t、y 八个辅音用两套符号表示，一套只和后元音（a、ï、o、u）拼写，另一套只和前元音（e、i、ö、ü）拼写，非常适合元音和谐律的特点；另外 q、gh 两个辅音只和后元音拼写，k、g 只和前元音拼写，现代蒙古文还保存着这个区别；此外 m、ñ、ṅ、č、š、z 等辅音不分对。至于突厥文中双辅音以及其他若干特殊情况，就不多赘了。

一般人称蒙语的后元音词为阳性字，前元音词为阴性字，从清季洪钧起，由于缺乏这点语言常识，不少学者在译音用字方面往往陷于困惑的境地。

光绪年间，洪钧出使俄国，正值拉施都丁《史集》的一部分俄文翻译和霍渥斯（Howorth）的英文《蒙古人史》出版，他请人帮助翻译出来，著了一部《元史译文证补》，使中国学者知道了国外还有如此丰富的元史史料，扩大了元史研究的领域，自然是很大的贡献。但他缺乏蒙古语言知识，不知道蒙语中的元音和谐律，对于译音用字常常产生迷惑和误解。例如他译 Negüz 脑古，就以为是脑忽，说："元史名脑忽者甚多，西人译忽字音，每讹为古，为库。"其实脑忽的原文是 Nāqū，而 Negüz 元代译为捏古思，一个是阳性字，一个是阴性字，是不能混淆起来的。他说："西人译'黑'字每重读成'克'。""豁之变郭，犹哈之变喀。"当时西人音译用字不科学，使他陷于困惑误解之地。后来柯劭忞著《新元史》、屠寄著《蒙兀儿史记》，也利用了一些西人所译的元代史料和著作，但他们全然不顾蒙古语的语音规律，随便创制新译名，是很不科学的。屠寄还爱作考证，由于译名不正确，他的考证很多是靠不住的。

总之，利用民族史料，第一步就需要做一番审音和勘同的工作。其他文字的史料也有同样的问题。例如，大家知道，拉施都丁《史集》是研究蒙古史和元史的最重要的资料。但这部波斯文名著在传抄过程中由于音点的脱落或错位等原因，造成不少错误和无法解读的情况，因此翻译时就必须进行大量审音勘同等校勘工作。例如俄译本虽自称是根据七种抄本作了校订，但错误却仍然满目皆是，暴露了译者的语言学修养不足和对汉文史料的不熟悉。如距和林城三十里的图苏湖城，《元史·地理志》称为图苏湖迎驾殿，《史集》布洛晒刊本第五十及六十九页均作 Tuzghu，这是个突厥字，意为"客人的礼品"，可是一九六〇年的俄译本（Ⅱ，第五一、五四页）却根据音点脱落的本子（z 的音点脱落成 r）译成 Typry 城，Typry 成为无意义的字了（蒙文 Tusuqu 意为"迎接"）。和林之北的迦坚茶寒殿（见《元史·地理志》）是蒙文 Gegen Chaghan 的音译（意为"洁白"），《史集》俄译本却误作 Карчаган，就无意义了。柯劭忞修《新元史》曾使用《史集》的哀德蛮（Erdmann）德文译本，由于原本音点脱落或错误，哀德蛮的译音多不可信。如雪你惕（Sūnīt）译写为 Suweit，合卜秃儿合思（Qābtūrqās）译写为 Kabteren，柯氏以为这是域外新材料，在《氏族表》中雪你台之外，又增加了一个苏威亦忒，合卜秃儿合思未列表，却著录哀德蛮错译的喀泼德伦和多桑错译的喀亦伦（Caironnes），这就叫读者堕入五里雾中了。由以上所举的例子来看，如果不用汉文与波斯文细心校对勘同，《史集》中的大量专门名词，就很难译写正确，译文只算译书匠的工作，就缺乏学术价值了。

冯承钧译《多桑蒙古史》，序言中提出要做到名从主人，要了解北方民族的语言，要明白汉字的古代读音。他翻译过不少西方专家研究元史、北方民族史的论文，有很好的语言学基础，在《多桑蒙古史》的译文中，也的确注意到了蒙语的变化规则，译音用字也尽可能地符合于当时的读音，比前人确是前进了一大步。但看来他对元音和谐律似乎也不甚注意，因而在译名的复原和解释中，还存在不少问题未能解决。例如他解释阿里不哥（Ariq-Böge）为"洁净牛"，牛的蒙古语 Buqa 是后元音字，元代译为不花，Böge 不哥意为"巫"，是前元音字，不花与不哥是性质和意义不同的两个字。

各个时代的汉文史籍中，用什么字译写民族名称的什么音，都有一定的规律，这是和当时汉字的读音以及少数民族的语言相适应的。不严格注意这一点是不对的。例如屠寄的书名为《蒙兀儿史记》，创造了一个"蒙兀儿"来译写 Mongghol，这在元代是根本不可能有的译法。儿字在唐代西北方言中读为 ẑi，到元代才读 er，才开始用儿字来译民族语言的 r 音，如 Uighur 畏兀儿、Misr 密昔儿、Temür 帖木儿等。至于 l 在一个音节的末尾，或转为 n，如 Sultan 算端、Quril 忽邻，或保存 l 的音，如 Boghol 孛鲁、Achul 阿术鲁、Emil 叶密立，即 l 与其前的元音字母拼读一下，从不用儿字，在这里不再详谈了。所以"蒙兀儿"的译名，是昧于音韵学的虚构。

过去一般历史家通用"伊儿汗"三字，译写旭烈兀及其继承者的称号 Il-Khan。il 是突厥语"臣属"、"服从"的意思，唐时译为"伊利"，元代汉文记载中没有找到这个字的译名，但 il 绝不可能译成"伊儿"。

各民族之间的互译，也有一套规律。例如蒙古族人译藏族字遇到字首辅音为 r 或 gr 时，须将 r 后的元音放到前面去重复读。如蒙古人将藏语 Rin-Chen（大宝）读为 Irin-chen，因而汉文译为亦邻真，Phag-mo-gru 汉文译为帕木古鲁，就是好例。有人把斡罗思名城也烈赞（Рязань）改译为烈也赞，便是自作聪明，昧于音译规律所致。

以上说的都是技术性的问题，对研究西北民族历史来说仅仅是初步的工作。

（原载《南京大学学报》一九七八年第三期）

清代蒙古驿站

一九六九年，《中国历史地图集》的编绘工作恢复。蒙古地区历史地图组把清代蒙古驿站的考证和定位任务交给我。当时学校秩序还很紊乱，图书馆封闭，无法查阅所需要的图书，想做点比较细致的研究，是根本不可能的。而且在造反派眼中，我们的编绘工作不过是各类劳役中的一种而已。但是这种驿站的考证和定位，对于将来撰写蒙古交通史的人，似乎不无一二可资参考之处，因而不揣谫陋，特将旧稿检出，稍加整理，揭于本刊，尚乞读者不吝指正。

一、绪言

中国的驿站制度从殷商时代就开始了。嗣后，在全国统一的时代，中央政府莫不以首都为中心设置辐射状驿道，远达四裔，借以通达边情、宣布号令。汉代卫青、霍去病深入漠北，一定设有临时驿站。可惜书阙有间，今天已不清楚了。只有从甘肃西部发现的简牍上，略可窥见汉代邮驿的情况。唐朝中外交通最为发达。著名的参天可汗道，贾耽记录的入四夷道里，都可视为当时的驿路。元代版图寥廓，几乎无远弗届。仅蒙古地区就设置了木怜（蒙语译言马）、帖里干（译言车）和纳怜（译言小）三条驿道；此外从外剌至吉利吉思，从蒙古本部到察合台汗国，从称海到北边，亦有驿路畅通。明朝永乐皇帝饮马斡难河，所过地区，金幼孜《北征录》、杨荣《北征记》都有详细记载，必定临时设置过驿站。二百多年后，清康熙昭莫多之役（一六九六年），度漠道路就是元朝的帖里干道，也就是永乐经行路线的一部分。大漠南北的通道，需要逾越渺无人烟的平沙瀚海。沙漠中缺水，长途跋涉绝不能离水源太远。因此，历代在蒙古地区建置驿路，率多因袭前代故道，谁也不可能脱离水源这个条件。

清政府在蒙古地区设立台站，开始于康熙中叶。

十七世纪上半叶清朝在东北兴起时，与之为邻的漠南蒙古正处于各部封建领主的割据状态。清朝统治者基本上采取和亲政策，与他们结盟。所以入关之前，漠南蒙古差不多已全部归入清朝版图。漠北喀尔喀蒙古当时亦处于割据分裂的状态，大体上与清政府维持着纳贡通商的和好关系。但是，从北面南下的沙俄侵略势力破坏了这种和平的局面。

俄人建国于唐朝末年，长期活动在乌拉尔山以西，他们从蒙古人手中学会使用中国火器以后，武力突然强大了，十五世纪初叶，其势力越过乌拉尔山东进，在一百多年时间里征服了整个西伯利亚，东临太平洋。他们从十六世纪初叶开始染指蒙古地区。在武力扩张同时，沙俄还竭力在蒙古各部中寻找自己的代理人，来反对漠北蒙古各部人民正义的抗俄力量。厄鲁特蒙古准噶尔部的噶尔丹就充当了这种可耻角色。一六七一年，他夺取本部统治权。此后不到十年，他杀死厄鲁特蒙古四部首领鄂齐尔图车臣汗，取而代之，又并吞回部，并且控制了青海地区。与此同时，他在投靠沙俄的道路上也越走越远。一六八八年，噶尔丹在沙俄支持下领兵三万，从杭爱山突袭当时正在对沙俄的武装扩张进行还击的喀尔喀部首领土谢图汗。喀尔喀部惨败于噶尔丹。额尔德尼昭亦被噶尔丹焚毁。他们在漠北宗教首领哲布尊丹巴呼图克图主持下，召集各部大会，商讨对策。哲布尊丹巴在会上提出：

> 俄罗斯素不奉佛，俗尚不同我辈。异言异服，殊非久安之计。莫若全部内徙，投诚大皇帝，可邀万年之福。①

他的主张获得各部人的赞同。于是喀尔喀蒙古举部内附，请求清政府援助。

噶尔丹自以为有沙俄撑腰，有恃无恐，于一六九〇年夏率军南下，入内

---

① 松筠：《绥服纪略图诗注》，转引自张穆：《蒙古游牧记》卷七。

蒙境。清军在裕亲王福全率领下，大败噶尔丹于乌兰布通。① 次年，康熙帝即在多伦诺尔举行大会，召见内外蒙古各部王公，并将内蒙已经实行的盟旗制度推行到外蒙各部。

从当日漠北地区的形势看来，沙俄在北方虎视眈眈，噶尔丹称雄一时，被迫南徙的喀尔喀蒙古还在内蒙游牧。遏制沙俄南侵，保卫属部的领土和生命财产不受侵犯，是清政府义无反顾的职责。为了平定侵扰喀尔喀的噶尔丹，有效地防卫北疆，清政府从这时候起，开始正式建立蒙古地区的驿站制度。

康熙三十年冬十月丙申，"谕理藩院曰……古北口、喜峰口外，见各有五十家一村，设为驿站。……于各旗内察出贫乏之人，给与牛羊等物，使为产业，设立驿站。则贫乏者咸得生理，而各处亦免苦累"。② 次年三月丙辰，"内大臣阿尔迪，理藩院尚书班迪等奉差，往边外蒙古地方五路设立驿站。请训，上曰：凡遇边外事务，皆用蒙古马匹，不但甚累蒙古，且恐事亦有误。今设立驿站，虽费用国币，日后于蒙古裨益良多，亦不致迟延误事，最为要紧。特遣尔等料理，务加详慎。必将确然不易、可垂永久之策，筹画而行"。③ 同年五月甲申，"奉差安设口外五路驿站内大臣阿尔迪疏言，喜峰口外设立十五站，古北口外六站，独石口外六站，张家口外八站，杀虎口外十二站，每站可安丁五十名，量给与马匹牛羊"。④

上引史料清楚地说明，内蒙古五路驿站的设置，是在康熙三十一年（一六九二年）。至于外蒙古的军台，则是康熙三十二年开始设立的。⑤ 以后，随着清政府对漠北的统治逐步加强，军台之制也由内而外日益周密。所以魏源说，外蒙军台"始于康熙北征准噶尔时，继于乾隆征伊犁时，而周密于设定边左副将军时"。⑥

清代交通，以首都北京为中心。由北京出发，可经由喜峰口、古北口、独石口、张家口和杀虎口通往蒙古各盟旗、各卡伦。在这些驿道上，属于内

---

① 乌兰布通峰在今克什克腾旗南境、西拉木伦河源头。参阅《中国历史地图集》第八册（一九七四年出版）第五—一六页，直隶幅。考证文字尚未刊行。
② 《清实录》卷一五三，康熙三十年十月丙申。
③ 《清实录》卷一五四，康熙三十一年三月丙辰。
④ 《清实录》卷一五五，康熙三十一年五月甲申。
⑤ "阿尔泰军台，康熙三十二年设。"见《口北三厅志》卷六"台站"。
⑥ 魏源：《圣武记》卷七一。

地的驿站由内地汉人维持，称为汉站。进入蒙古地区以后的驿站，由蒙古人维持，称为蒙古站。出喜峰、古北、独石、杀虎四口的驿路，只达内蒙古各旗，其驿站称为站。从张家口通往西北的各驿站都称台。这条驿路最长，到达的边陲地点也最多，就是历史上著名的阿尔泰军台。这是官设驿站。除此而外，还有喀尔喀自备之驿。本文目的，主要是考订《大清会典事例》中所著录的清政府在蒙古地区设置之各台站的方位。

在进行这项工作时，我们的主要依据是：

（一）康熙朝《满汉合璧内府一统舆地秘图》（以下简称康图）与乾隆朝《内府舆图》（即乾隆十三排图，以下简称乾图）所标注的各驿站地点或方向。大部分蒙古驿站，都可以在康、乾二图上找到。二图标出的台站方位，可以引导我们在现代地图上寻找它的故址。康图上蒙古地区的地名都用满文记注。汉文音译无正字，所以官书和私著关于驿站的写法，用字颇不相同。用康图的满文写法同汉文音译比勘校正，常常可以发现不少汉文音译残缺不全。尤其重要的是，将康、乾二图互相比勘，乾图显得很不准确。不仅时常漏掉地名和符号，而且还经常标错地名和方位。如不审慎，就会跟着它错。至于译名的错字，就更不胜枚举了。

（二）嘉庆朝《大清会典事例》卷五五九"兵部·邮政·驿程"所载各驿站间的道里十分有用，它可以供我们在确定蒙古驿站的方位时参考。一部分还记载了各站相互间的方向，自然就更有用了。

（三）"五十家子"设为驿站的历史制度。

《口北三厅志》卷六"台站"云：

> 独石口军台（康熙三十二年设），蒙古六台站。每台派拔骁骑校（蒙文作 kündü，通常多用这个字的音译"昆都"）二员，笔帖式（满文 Bithesi 的音译，原意为写字人。蒙文同义词为 Bichigechi，蒙古台站亦常用这个蒙古字的音译"毕齐格齐"，是担任翻译的人）一员，领催（蒙文 Boshighu，通常亦用这个字的音译"拔什库"）二名，达夫五十家。原定不设工食。康熙三十二年（一六九三年）分给每一家牛马共五头，羊三十头，为永远养赡之用。再每台预备过往差员口粮羊二十只，每只定价银七钱。年终册报理藩院核销，用完给银再备。

除独石口外，其他诸口蒙古驿站，每站也都由五十家应役。查康、乾二图，后来热河省地区范围内的许多驿站所在地，都在今日各地的五十家子村镇。有的驿站在康、乾二图上直称某河苏塞包，如卓逊苏塞包（Joson Susai Boo）、希拉穆伦苏塞包（Sira Muren Susai Boo）等。满文 susai boo 译言五十家。后来的图籍上，还时常出现他本格尔的地名。按蒙文 tabin ger，亦译言五十家子。至于注记为他本庙的地点，一定也是清代驿站故址所在。

关于清代蒙古驿站的定点，我们主要就是依据以上三条线索，并参照了近代中外各种有关图籍、蒙古行程记以及部分方志材料而进行的。

二、内蒙古驿站的方位

（一）喜峰口驿站

《嘉庆会典事例》（以下简称《事例》）卷五三一"兵部·邮政·置驿四"；卷七四五"理藩院·边务·驿站"；卷五五九"兵部·邮政·驿程"。

《理藩院则例》（以下简称《则例》）卷三一"邮政"。

麒庆：《奉使科尔沁行记》，《八旗文经》卷四一。

> 喜峰口一道，除喜峰口、宽城内地所设二站外，设蒙古站十六，……达喀喇沁右翼旗、中旗、左翼旗，土默特右翼旗、左翼旗，喀尔喀左翼旗，敖汉旗，奈曼旗，扎鲁特左翼旗、右翼旗，科尔沁左翼后旗、左翼中旗、左翼前旗、右翼中旗，郭尔罗斯后旗、前旗，科尔沁右翼前旗、右翼后旗，扎赉特旗，杜尔伯特旗，凡二十旗。（《事例》卷七四五）

喜峰口管站司员管理汉站二，蒙古站十六，共十八个站。站名不见于《大清一统志》，今从《事例》卷五三一。

甲、汉站

1.喜峰口站（即今喜峰口）

2. 宽城站（70①）

即今河北省宽城县，康图满文音译作 Kowan Cing Giyamun（满文 giyamun，此云站）。乾图再从满文倒译为汉字，作关昌站，不可从。《事例》卷七四五："自喜峰口至札赉特十九旗为一路，……现有管城二驿。"管城亦宽城之讹。

乙、蒙古站

1. 和齐·坦频·格儿站（100）

《事例》卷七四五作和齐·台品·郭勒，《则例》卷三一作浩沁·台品·郭勒。康图满文作 Fe Susai Boo Giyamun，乾图音译作佛苏塞包，译言老五十家。因知此站蒙文站名应为 Qaghucin Tabin Ger，和齐·坦频·格儿即其音译。申图② 平泉南境瀑河右岸的五十家子，就是这个喜峰口外通往黑龙江大道的第一个蒙古驿站。麒庆行记："涉宽河，越豹河崖，抵党坝，出大矶口，抵第一台，地名浩沁塔比格尔，译言旧五十家子，因台上有五十户蒙古也。康熙中设立外藩各蒙古驿站，自喜峰口至札赉特置驿十六，每驿驻蒙古五十户，筑室受田，俾之耕牧。遇有差徭，户出马一匹，以给其役。"

2. 勘斯呼站（120）

康图作 Keyisku G.，乾图音译作克依斯库。据二图所标方位，此即 1/100 万旧图及 1/50 万图 NK50D 八里罕甸子南、黄土梁子北、老哈河西岸、Hurhok 河南岸公路线上的五十家子。

3. 托和图站（140）

康图作 Hara Tohotu Giyamun，乾图译音哈拉·托和图站。根据申图，本站在宁城正北、老哈河右岸的五十家子，东经 119°17′，北纬 41°42′。

4. 伯尔克站（140）

康图作 Berge Giyamun，紧靠哈尔纪河（Hargi Bira）上游。乾图八排东一把本站的方位标注错了。据 1/50 万图 NK50B，这个站在今敖汉旗（新惠）西南、旧建平（新邱）东北、黑水正东、老哈河支流蹦河两岸的南北两个五十家子，东经 119°44′，北纬 42°7′。

5. 洪郭图站（150）

康图作 Honghotu Giyamun G.，乾图作洪郭图·苏巴尔汉站。这是蒙文

---

① 该数字表示由前站行至本站里程，下同。
② 申报馆刊印：《中华民国新地图》（一九三四年），下同。

qongqotu subarghan 的满文读法，译言有铃的塔。据 1/50 万图 NK 51A，本站在今敖汉旗（新惠）东北北孟克河右岸（申图标在左岸）的五十家子，东经 120°6′，北纬 42°33′。

6. 锡喇诺尔站（160）

康图作 Sira Noor G.，乾图译作希拉娜尔站。据新图 K 51 及 1/50 万图 NK 51A，这个站应在奈曼旗（大沁塔拉）西北孟克河末流入湖处，东经 120°20′，北纬 42°57′。

朱尔哈带

此站不在喜峰口外十六个蒙古站之列。康图作 Jurhadai G.，乾图八一东一将它注在锡拉诺尔站与库库彻尔站之间、老哈河右岸。查 1/50 万图 NK 51A，本站当为老哈河右岸的南北两个西五十家子之一，约在东经 120°20′，北纬 43°7′。

新图 K 51 东经 120°13′，北纬 42°56′有五十家子庙。

7. 库呼彻尔站（100）

康图作 Kuhucel G.，在锡拉木伦河与老哈河接近合流处之老哈河左岸，乾图译作库库彻尔。《奉使科尔沁行记》云："十二日，循老河东南岸而行，行百余里，抵第七台，地名库库车尔，……十三日，过老河，涉西拉木楞，……行一百三十余里，抵第八台，名三音哈克。"据此，该站当在老哈河右岸。查 1/50 万图 NK 51A，这个站应在接近二河合流处之老哈河右岸的五十家子。

8. 三音哈克站（180）

康图作 Sayin Hak Giyamun，乾图译作萨音哈克，据 1/50 万图 NL 51C，开鲁县西北明白尔河右岸有五十家子（东经 120°57′，北纬 44°），就是这个驿站的站址。

9. 西讷郭特尔站（90）

康图作 Sine Gol Giyamun，乾图则亦译作西讷·郭特尔。按 sine gol 译言新河。乾图与《事例》郭特尔的特字，恐是衍文。据康、乾二图所标注的本站方位，并参照《事例》、1/50 万图 NL 51C，位于扎鲁特旗（鲁北）至开鲁公路线上的爱里营子（东经 121°，北纬 44°16′），可能就是这个站的旧址。

《事例》卷七四五称这个站为锡拉郭勒，译言黄河。《则例》卷三一称这个站为希讷郭勒，译言新河。校以康图，《则例》的译名应该是正确的。

10. 奎苏·[布]拉克站（160）

康图作 Kuyisu Bulak Giyamun，乾图译名与《事例》同。依二图所标方位，1/50 万图 NL51C 扎鲁特旗（鲁北）东，东经 121°15′，北纬 44°31′的他本庙，可能就是本站故址。蒙文 tabin，译言五十，他本庙当是他本格尔庙的简称，即五十家子庙。

11. 博罗·额尔吉站（140）

康图作 Boro Ergi Giyamun，乾图译名与《事例》同。据 1/50 万图 NL51C，此站当在郭特尔河（今霍尔河）南科尔沁右翼中旗旗治白音胡硕与高力板之间的巴仁太本，东经 121°49′，北纬 44°53′。

12. 诺木齐站（140）

康图作 Numuci Hak Giyamun，乾图译作努木齐·哈克站。据 1/50 万图 NL51C、新图 L51 以及申图，本站应在今吉林洮安县（治洮南）西南西的平源村（太本站），东经 122°，北纬 45°16′。太本亦是蒙文 tabin 的音译。

13. 哈沙图站（180）

康图作 Hashatu Giyamun，乾图译音与《事例》同。据 1/50 万图 NL51C 及新图 L51，这个站应在今吉林洮儿河北白城市西北的太本站，东经 122°42′，北纬 45°43′。

14. 哈拉·克勒苏特依（180）

康图作 Hara Keresutei Giyamun，乾图译名同《事例》。据 1/50 万图 NL51B、新图 L51 以及申图，本站当即今黑龙江泰来县西南二十五公里处的乌雅站（武牙站），东经 123°2′，北纬 46°14′。

15. 珠克特依站（100）

康图作 Juktei G.，乾图译名与《事例》同。据 1/50 万图 NL51B、新图 L51 及申图，本站当即今黑龙江泰来县西北、塔子城东北北八公里之绰尔河左岸的乌雅二站，1/20 万图 L51X 作乌雅站庙。东经 123°12′，北纬 46°39′。

16. 哈达罕（90）

康图作 Hadayihan，乾图译名与《事例》同。据《黑龙江通志》卷六二后附分县图之"景星县图"，该县罕达罕河南岸有罕达罕站，在景星县（今属龙江县）西南二十余里。另有乌雅头站屯，在景星县治东南雅尔河右岸通向齐齐哈尔的大道上。依驿道走向的形势看，乌雅头站屯必是喜峰口一道的最末一站即哈达罕站，东北距齐齐哈尔直路一二〇公里，参阅 1/50 万图 NL51B 及申图。

（二）古北口驿站

《事例》卷五三一"兵部·邮政·置驿"；卷五五九"兵部·邮政·驿程"；卷七四五"理藩院·边务·驿站"。

《则例》卷三二"邮政"。

文祥：《巴林纪行》，《辽海丛书》第八集。

> 古北口一道，除古北口至坡赖村内地所设五站外，设蒙古站十，……达翁牛特右翼旗、左翼旗，扎鲁特左翼旗、右翼旗，巴林右翼旗、左翼旗，阿鲁科尔沁旗，乌珠穆沁右翼旗、左翼旗，凡九旗。（《事例》卷七四五）

甲、汉站

1. 古北口站（即今北京市密云县古北口）

2. 鞍匠屯站（70）

新图 K50，今河北滦平县治所（鞍匠营）。文祥纪程，正月十七日："由古北口行，有关厅在山下北门内。……出关即在山沟乱石内行，三十里，至三岔口早尖，又十里入山口，石多难行，旋登十八盘，岭甚高，下岭五里许，又登山，亦名十八盘，稍又十余里，至安匠屯。（站官与丁役均系康熙年间由内务府拨来者，官则千把总，丁则拨什户，无技艺操演，专司驿务。）"

3. 红旗营站（90）

新图 K50，今河北滦平县东北红旗营。文祥纪程，正月十八日："由安匠屯五十里至金沟屯，五里，登伊素岭，曲折盘旋，约十余里下岭，又二十里渡大河，亦名伊素，宿于红旗营。"

4. 十八里台站

据《则例》，其正西至红旗营六十里、正南至热河一百里。康图作

Sibartai Giyamun，译言泥站。新图 K50 隆化县东之十八里太即本站所在地。文祥纪程，正月十九日："由红旗营行四十里度莜麦岭，又二十里至十八里汰。此处有行宫，乃入围之尖营。"

5. 坡赖村

据《则例》，十八里台正北至坡赖村八十里，确地待考。文祥纪程，正月二十日："行十余里，过黄姑屯，有小岭一道，行宫在大道北，又二十里至和乐村，三十余里过坡赖村。又八九里至依北家子，询悉次日即入围场，前途均系蒙古站。"

乙、蒙古站

1. 默尔沟站（120）

《则例》卷三二："美耳沟正西至坡赖村一百二十里，正北至希尔哈站一百里。"康、乾两图均无此站。根据《则例》所举的方向和道里，在新图 K50 上寻找此站，可能在今内蒙古自治区赤峰市西南南之梅林沟。

2. 锡尔哈站（100）

康图英金河支流希尔哈河（锡路戞河）右岸有 Sirha i Susai Boo，乾图译作希尔哈·衣·苏塞包，译言锡尔哈的五十家子。据 1/50 万图 NK50B，此即赤峰西南，围场东北西路戞呀河上游左岸的五十家子，在老府西南约二十公里。文祥纪程，正月二十二日："行三十里出围场，又二十里至岔道子，二十里复入围场。此站系沿围场东南两面行，是以时出时入。又三十里出围场，至西尔哈，宿于喇嘛庙。"

3. 阿木沟站（60）

站名不见于康、乾两图。据《则例》，"阿美沟西南至希尔哈六十里，东北至卓索七十里"，根据方位和里程在今图上寻觅，当即新图 K50 上赤峰西阴河（英金河）南岸的五十家子，其地北距阴河约十公里，位于阴河一条支流的源头，南距老府约二十公里，东距赤峰约六十公里，北距大庙约十公里。文祥纪程，正月二十三日："三十里至敖宁府，距住程仅四十里，岔道向西北行，又十里，登巴彦乌拉梁，南面约二十余里，北面下仅十余里，又五里，至阿美沟。"

4. 卓素站（70）

康图英金河支流有卓逊必拉（Joson Bira），乾图音译作逊，即卓素异译。卓逊上游左岸有卓逊苏塞包（Joson Susai Boo），译言卓逊五十家子，在1/50万图NK50B上寻查，此站即今赤峰市西北卓苏河左岸的五十家子。文祥纪程，正月二十四日："二十五里至公主陵，又二里许，过一岭，不甚大，四十五里至卓索。"

5. 彻多布站（80）

乾图八排东一卓逊河北有伯尔克河（Berke Bira）左岸支流陈德布必拉，康图卓逊河北有Cendebu Bira，为伯尔克河的支流。彻多布站当在这条河上。《则例》卷三二："陈图博西南至卓索八十里。"文祥纪程，正月二十五日："三十里至铁匠营，又数登土梁一道，高不及半里，至巅则阳平一片，约四十余里，四望群山，仅见峰顶，其上风甚大，土人谓之大坝。口外多此，惟巴林一路较少耳。下陵过村，旋复登一坝，十余里方下，又十余里，至陈土博。"

6. 拉苏特克站（80）

《事例》卷七四五作赖三呼图克，卷五五九同。地在今巴林桥南的来三站。康、乾二图无注记。文祥纪程，正月二十六日："三十里过小梁一道，名黑水梁，下即黑水村，又四十里至来色。"

7. 锡拉穆楞站（40）

康图巴林城西南有Sira Muren Susai Boo Giyamun。据麒庆记，本站在巴林桥北十余里。文祥纪程，正月二十七日："三十里至七株里，行五六里，遍地皆绿沙，旋过沙岭五六道，二里余抵巴林桥。河水面甚宽，独近桥处仅二丈余，水与桥平，桥下之水深十余丈。……岸北有碑亭，兼满蒙镌志。桥建自顺治十四年。系多慧公主所修。桥以北，皆系巴林王境。无汉人村。过桥十余里，抵色拉木伦站。"

8. 噶克察站（100）

康图无注记。林西县东约二十公里之查干河与招苏太河合流处，D'Anville图[①]有Susai Boo Giyamun记注，今地即申图之五十家子庙。

9. 海拉察克站（120）

据1/100万新图L50，内蒙古自治区昭乌达盟巴林右旗白塔子西南二十

---

① 见Du Halde：《中华全志》（Descriptiou De I'Empire De La Chine et De La Tartarie Chinoise），巴黎，一七三五年，第四卷，辽东、科尔沁图幅。

公里、查干木伦河右岸之五十家子（东经 118°21′，北纬 44°4′），就是这个站的旧址。

10. 阿噜噶木尔站（60）

《则例》："阿噜噶木尔站，蒙古正站，西南至海拉察克站计程六十里。"据 1/100 万新图 L50，本站应在噶察克站东北北六十公里之太本庙。东经 118°30′，北纬 44°35′。

（三）独石口驿站

《事例》卷七四五"理藩院·边务·驿站"；卷五五九"兵部·邮政·驿程"；卷五三一"兵部·邮政·置驿"；卷五三七"兵部·邮政·设铺"。

《则例》卷三二"邮政"。

《口北三厅志》卷六"台站"。

> 独石口一道，除独石口内地所设一站外，设蒙古站，其第一站奎屯布拉克在察哈尔境内，入内蒙古境者五站，……达克什克腾旗，阿巴噶右翼旗、左翼旗，阿巴哈纳尔右翼旗、左翼旗，浩齐特右翼旗、左翼旗，凡七旗。（《事例》卷七四五）

甲、汉站

独石口站

乙、蒙古站

1. 魁屯布拉克站（120）

《事例》卷五五九："出独石口一百二十里至魁屯布拉克。"《口北三厅志》卷六："第一台魁吞布喇克，设马五十匹、达夫五十家。"《事例》卷七四五："独石口一道，……设蒙古站，其第一站奎屯布拉克在察哈尔境内。"

查康图，出古北口为 Cilon Balgasun。十三排图译作齐伦·巴尔哈孙，译言石城，即新图 K50 石头城子，南距独石口三十七公里。其北 Ulan Hoton，乾图音译作乌兰和屯，译言红城，在上都河左岸，即旧图 NK50 的大红城子。其北 SusaiBoo，乾图作苏塞包，华言五十家。一九六二年出版的《中国分省地图》标注为五十家子，此即独石口外蒙古驿站第一站魁屯布拉克。由此东北渡闪电河，为 Nohai Hosho，译言狗岬，音译作诺海和朔，乾图漏掉这个站，遂引起不少误解。再北就是上都河右岸的博罗和屯（Boro Hoton，译言青城）了。

从独石口至元上都旧址（昭奈瞒苏谟，译言一百零八庙），元明清三代都设有驿站，也都有记载可考。

《永乐大典》卷一九四二六"站·驿站二"第三页："独石［东北八十、］牛群头［六十、］明安（卷一九四二二第四页作察罕脑儿站）［六十、］李陵台［正西三十六站入和林］、桓州［至上都］。"

《元史》卷三五文宗至顺二年（一三三一年）五月丙申，"赈滦阳、桓州、李陵台、昔宝赤（"站赤"作明安，又作察罕脑儿）、失八儿秃（"站赤"作牛群头）五驿钞各二百锭"。王恽《中堂事记》："十五日至察罕脑儿，……乱滦河而北……。"足见次站李陵台在滦河右岸。

《明史》卷四十"地理志·开平卫"："东有凉亭、沈阿（《口北三厅志》卷十三明尹耕'弃开平说'作枕河，《大清一统志》卷五四八作沈河）、赛峰、黄崖四驿路，接大宁古北口，西有桓州、威虏、明安、隰宁四驿路，接独石。"明代独石口与开平间的驿站，完全沿用元代的驿站设置。

据《清实录》，康熙三十五年（一六九五年）的昭莫多之役，康熙帝度漠道路是：三月丙寅驻独石口城内，丁卯齐伦·巴尔哈孙，戊辰诺海河朔，己巳博罗和屯。康熙进军的道路，仍是元明两朝的旧驿站。

《口北三厅志》卷三云："明安城，今人呼为红城子，蒙古名诺海霍朔，亦曰五蓝城。五蓝华言红也，在独石口北一百里。"此说大误。红城子（五蓝城，乌兰和屯）在闪电河西，诺海河朔在河东，分明是两个地方，如何能混而为一？又卷首第十六页说："博罗河屯……在诺海河朔正北六十里，遗址尚存。"卷三第十九页说："明威卤驿，土人呼为博罗城，在独石口东北一百四十里，……在明安驿东北六十里。"如果诺海河朔即五蓝城，亦即明安驿，那末同一个博罗河屯，如何会既在诺海河朔东北六十里，又在它的正北六十里呢？

2. 额楞站（230）

《事例》卷五五九：自魁屯布拉克"二百三十里至额楞站"。余案《塞程别记》：上都"五里至双塔，又十五里至赵耐漫苏门泥叉喇，又十五里至墁绰可，又三十五里至额仑"。是上都距额仑七十里。

康图及乾图招·奈满·苏谟西北有额勒尔（Erel）驿，可能就是额楞站。据 1/20 万图 K50VIII，当在今鄂伦诺尔苏木驻地。东经 115°57′，北纬 42°4′。

3. 额墨根站（150）

蒙文 emegen 译言祖母。据《口北三厅志》，本驿达夫五十家由阿坝垓札萨克抽拨，当在阿坝垓境内。

4. 卓索图站（160）

康图达尔鄂谟（Dal Omo，满文 omo 译言湖）西，有魁屯必拉（Kuyitun Bira，译言凉河）自西东来，流入此湖。乾图魁屯必拉的注记，距离这条小河过远，令人不敢认为它就是这条河的名称。魁屯必拉上游有 Kuyitun Giyamun，译言魁屯站。乾图把它标注在这条河的源头。

《大清一统志》卷五四一"阿巴噶旗"："阴凉河在左翼东南一百五十里，蒙古名魁屯，源出卓索图站。"

《口北三厅志》卷六："第四台魁吞稿儿（蒙文 Kuyitun Ghool，译言凉河）达夫五十家，由阿坝垓札萨克抽拨十家，阿霸哈纳尔抽拨四十家。"这个由两旗共同维持的魁吞稿儿站，就是魁屯站，也就是卓索图站。1/100 万旧图 NK50 达里湖西的居民点，就是这个第四站的所在地。今地当在 1/20 万图 K 50 之哈泊塔嘎苏木驻地，东经 116°6′，北纬 43°18′。

5. 西林果尔站（150）

康图锡林河左岸有 Arcatu Giyamun，乾图八排东一及《大清会典图》卷二六二"锡林郭勒盟游牧图二"译为阿尔察图站，就方位、里程看，它就是西林果尔站。蒙古站一站两名颇多。如阿尔泰军台第二十六台毕勒格库，又名那浪；第三十二站赛尔乌苏，又名他拉多兰。本站当在锡林浩特东南南之奥尔托鄂博附近。见 1/20 万图 K 50 III，东经 116°33′，北纬 44°13′。

6. 呼鲁图站（180）

在锡林河与大集林河之间，康图有 Orodu G.，乾图译作额罗都站。《会典图》卷二六二"锡林郭勒盟游牧图二"译为额鲁都站，当即呼鲁图站。据《口北三厅志》卷六，第六台英敦沙哈图，当是本站最初的站名。1/20 万图 L50XXX III，在莫托呼柯克，东经 116°33′，北纬 44°13′。D'Anville 图将 Ortou G. 标注在东经 116°30′，北纬 44°18′处。

(四)张家口至归化城驿站

张家口一道,除张家口内地所设一站外,设蒙古站,是为阿尔泰军台。其第一站察罕托罗盖以及第九站沁岱,皆在察哈尔境内。至第十九站奇拉伊木呼尔以下,已接喀尔喀境内。在内蒙古境内者九站,……达四子部落旗,苏尼特右翼旗、左翼旗,喀尔喀右翼旗,茂明安旗,凡五旗。(《事例》卷七四五)

雍正六年议准,自张家口至归化城,前因噶尔丹之役设立蒐吉、昭化、塔拉·布拉克、穆海图、和林格尔等五站,今应裁汰。(《事例》卷七四五)

阿尔泰军台另详。这里只说明康熙中叶设立、雍正中叶废止的张家口至归化城驿站。

1. 蒐吉站

康图作 Seuji Giyamun,乾图译为搜集,标记在哈柳台必拉西。就此站方望看,它是张北县通往尚义(南壕堑)大道上的五十家子,在尚义东南东二十三公里,参阅 1/50 万图 NK50C,东经 114°13′,北纬 41°4′。

2. 昭化站

康图作 Jooha Giyamun,乾图译为卓哈站。这个站在卓哈河的河源卓哈达巴汉山下。卓哈河即东洋河。所以就地望看,此站应在今尚义与老平地泉之间大道上的台基庙附近、东洋河上游后河的左岸。康熙二十七年(一六八八年)五月十一日,张鹏翮和钱良择都曾在这里驻营。他们称该地为佐汉郭尔、召哈窝儿。张鹏翮说,这里有水西南流。台基庙南的小河,正是一道向西南流的后河支流,参阅 1/50 万图 NK49D。

3. 塔拉·布拉克站

康图作 Tala Bulak G.,蒙文 tala bulagh,译言平地泉。据乾图,塔拉布拉克站在奇尔鄂谟(Kir Omo)西北。奇尔鄂谟即今京包线上集宁市东南、土贵乌拉站(官村,今察哈尔右翼前旗治)东北的黄旗海子。就地望看,此站即今老平地泉,参阅 1/50 万图 NK49D。

4. 穆海图站

康图作 Mohuyitu Giyamun，乾图译作谟海图站，即今京包线上集宁市与卓资两站间的马盖图站东南三公里处之马盖图村，参阅 1/50 万图 NK49D。

5. 和林格尔站

康图满文作 Orin Boo Giyamun，译言二十家子站。乾图无注记。和林格尔是蒙文 qorin ger 的音译，意为二十家子。据 1/50 万图 NK49D，这个站的旧址即今京包线陶卜齐站西南南十二公里的二十家子村。

6. 归化城

康图 Kuku Hoton，乾图作胡胡和屯，译言青城，今呼和浩特市旧城。

（五）杀虎口驿站

《事例》卷七四五"理藩院·边务·驿站"；卷五二八"兵部·邮政·置驿一"；卷五三一"兵部·邮政·置驿四"；卷五五九"兵部·邮政·驿程一"；卷五三七"兵部·邮政·设铺六"。

《则例》卷三二"邮政"。

麒庆：《奉使鄂尔多斯行记》，《八旗文经》卷四一。

> 杀虎口一道，除杀虎口内地所设一站外，设蒙古站十一。北路四站，……皆在土默特境，其乌拉特三旗，即由归化城达之。西路七站，……达鄂尔多斯左翼前旗、左翼后旗、左翼中旗、右翼后旗、右翼前旗、右翼前末旗、右翼中旗，凡七旗。（《事例》卷七四五）

甲、北路四站

1. 八十家子站

这个站，康、乾二图都没有注记。

《事例》卷五五九："右玉县站二十里至杀虎口。"卷五五七：右玉县站"西北二十里至和林格尔厅八十家子"。可见杀虎口和八十家子同在一地。这是从杀虎口内的里程看这个问题。再从杀虎口外的里程看，《事例》卷五三七：和林格尔厅"厅前铺三十里至五素途路铺，十五里至坝底铺，十五里至新店铺，二十里至佛爷沟，二十里至八十家子铺，二十里至右玉县在城铺"。卷五五九:"杀虎口一百里至和林格尔站","由萨尔沁站分道一百里至八十家子站"。是二十家子站(和林格尔)距杀虎口和八十家子都是一百里;也就是说,这两个驿站同在一地。所以《山西通志》卷三六说:"八十家子在[和林格尔]厅南杀虎口外,为入口第一站。""至八十家子入杀虎口为冲途,蒙古贡道所必由也。"查 1/30 万图,这两个驿站,也注记在同一个地点。一个地方设立了两个驿站,因为在口外的八十家子是蒙古站,在口内的杀虎口是汉站。

2. 二十家子站

康图满文作 Orin Boo Giyamun,译言二十家站,乾图作鄂林巴,巴为包之误写,包译言家。此即和林格尔,亦即蒙文 qorin ger 的音译。

3. 萨尔沁站

康图满文作 Salcin Gashan Giyamun,译言萨尔沁村站,在呼和浩特同和林格尔之间,北距归化城六十里,南至和林格尔五十里。参阅《事例》卷五五九。康、乾二图都标注在胡图克图河左岸。

4. 归化城

今呼和浩特市旧城。

乙、西路七站

1. 杜尔根站

呼和浩特市南的大黑河,康图作 Durgen Bira。乾图译作图尔根河。根据《事例》卷五五九,这个站在萨尔沁站西一百里。麒庆《奉使鄂尔多斯行记》:自杜尔根"西行五十里,过托克托城,抵河口镇,不里许至[黄]河岸"。足见这个驿站在河口镇东五十里处。查 1/100 万旧图 NK49,河口镇东北约二十公里处有大五十家子,就是杜尔根站的旧址。

2. 东素海站

《清实录》康熙三十五年(一六九六年)十一月,己未,康熙"自喀林托会渡黄河,驻东斯垓"。足见东斯垓东距黄河不远。《鄂尔多斯行记》:"过河后,沙冈环绕,土人呼为十二连城,行四十里至第三台(按:该书作者称'口外西行之路以和林格尔为第一台'),地名东素海,……西北行四十里,抵胡素台河。"由此可知,东素海站西距胡素图河、东距黄河的里程是相等的。《大清一统志》卷四八二"山川"条:"东四海泉在左翼前旗(在今准噶尔旗治沙圪堵西北)东北一百三十里。"

从道里方望看来，章盖营子就是东素海站所在地。清代驿站制度每站设章盖及昆都各一。清末志锐《张家口至乌里雅苏台竹枝词》哈留第三台自注云："每台设章盖、昆都各一，领台兵二十名。章盖品秩准防御、昆都准骁骑校。"章盖营子当即章盖住居的地方。章盖即章京。《事例》卷五三一：杀虎口"多素哈站蒙古章京一员，昆都一名，兵四十八名，马五十匹"。

3. 吉格苏特站（200）

康熙于三十五年（一六九六年）十一月己未驻东斯垓，癸亥驻瑚斯台（康图作 Husutai），己巳驻哲固斯台。吉格苏特，康图作 Jegesütei，译言有菖蒲。据《大清一统志》卷四八二，蒲池在左翼后旗（今达拉特旗治树林召西）东一百三十里，蒙古名虎苏台，蒲水注入其中。

从道里和方望看来，蒲水（虎苏台河）即今虎斯台河，在吉格苏特东。乾图哲格苏台河右岸有支流名和苏台河（Qosutai Ghool），即今虎斯台河（胡四太河）。《鄂尔多斯行记》：自第三台东素海"西北行十四里抵胡素台河。……是日行九十里抵第四台，地名吉克素"。吉格素即哲格苏台。查 1/20 万图 K49XXXII，虎斯台河西约二十公里有柳沟河。这个柳沟河从道里方望看，正是哲格苏台河。据 1/100 万旧图 K49，本站在这条河东、萨拉齐黄河南，胡素台河上新召西的塔宾召。蒙文 tabin juu 译言五十庙。驿站庙大约都称五十家庙、太本庙（如热河境）或五十庙。

4. 巴颜布拉克

据《鄂尔多斯行记》，本站在吉格苏特站西八十里，在杭锦旗内。

5. 阿鲁乌尔图站

蒙文郡王旗图[①]Aru Urtu Örtegen-ü Ghajar，译言阿鲁乌尔图站地，在乌兰木伦河（即神木河）上流东边一支流的发源处。麒庆云："阿鲁乌尔图，译言地势广阔也。"

据《绥远志稿》"地理志·疆域·东胜县区村"条，四、五、六三个台站，均划归东胜县。

据蒙文郡王旗图，阿鲁乌尔图站在 Qantai Süme（旱台庙）西北，Elesütei Süme 东北，1/20 万图 K49XXXII，东经 109°45′至 110°，北纬 40°至

---

① W. Heissig：《蒙古地图》(Über Mongolische Landkarten)，《华裔学志》第九卷（一九四四年），第一一四—一七三页，参见图幅 XIV 及第一三九、一四九页。

40°30′ 之间有旱台川，旱台庙必在这条河上。在这条河西，东经 109°51′，北纬 40°5′ 有塔并召，译言五十庙。塔并召南约三公里有掌盖沟，即驿站的站长章盖（亦译为章京）住处。这个地点就是阿鲁乌尔图站故址的所在。又 1/100 万新图 J49，东胜县治西约十五公里有旱台庙，再西约三十多公里有爱拉苏台庙，即 Elesütei Süme，译言有沙的庙。本站位于旱台庙西北、爱拉苏台庙东北，与蒙文郡王旗图完全相合。

6. 巴尔苏海站

蒙文郡王旗图有 Barsuqai-yin Örtegen-ü Ghajar，即巴尔苏海站地。蒙文杭锦旗图说明："在西南，我们乌审、杭锦二旗在巴尔苏海站地方互相毗邻。"该图西南边境上有 Barsuqai Örtegen-ü Süme，译言巴尔苏海站庙。旧图 NJ49 之东经 109°22′，北纬 39°52′ 有三台庙，在东胜县西五十三公里，其西南南有塔斌庙，在东经 109°20′，北纬 39°37′，就地望看正是巴尔苏海庙所在地，巴尔苏海站当在此地。

7. 察罕札大海

《大清一统志》卷四八二"鄂尔多斯"条："（乌审）右翼前旗……西北至插汉札达海右翼中旗（今鄂托克治乌兰哈拉嘎苏东北）界六十五里。"又："左翼中旗驻套内正西近南西喇布里都池，……东至插罕札达海泊右翼后旗（今杭锦旗治锡尼北）界七十里。"

《漠朔方略》（转引自《蒙古游牧记》卷六）："自边外至宁夏之正路，无人知之。但由神木过贝勒旺舒克所居阿都海之地，接摆站大道有一路，若从此往，则自神木五十里至俄尔几和泉为一宿，四十里至塔拉泉为一宿，七十里至摩都图湖为一宿，八十里至俄钦湖为一宿，七十里至俄都海为一宿，七十里至大路察汉札达海五十家驿为一宿，七十里至贝勒宋喇卜所居西拉布里都为一宿，……自神木至察罕札达海五十家驿，路中水草柴薪无误，行道沙多。自察罕札达海至横城口，路平，水略少。"

蒙文 Caghan Jadayhai，译言白厂院子。旧图 NJ49，东经 108°52′，北纬 39°18′ 之间察汗加达汗，即察罕札达海。其西南十公里为六台章盖驻所。新图 J49，东经 108°42′，北纬 39°22′ 有塔并庙即五十家庙。

察汗加达汗西南四十三公里为沙拉百洞湖，当即鄂托克旗札萨克驻地的锡喇布里多诺尔。沙拉百洞湖西南二十公里为鄂托克旗王府。

《绥远志稿》"地理志·疆域·东胜县·区村"条："民国二年全县划分为东西南北四，十三年添四、五、六台站区。""东胜县境辖地共为六段：曰县治所在地，曰五台地，曰六台地，……曰万寿祝嘏地，不相连接，而以县治所在地为最大，余约十余里至四十里见方不等。"

根据以上资料，察罕札达海站当即东经108°52′，北纬39°18′，察罕札达汗西南十公里的"六台章盖驻所"。

三、阿尔泰军台方位

全部军台名称见于：《事例》卷五三一"兵部·邮政·置驿"；卷五六〇"兵部·邮政·驿程"。

部分军台名称见于：志锐：《张家口至乌里雅苏台竹枝词》，宣统二年刊本（一台［张家口］至乌里雅苏台［Uliasutai］）；乾图，八排西一（一台至三十三台［莫端哈什图台］）；《口北三厅志》卷六（一台至四十四台［三十四台后与《事例》异］）；延清：《奉使车臣汗行程记》（一台至二十八台［扎拉图台］）；李廷玉：《游蒙日记》（一台至四十二台［翁金台］）；嘉庆《则例》卷三一（一台至二十三台［图固里克台］）；《事例》卷七四五"理藩院·驿站"（十台［乌兰哈达］至十八台［吉斯洪夥尔］；《大清一统志》卷五三二（三十二台［赛尔乌苏］至乌里雅苏台）：波兹德涅夫（Pozdneev）记（三十二台［赛尔乌苏］至乌里雅苏台与汉文记载一致）。

《口北三厅志》卷六"台站"记载康熙三十二年军台设置的情况云："阿尔泰军台（康熙三十二年设）共大站二十九，腰站十五。总理军站事务，总管一员，副总管一员，张家口驿传道一员（俱驻扎张家口）。塞尔乌苏驿传道一员，笔帖式三员，蒙古参领四员，章京二十二员，骁骑校二十二员，领催四十四名，蒙古甲兵三百零五名，站丁四百四十名。"

（一）察哈尔都统属（44台）

1. 察罕拖罗海

蒙文 Chaghan tologhai，译言白头岭。延清诗卷二"宿察罕拖罗海二首"

第一首云："源似入桃花，山村五十家。"自注云："有村名五十家子。"志锐称该地"客民开垦颇多"。方观承《从军杂记》云："出口（张家口）九十里至大坝为第一台。"据李廷玉日记，五十家子村在察罕拖罗海南二十里。《张北县志》卷四"交通志·台站"与卷三"建置·祠庙"称此台在县城南十里东营盘，其地有头台庙（东经116°47′，北纬41°47′）。而李廷玉则云：自头台西北行，"七里至东新营盘，……十一里过东营盘"。头台地址可能时有移动。

站北有察罕拖罗海达巴汗（Chaghan tologhai dabaghan），译言白头岭。清末宝鋆《奉使三音诺颜汗纪程草》、景禖《北征草》对此山均有记载（见李廷玉记引文）。

2. 布尔嘎素腰站

蒙文 Bulghasutai，译言有柳。志锐称此台为柳树沟，"北行到此，路宽无辙迹"。安固里诺尔东有纳布尔嘎素河，台站当邻近此河。《张北县志》卷四"交通志·台站道"称，由第一台向西北行二十里至二台村，台站在县城西十余里。

3. 哈柳泰

志锐作哈留（Qalighutu），译言"有水獭"。安固里诺尔西有纳哈留图河，台站当邻近此河。《张北县志》卷四"交通志·台站道"称，第二台向西北行四十里至三台村，台站在县城西［北］五十里。

1/30万图沽源幅哈留台河将入安固里诺尔右岸有三台村，万全幅在三台村东南标有海流台庙。台站在今土城子南约三公里。

4. 鄂洛胡都克

蒙语 Olan Qutuq，译言多井。《张北县志》卷四"交通志·台站道"云：自第三台"向西北行三十里至安古里诺尔西四台村"。志锐词也说："台旁积水成湖，方广十数里。"一九六二年版《中国分省地图》标有四台村。

5. 奎苏图台

《口北三厅志》卷六"台站"作奎苏诺尔，因此该台亦当临湖。一九六二年《中国分省地图》标为五台。

6. 扎嘎苏腰站

蒙语 Jaghasutai，译言有鱼。一九六二年《中国分省地图》标为六台，即今脑包营子（东经 113°52′，北纬 41°41′）。

7. 明爱台

《察哈尔通志》卷四作商都县城，《口北三厅志》作明安白兴（Mingghan Bayising），译言千所房。志锐词称"此台土室尚整洁"，两相呼应。

8. 察察尔腰站

蒙文 Chachartu，译言有幕舍。一九六二年《中国分省地图》作了标注。1/20 万图作八台（水渠子），即今商都西北约二十七公里土城子（东经 113°，北纬 42°2′）。

以上八台在清察哈尔境内。

9. 庆岱

自第九台入科尔沁王旗境。志锐词云："台官皆于道旁跪迎，犹有尊君之意，可嘉也。"即今集二铁路察哈尔右翼后旗车站（原土木儿台）东南的庆代。见《中华人民共和国地图集》。

10. 乌兰哈达

蒙语 Ulan Qada，译言红峰。志锐词云："自头台至此始见树，土人呼为花果山。马兰遍山，花繁似锦。"今同名。新 1/100 万图 K49 标于土木尔台西北约三十公里（东经 112°3′，北纬 42°14′）。

11. 布母巴图腰站

蒙语 Bombatu，译言有坟墓。申图作邦博图，在东经 112°24′，北纬 42°22′。

12. 锡腊哈达台

在东经 112°3′，北纬 42°26′。

13. 布鲁图腰站

康图作 Bulutu。

14. 鄂伦琥图克

蒙语 Ulan Qutuq，译言红井。志锐词云："自十三台西北行，沙平如掌，水草枯焦，谓之戈壁。然数十里外，有专生草处，有积水成湖处，牛马皆能牧放，与伊犁一带戈壁不同。"申图作鄂伦井，1/30 万图作敖龙德嘎。

15. 察罕琥图克

蒙语 Chaghan Qutuq，译言白井。

16. 锡拉穆勒

蒙语 Sira Müren，译言黄河。志锐词云："台前有沙河，水黄色，故名。例传驼马，其实十五台内，有归化城外客民开垦地颇多。民间皆有车，由各台雇觅当差，运送行李，至此始用驼载。大地无垠，远望垒垒，遍生驼茨。"此台即申图该河右岸、大庙旁的居民点（东经 111° 7′，北纬 42° 50′）。

17. 鄂兰呼图克台

志锐词云，此处"百里平沙，寸草不生，土人谓之大坑，言其平也。双燕从此不至，盖荒远无觅食处耳"。《口北三厅志》作赵哈诺尔图。乾图作照哈淖尔。

18. 吉斯洪呼尔台

志锐词称此台名译意为"山上产红铜"。《口北三厅志》及乾图均作赛尔乌苏。详见第二十四台说明。

19. 奇拉伊·木呼尔台

乾图作托博·库伯尔，《口北三厅志》作多博·库布尔。据旧 1/100 万图 NK49，该台就是从哲斯（吉斯洪呼尔）西北三十公里、去喀尔喀大道上的西拉·莫胡尔。

《事例》卷七四五云："至奇拉伊·木呼尔以下已接喀尔喀境内"；"自出内扎萨克四子部落境起，由奇拉伊·木呼尔至赛尔乌苏凡六站"。由这些记载看来，奇拉伊·木呼尔是喀尔喀境内的第一个站，但台站的管理与隶属却不是根据内外蒙古的界限划分的。详见第二十四台说明。

20. 布隆腰站

蒙语 Bolong，译言隅角。志锐词作浑木布隆，译言"山上有认记"，并云："台后枕山，顶上鄂波（即鄂博）约数十处。"在东经 109° 58′，北纬 43° 45′。

21. 叟吉布拉克

蒙语 Següji Bulaq，译言丘陵泉。《口北三厅志》作吉尔嘎郎图（Jirghalangtu），译言有幸福。志锐词云，从第一台至此，计程一千六百里，中途未见一树，"至此道旁有大小榆三株，……土人呼为一棵树"。

22. 托里布拉克

蒙语 Toli Bulaq，译言镜泉。志锐词云："台有乾隆廿八年敕建慈荫寺，规模宏阔，食钱粮喇嘛廿一人。寺前山泉清冽。"

23. 图姑哩克

志锐词译言"土城园围"。据光绪《则例》卷三一，张家口管站员司所属蒙古驿站共二十三个，即自第一台至此。自此台以北属赛尔乌苏管站员司管辖。

24. 戈壁·木呼尔·嘎顺台

志锐词作墨霍尔噶顺，译言"山湾苦水"。并云："沙冈由西南绵亘而来，绕向东北脱卸，一片平沙。商贩沿沙冈西行，南可至新疆，是盖天山左脉耳。"按蒙语 Muqur，译言钝。

《事例》卷七四五云："由第十九站奇拉伊·木呼尔至赛尔乌苏凡六站。"而卷五六〇称第二十四台的站名为赛尔乌苏，正是从第十九台奇拉伊·木呼尔算起的第六个站。李廷玉记云，光绪三十二年四月二十一日"嘱余等先抵土谢图界之赛尔乌苏"，并在赛尔乌苏下自注为塔拉多伦；四月初五日所至塔拉多伦又自注为赛尔乌苏。塔拉多伦即《事例》卷五三一与五六〇的第三十二台他拉多兰腰站。上述赛尔乌苏站，《口北三厅志》与乾图则是嘉庆时代的第十八台吉斯洪呼尔。由此可见：嘉庆前称第十八台吉斯洪呼尔为赛尔乌苏；嘉庆时称戈壁·木呼尔·嘎顺为赛尔乌苏；清末则称第三十二台他拉多兰为赛尔乌苏。

蒙语 Sair Usu，译言干河床水。《平定朔漠方略》云："有谓之赛尔者，山涧沟泾掘仅尺余即可及泉。"（转引自《大清一统志》卷五四四）

25. 戈壁和尼奇台

蒙语 Qonichi，译言牧羊人。据志锐词、延清和李廷玉记，本站有咸丰年间敕建溥恩寺。乾图、《口北三厅志》作和尼齐布拉克。

26. 戈壁毕勒克库腰站

志锐词作毕勒格库，"译官台名也。又名纳浪台，有山名那浪也"，"土山出硇，流水成潭"。延清诗也说第二十六台又名那浪。按台站名称除公文上使用的以外，尚有俗称，如第三十八台、第四十台皆然。

27. 戈壁哈扎布巴台

乾图、《口北三厅志》俱作哈尔穆克台。《则例》卷三一作哈济布齐。志锐词作哈稽布乞，并云："台后有山，顶树一旗，以占风信，兼课晴雨。"

28. 戈壁扎拉图腰站

志锐词云："两山夹河，沙深数寸，平稳如舟。峡中老树位置得势，……真塞外奇景也。"

29. 戈壁卓博哩台

《口北三厅志》卷六云："自第十六台木狐尔嗜淳至第十九台卓博尔狐都克（按：这是正站的次第。清末私人记载正站、腰站次第多不分）二百四十余里，系瀚海地方，不便养马，俱设驼站。余仍设马。"故志锐词云："此台水劣，居人每日皆由远方汲取。"

30. 博罗额巴腰站

志锐词作博罗鄂波，并云此处"马兰夹路成堆，颇碍车行"。

31. 库图勒多兰台

志锐词译言"七座山包"，并云："至此牛粪渐不烧，有山薪可采。"

32. 他拉·多兰腰站

光绪《则例》卷三一云："赛尔乌苏管站司员所属台站共二十一所，东南自第二十四台默霍尔噶顺起，至西北第四十四台哈达图止。"

光绪年间的赛尔乌苏即本站。详前第二十四台说明。志锐词亦作赛尔乌苏，并云："此台适中，东往库伦，西往科布多，西北往乌里雅苏台。设驿转道一员，专司台站之处文报络绎，公事甚多。蒙人较他台稍多，且有居住土房者。距库伦十四台，两日可达。"站南有一关帝庙。一九一一年十二月，赛尔乌苏管站员去职。

33. 莫端台

波兹德涅夫称，本站西为莫望山所限。西南及西部有丘名塔本喀喇五峰。西北行经两山隘，西方远望巴颜乌拉山脉。此山南有呼查陀罗海山，山下有盐泽，盐户环居。巴颜乌拉峰以北，所谓诺谟珲戈壁开始。

自本台起地名悉用《大清一统志》卷五三二及五三三著录者。

34. 哈比儿噶布拉克

蒙语 Qabirgha Bulaq，译言山肋泉。本台俗名布拉克。波兹德涅夫称其罕见之泉名搜吉布拉克。志锐词云："此台难行。万山之中，陷沙杂活石，车行摇荡不堪。易马缓行，犹屡蹶也。"

35. 什保太台

蒙语 Shibaghutai，译言有鸟。志锐词作逷勒·希波图，译言"石上有鹰巢"，并云："台四面皆大石堆垒。土人云石罅中当年产鹰。今有人居，无踪迹矣。"波兹德涅夫谓本站在乌兰德尔丘陵西端。过驿入穆垒戈壁。

36. 老萨台

志锐词作诺萨，译言"野骡子"。波兹德涅夫称，阿拉克塔勒旷野与不毛之盐泽相接而呈斑色。罗萨（即老萨）即一泽边，在广漠平原中。

37. 吉里台

志锐词作吉埒木，山名，并云："此台方广百里，外皆硗地，水气腥咸，色黄浊，不可饮，惟忍渴而已。"波兹德涅夫称，哈喇沁人掌驿务，定数十八帐，而居此驿者竟以百数。在驿服务之图阿库答，定数十一帐，而在四十以上。Qabchilgha 有帐二十八。是以属于哲林木驿（即吉里台）者总计有一百七十五户之多。人口麇集，土地不足。

38. 忙克图腰站

本台又名沙克珠尔嘎。志锐词作沙克舒勒噶，并云："台旁有诺尔（湖）。"波兹德涅夫记述更详，称站名取自所附之井。二井中最大者曰蒙格图，最近者为公文名之井（称达母沙克珠尔嘎）。前井之北为哈剌噶图彦宗山。

39. 叉普齐尔台

志锐词云："察哈尔所设四十四台，原立廿九台，后增十五台。蒙人至今云：原廿九台，后添十五台，故每台出结，凡旧台则书第几台，新台则书台名。即以此台论，已第三十九台，甘结仍云二十五台，实未能划一也。至此已将出戈壁，无复黄沙、白草景象；山青水绿，颇有内地情形。惜五月半后，草色始青，亦可见地气之寒也。"

40. 哈沙图腰站

志锐词译言"石砌之井"，并云："凡后设之十五台，台官出结，必曰金答腊某某台。某某台者，后设之谓也。"波兹德涅夫作图古力克，公文语称为达母哈达图。离此驿北见博罗温都尔山。

41. 遮林台

志锐词译言"黄羊"，并云："此台官路百里，其实百四十里也。"

42. 昂进台

志锐词作翁格，并云："河从西北杭爱山东南流，经归化城折入桑乾河。"此河当指翁金河。经归化城入桑乾河云云，纯为无稽之谈。据李廷玉记，站在博罗红河入翁金河处的左岸。过翁金河即入三音诺颜境。

43. 乌努克特

志锐词作乌尼格特，译言"狐之总名"，并云："自过翁金河后，遍地驼茨，沙堆累累如冢。车之簸荡，无出其右，足一百里无平路。"

44. 哈达图台

蒙语 Qadatu，译言有山峰。《则例》卷三十一称原立的二十九台为"正台"，后增的十五台为"腰站"。另参第三十九台说明。

志锐词云："此台已出戈壁，近杭爱山南麓。山势重叠，水草丰茂，非复戈壁景象矣。"

察哈尔都统所辖驿站至此站止。

（二）定边左副将军属（30 台①）

1. 哈剌尼敦台

据 1/100 万旧图 NL48，康熙时代度漠驿站西路（即自归化城至推河）和阿尔泰军台在此会合。波兹德涅夫称其站在一名 Dan Nor 的洼地上。

自此台至乌里雅苏台属定边左副将军管理。志锐词作哈拉钮栋，译意为"山顶有二井"，并云："入杭爱，台为乌里雅苏台所管，即外札萨克军台矣。文结俱用蒙古字。"

2. 嘎噜底台

志锐词译此台名为"仙鹤"，并云："水阿水曲，时或见之。"站实在阿尔果音河上游支流嘎噜底河左岸。

3. 塔楚台

志锐词云："已入杭爱山之东南口。涧水涓流，水草丰茂，山势秀峻可观。塔楚河为三音诺颜游牧西界，数水汇而西流。《游牧记》考甚详。"该台在塔楚河左岸。

---

① 原稿为 21 台，今按实际数目作 30 台。——编者注

4. 乌尔图·额沁·呼都克站

1/100 万旧图 NL47 塔楚台西北十余公里处有一站名霍博勒，可能是第四十八台所在地。

本台南约三十公里处有古城遗址，蒙古人称之为博罗和屯，当是雍正年间用兵西北时在推河屯田所筑的城。《清实录》记载，雍正九年十一月曾命副参领桑吉拉等往推河地方筑城垣。龚之钥、方观承对这个地区的耕殖都有所记述。参阅《蒙古游牧记》卷八"三音诺颜部·中右旗"。波兹德涅夫书第一九二页作胡图克·乌尔图（Qutuq Urtu），与志锐词同。后者云："四面皆童山，唯中有平原十里，碧草如茵。"

5. 沙尔噶勒卓特台

志锐词称此台名为同名河流名称，并云："台有石山峭立，名空山。近视皆圆空。山内产雕鸟。河北有大寺，蒙人谓之昭。同治九年乌城失守，贼踪至此，寺毁于火。遗址犹有存者。"波兹德涅夫记，自此驿出发五分钟达沙尔噶勒卓（Shargal Jot）河岸；推驿与本驿间有间道通过 Ebuserhe-hita 庙。

沙尔噶勒卓特河为推河支流，台站在该河入推河处西北，推河右岸。

6. 推台

志锐、龚之钥、方观承记述推河一带四面山环水抱，可屯可牧。雍正间曾建城设戍。

推河上流东有呼鲁木帖河，西有喀喇胡吉尔河。二河在同一地点与推河合流。台站在合流处南，推河左岸。参《蒙古游牧记》卷八。

7. 乌鲁图·哈喇托罗海

志锐词作乌尔图哈喇拖罗海，并云："众山之中，一峰独出，黑石如墨。台旁沙河旱枯无水。春日雪化，水势甚大。"这与波兹德涅夫的记述一致。后者并云，离驿达札们哈达山巅为达亲王西境。再至一岭，过岭道左有鄂洛该湖。台站当在推河支流喀喇胡吉尔河右岸。

8. 鄂罗海台

志锐词云："驿路在万山之中。甫登一峰，远视对山，细路如线。凡九逾大岭，始抵台。"波兹德涅夫称驿之西南有长湖名鄂罗海（Olagai）。一六八八年噶尔丹败喀尔喀兵于湖畔，喀尔喀南逃归附清廷。

9. 乌塔台

志锐词译言"一山口",并云:"此台在推河上游。沿河行大山坡,怪石浮置,颇具峰岭各势。"波兹德涅夫称此台位于乌塔河(Uta)右岸。按乌塔河为拜达里克河支流。台在乌塔河支流察罕帖木儿河与乌塔河合流处之北,乌塔河左岸。

10. 都特库土勒台

志锐词作白达拉克,并云:"由乌塔西行入山口,其平如掌。宽二十里,长百里。两山峭削壁立,无别路可行。土润草肥,洵屯牧之美地也。"这与波兹德涅夫记述的形势一致。后者并云,前站至此约四十五俄里,为库一乌间最长的站。参《蒙古游牧记》卷八。站在河之左岸。

11. 札克台

据波兹德涅夫记,站在札克河(Jak)之左岸。

12. 霍博尔·车根台

志锐词作霍博勒车根,称至此已入札萨克图汗界,距乌里雅苏台四百余里。据波兹德涅夫记,站在沙喇乌苏河(Shara Usu)河源右岸。

13. 乌兰班巴图台

志锐词作乌兰本巴,称"沿溪曲路,层折不穷"。此溪当指波兹德涅夫所言沙喇乌苏河。站在河之左岸。

14. 鄂博尔·托斋台

志锐词与波兹德涅夫作鄂伯尔·吉拉噶郎图(Öber Jirghalang-tu)。站当在沙喇河右岸。

15. 阿鲁图斋

志锐词作阿录·吉拉噶郎图,并云:"河水北流,势甚旺,游牧得此,水草俱美。毡庐棋布,牛马成群。颇有村落,情形非复塞外荒塞景象。"波兹德涅夫称沿哈喇乌苏河之山隘前行抵此站。

16. 呼吉尔图台

志锐词译胡吉尔为"碱",并云:"过布音图河,抵胡吉尔台。河甚宽,源从西北注东南。河边东望,雪山高耸,积雪千仞,终岁不消。"并言过河后,于山湾处往往见元代显宦墓葬。波兹德涅夫言台名取自其东北的呼吉儿图河(Qujirtu)。此小河在布彦图河右岸。

17. 达罕德勒台

波兹德涅夫作岱罕得勒邮驿，置于 Terin 小河旁。当在布彦图河之西。

18. 特木尔图台

在特木尔图河（Temürtü）发源处右岸。台西北约十五公里为清初经营西北的名城察罕廋尔（Chaghan Segul，译言白尾）。参阅《蒙古游牧记》卷一〇"札萨克图汗部·中右翼末旗"。

波兹德涅夫称台在伊克布拉克山麓。

志锐词云："相传矿甚宽深，产铁极佳，蒙人欲开而不得其法。近闻俄人颇有意焉。"

19. 舒鲁克台

在舒鲁克河与特木尔图河合流处。Shürüq 译言畜群。波兹德涅夫称舒鲁克河与乌里雅苏台河同发源于一山。

20. 华硕噜图台

波兹德涅夫称，经 Chaghan Bulag 峡谷抵本台，北距乌里雅苏台约二十俄里。它与第六十三台之间有善孚寺，寺南有商人村落。两台之间又有毕其克图达巴与和屯达巴。

21. 乌里雅苏台的台

乌里雅苏台（Uliasutai），译言有白杨。本台是清初经营西北的根据地，雍正十一年建。见《清实录》雍正十一年夏四月庚申锡保奏。

乌里雅苏台至科布多的资料见于：《事例》卷五三一、卷五六〇；乾图七排西一、西二；《大清一统志》卷五三二"乌里雅苏台"；《科布多政务总册》（以下简称《总册》）。

22. 阿勒达尔台

在乌鲁河与乌里雅苏台河合流处，乌鲁河右岸。

23. 博尔辉台

在乌里雅苏台河右岸。

24. 胡图克乌兰台

在匦盆河右岸。

25. 伊克·哲斯台

在匦盆河右岸。

26. 巴罕哲斯台

巴罕译言略小。在匝盆河右岸。

27. 珠尔库珠台

蒙文作 Jürküjü。在匝盆河右岸，东北有句骊河。

28. 布固珠尔克台

本台临匝盆河。

29. 阿尔噶灵图台

在匝盆河左岸。

30. 巴罕诺尔台

在巴罕诺尔湖南畔。湖水咸，周二十五公里。《总册》称其地"有沙山二十里"。

定边左副将军所辖驿站至此止。

（三）科布多大臣属（6台）

1. 图尔根淖尔台

在都尔嘎湖东南岸。湖分南北两部，北曰哈拉淖尔，南曰都尔嘎淖尔。水甚咸。《总册》称该地"野骡甚多"。

自本台以西属科布多大臣管辖。

2. 哈尔噶纳台

哈尔噶纳（Qarghana），译言野桃。台在同名小河上。

3. 济尔噶朗图台

在宗海尔汗山东麓吉尔戛兰图河右岸。

自此台至科布多，乾图与《大清一统志》驿路不同（见后）。

4. 札哈布拉克台

在吉尔戛兰图河西、哈刺乌苏湖东同名小溪上。《总册》称其地"有大坝甚高"，当即 1/100 万旧图的阔阔达坂。

5. 哈剌乌苏台

在哈剌乌苏湖西南岸、叶什河入湖处之西。

由哈尔噶纳缘宗海汗山（即固尔班·吉尔戛朗山 Ghurban Jirghalang）东麓西北行，经吉尔戛朗图站绕至北麓札哈布拉克台，再折向南行，缘宗海汗山西麓和哈剌乌苏东岸，至湖南岸转西行，越叶什河哈剌乌苏台再转西北行，经哈剌乌苏西岸达科布多。

6. 科布多（100）

在哈剌乌苏湖西、布彦图河东岸。

另，乾图济尔噶朗图台与科布多之间不是只有三台，而是有七台：

1. 沙拉布拉克台。
2. 察罕淖尔台（Chaghan nor）。
3. 温都尔·乌里雅苏台（Ondür Uliasu）。
4. 图古里克台（Tügürig）。
5. 搜吉·布拉克台（Següji Bulaq）。
6. 察罕·布尔哈苏台（Chaghan Burghasu）。
7. 锡博尔沙札海台。

乾图驿路是自吉尔戛朗向西南行，由固尔班吉尔戛朗山南麓经沙拉布拉克至察罕淖尔，再缘西麓北上，经温都尔乌里雅苏四台绕一大湾至科布多。大约以后修整道路，缩短驿程，军台遂改道了。

四、巡查卡伦站

由赛尔乌苏至库伦凡十四站。由库伦至恰克图凡十二站，以备巡查卡伦并达俄罗斯互市。由乌里雅苏台至近吉里克卡伦凡九站。由科布多至索果克卡伦凡八站，以备巡查卡伦，皆以喀尔喀官兵供役。由科布多至古城所属之搜吉卡伦凡八站，达于西路，以扎哈沁官兵供役。喀尔喀、杜尔伯特、旧土尔扈特、和硕特及乌梁海、扎哈沁等处游牧均由此道。(《事例》卷七四五）

上述各支卡伦驿站分别属定边左副将军、科布多大臣及库伦大臣。

（一）定边左副将军属（10站）

由乌里雅苏台至近吉里克：

1. 楚不里雅台

在乌鲁河左岸一支流与乌鲁河合流处之支流右岸。

2. 柯尔森赤楼台

在乌鲁河河源。

3. 鄂博尔·乌拉克沁台

在南乌拉克钦河源西北。这河是流入特里门诺尔那林的支流。

4. 阿鲁·乌拉克沁台

在这条河河源之西。

5. 爱拉克台

在爱拉克台诺尔之东。

6. 察普担台

在摩帖列特山东。

7. 塔木塔拉海台

在帖斯河南约三十公里。

8. 珠尔库珠台

在帖斯河左岸。

9. 察罕托罗海台

在帖斯河与支流察罕河合流处察罕河右岸。

10. 近吉里克卡伦

在近吉里克河左岸。这条河是帖斯河额尔逊河的支流。

（二）科布多大臣属

甲、科布多至索果克（8 站）

1. 沙拉布拉克台

在 Kobdo 西北。

2. 辉觉博尔济尔台

《总册》晃和齐苏鲁克，1/100 万旧图作欢夏，在科布多河支流霍努尔乌拉盖河南、恒郭伊列克河入霍努乌拉盖河处东。

3. 轰郭尔鄂笼台

Qongqor 译言洼、洞、穴、断崖。Qongghor 译言黄马。

4. 察罕硕罗图台

《总册》、《事例》卷五六〇第一三页作察化硕罗图,即科布多支流乌哈河右岸的乌哈站(1/100万旧图)。

5. 哈透·乌里雅苏台

科布多支流巴音河右岸。

6. 乌鲁格依台

1/100万旧图作乌列盖(巴音乌尔吉),申图作耳里匮,在科布多河右岸。

7. 毕柳图台

1/100万旧图作别列乌,在别列乌河入索果克河(新图作台米克提河)处的右岸,索果克河的左岸。

8. 博罗布尔噶苏台

索果克河左岸。至索果克卡伦。

乙、科布多至古城所属之搜吉卡伦(8站)

1. 搜吉台(Següji Karen)(120)

《总册》云:"路中有井,名图鲁尔津。过井有河。察罕布尔噶素山,道难走。"站在叶什河西一支流之北。

2. 察罕布尔噶苏(Chaghan Bulghasutai)(120)

《总册》云:"路中有大山,名堪泽达板。过山有大河两道,名色克尔。"站在叶什河西岸。

3. 达布素图诺尔(Dabsutu Noghur)(90)

《总册》云:"有河昂吉尔图。过河有山,一名塔不图,一名萨尔塔克台达板,难走。"站在叶什河南岸。

4. 纳林博罗齐尔台(70)

《总册》云:"有山名克尔库。过山有河,名布苏齐。过河有山,名乌兰达板。"此台有可能就是《新疆图志》的玉音台。

5. 依什根托罗该台(80)

《总册》云:"有大河三道,一名乌玉木齐,一名那林伯勒齐尔,一名哈尔噶图。过河有山,名哈尔噶图达板,难走。"站当即乌音赤河东岸布尔根城东之沙扎盖(1/100万旧图)。

6. 札哈布拉克台（80）

《总册》云："有河名都鲁克。"

7. 西博尔图台（230）

《总册》云："有泉名布都克哈喇。"申图作希伯尔台。

8. 鄂兰布拉克（80）

《总册》云："有山名拜达克达板，接古城搜吉卡伦。"申图作鄂伦布拉克。

《事例》卷五五九第二二页："自鄂兰布拉克一百二十二里至搜吉卡伦，一百四十里至噶顺布拉克，九十里至素必口，六十里至奇台孚远驿。"

《嘉庆会典》卷五二第二二页："由科布多至古城所属之搜吉卡伦凡八站，以达于西路，以扎哈沁官兵供役。"

（三）库伦大臣属

甲、赛尔乌苏至库伦（14 台）

1. 搜吉台

波兹德涅夫称，本台在巴颜乌拉之南四俄里，为库伦大臣治内布哈诸驿中最后之驿。

2. 苏鲁海台

波兹德涅夫称，下此最后之岭（按即多伦达巴，七岭之义），则于其麓见有苏鲁海驿……举目四顾，茫茫灰色之平原弥望一是。地皆砂质。此旷野名锡伯格戈壁。

3. 毕拉噶库台

波兹德涅夫作毕尔噶库，在母西加村。村名即冠以其地之井名。初预定应于毕尔噶库［山］附近设置此驿，唯一则水质恶劣，二则毕尔噶库山附近一带皆湿地……群以居此为不便。去今二十年前，彼等将此事具禀于库伦长官，得其允许，遂构驿于母西加村。

4. 托克达台

《事例》与波兹德涅夫作巴彦和硕。后者称，赴乌里雅苏台者由此驿直至张家口·乌里雅苏台道路的锡剌什布泰驿，可省五个旅程及驿。

5. 博罗达噶台

波兹德涅夫称，是驿有广大之溪谷，自西而东，小丘环绕之，屹于溪谷。东北之伯罗库钦山乃其最大者。由此驿出发，有不高之小山脉。此山脉有五大高峰，故土人称之为塔本陀罗海，此即两驿间之中央地点。《事例》记五台、六台之间的地名塔本陀罗海（Tabun Tologhai）即是。

6. 套里木台

波兹德涅夫称，本台在套里木洼地。由此稍东，更有绝大之洼山，其形如釜，土人称之曰套里木湖。

7. 莫敦台

波兹德涅夫称，驿东有莫敦山，南有乌兰德勒之低山脉，西南有哈丹何修之高丘。去驿未远有二庙。

8. 那兰台

波兹德涅夫称，抵那兰驿之溪谷。此溪谷之南端广漠无比，于此有那兰不拉克井，水清而温，至冬季亦不结冰。

9. 搭拉布拉克台（Tala Bulaq）

波兹德涅夫称，本处有帐幕十二，亲戚居于此者五十户；驿侧有庙宇二座。驿在平原之间，唯东方有乌尼格特丘冈连绵。

10. 温都尔多博台（Ondür Dobo）

Ondür Dobo，译言高陵。波兹德涅夫称，至驿的前一俄里处，盐泽多小丘，驿在温都尔多博小丘之坂。驿由车臣汗部落十二帐幕而成，计四十五户。

11. 济尔噶朗图台（Jirghalangtu）

波兹德涅夫称，至博罗陀罗海岭，济尔噶朗图驿在其南端；西为广漠平原，其近处为济尔噶朗图丘；南则茫无涯际。

12. 布哈台（Buqa）

波兹德涅夫又作多伦驿，位于溪谷之隅。西北方为多伦乌拉山麓，不远处有布里都二泉。

13. 布库克台

波兹德涅夫又作布亥库驿。驿在一溪谷中。谷东北以阿姆牙山为限；北接松吉那山；其南麓则有图拉河；南有巴牙斯夫郎兹山；西有不高之丘，面积不广。

14. 图拉河

1/100万旧图作那赖哈。西界土拉河，东接汗山。波兹德涅夫作博素噶驿，驿在素诺斯呼兰图溪谷中，是出库伦的第一驿，中国公文用语称为博素噶驿，其名取自驿北之某山。此溪谷北界林圭那山，西界图拉河及素诺斯呼兰图；其南与东则接汗山。

此驿由蒙古人之十二帐幕而成，其中十一属于车臣汗部，其一属于土谢图汗部。属此驿中之人，有经三世者。其他则仅数月。驿之附近土地已贷于递送邮件之人，所以旗人及沙毗等俱无在此附近或沿道游牧。

乙、库伦至恰克图（12 台）

站名见于《事例》卷五六〇。此外，一八二〇年八月三十一日九月十五日俄国教团由恰克图到库伦。次年七月十九日至八月一日又由库伦回恰克图。领队齐木柯夫斯基（Timkovsky）归著《一八二〇——一八二一年俄国教团经过蒙古至中国旅行记》（附有路线图）（以下简称《齐记》）。这个教团停留的驿站虽说也是十二个，但名称和地区都与《事例》所列颇不相同。一九一五年梁掌卿曾从恰克图至库伦，著《库伦旅行日记》（以下简称《梁记》），列举的九个站名与里程，亦与前二书有很大差异。

1. 魁依台

康熙图作 Kui Bira，台临魁河，故名。据《齐记》附图，台在库伦西北魁河与阿拉山河合流处。梁掌卿称此台为阿拉山站。距前站里程，《事例》、《齐记》和《梁记》分别记八十里、三十二俄里与七十里。

2. 布尔噶勒台（Boulgoultai）

《梁记》作胡哈坡站，距前站里程，三书分别记为五十里、十二俄里与六十里。台当在今巴持苏姆布尔车站附近。

3. 博罗诺尔台

在博罗诺尔（Boro nor）东，博罗河源于此。《齐记》作 Khoundzal。距前站里程，三书分别记为八十里、十七俄里与一百二十里。

4. 呼齐干台

在博罗河与巴颜河（Bayan）合流处。《齐记》作 Korimtou。距前站里程，《事例》与《齐记》分别记为七十里、二十五俄里。

5. 他沙尔台

在巴颜河与哈剌河（Qara）之间。《齐记》作 Khara。《梁记》的哈剌河站，应与此相当。距前站里程，《事例》与《齐记》分别作一百二十里与二十三俄里。

6. 伯特格台

在巴颜河右岸。《齐记》作 Baingol，距前站里程，《事例》与《齐记》分别作八十里和二十四俄里。

7. 乌鲁莫克图台

在席喇河左岸乌鲁莫克图山下。距前站里程，《事例》与《齐记》分别作七十里与十五俄里。

8. 库特勒·那尔苏台

库特勒·那尔苏，译言松林山坡。《齐记》作 Kouitou。距前站里程，《事例》与《齐记》分别记为六十里与二十五俄里。

9. 噶萨那台

在伊罗河左岸。《齐记》作 Jro。距前站里程，《事例》与《齐记》分别记为八十里与二十五俄里。

10. 努克图台

在齐兰河源西。《齐记》作 Ibitzyk。距前站里程，《事例》与《齐记》分别记为一百二十里与二十俄里。

11. 库都格诺尔台

北距恰克图六十里。《梁记》一九一五年八月十一日离恰克图南行，"到耶蒲息站计六十里"。耶蒲河为齐兰河支流。蒙文 Küdüge，译言积水、荒地、原野、田舍。距前站里程，《事例》与《齐记》分别记为五十与二十五俄里。

12. 恰克图

在布拉河北。城跨中俄边界线上。在中国境内者俗名买卖城，在俄境者分两部，南部曰前营子，北部曰后营子。一七二七年八月三十一日中俄边界条约就是在布拉河（Bura）上签订的。

（本篇一、二部分原载《南京大学学报》专辑《元史及北方民族史研究集刊》一九八一年第五期，三、四部分则根据韩儒林先生遗稿整理）

元代诈马宴新探

一

元人王恽说:"国朝大事,曰征伐,曰搜狩,曰宴飨,三者而已。"(《秋涧集》卷五七《吕嗣庆神道碑》)征伐的目的在于掠夺。蒙古兴起时所处的社会发展阶段,使他们把掠夺看成"比进行创造的劳动更容易甚至更荣誉的事情",因此战争成为他们"经常的职业"。(恩格斯:《家庭、私有制和国家的起源》)狩猎作为对游牧经济的补充,是蒙古人的一项重要生产活动[①],同时也是他们生活中不可缺少的练武和娱乐的时机。宴飨,既是蒙古统治阶级将掠夺来的财富用于穷奢极侈的享乐,又是他们进行政治活动的场合,如王恽所说:"虽矢庙谟,定国论,亦在于樽俎餍饫之际。"(《吕嗣庆神道碑》)这三项大事,确实概括了元朝蒙古统治者的主要活动。

元朝制度,"国有朝会、庆典、宗王、大臣来朝,岁时行幸,皆有燕飨之礼"[②]。凡新皇帝即位,群臣上尊号,册立皇后、太子,以及每年元旦、皇帝过生日、祭祀、春搜、秋狝、诸王朝会等等活动,都要在宫殿里大排筵席,招待宗室、贵戚、大臣、近侍人等。出席这种"内廷大宴"的人,都要穿着皇帝颁赐的特别贵重服装,按照贵贱亲疏的次序各就各位;每次宴会,预宴者的服装从皇帝到卫士、乐工都是同样的颜色,虽然精粗、形制有等级之别,但总称为"质孙"(或译"只孙",蒙古语 Jisun,意为"颜色"),因此这种宴会就称为"质孙宴"。元朝皇帝特别热衷于宴飨,一年之中质孙宴

---

① 赵珙《蒙鞑备录》云:"鞑人生长鞍马间,人自习战,自春徂冬旦旦逐猎,乃其生涯","食羊尽,则射兔、鹿、野豕为食"。又,《长春真人西游记》:"其俗牧且猎"。
② 《经世大典序录·礼典·燕飨》,见《元文类》卷四。

要举行许多次①，皇帝赏赐给宗亲、大臣的多属宴飨用品，如上尊（美酒）、金银酒器、质孙服等，耗费巨大，成为元朝财政上的沉重负担。

"质孙宴"又名"诈马宴"。周伯琦的《诈马行》诗序中说："国家之制，乘舆北幸上京，岁以六月吉日，命宿卫大臣及近侍，服所赐只孙珠翠金宝衣冠腰带，盛饰名马，清晨自城外各持采仗，列队驰入禁中，于是上盛服御殿临观，乃大张宴为乐。惟宗王、戚里、宿卫大臣前列行酒，余各以所职叙坐合饮，诸坊奏大乐，陈百戏，如是者凡三日而罢。其佩服日一易，太官用羊二千噭，马三匹，他费称是，名之曰只孙宴。只孙，华言一色衣也，俗呼为诈马筵。"（《近光集》卷一）此外尚有若干元人诗文记叙上京大宴，都径称为"诈马筵"（或"诈马宴"）。杨允孚《滦京杂咏》诗注云："诈马筵开，盛陈奇兽，宴享既具，必一二大臣称〔成〕吉思皇帝札撒，于是而后礼有文、饮有节矣。"②就是说，每次大宴前，一定要由掌管金匮之书的大臣，捧出成吉思汗大札撒，诵读其中若干条文，然后才能开始饮酒作乐。

"诈马"一词究竟是什么意思，元末人大概已经弄不清楚了。王祎在讲到上京大宴时说："预宴者必同冠服，异鞍马，穷极华丽，振耀仪采而后就列。世因称曰爹马宴，又曰只孙宴。爹马者，俗言其马饰之矜衔也。"（《王忠文公文集》卷六《上京大宴诗序》）叶子奇《草木子》也说，参加诈马宴的"诸王贵戚子弟竞以衣马华侈相尚"。二人都没有亲见诈马宴，只是根据他人的记述，望文生义地作解释，把马牵扯进去了。清高宗到木兰围场打猎，蒙古王公来朝，选名马幼童表演赛马游戏给他观赏，于是这位以博学自命的皇帝，就将蒙古人的赛马与元朝的诈马宴联系起来，他"考证"说："诈马为蒙古旧俗，今汉语所谓跑等者也。然元人所云诈马实咱马之误，蒙古语谓掌食之人为咱马，盖呈马戏之后，则治筵以赐食耳。所云只孙乃马之毛色，即今蒙古语所谓积苏者。"③这段文字实在是前后矛盾，既说元朝的诈马乃蒙古语"掌食之人"，又说诈马宴是表演马戏之后的赐宴，更荒唐的是不顾元朝人很明确的解释，武断地指"只孙"为"马之毛色"。总之是离不

---

① 据马可波罗说，大汗每年举行节庆大宴（质孙宴）十三次（见《马可波罗行纪》，穆勒、伯希和英译本，第二二一页）。但实际上并无定制。
② 见《元诗选》"庚集"。文中"札撒"（蒙文 jassaq 译言法度），原误作"礼撒"，今改正。
③ 见《热河志》卷四八《塞宴四事》。按蒙文 jama: 指掌食的喇嘛。我怀疑此字源于藏文 ja-ma，本意为炊茶人。其成为蒙语借词的时代当较晚。元代蒙语称掌食人为保兀儿赤。

开那个"马"字。

日人箭内亘作《蒙古的诈马宴与只孙宴》(《蒙古史研究》,第九四五—九五六页)一文,研究这两者的关系。虽然他对只孙宴作了正确的解释,但当讨论到诈马宴时,却也被"马"字以及乾隆皇帝的说法迷惑住了。他以为元人的所谓诈马应该就是乾隆《诈马》诗序中描述的"蒙古旧俗"——赛马;只孙宴是泛指穿着只孙服参加的宴会,而诈马宴则是专指在上都举行的、有宿卫大臣与近侍表演赛马仪式的宴会。所举的主要证据就是周伯琦《诈马行》诗序有"盛饰名马","各持采仗,列队驰入禁中"的记载。他认为这就是诈马宴不同于一般只孙宴的特点,并指摘周伯琦说的"只孙宴俗呼为诈马宴"是误解。

然而,"诈马"一词在蒙古语中并无任何赛马或饮宴之类的意思,在汉语中更不得其解。把蒙古人的赛马习俗说成"诈马",只是乾隆自己的创造。由于出自皇帝的"御制",就被奉为圭臬,钱大昕奉命作诗"恭和",赞颂所谓"诈马"的盛况[①];陈康祺将它录入《郎潜纪闻》。无怪乎箭内亘也不能摆脱他的影响了。

二

显然,元代的"诈马"这个词,无论用蒙古语和汉语都是解释不通的。那么,它是来自哪一种语言的呢?我们不妨根据周伯琦的记载:诈马宴是质孙宴的俗称,来研究一下有关质孙宴的资料,看看能否找到正确的答案。

质孙宴的标志就是预宴者必须穿戴质孙服,换言之,只有得到皇帝赏赐质孙服的人,才有参加这种宴会的资格。《元史·舆服志》关于质孙服有详细记载。天子的质孙服,冬季穿的有十一等,夏季穿的十五等;百官的质孙服,冬季九等,夏季十四等。以上各种质孙服中,用"纳石失"(金锦)制成的占很大比例。纳石失就是波斯字 nasīch 的译名,指一种绣金锦缎。[②] 据

[①] 《潜研堂诗集》卷五《恭和御制(塞宴四事)》。

[②] 石泰因噶思(F. Steingass)《波英字典》第一四〇一页:"nasich. 一种金绣丝织品。"参阅伯希和:《荨麻林考》,见《西域南海史地考证译丛三编》。

术外尼记载，成吉思汗西征以前，有一个花剌子模商队运了许多金锦、布匹到蒙古贩卖，为首的富商索价太高，每匹金锦要三个金巴里失（锭），而其本钱才花十到二十底纳儿①，成吉思汗大怒，命人将库中所存的此类金锦拿给这个商人看，表示这种物品对他来说并不新奇。②这说明，很早就有回回商人将中亚出产的金锦运销到蒙古了。蒙古征服河中地区时，俘虏了很多撒马耳干、不花剌等城的织金工匠，后来将这些人迁到弘州、荨麻林等处，设立工局，专门织造纳石失锦缎。③蒙古统治者非常喜爱这种中亚织物，除制造质孙衣外，还用它来装饰车、马、玉玺绶带等，对有功的臣僚也常常赏赐纳石失缎匹，以示荣宠。

天子质孙服中，还有一种青速夫金丝阑子。"速夫，回回毛布之精者也。"（《舆服志》）这也是一个波斯字。suf，意为羊毛织品、长毛呢。

所谓质孙服，是衣、帽、腰带配套的。史料中常常提到，质孙衣、帽、腰带上都装饰有珠翠宝石。虞集在《曹南王勋德碑》中说："只孙者，贵臣见飨于天子则服之，今所赐绛衣也，贯大珠以饰其肩背间，膺首服亦如之。"（《道园学古录》卷二四）《舆服志》所载天子夏季质孙衣有"答纳都纳石失（原注：缀大珠于金锦）"，"大红珠宝里红毛子答纳"等，答纳即波斯语 dāna，意为"珍珠"。质孙帽有"黄牙忽宝贝珠子带后檐帽"，牙忽也是波斯语 yāqūt，此言红"宝石"。这些珍珠宝石多是回回商人从中亚贩运来，"献"给或卖给元朝皇帝和将相大臣，索取远远超过其原值的酬价。元成宗大德年间，有西域商人以"押忽大珠"（押忽即上述"牙忽"之异译）进售，其价竟达六十万锭。④元朝皇帝不顾人民死活，用搜刮来的民脂民膏购买珠宝装饰质孙服，宴飨娱乐，虚耗国库，所谓"富称塞北"，大概就是指这种穷极奢华的勾当。

如上所述，质孙服的衣料是回回地面工人织造的，镶缀质孙服上的宝石

---

① 一巴里失即一锭，相当于波斯货币七十五底纳儿。
② 《世界征服者传》英译本，第七七、七八页。
③ 《元史》卷一二〇《镇海传》；卷一二二《哈散纳传》；卷八八、八九《百官志》。拉施都丁说，荨麻林的居民大部分是撒马尔罕人（见《史集》第二卷，布洛晒刊本第四六三页，波耶尔英译本第二七六页作 Sinali，误，所以他在脚注中说"未能勘同"）。《马可波罗行纪》载，从天德（丰州）到宣德州路上，有一处城镇，专门生产纳石失等织物。其地当即荨麻林（今张家口市西洗马林）。
④ 《元史》卷一七〇《尚文传》；《史集》第二卷，波耶尔英译本，第三三〇页；《元史》卷一六《世祖本纪》。

明珠是回回商人贩运来的。这些人当然用他们自己的语言称呼这种衣料和珍宝，那末元朝统治者承用回回名称称呼这些外来品，不也和今日我们用维尼纶、布拉吉等外国词汇称呼某种衣料或衣服相同么？"诈马"一名是否也出于波斯语呢？拉施都丁书的一处记载恰好证实了我的设想。《史集》记载窝阔台合罕的"训言"中有一段说："一天，他看到一个印度妇人背着一个孩子，就命令赐给她五个巴里失。官员扣留了一个巴里失，只给她四个。她向该官员提出抗辩，合罕问：这个妇人在说什么？官员报告说，她在倾诉她有一家子人。合罕走进仓库，叫那个妇人来，命她尽其所能地拿取各类服装。于是她像一个健壮男人所能做到的那样，拿去了很多纳石失衣。"① 在波斯原文中，纳石失衣就写作 jāmahayi nasich（纳石失的诈马）。② 波斯文 jāmah，意即"外衣"、"衣服"。虞集《曹南王勋德碑》记载，阿剌罕及其子也速迭儿多次受赐"金织文衣"，天历二年（一三二九年），也速迭儿平定王禅叛乱有功，元文宗"赐以只孙宴服，……付以纳赤思衣七袭。纳赤思者，缕皮傅金为织文者也"。虞集将金织文衣、只孙宴服和纳赤思衣分而为三，其实金织文衣即纳赤思衣（纳石失衣），也就是只孙宴服。《舆服志》百官质孙服中有"大红纳石失"、"素纳石失"、"聚线宝里纳石失"等种就是很好的证明。

根据以上分析，我认为"诈马"一词应来源于波斯语 jāmah——衣。上面说过，质孙宴最重要的一点就是预宴者必须穿戴御赐的质孙服，且以衣服的华丽相炫耀，因此，人们把它称为"诈马宴"（衣宴），完全是顺理成章的。事实上，"质孙"（颜色）和"诈马"（衣服）指的本是同一件东西。

三

元朝人用一个波斯名词作为质孙宴的俗称，在这里有必要略加申述。在回历的前三个世纪（公元七—九世纪），阿拉伯语曾是回教领土全境几乎所有散文著作使用的语言，但从第四世纪（公元十世纪）起，波斯语就逐渐确

---

① 《史集》第二卷，波耶尔英译本，第八五页。
② 布洛晒刊本，第七三页。

立了作为东部回教世界文学语言的地位。① 到了蒙古兴起的时代,中亚地区已经普遍使用波斯语了。

中亚回回商人是当时经济领域中最活跃的势力,早在蒙古兴起以前,他们就深入到草原游牧部落之中,操纵了游牧民与定居地区之间的贸易,从而获得了巨大的利润,甚至于蒙古诸部与中原汉地间的贸易也被他们所掌握。成吉思汗建国以后,有不少回回商人投靠到他的帐下,为蒙古贵族经商牟利或充当其剥削各族人民的助手。随着蒙古对中亚、波斯的征服,东来的回回人更多。有元一代,他们在政治、经济、文化上都占有十分重要的地位。与此相应,元朝政府各重要部门中普遍设有回回令史、回回译史、回回书写等职,还设立了回回国子学和回回国子监,以及掌管回回医药、天文历法、音乐等等的机构。大量中亚、波斯的物品、书籍和科学文化也源源不断地传入中国。

据南宋徐霆疏《黑鞑事略》:"鞑人本无字书,然今之所用则有三种:行于鞑人本国者……行于回回者则用回回字,镇海主之。……行于汉人、契丹、女真诸亡国者只用汉字,移剌楚材主之。"足见回回字是元朝国内通用的三种文字之一。这个主管回回字的镇海,是信奉基督教的怯烈部人。可能由于他主管回回文书,所以彭大雅误认为他是回回人。一二四六年教皇派迦尔毕尼出使贵由汗庭,由镇海等三个大臣接待他。贵由汗复教皇的信经过他们和迦尔毕尼协商,就是用镇海所主管的回回文写成的。此信一九二〇年在梵蒂冈发现,玉玺是蒙古文,书信是波斯文。② 这件事可以证明,元朝的回回文字,应即波斯文。其重要性仅次于蒙古文和汉文。

了解了以上所述的历史背景,我们对元朝文献中出现那么多的波斯语词汇,也就不会觉得奇怪了。

(原载《历史研究》一九八一年第一期)

---

① 巴托尔德:《蒙古入侵时期的突厥斯坦》,一九二八年英译本,第一一二页。
② 参见《通报》第一五卷(一九一四年),第六二三—六四四页;《元史》卷一二〇《镇海传》;《普拉诺·迦尔毕尼行纪》,里施(Risch)德文译本,一九三〇年,第二五四页;伯希和:《蒙古人与教廷》第一册,第一二—一三页。《史集》第二卷说镇海是畏兀儿人,见英译本第一五五页。

所谓"亦思替非文字"是什么文字

夏鼐按：近年来在内蒙古达尔罕茂旗阿伦苏木曾陆续发现汪古部旧地墓群的景教徒墓碑，是用古叙利亚文字母拼写突厥语言。最近在呼和浩特市附近的丰州城址内辽代"万部华严经塔"的游人题记中也发现有这种文字。李逸友同志认为这便是《元史》中的亦思替非文字（《文物》，一九七七年第五期，第五五页；又《文物考古工作三十年》，一九七九年版，第八二页）。我读后取《元史》有关资料查对，觉得这种文字当时并非回教世界的通行语，并且既是突厥语，应归蒙古学，不应归回回学。我曾去函请教于元史专家韩儒林教授。他告诉我这种亦思替非文字"可能就是波斯文"。现将他的来信摘录如下。

元朝初期，版图广大，国中通行蒙古文、回回文、汉文三种文字，"回回文镇海（Chinqai）主之，汉文移剌楚材主之"（《黑鞑事略》"其事书之以木杖"条）。在某些场合，填写表册（如马驹数目），还要"造蒙古、回回、汉字文册"（《元史》中华标点本，第二五五四页）。因此元朝政府的重要机关，都设有回回掾史、回回译史、回回令史等官职。

回回文虽然这样重要，可是至元二十四年（一二八七年）麦术丁建议学习亦思替非文字时，精通的人已经不多了。（《通制条格》卷五，第二一页"亦思替非文书"条）所以元世祖在先后设立蒙古国子学及汉文国子学以后，又于至元二十六年（一二八九年）设立回回国子学。设置回回国子学的时候，"尚书省臣言：'亦思替非文字宜施于用，今翰林院益福的哈鲁丁能通其字学，乞授以学士之职。凡公卿大夫与富民之子，皆依汉人入学之制，日肄习之。'帝可其奏"（《元史·选举志》"学校"条）。于是"翰林兼国史院……置官吏五员，掌管教习亦思替非文字"(《元史·百官志》)。仁宗延祐元年又"别置回回国子监学，以掌亦思替非官属归之"(同上)，由此看来，教授与学习亦思替非文字是在回回国子学、回回国子监中，而益福的哈鲁丁及麦术丁又都是回回人的名字，这就自然地叫人得出这样的结论：亦思替非文字是与回回人分不开的。那末这种亦思替非文字究竟是什么语言呢？

我们知道回历最初三个世纪，在整个广大的伊斯兰世界，阿拉伯语差不多是一切散文作品的语言，自回历第四世纪起，波斯语逐渐成了伊斯兰世界东部的书面语了（巴托尔德：《蒙古入侵时期的突厥斯坦》，第一一二页）。

一二四六年迦尔毕尼携教皇书，觐见贵由可汗，接待他的大臣是基督教徒镇海等三人，贵由复教皇的信，正本是蒙古文，同时又译为拉丁文及回回文（Saracene，参阅《迦尔毕尼行纪》一九三〇年 Friedrich Risch 德文译本，第二五五页）。我怀疑这封复信的回回文译本，可能就是主管元朝政府回回文书的镇海写的。一九二〇年这封回回文复信在梵蒂冈档案中发现，印玺是红色蒙古字，信的开端是突厥文，信的本身是波斯文（伯希和《蒙古人与教廷》第十二与十三页之间有波斯文原信的影印插页，第十五至二一页是印刷体波斯文及法文译文）。看来镇海所主管的回回文，应即当日回教世界东部通用的波斯文。那末在回回国子学、国子监中所讲授所学习的亦思替非文字，可能就是波斯文。

（原载《文物》一九八一年第一期）

《元史纲要》结语

一

自秦始皇并吞六国，中国就形成了统一的、中央集权的多民族国家。由于众多民族之间错综复杂的相互关系，历史上曾多次发生几个民族政权同时并存、割据对抗的局面。从公元三〇四年刘渊称王到五八九年隋文帝平陈，南北对峙近三百年。尔后，隋唐的封建大一统局面维持了约一个半世纪。开、天之际，海内富实，唐统治者在穷奢极欲之中迅速腐败下去。七五五年，安禄山起兵叛乱，从那时起，战乱频仍，南北又分裂了五百余年，一直到一二七九年赵宋政权覆灭，全国才复归于统一。所以，要论元朝统一在中国历史上的地位与作用，就很有必要简单地追溯一下唐朝中叶以后这段充满曲折和祸难的历史。

南诏在安史之乱前已经独立，四川屡遭兵燹，且不去说它。乱后，唐朝国势日蹙。为了平定安史之乱，唐朝戍守西域的精兵几乎全部撤回，丝绸之路中断，阻绝了各族人民之间经济文化的交流。吐蕃乘机占领西域，并一度率师东下，攻破长安，立了个傀儡天子。出兵助讨安史叛军的回纥也恃功暴横，把东京抢掠一空，嗣后势力日强，迫使唐政府每年以和市名义"岁赐"绢帛，向他们购买和平。九世纪初，沙陀从新疆东部逐渐东徙到山西北部，其势力在镇压黄巢起义军的战争中发展起来，以后相继在中原建立后唐、后晋、后汉三个短命的王朝。大约与此同时，党项从青海北徙，割据今陕西北部，后来由此发展为西夏。在西北，以喀什噶尔和八剌沙衮为中心，十世纪上半叶出现了一个自称"中国皇帝"的黑汗王朝。在这样四分五裂的形势下，以东蒙为基地的契丹族亦得以逐渐强大，迫使石敬瑭向他们割地称臣。

从契丹占有燕云十六州到女真在华北立国，宋、辽、西夏在中原对抗了二百年。宋朝统治者极端怯懦，对西南的吐蕃与大理，但图苟安的赵匡胤，竟卑怯地宣称"大渡河外吾不有也"，而任其割据；对契丹和西夏，亦分别以巨额岁币买得一年苟活偷生的安宁，积贫积弱，坐待亡国的命运。

一一二五年，金灭北宋。从这时起直到南宋亡，民族斗争呈现出更为错综复杂的局面。前一百来年，基本上是宋、女真、西夏间的对抗混战。南宋政府偏安一隅，"直把杭州作汴州"，始终执行"甘弱而幸安"的政策。他们向女真统治者割地、纳币、称侄，根本不图振作。一二〇六年，成吉思汗在漠北建立大蒙古国。从此又开始了蒙古与西夏、女真和南宋之间的生死搏斗。就在成吉思汗立国这一年，南宋韩侂胄抓住金朝北边受蒙古侵逼、国内局势不稳的时机，起兵北伐。爱国诗人辛弃疾曾高兴地歌道："如今塞北传得真消息。赤地千里无一粒，更五单于争立。熊罴百万堂堂，维师尚父鹰扬。看取黄金假钺，归来异姓真王。"结果却是一场空欢喜。韩侂胄被朝廷割掉脑袋，函首解送女真，作为南宋皇帝向金朝赎罪的物证。由南而北的统一既然不可能实现，蒙古军马便大踏步南下，次第灭掉各个割据政权，重新统一全中国。

纵观这五百年的历史，各族统治者为了争夺权力、财富和土地，残杀不休。土地荒废，人民流离，社会经济发展受到极大的阻碍。这种情况，对于胜利者或失败者任何一方的人民都是灾难。正是由于元王朝的统一，长达五世纪之久的割据对抗与战乱才得以终止。

蒙古兴起时中国有南宋、金、西夏、西辽、大理、吐蕃等七八个政权并立。为什么蒙古独能统一中国、结束五百年的分裂呢？这须从成吉思汗祖孙父子的主观方面和当时的客观形势两方面来加以考察。

就成吉思汗讲，他的个人才能是出众的。《元史》称他"深沉有大略，用兵如神"。他很能团结部下，采取教导和刑罚相辅而行的办法，反映了他的领导才干。在这方面，读《史集》记载的成吉思汗"训言"，亦可略知梗概。在这里，我还想特别强调的是，一个民族，如果自己不振作、停滞不前，不能吸收周围其他民族的先进科学技术以济己之短，那就必定要衰败没落。在宋、金日趋没落的时候，蒙古兴起了。他们骑兵虽强，但人口不多，乃进兵西北，招纳或降服了许多民族，如畏兀儿、哈剌鲁、钦察、康里、阿速、斡罗思等，以增加自己的兵力。南方是城郭农业地区，正如后来阿术所说，非汉军不能攻夺。于是，一方面尽量利用汉族的各种手工业工人及技术人员，如治弓、矢、甲、胄、造炮、造桥，以及卜、医、星、相等人员，以补其缺；另一方面，招纳汉族地主武装及地主官僚知识分子，为其出谋划策，助其扩张土地和进行统治。金哀宗说："北兵所以常取金胜者，恃北方之马力，就中国之技巧耳。"这个亡国之君，把蒙古强大的原因归之于马力与技巧，固然失之片面，但他看到蒙古人能兼收并蓄其他民族的长处以济己之短，仍不失为从亲身的失败中体验到的真知灼见。

从政治形势分析，当日中原以及西域的许多国家和民族，无一不是处在衰敝的状态。就中国本土来说，女真立国，已经一百多年。它对待北中国人民一向很残酷，国内的民族矛盾和阶级仇恨都很深。蒙古军到河北，腐朽没落的猛安谋克户跟着统治集团逃到河南，被他们丢下的河北、山东地区，赤地千里，人相食。"白骨纵横似乱麻，几年桑梓变龙沙。只知河朔生灵尽，破屋疏烟却数家。"女真皇帝依靠在河南重税括粟，维持其庞大的军队和官僚机构，通货恶性膨胀，"万贯惟易一饼"，民心涣散，金的统治实在维持不下去了。南宋也是萎靡不振的王朝，统治者过惯了卑躬屈膝的生活。从澶渊之盟起，向来以岁输币帛、称叔称伯的屈辱代价向北族乞求和平。一二七五年，元朝大将伯颜占领平江，逼近临安，南宋朝廷闻风丧胆，又捧出他们的祖传法宝，遣使向蒙古求和，条件是"尊世祖为伯父，世修子侄之礼，岁币银二十五万两、帛二十五万匹"。这样使民族蒙辱的腐朽政权，其战斗力是有限的。蒙古统治者以相对强大的力量，实行各个击破，并且不断地从日益广大的被征服地区补充和配备自己各方面的力量，终于用半个多世纪的时间、半个亚洲的武装力量，统一了全中国。这从当时的客观形势来看，是十分自然的。

元朝的皇帝是蒙古人。当中原的皇帝宝座上坐着一个少数民族皇帝时，有些人就不加调查研究，一口咬定说这是黑暗的时代，这是不科学的。元朝的统一，结束了五百多年的民族纷争和血战，使全国各族人民有可能在比较安定的环境中从事生产，发展物质文明和精神文明，这无论如何是历史的进步。当时的中国，从各族间互相倾轧厮杀的战场变成了一个民族大熔炉。唐朝以来涌入中原的沙陀、吐谷浑、党项、契丹、渤海、女真以及其他多种色目人，元朝以后都不见了，都与汉人、南人逐渐融合为一体了；从中亚来到我国内地的许多民族,由于共同信奉伊斯兰教,逐渐形成回族。在中古东亚历史舞台上活动的诸民族,莫不受着"野蛮的征服者自己总是被那些被他们征服的民族的较高文明所征服"这一永恒的历史规律所支配,从而迅速提高了自己的文明程度。只有极少一部分,如阿速人等,跟随元朝末代皇帝逃到漠北,才又返回到游牧的生活中去。元朝在吐蕃设置了十三个万户府,西藏从此成了祖国不可分割的一部分。云南也在这时得到了进一步的开发。这在前代都是稀有的事。很明显,元朝的统一在中国各民族的历史上都留下了深刻的影响。从民族融合的观点看来,此种影响无疑具有十分积极的意义。

二

徐大焯曾在《烬余录》中说道,元时江南二十家为一甲,以蒙古人当甲长,威福自作。人们在研究元代的社会矛盾时多喜欢引用这一条记载。如果说,某时某地曾发生过此种现象,那可能是正确的。但若说有元一代广大的南方地区都是如此,就根本不是历史事实了。兹举南京、镇江两巨镇为例:集庆路民户凡二十二万五千四百二十四,其中蒙古户只有十四户,溧水、溧阳两县根本没有蒙古人;镇江路十万六十五户,蒙古二十九户——录事司二十三户,丹徒一户,丹阳三户,金坛二户。集庆、镇江地当冲要,蒙古人尚且如此之少,可见在其他地方,更不会有那么多蒙古人去充当甲长。这个例子说明,即使原始史料,仍然要进行内在的分析。史料都有时间性和空间性。这一时代的这种说法,对这个地点来说是真实的,对另一地点、另一时间就不能适用了。如果根据上面提到的这一类史料,不加分析,以偏概全,尽量夸张元朝的黑暗面,那显然不是科学的态度。

元朝的蒙古人不多。他们怎样统治中国呢?

元朝统治阶级所依恃的,当然首先是蒙古族的本族人。成吉思汗在长期的征讨战争中,锻炼出来四骏、四狗和二"先锋",也就是后来所谓的"十投下"、"十功臣"。可惜关于诸家的史料,除木华黎、速不台等数家后裔尚有史迹可征外,其余的只知其官高爵显,而无史料流传下来。

对于征服和统治这么广大的中国来说,蒙古本族的人数实在是太少了。

蒙古军队总共有十多万人；到内地来的蒙古人数无法确考，根据明末努尔哈赤给林丹汗的信，说元时蒙古人到中原来的约有四十万人。这里面的大部分人，显然还不具备统治一个经济、文化都高度发达的封建农业国家所必需的政治经验和文化素养。因而，蒙古统治者在征服和统治中国时，还得大大依赖色目人。西方的民族，不论是投降的，还是被征服的，都被蒙古征发来充作兵员。譬如高加索山地的阿速人，就大批地被迁到中原来，组织成阿速卫。咸海以北的康里，康里西北的钦察，今伊犁一带的哈剌鲁，以及斡罗思、唐兀等族，都分别依其族籍组织成军。忽必烈时代用来打南宋的军队，除了北方汉人外，几乎包括了中央亚细亚一带各族的人。统一战争结束后，他们中间很多人都在政府里做了官，对元王朝的政治、经济和文化政策，都发生了重大的影响。尤其是回回人，长于运输、储藏，善于理财、搜刮，长期被蒙古贵族用来经营商业，管理财政。

归附蒙古的汉人和南人，也替蒙古统治者出了很大的力气。在北方，很早就有一批"结寨自保"的武装地主投靠蒙古军，替他们扩大势力；忽必烈时帮助他建立制度的读书人，不少是金朝的官僚地主，"亡国大夫"。曾经向元廷提出"先从事襄阳"，然后"浮汉入江，则宋可平"的平宋方略的，就是南宋降将刘整。当时南宋的襄阳守将是吕文焕，长江流域遍布吕氏弟兄、门婿、儿子、部下。所以吕文焕举襄阳降元以后，元军得以顺流东下，长驱直入，大大加速了南宋守军的溃降。元朝统治者看到汉人、南人不但是可以利用的，而且治理汉地也不能不利用他们，因此除了军权不轻易交出而外，一般行政官员中，汉人、南人数目超过了蒙古、色目人。元朝政权，是十足的蒙汉地主联合政权。

元朝国内充满了矛盾。它的前期，在北方主要是蒙古皇族，即成吉思汗兄弟子孙的后裔之间争夺帝位的斗争。这种斗争，不是要推翻蒙古政权，而是依蒙古旧俗，中原皇帝的宝座，孛儿只斤氏的子孙人人有份，所以无论是东道诸王或西道诸王，都不甘心老死沙漠。一二〇六年成吉思汗论功行赏时，被他视为六弟的失吉忽秃忽不是向他要求"有土墙城子"的人民吗？金亡后，对广大的北中国城市，蒙古贵族谁不垂涎三尺？因此，一旦皇位虚悬，势必有人试贾余勇，争夺这块肥肉。到了元朝中后期，南方的矛盾逐渐上升，日趋严重。其性质是"不平人杀不平者"的斗争，即反压迫的民族斗争和反剥削的阶级斗争，目的是要推翻蒙古政权，改朝换代。

根据蒙古可汗的继承制度，可汗生前示意或指定某子孙继位，死后再召集亲王驸马、将相大臣参加的"大聚会"（忽邻勒塔），共同推举新可汗。然而分析一下所谓的拥立者与被拥立者都是一些什么人，就不难看出，遗嘱、大聚会、推举等等都是形式，兵权在谁手里，才是实质。

成吉思汗留下的军队共有十二万九千人。其中十万一千由幼子拖雷继承；其余二万八千分给了成吉思汗的母亲、三个弟弟和四个儿子，最多的得五千，最少的只得一千。拖雷继承的十万多人是成吉思汗的亲信部队，其军官都是在成吉思汗麾下出生入死、共创大蒙古国基业的宿将老臣。这些人怎么会甘心情愿自己的总帅交出大权，俯首听命于只有四千兵士的窝阔台？这就是为什么在成吉思汗死后召集的大聚会上，众人"归心拖雷"，集议四十日而不能决定人选的道理。只是经过大胡子耶律楚材和速不台的劝说，大会才勉强达成协议，推举窝阔台为可汗。但是，窝阔台系和拖雷系之间争夺汗位的斗争仍一直在继续，直到蒙哥即位方告一段落。蒙哥的军队，就是拖雷的旧部。贵由死后，窝阔台系势力微弱，虽有脑忽等起而争位，帝位终于还是转移到拖雷系统的手里。

蒙哥时代，忽必烈受命长期经营中原汉地，在人力与财富方面，都比以漠北为根据地的幼弟阿里不哥强得多。因此，蒙哥死后，阿里不哥在与忽必烈的争位战争中很快失败，就是势所必然的了。阿里不哥失败以后，东、西两道诸王中觊觎汗位的仍大有人在。为了隔断东、西诸王，阻遏其携手联军南下，元初诸帝，一直委派亲王大将驻军和林。他们的目的基本上是达到了。可是同时，元朝皇位也就常常落在坐镇漠北的亲王手中了。如成宗、武宗等人就是如此。他们在漠北的旧部，是他们争夺帝位的工具，随着新帝即位，枢密院之类大权，就成了他们的囊中物了。世祖以后，元朝的蒙古族军队战斗力渐弱，驻扎在漠北防止西北宗王叛乱的军队主力，都是阿速、钦察、康里等部族军。其将领如土土哈、床兀儿、燕铁木儿等祖孙父子，既世代握有重兵，又以拥戴有功世掌大权，他们的权势，可以想见。所以中叶以后，朝政紊乱，政治腐败，他们是负有很大责任的。

除了统治集团内部的矛盾斗争，元朝统治阶级为处理民族矛盾也煞费苦心。赵宋政权的军队在襄阳和崖山溃降以后，被元朝整编成为新附军。这十几万将士是有组织、训练有素的军队。他们被迫降元，忽必烈一一接受。但是既不能全部杀掉他们，又不敢叫他们解甲归田，如何处置他们呢？忽必烈不解决这个问题，是放心不下、睡不着觉的。至元中叶，元王朝屡次兴师，征日本、征爪哇，实际是别有用心的做法。征日战争中最活跃的，正是宋末戍守长江沿岸的吕氏军阀集团成员，吕文德的门婿范文虎。范文虎率领十万将士出征，几乎全军覆没，幸存者十仅一二。忽必烈算达到了不杀降而降人自消的目的。

用汉法治汉民是草原游牧民族统治中原的必行之路。契丹不就"以汉制待汉人"，设立了"治汉人州县、租赋、军马之事"的南衙吗？在成吉思汗的大蒙古国时代，政治重心在漠北，尚视中原为边地，学习邻族文化也以畏兀儿为师，汉法的需要还不紧迫。所以，后来自称"中书令"的耶律楚材，早期只能像巫筮一样靠说鬼话混饭吃。随着蒙古势力日益深入中原，汉地的农业经济逐渐成为元朝立国的根本；政治重心也就不能不随之而南移；剌马教、伊斯兰教虽颇盛行，亦无法与在全国居主导地位的汉族封建文化相抗衡。政治、经济、文化既然发生了这么重大的变化，蒙古人原来"虽得汉人亦无所用"的观念必然也要发生改变。这就大大促进了蒙、汉地主阶级联合专政的形成和发展。有元一代，各种制度大抵是损益唐宋以来的旧制而成，但同时亦采用了不少其他民族特有的剥削方式。例如"五户丝"，似乎就是袭用辽代的"太后丝蚕户"制度。元初，"北师要讨撒花银，官府行移逼市民"，是对百姓无情的勒索。"撒花"一词，是波斯字 Saughāt 的音译，意为"礼物"，足证是从西域传来的勒索方法。元时军前掳到的人口称为"驱"，后来在北方亦以买来的人口称为"驱"。金代良人被掠者为"驱"，也有凶年百姓典雇为"驱"者。可见元代的"驱口"，亦应是金代遗制。蒙古贵族自己不会做生意，把金钱交给回回商人，令贸易以纳息，当时称为"斡脱钱"，政府且设有专门机构号称"斡脱所"。"斡脱"（Ortaq）突厥语为"同行"、"伙伴"，而在花剌子模意为"商人"。这种特别的高利贷剥削，显然也是采用回回地面的剥削方法。所有这些，都加强了元代民族压迫的色彩。

大家都知道，金朝统治者关于兵权、钱谷之事，用人的次第是女真、渤海、契丹、汉儿。元朝袭用这种种族歧视的政策，将人民分为蒙古、色目、汉人、南人四等。在中央政权和军政方面，蒙、汉之界是严峻的。各地大小政府机关的最高头领达鲁花赤,即"镇压者",一般由蒙古人担任,赋有监视和控制人民的全权。日本在侵华战争时期出了一部《异民族统治中国史》。日本军阀在沦陷区大小政府机关遍设"日本顾问",显然就是从研究"异民族统治中国"的经验中学到的心得体会。南人到中央政府中去做官的,始终不多,被北方人看不起,称为"腊鸡"。在法律以及各种政治待遇方面,四等人都是有差别的。这既是反动的民族防范政策,又是恶毒的分化挑拨政策。

我们时常使用"蒙古统治者"这个词,其意思只是说元朝的中央政权,基本上掌握在几十家蒙古贵族的手里。广大的蒙古人民仍是被剥削者、被压迫者。蒙古穷人的子女,不是也有被卖给回回人、汉人当奴隶,甚至被贩卖到海外去的吗?相反,江南富豪中,不是也有像朱清、张瑄那样田宅遍于吴中、连当日宰相亦垂涎其家资的大地主吗?可见所谓"贫极江南,富称塞北",虽是元末农民军鼓动起义的宣传口号,其实贫富之别不在南北,与所属民族亦无关。元末农民大起义本身所反对的,也不仅是民族压迫。当时积极起来镇压起义的"义兵万户府"、"义兵千户所",不正是南方各地的地主武装么?蒙古皇帝面对农民起义军束手无策,不是还向汉族朝臣们讨教"诛捕之法"么?

如上所述,元朝的社会矛盾是多种多样的。作为一个少数民族入主中原的时代,这是一个民族矛盾和阶级矛盾交织的时代。蒙古统治者在中原依靠汉族地主剥削人民,而汉族地主为维持本阶级的权益,也需要依靠蒙古贵族的统治。他们是相互依赖、相互联合的。元朝的农民起义之所以多,就是因为这两种矛盾都可以激起反抗。所以,我们不应当简单地把元代起义的原因都归结为民族矛盾。

三

元朝和历史上的其他封建王朝一样,是封建统治阶级压迫和剥削各族劳动人民的政权,其政治制度和经济制度基本上是从前代继承和发展来的。元朝有的大部分弊病,其他朝代也有。因此,特别夸大元朝的黑暗面,是不适当的。

如果我们研究元朝社会的特点，就会发现，尽管在政治、经济领域中，存在着若干落后倒退的因素，但也有一些前代所没有的积极方面。最突出的就是，各民族文化通过接触，相互补充，相互吸收，出现了多种文化交相辉映的时代特色。

有人认为，蒙古人不能汲取汉文化，所以元朝国祚不长。这种说法显然是片面的。对于能加强其统治力量、提高其物质生活的汉族文明，蒙古统治者从不拒绝，总是尽量加以利用。猛火油、震天雷、制甲、造桥等先进技术，不是在蒙古人的征服战争中起了很大作用么？《元史·百官志》列举的手工业官署，不尽是当日精工良匠会萃之所么？至于农业，本非漠北牧民所娴习，然自成吉思汗时代起，即迁移内地农民北去，种田做工，分布于漠北各地。后来，还让他们"杂教部落"，指导一部分蒙古人种植粮食。阿尔泰山南的称海，以及杭海、和林、五条河、唐努山北的谦谦州、吉儿吉思等处，竟一时成了产粮基地。惟从事此种工农业生产的多是汉人及回回人。蒙古统治者只驱使蒙古人充当镇压各族人民的工具，保护他们的政权，而不引导蒙古人学习先进文化。因此，一旦政权丧失，所有的一切便悉归乌有了。

蒙古统治者进入中原后，对儒、道、释、医、卜者是非常重视的。在他们看来，这几类人属于"技术"人才。成吉思汗召见精通卜筮的耶律楚材，带他随军西征，因为卜筮在战争中对于落后迷信的将士能起很大的作用。一二一九年，以医术进用的刘仲禄言道士丘处机有保养长生之术，成吉思汗便命他跋涉万里，到山东莱州召这位道士。同时，他又指令木华黎国王优待海云禅师师徒。僧、道之流善于装神弄鬼，后来西藏的佛教——剌马教传来，更适合蒙古贵族的口味，因而极受尊崇。在元代，僧、道的地位很高，郑思肖说"鞑法：一官二吏三僧四道五医六工……"，是有一定道理的。

蒙古人最初不知道儒者有什么用途，俘虏到儒士，往往让他们去做苦役。后来，耶律楚材等人建议说，儒者学的是周公、孔子治天下的道理，要管理好汉地，没有他们不行。因此，把孔、孟的庙祀恢复了，孔夫子的后裔也封了官。一二三五年打南宋，命姚枢即军中求儒、道、释、医、卜者等人物，姚枢是儒者，故特别重视儒士，在俘虏中发现了理学家赵复，将他带到北方去传授程朱理学。一二三八年考试儒士，对合格者准予豁免身役，选用他们做官或让他们教书。忽必烈即位后，正式设立国子学，选蒙古贵族子弟入学，学习儒家学说，培养统治人才。一些入居中原的蒙古贵族羡慕汉族文化，还请了儒生当家庭教师来教育子女。这样，元朝也出了一些懂得汉文化的蒙古族文人学士，如朵儿直班等人。

然而，多数蒙古贵族则只知道享用中原的物质财富，役使汉人、回回人为自己服务，而不愿学习比较艰深的汉文化。有位皇太子说，儒家老师说的话，听了昏昏欲睡，而刺马说教一听就懂，可见儒家的仁义道德之说在蒙古人中不会有广大的市场。儒虽不是宗教，但有"万世师表"的孔子，又有自己的经书，蒙古人也就把儒生看成与和尚、道士、答失蛮、也里可温等"告天祝寿的人"一样，给予一定的优待。但儒的地位总是居于释、道之下。

元朝幅员广大，民族众多。政府使用三种语言文字。蒙古语是所谓"国语"；汉人、南人使用汉文。色目号称三十一种，其中以回回的文化为最高，回回商人在朝内拥有很大的权力，所以元朝许多重要机关都设有回回译史、令史、掾史等官职。政府设立的最高学府，除蒙古国子学、国子监，汉文国子学、国子监外，还有回回国子学、国子监，讲授亦思替非文字，来造就这方面的人才。当时回教世界通行的语言是波斯语，于是波斯文也就与蒙文、汉文并列，成为元朝官方使用的文字。

在元朝有大批中亚回回人入居中原，伊斯兰教亦随之广泛传播于中国各地。因之元朝不仅三种文字并用，刺马教、儒教与伊斯兰教三种文化亦并存。此外，元朝皇帝把各种宗教视为手的五指，采取兼容并蓄政策，所以也里可温（景教、天主教）、术忽（犹太教）也都有一席之地，成为这个时期文化的组成部分。

蒙古统治者的大事有三，曰征伐，曰搜狩，曰宴飨。所以他们最感兴趣的是回回地面出产的武器和奢侈品，如回回炮、折叠弩，如牙忽（宝石）、答纳（珍珠）、速夫（毛布）、纳石失（金锦）、阿剌吉酒（蒸酒）、舍儿别（果子露）之类都相继输入中原。而对各民族文化发展具有更重要意义的，则是科学技术的交流。元朝制造的回回天文仪、地球仪（木制圆球）等科学仪器，所编著的回回历书、医书、地理书等，都是中国科学发展史上的成就。地理家吴门李泽民《声教广被图》、天台僧清浚《混一疆理图》的制图法，显然都受到回回地图学的影响。在元人的诗文笔记中，更有许多赞誉回回神医奇药的篇章。

元代文化的多样性是显著的。那么经济上怎么样？是有所发展，还是衰退了呢？这个问题也不能绝对化地看待。北方地区在金朝末年，社会经济残破不堪，很多地方生产衰落了。其原因是多方面的，有蒙古军队的破坏，有金朝统治者与河北起义人民之间的战争，还有各个地主武装集团的相互争夺残杀。后来，元朝政府在北方恢复农业生产，有的地方还恢复得很好，没有闲田，单位面积产量也提高了，如山西，甚至做到一亩地可养一人。受战争破坏最甚的河南、江淮地区，也是"丛蓁灌莽，尽化膏沃"，"荒田耕遍"，生产得到恢复。至于江南地区，破坏得并不太厉害，经济情况与南宋时相差不多。总的说来，在元朝，耕地面积有所扩大，尤其是边疆地区开发了，北宋、南宋还不能和它相比；棉花的种植普及了，中国北方原来是桑麻遍野，到元代，渐被棉花代替了。这在穿衣问题上是个很大的改革，以前穷人穿麻织品，现在可以穿棉布了。

元朝的中外交通特别发达。陆路通波斯、叙利亚、俄罗斯、欧洲，海路通日本、朝鲜、东南亚、印度、波斯湾以至非洲各地。交往的范围扩大了。当时，东西方使臣、商旅往来非常方便。元朝人形容说："适千里者如在户庭，之万里者如出邻家。"同时代的一个欧洲商人也说，从黑海沿岸城市到达中国各地，沿途十分安全。这是因为，陆路交通有严密的驿站系统作保障。海路交通方面，元代的航海技术有很大进步。航海者们善于利用季候风规律出海、返航，"凭针路定向行船，观天象以卜明晦"。他们长期积累的观测潮汐、风信、天象的丰富经验，还被编成歌诀。因为有了这个条件，他们才能航行得更远。明初三宝太监郑和下西洋，只是继承元代航海家的遗业，步其后尘而已。

由于中外交通发达，元朝的对外关系得到了发展，使节、商人往来不绝。中外贸易十分活跃，在中国各大城市，不仅有波斯、阿拉伯商人，而且出现了欧洲和非洲的商人。元代东西方经济、文化的交流，对世界文明的进步也具有重大意义。

总之，我们不能机械地、绝对地看问题，说元朝一团漆黑，什么都糟得很。在中国这个多民族国家漫长的历史发展过程中，元朝是一个十分重要的阶段，而且在不少方面有它自己独特的贡献。当然，在中国历史上，元朝统治阶级的残暴和政治的腐败也是相当突出的，元朝的统治也给中国社会的发展带来许多消极的乃至落后的影响。举例说，唐、宋以来以科举取仕，元初不行科举，入仕之途或由宿卫，或由儒，或由吏。到仁宗延祐二年（一三一五年）才恢复科举，开始会试进士，可是采用了深受南宋理学家影响的程钜夫等人的意见，"经学当主程颐、朱熹传注"。从此四书五经成了圣经，程、朱成了圣人的代言人。科举考试、学校教学一律用朱子的传注。到了明朝，朱元璋、刘基又制定八股文体为士子进身的敲门砖。中国的知识分子被这一套思想的枷锁束缚六百多年，一直到了五四运动时代，才得到解放。对于这些方面，当然也是我们所必须看到的。

（原载中华书局《元史论丛》第一辑，一九八二年）

读《史集·部族志》札记

绪　言

自从洪钧的《元史译文证补》出版后，中国的元史史料另辟了一个新天地，洪氏之书顿成为中国蒙古史家案头必备的书籍。不过，洪氏在元史学上的功绩虽然很伟大，带来的弊病却也不小。近代中国第一流的学者如屠寄、柯劭忞、王国维等，只因太凭信了洪氏私改的译音和擅自删节的译文，以致陷入泥淖，元史研究的进步也因之受到阻碍。

就蒙古部族研究而言，拉施特《史集·部族志》是比《元史》更为重要的史料。不过，拉氏书的翻译却不是轻而易举的事，因为在翻译之前，必须先把书中著录的部族名、人名、地名一一认识清楚，方能了解每个名称的意义和价值。别说如洪氏那样的删节和改译要不得，即使译书匠们如实地逐字逐句译出，如不加考订，亦无足取。

洪钧似曾由贝勒津俄文译本将《部族志》译出，作《蒙古部族考》一篇，可惜他身前未曾脱稿，死后此篇文稿不幸佚失。① 柯劭忞在著他的《新元史》时，曾托人复译该篇，他的《新元史考证》第一卷第一页有一条小注说："部族考译史有目无篇，劭忞据未译本辑补。"其《译史补》已由北京大学出版社印行，但绝非直接从《史集》译出，而是由一种或数种近世著作译出的。根据其中的错误译名，与多桑、贝勒津、哀德蛮等人的著作对校，并参阅里施之卡尔平尼行纪（德译本）注（页一〇八）及巴托尔德之《中亚突厥史十二讲》（页一五一），可断定柯氏译文系从哀德蛮的《不动摇的铁木真》中摘译出来的。

---

① 补：洪氏于《太祖本纪译证》中曾多次引述拉施特氏族考，足见此篇已有译稿，唯是否作考不详。

《史集·部族志》著录蒙古的部族名称差不多有一百种。我们研究这些部族的第一个问题是：某一个部族是中国史料中的哪一个部族？质言之，它能不能在汉文史料中"证合"（identifier）。这些部族有的有许多写法，有的只有一个写法，有的一望而知其汉文的对音，有的经东西学者的考证方才认识出来，有的至今还没法证合，有的汉文史料中怕是向来未曾著录过，统计起来，已经证合的已不下十分之七八了。

　　在前辈学者曾经研究过的部族名称中，有的考错了，有的虽然考出，然因史料不足，尚未证实。我在本文中打算在这些地方予以补正。对于若干未经证合的，也想试为解决。至于西方学者的若干误读，亦就便予以纠正。其不可知者，则仍然阙疑。

　　我所根据的基本材料，第一是贝勒津（И. Березин）校订的《史集·部族志》波斯文原书（《俄国皇家考古学会东方部丛刊》第七册，圣彼得堡，一八六一年出版，简称"贝本"）；第二是哀德蛮（Franz von Erdmann）的《古突厥、塔塔儿及蒙古民族概况》（喀山，一八四一年出版，为《部族志》的德文节译本，简称"哀德蛮书"）；第三是多桑（D'Ohsson）《蒙古史》（海牙—阿姆斯特丹，一八三四——一八三五年出版，简称"多桑书"）的引文；第四是哈默（Hammer-Purgstall）的《伊利汗国史》（达姆斯塔特，一八四二年出版）的引文。此外，霍渥尔士（H. Howorth，旧译郝华）《蒙古人史》（第一——三卷，伦敦，一八七六——一八八八年出版）有关蒙古部族的内容，系抄自哀德蛮书，亦在参考之列。

　　中国方面，则有洪钧、柯劭忞、屠寄、王国维诸前辈学者的著作，启迪良多。可惜他们为时代所限，未能直接利用回教史料，仅赖西人译文之重译，故不能无误。文中有所指摘，非敢龁龁前人，盖为求得史料之真面目也。

部族的分类

　　蒙古初期部族的分类，在汉文史料和穆斯林史料中，本来皆"古已有之"，只因近来柯劭忞及屠寄二家轻信译文，遂致本无问题的事，又发生出若干纠纷来。

《新元史》卷二八《氏族表》序云："蒙古氏族凡阿兰豁阿梦与神遇生三子之后，为尼而伦派，……其余为都而鲁斤派，亦称塔亦斤派，……皆为黑塔塔儿。非蒙古人而归于蒙古者，曰札剌儿氏、苏畏亦忒氏、塔塔儿氏、蔑儿乞氏……皆为白塔塔儿。曰乌拉速特氏、帖楞格特氏、客斯的迷氏、林木中乌梁黑氏，皆为野塔塔儿。盖拉施特所述蒙古支派如此。"

《蒙兀儿史记》于部族分类无见明文，唯卷一五三《氏族表》"札剌亦儿氏"条下注云："白塔塔部族也。尼伦派、多儿勒足派皆纯粹蒙兀种，通称之曰黑鞑靼。至今尚称外蒙古曰喀尔喀，即黑之意。其似蒙兀而非蒙兀者，则称白塔塔以别之，亦称白鞑靼。"又谓："兀儿速惕氏、田列克惕氏、客思的迷氏，皆野塔塔儿部族也。"

依柯氏之说，这种分法是出自拉施特书。屠氏虽未明言所本，但其书中屡言柯侍讲译部族考云云，足见其曾见柯氏译稿，其说当亦根据柯氏译文。我们知道柯氏的译文系由哀德蛮《不动摇的铁木真》一书译出的，予在流离中虽未能参考此书，然由他书所引用的部分看来，已足证其中至少有一部分是糅合穆斯林史料和汉文史料而成的。巴托尔德说："中国人分鞑靼人为三部：白鞑靼，南部与中国紧邻；稍北为黑鞑靼；更北为野鞑靼，蒙古人称之曰林木中百姓。"（《中亚突厥史十二讲》，页一五一）里施的卡尔平尼行纪注（页一〇八）引哀德蛮书（页一六八）说，他根据拉施特的分法是：（一）白鞑靼或狭义的鞑靼，札剌儿、Suweit、塔塔儿、蔑儿乞、秃马惕等属之；（二）黑鞑靼或狭义的蒙古，为成吉思汗所从出；（三）由世袭的君主在本地统治的部族，克烈、汪古、畏兀儿等属之。

按里施之说的错误与柯氏同，盖拉施特书实无白鞑靼、黑鞑靼之分。这种黑、白、"野"的分法，其实是南宋末年人的著作中所常见的。赵珙《蒙鞑备录》说：

> 鞑靼……其种有三，曰黑、曰白、曰生。所谓白鞑靼者，容貌稍细，为人恭谨而孝……所谓生鞑靼者，甚贫且拙，且不能为，但知乘马随众而已。今成吉思皇帝及将相大臣皆黑鞑靼也。

李心传《建炎以来系年要录》亦有黑、白、生之说，但其分类之法与赵珙不同。李氏谓："近汉地者谓之熟鞑靼，……远者谓之生鞑靼；所谓生者，又有白、黑之别，今忒没真乃黑鞑靼也。"

今将柯氏译文及巴托尔德、里施所引哀德蛮书与赵珙、李心传二书相比较，其部族分类的说法恰为相同。《蒙鞑备录》于一八五七年已由俄人瓦西里耶夫译为俄文①，哀氏之书成于一八六二年，已及见之，故吾人知出于哀氏书之柯氏译文中的黑、白、"野"三种并列的分法，本为中国旧说。柯氏以出口的国货为十四世纪波斯史家之说，未免是张冠李戴了。

拉施特书之《部族志》分四篇，一为乌古思汗后裔及亲族诸部；一为今称蒙古而往昔各有其本名之诸部，有札剌儿、塔塔儿、蔑儿乞等；一为各有君主之诸部，有克烈、汪古、乃蛮等；一为往昔即称为蒙古之诸部，又分迭列斤、尼鲁温两类，后者即阿兰豁阿感天光所生三子之后裔。据此益证西人所谓黑、白、野之分乃出自中国了。

札剌儿（Jalair）

《元史·太祖本纪》亦作押剌伊而（Yalair），这与《元朝秘史》的主儿勤（Jurqin）、《圣武亲征录》的月儿斤（Yurqin）一样（他书"主"字尚有作岳、禹、要的）。在畏兀儿字蒙古文中，J 和 Y 两辅音系用同一字母表示。

屠寄说，札剌儿之"儿，亦作仑，助词"。②按《秘史》的札剌亦仑乃蒙文 Jalair-un 的音译，意谓"札剌亦儿的"，仑乃 r-un 的连续，非另有别种读法也。屠氏又舍秃马惕（Tumat）之名不用，而采用秃马敦（Tumat-un）为部名，其误解正与此相类。

《史集》记载札剌儿的分族凡十种，据我们所知，现在能用中国史料证合，决定其写法与读音的，才只有三种或四种。其余的应该如何写、读，尚难决定。

（一）察哈，札剌儿的第一个分族。贝勒津刊本作 Jāit，他本有作 Jat 的

---

① 瓦西里耶夫（A. Васильев）:《十一—十三世纪中亚东部的历史和古迹》附录，有关契丹、女真和蒙古的汉文史料译文，圣彼得堡，一八五七年出版。
② 《蒙兀儿史记》卷一五三《氏族表》。

写法。在《史集》诸写本中，J 和 Ch 写法往往不分，都只著一个音点，读它为 J 或 Ch 都无不可，所以我们可将这个分族读为 Jait（或 Jat），也可读为 Chait（或 Chat）。

蒙古初期勋名最著的木华黎，便是这个分族的人。他的本传（《元史》卷一一九）虽没有举他分族的名称，可是他的族孙忙哥撒儿传（《元史》卷一二四）却明言是察哈札剌儿氏。《史集》将这两个人都列入 Jait（Jat）～ Chait（Chat）分族，足见此名可与《元史》之"察哈"证合，应读作 Chāt，为蒙语 Chaqat（Chaqan 之复数形式），此言"白"。

《蒙兀儿史记·氏族表》此分族名译作察哈惕，但又加注云："亦曰朱邪惕，以居近沙陀，故称。"这是因为他不知 Jait 当读为 Chat，并以 Jait 与朱邪音近，遂根据《新五代史·唐庄宗本纪》中的"自号曰沙陀而以朱邪为姓"这句话，自己独造出来的。

（二）脱忽剌温，贝勒津刊本作 Tūqrāūt。前人根据多桑《蒙古史》的写法 Toucraoun，已与《秘史》第一二○节的脱忽剌温证合了。贝本的写法，则与《秘史》第二一三节的脱忽剌兀惕相应，为同一分族名的复数形式。

（三）Qngqāūt?。

（四）Kūmsāūt[①]?。

以上两分族名，我们还不能决定其写法和读法。

（五）Ūyāt，《蒙兀儿史记·氏族表》译作兀勒野惕，注云："蒙兀语榆曰乌里雅。"我们知道蒙古西部重镇乌里雅苏台，意为"有杨柳"，蒙文 Uliasu 译言"白杨"。屠氏根据了蒙文的"杨"字（非"榆"字），在此分族名称上擅加一"勒"字音，又在 uliasu 上擅去一 su 音节，用这样的方法来求 Uyat 族名与 uliasu 对音，此真所谓"削足适履"了。

（六）Nilqān?，他本有作 Bilqān 者。此分族名亦无法定其写法和读法。屠寄根据多桑书的写法 Bilcassan，音译为不儿合敦，并注云："蒙兀语柳有曰布尔哈图。"按布尔哈图译写为 Būrqa-tu，此与多桑书之 Bilcassan 已相差甚远，何况此名尚有他种写法（如 Nilqān），以之与 Burqatu 相较则更毫无类似之点了。

---

① 补：伊斯坦布尔本作 kūmāūt。

（七）Kūrkin?，读、写均不能定。

（八）朵郎吉，《史集》札剌儿分族 Tōlāngqit，已经洪钧证合，即《元史·太祖纪》及《圣武亲征录》之朵郎吉（《元史译文证补》卷一《太祖本纪译证上》）。《蒙兀儿史记·氏族表》："撊只钞鲁罕，朵笼吉儿歹札剌亦儿氏。"注云："按朵郎吉即秘史蒙文续集之朵笼吉儿歹兵。"此说甚是，惜未加说明。盖蒙古族名的复数，用 t 用 s 用 r 本来不是一定不易的，Dolangqit 与 Dolangqir 实为一字；朵笼吉儿歹与《辍耕录》之札剌儿歹、答答儿歹的例子一样，乃是在部族名后加上一个 -tai 后缀，把原字变成形容词，王静安谓拉施特之"朵郎古特，即《秘史》（第一三七节）之帖列格秃亦作帖列秃，……盖帖列格秃巴颜即以帖列格秃之地为名，而朵郎吉札剌儿氏又以帖列格秃巴颜之名为氏"（《圣武亲征录校注》，页二六）。此说则绝不能成立。第一，就音理上讲，Dolangqit 之 o 及 a 皆属施密德所谓之"第一类母音"（I. J. Schmidt, *Grammatik der Mongolischen Sprache*, S. 6），而帖列格秃复原为 Telegetü，其母音 e 及 ü 皆属第二类，两者全然不同。第二，就氏族讲，帖列格秃巴颜之长子古温兀阿（《元史》作孔温窟哇）乃木华黎之父，次子赤老温孩亦赤（《元史》作赤老温恺赤）乃忙哥撒儿之曾祖，属于札剌儿分族察哈氏。说朵郎吉分族是以察哈分族人帖列格秃巴颜之名为氏，显然是不可能的。

（九）Tūrī?，他本有作 Būrī 者，写、读难决。

（一〇）Sangqūt，S 他本多作 Sh。此分族名他处均未见。惟《蒙古源流》著录了一个部族名 Singqor（Schmidt 本，页一八六末行），汉文译本音译为星和尔（《蒙古源流笺证》卷六，页四上），或者就是 Sangqot 的异写（蒙古部族名的多数用 r 或 t 非一定不易），沈乙庵说"星"字"疑为畏字之误"，则是单从汉文字面上猜测，误认此部为畏兀儿的错译了。

塔塔儿（Tatar）

塔塔儿之名，首见于突厥文阙特勤碑（七三二年）。在汉文史料中，则唐会昌二年（八四二年）李德裕撰《赐回鹘嗢没斯特勒书》始见著录，作"达怛"。①

《秘史》所著录的塔塔儿分族有六七种，不过我们还不能据之与《史集》所载的一一证合。《史集》著录的塔塔儿分族有六种：

（一）脱脱里，贝本塔塔儿第一分族之名作 Tūtūqliūt，多桑书译作 Toutoucalioutes。这个分族名称的写法，诸书虽不尽同，然亦无大差异。Tutuq 即"都督"之音译，突厥碑文中常见此官号，盖自汉语移入者。Tutuqliut 系 Tutuqliq 之复数，意即"都督之民"。柯译作土黑里均忒（《新元史·氏族表》），失去一 tu 音，不尽合。屠敬山谓塔塔儿相传有八种，其一"都答兀惕，多桑作秃秃合赤兀惕"（按："赤"应作"里"），是以此分族与《秘史》（第一五三节）之都塔兀惕塔塔儿（Duta'ut tatar）比对。这很有可能，然对音尚不完全吻合，疑《秘史》都塔兀惕当读为 Tuta'ut，为 Tutu'ut 之讹，如此始与《史集》符合。

元宪宗时燕京大断事官布智儿为"蒙古脱脱里台氏"（《元史》卷一二三本传），又太宗时探马赤军五部将阔阔不花为"按摊脱脱里氏"（《元史》卷一二三本传）。《蒙兀儿史记·氏族表》："布智儿，塔塔儿氏"，"阔阔不花，阿勒坛塔塔儿氏"。是屠氏以"脱脱里"为塔塔儿之异译。但这种异译的情况绝无可能。《元史》之"脱脱里"，倒可与《史集》所载塔塔儿分族之 Tutuqliut（单数 Tutuqliq）比对，盖 o 与 u 在蒙文、波斯文中都是用同一字母表示。然而布智儿、阔阔不花是否塔塔儿部人，尚无明证。②

（二）按赤（阿勒赤），贝本作 Anji，当读为 Anchi，他本多作 Alchi。此即《秘史》（第一五三节）之阿勒赤塔塔儿（Alchi tatar），《亲征录》作按赤塔塔儿。蒙文 l 在汉文中常变为 n 音，元代"按"字可译 an 和 al，这不是出规的，然而在波斯文竟亦有此现象，殊令人惊异。《新元史·氏族表》将此分族名误译为阿儿哥，屠敬山乃谓"柯译脱此"，然而他又将柯氏误译之阿儿哥比定为《秘史》之阿鲁孩塔塔儿（第一五三节），说此两名"音近"，是将错就错，强为之解了。

---

① 补：穆斯林史料中，Gardizi（成书于一〇五〇年前后）列 Tatar 为 kimak 七部之一。见 Minorsky 译，*Hudūd al-'Ālam*，第三〇四页。

② 补：伯希和、韩百诗《圣武亲征录译注》（Pelliot te Hambis, *Histoire des Campagnes de Gengis khan*, pp. 7, 274-275），谓此书载蔑儿乞部有一脱脱里氏，《史集》作 Tōdāqlin（ > tutuqliq），与塔塔儿之第一分族同名。布智儿、阔阔不花当是此蔑儿乞之脱脱里氏，而非塔塔儿人。

（三）察罕，贝本 Jaghan，诸本均同。应读为 Chaghan，即《秘史》（第一五三节）之察阿安塔塔儿（Cha'a'an tatar）。柯译作"察斤"，误。《蒙古源流》（Schmidt 本，页二〇四原文；《蒙古源流笺证》卷六，页一六下）载："巴延达喇（Bayandara）壬寅年（Sim bars yil，一五四二）生，占据察哈尔之察罕塔塔尔而居。"《明史》卷二三三《李成梁传》："万历十八年（一五九〇），卜言台周黄台吉、大小委政结两部又汗塔塔儿，深入辽沈海盖。"可见此部族名在十六世纪尚存。

（四）Kūyin?，贝本作 Kūīn，多桑书作 Couyin，哀德蛮书作 Guisin。柯译"古亦辛"，显系出自哀德蛮书。《蒙兀儿史记·氏族表》作"贵由"，注云："见多桑书，郝华（Howorth）重译作古亦辛，辛犹思，助音，可省。"按"贵由"（Güy-ük）与 Kuyin 之音不相类，将"辛"（sin）强解为复数语尾之 s 亦不确，屠氏之说不可从。但目前我们还不能决定这个分族名的写、读。①

（五）Tarāt，贝本此分族名作 Narāit，哈默（Hammer）本作 Terāb，多桑书作 Terate，哀德蛮书作 Nezait。《新元史·氏族表》"塔塔儿"条译为"讷札特"，显系出自哀德蛮书。《蒙兀儿史记·氏族表》塔塔儿分族"贵由"条下注云："多桑书又有朵剌台，郝华（Howorth）书无之；而郝华书有一种曰讷赛亦惕，柯译作讷札特，多桑书亦无之，岂即朵剌台之本称乎？"按《史集》诸写本，此分族之名多作 Narāit 或 Tarāt，哀德蛮书之 Nezait，z 显然系 r 之讹（波斯文 z 与 r 仅一音点之差）。Howorth 照抄哀德蛮，柯劭忞因之，由于西人一音之误差，遂致我们的前辈纷纭莫辨，殊堪叹惜。

日人箭内亘《鞑靼考》据塔塔儿部之居地与辽代敌烈同，遂以多桑书著录之 Terate，即《辽史》之敌烈（又作迪烈得、迭烈德等），《金史·宗浩传》之迪列土。他并认为贝本之 Narāit，第一字母 n 应作 t（波斯文 n 与 t 亦只一音点之差），此分族名当从贝氏所举他本作 Tarāit（Tereit）。此说甚有价值，然而箭内氏又将此族与《秘史》（第五三节）之备鲁兀惕勘同，以为蒙文 b 与 t 形近，转抄和汉译而误 t 为 b，这就不能成立了。②

---

① 补：伯希和、韩百诗《圣武亲征录译注》（第八页）云：贝勒津译本《部族志》著录一河名 Kūyīn，无疑应读为 küyiten。此处之 Kuyin-tatar，同样亦可为 Kuyiten-tatar。《秘史》第五八节载有塔塔儿人阔湍巴剌合（Kotonbaraqa），《黄金史》写本正是作 Kuyiten barqa baatur。

② 补：伯希和、韩百诗《圣武亲征录译注》（第三页）谓，备鲁兀惕当复原为 Buīru'ut，为 Buiruq 之复数，此言"梅录（突厥官号）之民"。

（六）Barqūī?，此分族在多桑书中有 Bercoui 和 Tercoui 两种译法，哀德蛮书则作 Yerkui。柯译也儿忽依（《新元史·氏族表》），系出自哀德蛮书。《蒙兀儿史记·氏族表》"主因"条阿亦里兀惕下注云："郝华书作也鲁忽依，柯侍讲《新元史》作喀依伦，皆重译之音差。"他在"塔塔儿"条阿亦里兀惕下又注云："（柯译于）此处译音如也鲁忽依，与郝华书正相同，尤近《秘史》。"是屠氏既以 Howorth 照抄哀德蛮书之塔塔儿分族 Yerkui 为《秘史》之阿亦里兀惕塔塔儿，复以柯氏误译之"苏畏亦特"（系据哀德蛮书 Suweit，实应作 Sunit= 雪你惕）分族"喀伊伦"（系据多桑书 Caironnes，实应作 Qabturqas= 合卜秃儿合思）为此分族之异译。屠氏在同条备鲁兀惕下注云"多桑书作备鲁古亦，音最近，郝华书无此族"，则又将多桑书之 Bercoui 比定为《秘史》之备鲁兀惕。柯氏所译"喀伊伦"族名之误，予已于"合卜秃儿合思"条下辨明，兹不再赘。① 此处 Howorth 书（本于哀德蛮书）之 Yerkui 和多桑书之 Bercoui，实为《史集》所载同一塔塔儿分族名之不同译法，由于西人之误译，屠氏乃歧而为二，分别比定为《秘史》之阿亦里兀惕和备鲁兀惕，显然不当。

我们以为哀德蛮之 Yerkui，据《史集》各种写本及多桑书校对，首字 Y 应为 B 之误（波斯文 B 多一音点即为 Y），多桑书另一译法 Tercoui 之 T，亦应为 B 之讹；其尾音之 i，与 t 形近，或者是 t 之误。据中文史料定其音读，由此分族之名当作 Beruqut，即《秘史》之备鲁兀惕。②

陈得芝附记：一九三九年下半年，鸿庵师羁留云南昆明期间，从中央研究院图书馆觅得拉施特《史集·部族志》之贝勒津波斯原文校订本，托人抄录全文，研读数过，随作札记数十则，拟著《拉施特史集部族志研究》，分上、下篇，上篇为《部族名称的研究》，下篇为《诸部人物的研究》。此后费数年之功，时作时辍，写就此文，积稿盈箱，随身携带，不幸于一九四九年

---

① 参见韩儒林：《蒙古氏族札记二则》，载《华西协合大学中国文化研究所集刊》一九四〇年第一卷第二期。
② 补：伯希和试图将《史集》Barqūi 读为 Narūqai，并以之恢复《秘史》（第一五三节）阿鲁孩（Aruqai 或 Aluqai）原貌，盖此字蒙文 n 缺一音点，其首音即为 a，这种情况在古蒙文手稿和碑刻中常见，如 Nisapur 在《秘史》（第二五九节）中即作 Isapur（芝按：首字 n 脱落音点，即变为零声母）。见《圣武亲征录译注》第八一九页。

二月自台湾归回大陆时，在上海外滩码头，连皮箱为小偷盗去。解放后，曾打算重起炉灶，迄未能实现。鸿庵师谢世后，从遗稿中找到他在昆明所写的《读〈史集·部族志〉札记》手稿一本，内有《研究》之"绪言"及若干部族名称考证的草稿，其中个别条目已写成单篇文章发表，如《雪你惕与合卜秃儿合思》，大部分则从未刊布。《札记》虽作于四十多年前，但有些研究心得尚为后出的论著所不及，故仍可供研究蒙元史者参考。今从原稿中选录一部分，整理发表。文末"补注"皆整理者所加。伯希和、韩百诗所著《圣武亲征录译注》（一九五一年莱顿出版）对蒙古部族有许多精辟研究，间或有为鸿庵师所未及或意见不同者，亦简要摘出纳入补注。

（原载中华书局《元史论丛》第三辑，一九八五年）

突厥、蒙古之祖先传说

近世东西学者如柯剌不罗特（Klaproth）[1]、霍渥斯（Howorth）[2]、华而甫（Wolff）[3]、洪钧[4]、屠寄[5]及陈寅恪先生等对于突厥、蒙古起源之传说，均有所研究。而最早对此传说进行分析者则为清代蒙古族学者博明。其家藏抄本《蒙古世系谱》之按语云："苍狼白鹿之说，久著史册，此则援蒙古以入吐蕃，援吐蕃以入天竺。"嗣后陈寅恪先生著《〈彰所知论〉与〈蒙古源流〉》一文，分析愈精，更进一步指出突厥、蒙古之祖先传说，又援突厥、蒙古以入大食，以入夫余、鲜卑矣（见《中央研究院历史语言研究所集刊》第二本第三册第三〇二页）。惟该文主旨，止在于分析《蒙古源流》及《彰所知论》中所含之共同成分，至于蒙古起源传说中所增加之突厥和回教国材料，仅顺便提及而已。今杂采东西旧史若干种，以探讨突厥、蒙古祖先传说之演变，及其传说承受希伯来、天竺及吐蕃之痕迹，或亦为治塞北民族史者所乐闻欤？

一

《史记》卷一二三《大宛传》云：

> ……乌孙王号昆莫，昆莫之父，匈奴西边小国也。匈奴攻杀其父，而

---

[1] 柯剌不罗特：《亚细亚史表》（*Tableau Historique de l'Asie*），第一五八——一六〇页。
[2] 霍渥斯：《蒙古人史》第一卷第二章。
[3] 华而甫：《蒙古或鞑靼史》（*Geschichte der Mongolen oder Tataren*），第一——一六页。
[4] 洪钧：《元史译文证补》卷一上《太祖本纪译证上》。
[5] 屠寄：《蒙兀儿史记》卷一。

昆莫生，弃于野，乌嗛肉蜚其上，狼往乳之。单于怪以为神，而收长之。

《汉书》卷六一《张骞传》云：

> 乌孙王号昆莫。昆莫父难兜靡，本与大月支俱在祁连敦煌间，小国也。大月氏攻杀难兜靡，夺其地，人民亡走匈奴。子昆莫新生，傅父布就翎侯抱亡置草中，为求食，还见狼乳之，又乌衔肉翔其旁，以为神，遂持归匈奴，单于爱养之。

班固之说较司马迁为详。《史记》仅言狼乳，而《汉书》则复增傅父抱亡等饰词。此正民俗学家所谓时代愈近传说愈详之例也。按史公与张骞同时，其说似得自博望侯之口述。当时东西交通未畅，故其说尚朴实无华。班固上距史公已数代，不惟当时使者相望于道，即其本人亦曾从军北征，勒铭燕然山。则《汉书》于乌孙祖先传说有所增饰者，就时代与地位言，固甚合理也。

乌孙人名之保存于今者尚夥。而现在能复原者，犹不易见。然其中有一人名极堪引吾人之注意，即《汉书·西域传》之乌孙王拊离是也。此拊离一名，当与唐代史籍中之"附邻"、"步离"、"附离"，及元代史籍中之"播里"、"不里"等，同为突厥文 böri 之对音。böri 一字在突厥文《阙特勤碑》东面第十二行已著录，其意为"狼"。《通典》卷一九七亦早已言之。然则王以狼名，殆亦与乳养其先祖之神兽有关欤？

世人对于乌孙种属问题，尚多异议。其以先世传说及拊离之名为证，而遽视为突厥者，犹难置信也。《魏书》卷一〇三《高车传》云：

> 俗云：匈奴单于生二女，姿容甚美，国人皆以为神。单于曰："吾有此二女，安可配人，将以与天。"乃于国北无人之地筑高台，置二女其上，曰："请天自迎之。"经三年，其母欲迎之，单于曰："不可，未彻之间耳。"复一年，乃有一老狼昼夜守台嗥呼，因穿台下为空穴，经时不去。其小女曰："吾父处我于此，欲以与天。而今狼来，或是神物，天使之然。"将下就之。其姐大惊曰："此是畜生，无乃辱父母也！"妹不从，下为狼妻而产子，后遂滋繁成国。故其人好引声长歌，又似狼嗥。

又《周书》卷五〇《突厥传》云：

> 突厥者，盖匈奴之别种。姓阿史那氏，别为部落，后为邻国所破，尽灭其族。有一儿，年且十岁，兵人见其小，不忍杀之，乃刖其足，弃草泽中，有牝狼以肉饲之。及长，与狼合，遂有孕焉。彼王闻此儿尚在，重遣杀之。使者见狼在侧，并欲杀狼，狼遂逃于高昌国之北山。山有洞穴，穴内有平壤茂草，周回数百里，四面俱山。狼匿其中，遂生十男。十男长大，外托妻孕，其后，各有一姓，阿史那即一也。子孙蕃育渐至数百家。经数世，相与出穴，臣于茹茹，居金山之阳，为茹茹铁工。金山形似兜鍪，其俗谓兜鍪为突厥，遂因以为号焉。……（大统）十二年……铁勒将伐茹茹，土门率所部邀击破之，尽降其众五万余落，恃其强盛，乃求婚于茹茹。茹茹主阿那瓌大怒，使人骂辱之曰："尔是我锻奴，何敢发是言也？"

突厥与匈奴之关系如何，与本文无涉，姑置勿论。其最堪注意者，《史记》、《汉书》仅言乌孙王子为狼所乳，在《魏书》则竟为高车始祖父，在《周书》则为突厥始祖母。是初为乳养神兽，逐渐演变为种族之祖先矣。至于《魏书》中台下所穿空穴，在《周书》不惟变为山中洞穴，而且平壤茂草，周回数百里矣。流传愈久，增饰愈多，迨至蒙古，此段传说，更变成极富文学趣味之故事。试读下文所引拉施都丁书及阿布勒哈齐书之记载，可以知之。

又《魏书》所言之天，非普通意义之天，乃萨满教所崇拜之天（Tengri），最当留意。至《周书》所言突厥为茹茹铁工或锻奴事，则亦后世蒙古熔矿开山，元旦君臣捶铁之渊源也。

《新唐书》卷二一七下《回鹘传》"薛延陀"条云：

> 初延陀将灭，有丐食于其部者，延客帐下，妻视客，人而狼首，主不觉，客已食。妻语部人共追之。至郁督军山，见二人焉，曰："我神也。薛延陀且灭。"追者惧，却走，遂失之。至是，果败此山下。

由此观之，此塞北之狼，非仅为其种族祖先，且直为护国神兽。狼之出没去留，悉与其民族盛衰有关。

依突厥人之意，本族由狼繁衍，似较他种优越。其理由虽不可知，而可汗固尝以此自骄。《旧唐书》卷一九四上《突厥传》云：

> ［毗伽可汗（Bilge Qaghan）］俄又遣使请和，乞与玄宗为子，上许之，仍请尚公主，上但厚赐而遣之。……乃遣中书直省袁振摄鸿胪卿往突厥，以告其意。小杀（Shad，即毗伽可汗）与其妻及阙特勤（Kül Tegin）、暾欲谷（Toyuquq）等环坐帐中，设宴谓振曰："吐蕃狗种，唐国与之为婚，奚及契丹，旧是突厥之奴，亦尚唐家公主。突厥前后请结和亲，独不蒙许，何也？"

突厥自认狼种，故虽早离金山故地，犹名新居曰狼山，示不忘旧。唐初突厥灭后，亦尝因突厥地名，于安北都护府，设置狼山州。突厥有时置"附邻"可汗，附邻即拊离，华言狼也。可汗侍卫之士，亦称"附离"。是狼之一词，乃其最喜用之名词也。至于突厥民族徽识，亦用狼头以为饰者，盖所以表示其种族之根本。《通典》卷一九七：

> 旗纛之上，施金狼头。侍卫之士，谓之附离，夏言亦狼也。盖本狼生，志不忘其旧。

因此中国天子，往往赐突厥某人以狼头纛，以行其分裂之策。《隋书》卷五一《长孙晟传》云：

> 玷厥之于摄图，兵强而位下，外名相属，内隙已彰，鼓动其情，必将自战。……因遣太仆元晖出伊吾道后诣玷厥，赐以狼头纛，谬为钦敬，礼数甚优。

若突厥可汗在中国边陲树立傀儡政权，亦必赐以狼头纛，谬为钦敬。《旧唐书》卷五五《刘武周传》云：

> 突厥立武周为定杨可汗。遗以狼头纛。

唐代王孙贵胄游戏，亦以狼头纛为玩具。《新唐书》卷八〇《常山王承乾传》云：

> 又好突厥言及所服。选貌类胡者，被以羊裘，辫发，五人建一落，张毡舍，造五狼头纛，分戟为阵，系幡旗，设穹庐自居。使诸部敛羊以烹，抽佩刀割肉相啖。承乾身作可汗死，使众号哭，剺面奔马环临之。忽复起曰："使我有天下，将数万骑到金城，然后解发，委身思摩，当一设（Shad），顾不快哉！"左右相私语，以为妖。

二

按《周书》叙述突厥先世传说有两故事。其一已见前引，其二则似为畏兀儿祖先传说之萌芽。《周书》卷五〇《突厥传》：

> 或云：突厥之先，出于索国，在匈奴之北。其部落大人曰阿谤步，兄弟十七人，其一曰伊质泥师都，狼所生也。谤步等性并愚痴，国遂被灭。泥师都既别感异气，能征召风雨。娶二妻。云是夏神冬神之女也。一孕而生四男：其一变为白鸿；其一国于阿辅水、剑水之间，号为契骨；其一国于处折水；其一居践斯处折施山，即其大儿也。山上仍有阿谤步种类，并多寒露。大儿为出火温养之，咸得全济，遂共奉大儿为主，号为突厥，即纳都六设也。纳都六设有十妻，所生子皆以母族为姓。阿史那其小妻之子也。纳都六死，十母子内欲择立一人，乃相率于大树下，共为约曰："向树跳跃能最高者，即推立之。"阿史那子年幼，而跳最高者，诸子遂奉以为主，号阿贤设。此说虽殊，然终狼种也。

此故事中之大树，似与后来畏兀儿先世传说有极深关系。试读下引志费尼、虞集、黄溍等所传录之文，当可了然矣。

突厥、蒙古之祖先传说

志费尼所著《世界征服者传》(Ta'rikh-i Jahān-Kushaī)① 原书虽已有校本刊行，但吾人尚未能求得一读。兹据多桑《蒙古史》法文译文摘录于后（依冯承钧氏《多桑蒙古史》汉译本第一八〇页）②：

> 源出哈剌和林诸山之秃忽剌（Tougola）、薛灵哥（Sélenge）二水会流处，有地名忽木兰术（Coumlandjou），有二树相邻。一树名曰Fistouc，其形类松，如扁柏常青，结实如松实，别一松则野松也。二树之间，忽有小丘，日见增长，上有天光烛照。畏兀儿人进前礼之，闻中有音声，如同歌唱，每夜皆然。剧光烛照，三十步内皆明。增长既成，忽开一门，中有五室，有类帐幕，上悬银网，各网有一婴儿坐其中，口上有悬管以哄哺乳。诸部落酋见此灵异，向前瞻礼。此五婴儿与空气接触，即能行动，已而出室。畏兀儿人命乳妇哺之，及其能言之时，索其父母。人以二树示之，五儿遂对树礼拜。树作人言，嘱其进德修业，祝其长寿，名垂不朽。其他之人，奉此五儿如同王子。五子长名孙忽儿的斤（Souncour-tégin），次名忽秃儿的斤（Coutour-tégin），三名不哈的斤（Boucac-tégin），四名斡儿的斤（Or-tégin），五名不可的斤（Boucou-tégin）③。畏兀儿人以为诸子为天所赐，决奉其一人为主。不可美而慧，较有才，尽通诸国语，畏兀儿人遂奉之为汗。
>
> 其民尊其主为"亦都护"，上述之二树，则置庙中祀之。

---

① 《世界征服者传》，原文为波斯文，现在东西诸国，尚无译本。书中转录畏兀儿书籍所载若干事，一百年前，由多桑译出。著者名 Alā ad-Din Atā-Mulk b. Muhammad Juwayni（卒于一二八二年），生于呼罗珊（Khorasan）之 Juwayn（在你沙不儿城 Nishapur 之西北），故称志费尼（Juwayni）。其祖为花剌子模沙（Khwarzm Sah）摩诃末（Muhamad）首相，父为蒙古主波斯理财官凡二十余年，兄相旭烈兀（Hulagu）亦十年。其本人为报达（Bagdad）长官凡二十四年，佺为伊拉克阿只迷（Iraq Ajami）及法耳思（Fars）总督，另一侄则为诗人。一门显贵，为波斯史上所仅见。一二五二年蒙哥汗被选时，随父入觐，当其滞留蒙哥宫廷之时，应友人之请，编著此书。分三部。第一部志成吉思汗及其继承者，第二部为花剌子模沙史，第三部为木剌夷史。Mirzas Muh. Qazwini 已校印两册（一九一三、一九一七年），为伦敦 Gibb Mem. Series 丛书之 Old Series XVI。
② 补：志费尼书一九五八年已由波耶儿（J. A. Boyle）从波斯文译为英文。关于畏兀儿族之祖先传见英译本第五五—六一页。
③ "不可"一名，在唐代突厥文《暾欲谷碑》第三四行及第五〇行已著录，唐译为"匐俱"，为"牟羽"（Bögü）、足见"不可"一名，其渊源与乌鹘（Ughuz）俱古矣。元欧阳玄《圭斋集》卷一一《高昌偰氏家传》之普鞠可汗，亦即此不可的斤。欧阳玄谓普鞠可汗居偰辇杰河（Selenge），足证其亦见志费尼所转录之畏兀儿书，或虞集所转录之《高昌王世家》也，惟神话部分弃而不取耳。

元虞集《道园学古录》卷二四载《高昌王世勋之碑》，所述畏兀儿人先世传说内容，与志费尼书完全相同，是证虞集所据之《高昌王世家》与志费尼所转录之畏兀儿书籍，同出一源：

> 畏吾而之地，有和林山，二水出焉，曰秃忽剌，曰薛灵哥。一夕有天光降于树，在两河之间，国人即而候之，树生瘿，若人妊身然，自是光恒见者。越九月又十日，而瘿裂，得婴儿五，收养之，其最稚者，曰卜古可罕。既壮，遂能有其民人土田，而为之君长。

此外黄溍《金华黄先生文集》卷二四《亦辇真公神道碑》所述亦略同：

> 亦辇真伟吾而人，上世为其国之君长。国中有两树，合而生瘿，剖其瘿，得五婴儿。四儿死而第五儿存，以为神异，而敬事之，因妻以女而让以国，约为世婚，而秉其国政，其国主即今高昌王之所自出也。

志费尼及虞、黄二文之树，当上承《周书》，惟传述日久，逐渐变相，幼童跳跃之木，至此成为祖先产生之根本。其地位与前一传说之狼等矣。其中更有一点，为吾人所不可忽者，则天光是也。志费尼及虞集所记之传说，不言畏兀儿祖先为狼所产，而谓系天光感应而生。此说来源，或可上溯至夫余民族之大气感生说（参阅《后汉书·东夷传》）。

《元朝秘史》、《元史·太祖本纪》、《史集》、《蒙古源流》①、《蒙古佛教史》②

---

① 著者为小彻辰萨囊鸿台吉（Sanang Sechen Qong Taiji），鄂尔多斯乌审旗人，书成于一六六二年。惟关于著者之名，颇有问题。其名在施密德（I. J. Schmidt）本（第二九八页）为 Sanang，无畏空书（第四四七页）之藏文写法为 Sa-Shan，与成衮札布本之萨囊，均无龃龉。但久居鄂尔多斯之蒙古学家田清波（A. Mostaert）神甫曾告予云："其名实为 Saghang 而非 Sanang，因 gh 与 n 近似，乃传写之误。"姑志之，以待实证。并参阅李盖提（L. Ligeti）之《元文宗之蒙古名字》（"Les noms mongols de Wentsong des Yuan"，《通报》第二辑，第二七卷，第五九页）。

② 著者生于青海东南部（'A-mdo），留学于西藏，一八二一年曾至北京，居雍和宫。被请居住土默特贝子寺内，应檀越之请，著作此书（参阅其书内自传）。书成之年为藏历"第十四胜生土兔年"，此年德文译本译者胡特（Huth）自注（第四四七页）为一八一八年，但据伯希和之说，应推下一年，改正为一八一九年，参阅其所著《西藏年代学中之甲子纪年》（Le cycle Sexagenaire dans la chronologie tibétaine）一文，见《亚洲学报》，一九一三年，五—六月，第六三三—一六六七页，并参阅钢和泰男爵《论西藏人之甲子纪年》（On the Sexagenary Cycle of the-Tibetans），刊于《华裔学志》（Monumenta Serica）第一卷。此书于一八九六年由德人胡特译为德文，名为《蒙古佛教史》（Geschichte des Budhismus in der Mongolei），本文所引，即此译本。

诸书所记成吉思汗十世祖母阿兰豁阿感光生子之事，与夫余、鲜卑、畏兀儿之传说，显然有关。然各书所载，亦互有异同，兹分述于后，以见其传述演变之迹。《元朝秘史》：

> 朵奔蔑儿干死了的后头，他的妻阿兰豁阿又生了三个孩儿。（第一七节）
>
> 阿兰豁阿说："您不知道，每夜有黄白色人，自天窗门额明处入来，将我肚皮摩挲，他的光明透入肚里去时节，随日月的光，恰似黄狗般爬出去了。你休造次说。这般看来，显是天的儿子，不可比做凡人。久后他每做帝王呵，那时才知道也者。"（第二一节）

《史集》所记，与《秘史》无大异。惟以阿兰豁阿夫死后所生之子，为尼伦（Nirun）之祖。其他蒙古人虽亦出自阿儿格乃衮，以无异禀，故称多儿勒斤（Dürlegin），是纯粹蒙古人派别之区分，即在于此，惜华书不载，无以比较。兹依《元史译文证补》卷一，将其所记感光生子部分摘录于后，以见东西传述之差异：

> 阿兰豁阿寡居而孕，夫弟及亲族疑其有私。阿兰豁阿曰：天未晓时，白光入自帐顶孔中，化为男子，与同寝，故有孕。且曰：我如不耐寡居，曷不再醮而为此暧昧事乎？斯盖天帝降灵，欲生异人也。不信，请伺察数夕，以证我言。众曰诺。黎明时，果见有光入帐，片刻复出，众疑乃释。既而举三子……[季]曰孛端察儿，其后为孛儿只斤氏，"孛儿只斤"释义为灰色目睛，以与白光之神人同也。此三子支裔，蒙兀人以其禀受之异，称之曰尼伦，释意为清洁。别派则谓多儿勒斤，犹言常人。

《蒙古源流》谓多博墨尔根（Dobo Mergen）娶两土默特（Qoyar Tümet）① 地方之女阿隆郭斡为妻，且多折箭事：

---

① 两土默特乃涉土默特旗左右两翼而误。土默特即秃马惕之异写，拉施都丁《史集·部族志》作 Qūrī，即《秘史》豁里之对音，唐译哥利，汉文老也。惟豁里秃马惕在《秘史》为一部之名，在拉施都丁书，豁里与秃马惕各自为部，乃两部之名，无豁里秃马惕。

多博墨尔根卒后，阿隆郭斡哈屯每夜梦一奇伟男子，与之共寝，天将明即起去，因告其姒娣及侍婢等知之，如是者久之，遂生……三子。……伯勒格特依、伯袞德依二人遂疑其母。阿隆郭斡哈屯，因给伊子箭杆一枝，命折之，即折而掷之，遂旋给五杆，命一并折之，竟不能。其母云，尔等二人，误听旁人之言疑我。因语以梦中事情。且云："尔等此三弟，殆天降之子也。"尔兄弟五人若不相和好，各异其行，即如前一枝箭以势孤而被伤，若公共而行，即如后五枝箭，势众则不能伤之矣。

无畏空之《蒙古佛教史》第一卷蒙古政治史部分虽多袭《蒙古源流》之文（参阅胡特德文译本第四四七页），然阿兰豁阿夫死后生三子之故事，于采用《蒙古源流》之说外，另采他种史源。其史源虽不得知，然与《秘史》较，则极为近似。惟折箭一事，一变而为折冰矣。盖蒙文 müsün 一字有冰及箭杆二义，无畏空取第一义也。无畏空书云：

朵奔蔑儿干（Twopon Mergen）娶豁里秃马惕（Hure T'umed）族豁里剌儿台蔑儿干（Gōciltai Mergen）之女阿兰豁阿（'Alon Gwo）为妻。别列古讷台（Balgwotai）及不古讷台（Bagontai）二子生后，朵奔蔑儿干死。于是其妻得梦，在许多夜内，一奇伟青年男子现于梦中，与之共寝，黎明即去。如是传说。但据某种史源，则有他种说法，有类虹霓之光明自天下降，坠于其身，因生快感，因此遂生三子……某日其母见诸子之间不和，乃各给冰一片，命破之。彼等即破而掷之。其母遂又给彼等五倍厚冰块一片，命破之，竟不能。其母曰："我二长子因信众人流言，对予表示轻蔑与侮慢。此三幼子者，乃天降之子也。"因语以往昔事情，续言曰："若汝等不和，若第一片冰然，则用一人之力毁灭汝等，并非难事；若汝等和睦若五倍厚之冰然，即许多人合力毁灭汝等，亦甚难也。"……彼等由其母口中接受教言，奉为准绳，遂彼此互爱，和好相处。

此种感生之说，大抵起于夫余、鲜卑，前已言之，经畏兀儿及蒙古人承受，将塞北自古相传之苍狼旧说，与之糅合，遂构成因子相同、传说各异之故事。

三

上引诸文，或言某族祖先为狼所生，或言为天光所感，而于狼色或光色，则犹未之及也。今巴黎国家图书馆藏有畏兀儿字写本史诗残卷。此诗已无题目，内容述中亚突厥民族传说英雄乌护汗（Ughuz Khan）①事迹，所言天光及狼，均为苍色。土耳其里撒·努尔（Rizā Nūr）曾译为法文，名之曰《乌护汗史诗》（Oughouz Namé）②。兹据其译文，摘译于后：

（一）月（Ai）后病目，怀孕而产一男，儿面色苍……（六）厥后，乌护可汗在一地祈神，天黑，苍光自天降，较日月更亮，乌护汗（向之）行走，见（七）光中现一少女，伊独坐，美且柔，此女有如是之美，伊如笑，苍天亦笑，如哭，（苍天）亦哭。及乌护见之，遂失理性，爱而纳之，（八）彼与伊共枕席，满其欲……久后，伊病目，生三男，长名日（Gun），次名月（Ai），季名星（Yulduz）。又一日乌护可汗出猎，见对面池中有一树。（九）树前，有少女，伊独坐。此女美且柔，其目较天色更苍。

（十）……久后，伊病目，生三男，长名天（Gueuk），次名山（Tagh），季名海（Tinghiz）。

（十一）……宴后，乌护可汗命匐（bey）及民众：

---

① Ughuz 之名，唐代突厥碑文业已著录，足见此名传说甚古。《张燕公集·唐故夏州都督太原王公神道碑》有云："走乌护十万于域外。"乌护与 Ughuz 音近，姑假作对音。回纥（Uigur）一名较晚出。

② 此卷史诗，流传不甚广，但为研究回纥传说之极珍贵材料。一八九一年俄人拉德洛夫译为德文，收入其所刊行之《福乐智慧》（Das Kudatku Bilik des Jusuf Chass Hadschib aus Balasagun）第一卷（圣彼得堡，一八九一年，第 X—XIII、二三二—二四四页），一八九三年又译为俄文。一九二八年土耳其里撒·努尔博士复译为法文，题曰《乌护汗史诗》（Oughouz Namé），共六十四页，刊于埃及之亚历山大城。法国伯希和尝著《关于畏兀儿字体之乌护汗传说》（Sur la Legende d'Ughuz-Khan en écriture ouigoure）一文评之，揭于《通报》，一九三〇年，第二四九—三五八页，依里撒·努尔博士之意，此篇诗内尚未掺入回教因素，故断定为突厥文极古之文献。惜博士之书，予于北平沦陷时，借与美国友人，目前避难西川，未能参考，弗能言其详也。伯希和氏则谓："乌护汗传说乃一三〇〇年顷用吐鲁番之畏兀儿文编成，十五世纪，又于吉儿吉斯地方重订，但仅限于文字之字形而已。施弗（Schefer）之抄本，即此种传写本之一也。"（《通报》，一九三〇年，第三五八页）今暂从伯希和之说姑列于此，史诗颇长，兹仅摘译其与本文有关系处数节，暇当译出全文，以供治塞北史者参考。

"灰狼其为吾人之口令！

....

苍帐其如天！"

（十五）……四十日后，至冰山之麓，驻营（十六）休息睡眠。黎明有亮似天光，射入乌护可汗之帐，一苍毛苍鬣雄狼由此光出，狼语乌护汗曰：攻 Ourou，予导汝。

（十七）后乌护拔营而行，见苍毛苍鬣雄狼在军前行走，大军随之而行。

（十八）数日后，苍毛苍鬣大狼忽止（不行）。乌护汗亦与其士卒停止。彼处有一河，曰也的里木辇（Itil Mouran，即伏尔加河）。

（二十四）此后，乌护可汗又见苍毛苍鬣雄狼，狼语乌护可汗曰："即与士卒上马。"乌护汗即上马。狼曰："率领诸匐及民众，我居前，示汝道路。"次日黎明，乌护可汗见雄狼在大军前行走，欢喜前趋。

（二十九）……一日苍毛苍鬣狼不复行，又止，乌护可汗亦止……

此后（三十三）彼又上马同苍毛苍鬣雄狼出征信度（Sintou）、唐兀（Tankout）及 Schakim。

此诗既有天光，又有树，又有狼，实集塞北民族起源传说之大成，读者于此，当发生一种疑问，即一切什物均属苍色者何也？狼多黄色，天光则白色，何以不取狼之寻常颜色，而独取苍色，以塑造一绝不经见之苍狼乎？此则渊源甚古，且与塞北游牧民族之原始宗教有关，兹当简略陈述之。

《新唐书·回鹘传》"黠戛斯"条云："祠神惟主水草，祭无时，呼巫为甘。"按今广东人犹读甘为 kam，唐代读音，当亦与相近。据十一世纪麻合木·合失合利（Ma ḥmūd al-Kashgharī）《突厥字典》布罗克尔曼（Brockelmann）索引本（一九二八年）著录，Qam 一字，意为"萨满"，换言之即巫也。塞北诸族自古所崇奉之宗教，即此种"甘教"。今日塞北僻远地方未接受邻族文明熏染者，所信仍为此种"甘教"。Qam 在蒙古文为 Shaman，满文为 Saman（参看《通报》第二辑，一八卷，第二三七页）。学者过去多以为《三朝北盟会编》卷三所载之"珊蛮"为其最古之对音，似未注意唐代已"呼巫为甘"也。清代官书译为萨满，而私家著作，则作萨马（Sama[n]，阿尔泰语系字尾之 n，甚不固定）、又马（Chama，按 s 变为 ch，在通古斯方言中，似为通例），要皆一音之变，译意皆巫也。"甘教"所崇拜者为天，其字为 Tengri，唐译"腾里"、"登里"等等，实含天及天神二意，故突厥回纥可汗之徽号，殆无不有 Tengriole（唐代音译"登里啰"，汉文天所立）一字也。天既为无上尊崇之主宰，其苍苍之色，必视为神圣之色（突厥人称天常冠苍字），进而成为国色。于是唐代突厥人即自称其国家曰阔克突厥（Kök Türk），译言苍突厥（见突厥文《阙特勤碑》东面第三行，参看《北平研究院院务汇报》第六卷第六期拙译）。蒙古人相传一二〇六年帖木真称成吉思汗时，亦号其国曰库克蒙古勒[①]（Köke Mongghol，见施密德本蒙文《蒙古源流》第七〇页，中文译本——本文所引页数为《蒙古源流笺证》本——卷三第一一页），译言苍蒙古。来路不明之"清"代国号，虽经不少学者猜测，究无一种满意解答。吾人如以"青"释"清"，似乎亦可备一说。质言之，即其所取者，殆为塞北民族自古所尊崇之青天之"青"字，顾中国历代正统王朝，绝无以颜色字作国号者，殆十七世纪满人受汉化深，特增加水字偏旁，而成"清天"之清乎？

张尔田氏注《蒙古源流》之"库克蒙古勒"（《蒙古源流笺证》卷三第一一页下）云："尔田案：'库克'青也，青蒙古，未详。"施密德注 Köke Mongghol 云："'库克'为青，乃天之神圣颜色，成吉思汗用此徽号，将其民族升高为世界头等民族。"（施密德德文译本《蒙古源流》第三八〇页）张氏不明青蒙古之意，施密德知青是昊天圣色，而未详言其故，今就突厥宗教及祖先传说诸方面观之，则突厥及蒙古之以苍青色为其民族名称之徽号，似可以暂时得一解答矣。

苍色在塞北民族间既如是神圣，则畏兀儿人以苍色加诸其种族起源所关之狼与天光，固属当然，无足异矣。

[①] 按蒙古人以各种颜色为各种民族之徽号，蒙古人自视为最尊贵之民族，故以其所视为最尊贵之青色，名其本族。无畏空之《蒙古佛教史》有云："由成吉思汗时代起，至此帝（忽必烈）时代，下列诸族，依次被征服：青蒙古人（die blauen Mongolen）、红中国人（die roten chinesen）、黑吐蕃人（die Schwarzen Tibeter）、黄回回人（die Gelben Sartagwol）、白高丽人（die Weissen Solongghos）。"（见胡特德文译本，第三三页）

四

《元朝秘史》述阿兰豁阿感光生子之事已引于前，吾人为方便计，再将其苍狼传说列举于此，以便与其他较晚近之史料相比较。

《元朝秘史》之著者开首即曰：

> 当初元朝人的祖，是天生一个苍色的狼，与一个惨白色的鹿相配了。……产了一个人，名字唤作巴塔赤罕。（第一节）

蒙古人自认之始祖苍狼，显然为塞北诸民族历代相传之狼，跟踪追溯，可上推至西历纪元前之乌孙旧说。吾人于阅读上引诸文之后，对蒙古此种原始神话，殊觉平淡，毫不发生奇异之感。然而柯劭忞于其《新元史》则曰：

> 孛儿帖赤那译义为苍狼，其妻曰豁阿马兰勒，译义为惨白牝鹿，皆以物为名，世俗附会，乃谓狼妻牝鹿，诬莫甚矣！（《新元史》卷一）

柯氏之说，如施之于蒙古时代之人名，则甚当，如施之于草地之祖先传说，则未免有求文明头脑于草昧之嫌矣。

惟于苍狼之外，又增加一白鹿，殊堪注意。唐段成式《酉阳杂俎》卷四《境异》：

> 突厥之先曰射摩、舍利海神。神在阿史德窟西，射摩有神异。又海神女每日暮以白鹿迎射摩入海，至明送出。经数十年后，部落将大猎，至夜中，海神谓射摩曰："明日猎时，尔上代所生之窟，当有金角白鹿出，尔若射中此鹿毕形与吾来往；往射不中即缘绝矣。"至明入围，果所生窟中有金角白鹿起，射摩遣其左右固其围，将跳出围，遂杀之。射摩怒，遂手斩呵咄首领，仍誓之曰："自杀此之后，须人祭天。"即取呵咄部落子孙斩之以祭也。至今突厥以人祭纛，常取呵咄部落用之。射摩既斩呵咄，至暮还，海神女报射摩曰："尔手斩人，血气腥秽，因缘绝矣。"

由此观之，"惨白色鹿"，亦有来历，仍上承突厥旧说，辗转流传，"金角白鹿"，遂演变而为惨白色牝鹿矣。

洪钧以为蒙古人祖先，仅至朵奔蔑儿干。其上孛儿帖赤那数世，当是传述得之（参看《元史译文证补》卷一第一页下）。此种主张，证以拉施都丁《史集》第二卷第一章之组织，似可成立。但吾人须知成吉思汗兴起时，蒙古人尚在草昧时代，以无文字记录之民族而能追述十世史事，其确实性，当可想见。试观成吉思汗三世祖以下，世次分明，东西独立史源所记全同，三世以上，世次凌乱，莫衷一是，即可知其为"传说"，而非"信史"也。

《元朝秘史》之著者，殆尚未接受邻近民族之先进文化，就其书之内容言，乃完全草地史籍，故其始祖"孛儿帖赤那"即乌孙以来历代塞北民族视为神兽之苍狼也。及西方蒙古人与回教文化民族接触，乃于其固有传说上，增加希伯来天方教之言，及东方蒙古人皈依佛教，遂于其固有传说上，增加天竺吐蕃两重旧说，于是孛儿帖赤那（苍狼）遂一变而为人矣。兹先采蒙、藏文籍若干种，以分析此种建筑之层次。

依西藏传说，其雅尔隆（Yar-lung）王朝始祖，名呀乞㗋赞博（Gña'-khri Btsan-po，译言颈上王），来自天竺。惟关于此人之渊源，各家所述均异。或谓此人系出释迦族，或谓出自释迦之同时人。《拉达克嘉喇卜经》（Rgyal-rabs）①、福幢所著《帝系明镜》②及《蒙古源流》征引诸书，虽均谓其出自释迦

---

① Rgyal-rabs，中文本《蒙古源流》注释为《嘉喇卜经》（见卷一第十三页下原注），华言帝王世系，据阿干（Joseph Hackin）《十世纪之梵藏仪式》（Form laire Sanscrit-tibétain du X Sieele，一九二四年）一书所征引，欧洲已有四本，兹所据者，则一八六六年德国施拉金威特（E. Schlagintweit）校译本也，此本系一八五六年九月拉达克（La-dags）王依其家藏牒，命喇嘛三人为德人 H. von 施拉金威特抄于其首府列城（Sle）者，此王名无畏法狮子（Hjlg-med-chos-kyi-seṅ-ge），乃《藩部要略》雍正十年著录之尼玛纳木札勒（Ñi-ma-rnam-rgyal）之七世孙，德忠纳木札勒（Bde-skyoṅ-rnam-rgyal）之六世孙。故就此抄本言，甚为晚出，但其中雅尔隆（Yar-Lun）王朝世系部分，当亦甚古。此书一八六六年由德人施拉金威特译为德文，名曰《西藏君王》（Die Könige Von Tibet）。
② 藏文原名 Rgyal-rabs-gsal-me-lon，译言《帝系明镜》，西蒙古（Kalmuck）译本，名为 Nom gharchoi todorchoi tolli（Nom gharqui to-dorqui toli），或称 Bodhimör，施密德曾据西蒙译本摘译为德文，分载于其《东蒙古及其诸王室史》（即《蒙古源流》）注中（施密德书三一七以下），此书著者为萨斯迦巴莎南监藏（Sa-skya-pa bsod-nams rgyal-mtshan，译言福幢），一三二七年写成于桑鸢寺（bsam-yas）。参阅劳费尔《主擦语及莲花生之历史地位》（B. Laufer, "Die Brutsha Sprache und die historische Stellung des Pad-masambhava"，《通报》，一九〇八年，第三八页）。嘉木祥（Hjam dbyans）《西藏佛教年表》（bstan-rtsis re-mig）著录之莎南监藏生于元仁宗皇庆元年，卒于明太祖洪武八年（一三一二—一三七五年），恐非一人。

之同时人，然皆喇嘛教徒欲其祖先与天竺佛祖相联系也。

呀乞嗥赞博七传至色哩持赞博（Sribs-khri Btsan-po），是为"天之七君"（Gnam-gyi Khri Bdun）。色哩持赞博之子曰智固木赞博（Khri Gum Btsan-po），为其臣隆阿木（Blo-ngam）篡杀，三子皆出亡。其幼子即蒙古喇嘛教所承认之蒙古第一君主，质言之，即孛儿帖赤那也。于是蒙古传说中之始祖苍狼，一变为人世君主矣。

色哩持赞博三子之名，依施拉金威特所刊《拉达克嘉喇卜经》（第四三页），为肉王（Sha-khri）、鱼王（Ña-khri）、鸟王（Bya-khri）。胡特（Huth）译无畏空《蒙古佛教史》（德文译本第五页）所载亦同，惟次序差异，且言幼子名称蒙文为孛儿帖赤那（胡特译本第一〇页），即蒙古第一君主也。福幢《帝系明镜》除以肉王为肉食（Sha-za-khri）外余亦同。诸书均谓隆阿木死后，三子逃往恭博（Rkong-po）、宁博（Nyang-po）及包博（Sbu-po）三地，及奸臣被诛，肉王及鱼王独不返，因二人皆君临一方矣。蒙古喇嘛以宗教关系，自认元始君主，即此肉王也。依《蒙古源流》（施密德译本第二七页）所载三子之名为：Sibaghuchi、Borochu 和 Börte-chino，Sibaghuchi 乃 Bya 之蒙文意译，中文译本作"置持者"，仍为藏文对音（惜中文本所自出之原本，尚存故宫，刻下未能查阅）。Sibaghuchi 意为捕鸟人，元代音译为"昔宝赤"，《山居新话》译为养鹰人。Borochu 意为渔夫，为藏文 ña 之意译，中文本之"博啰咱"，乃其蒙文对音也。所余一人，他书或言 Sha-Khri，或言 Sha-za-khri，而此书则直易为蒙古始祖之名——孛儿帖赤那（苍狼）矣。

《元朝秘史》所载孛儿帖赤那后之世系，《蒙古源流》不同。要彼为蒙文最古之史籍，草昧未辟，自认苍狼为始祖，蒙古喇嘛以佛教关系，竟将其向来自认之传说始祖，一变而为人，再变而为吐蕃色哩持赞博之季子，以与其所向往崇拜之天竺王朝相联系，与天方教著作家之以孛儿帖赤那为亚当子孙、乌护汗后裔，可谓异曲同工矣。

屠寄《蒙兀儿史记》卷一谓："溯厥本原，吐蕃蒙兀，实一类也。"就吾人上文之分析研究观之，其说毋庸再辩。

五

《元朝秘史》、《圣武亲征录》乃两种平行传说，内容虽近似，来源似有不同。蒙古先世传说，犹存于《秘史》，惜《录》说已佚，不可复见。但《亲征录》与拉施都丁《史集》，同出一源（不过《录》较简略，《史集》较详赡而已），故《亲征录》所记蒙古先世传说虽佚，而犹可求之于《史集》。《史集》所载虽增入天方教所承受之希伯来传说[1]、蒙古人所承受之突厥传说，然一加分析，主客立判，固不致相混莫辨也。拉施都丁[2]所述蒙古之荒古世系如下：

> 奴哈（Nuh）遣其子雅伏牺（Yafeth）赴东方，雅伏牺者，即突厥人所称之 Abulcheh 汗，突厥、蒙古及草地人之始祖也。Abulcheh 有一子，名 Dip 或 Qūī。Dip 四子，长曰哈喇汗（Qara），次曰 Ur 汗，三曰 Ker 汗，四曰 Kez 汗。乌护（Ughuz）即 Qara 汗之子也。乌护汗六子，曰君汗（Kun，译言日），曰爱汗（Ai，译言月），曰裕勒都思汗（Yulduz，译言星），曰阔阔汗（Kuk，译言天），曰塔哈汗（Tug，译言山），曰腾吉思汗（Denkiz，译言海）。

此六子者，每人复各有四子，分为左右两翼。惟此二十四子之名，拉施都丁书传写伪误，莫衷一是，兹姑从略。

按拉施都丁书将突厥先世传说与希伯来传说糅合之迹，于此十分显明。奴哈及雅伏牺皆《旧约》中人物，奴哈即亚当九世孙也。天方教承受希伯来传说，故此二人在《可兰经》中亦见著录，音译为奴哈及雅伏牺。此蒙古先世传说上所增加之希伯来成分也。

---

[1] 一八二六年克拉波罗特著《亚细亚史表》中有蒙古种之民族（Peuples de race mongole）一章（原书第一五三—一六〇页）谓："波斯、阿拉伯及突厥之著作家，凡关于蒙古祖先传说之文，悉袭拉施都丁《史集》。"克拉波罗特又评拉施都丁曰："'但为宗教热情所蔽'，遂将亚洲中部游牧民族之古老传说与《可兰经》所保存之犹太人古老传说结合。"（第一五六—一五七页）

[2] 拉施都丁（Rashīd ad-Dīn），哈马丹（Hamadan）人。奉波斯合赞汗（Ghazan Khan）命，著作《史集》一书。其书成于一三〇三年。关于蒙古部分，除依据档案及《金册》（Altan Debter）外，尚有忽必烈所遣之字罗丞相（Pulad Chansang）助之成书。

哈喇汗兄弟四人及其一子四孙之名，亦见《乌护汗史诗》，当系中亚突厥人传说中之先世，然亦未可以之与中国史籍中著录之突厥或回纥祖先相勘同也。Qara 译言黑。乌护汗六子之名译意为日、月、星、天、山、海，然皆萨满教所崇拜之宇宙现象，非实有其人。此蒙古先世传说上之突厥成分也。

拉施都丁谓乌护汗孙辈以后，突厥人缺乏史籍故，四五千年间事，无有能言之者。嗣后阿布勒哈齐书于亚当后裔世次历历，直至蒙古遁入深山，则可谓雪球愈滚愈大矣。

蒙古祖先既亦为亚当之后裔，乌护汗之子孙，当然不能再为苍狼，于是遂将《魏书》、《周书》之洞穴扩大，极力渲染，以蒙古自认之始祖苍狼为蒙人出山后之一员，孛儿帖赤那遂以天方教故，"进化"而为人矣。其述出山之故事曰：

> 约两千年前，蒙兀人与突厥人战，蒙兀被围，除两男两女外，悉被杀戮。此四人者，惧而逃，至一山林封蔽之地，其地仅有狭径，必用大力，始可达焉。山之中，有一平原，牧草甚美，名曰 Ergene Qun。Qun 者山口也，Ergene 者，险岩也。所余二男，一名捏古思（Neküz），一名乞颜（Qia[n]）。其后裔匿居斯地，彼此通婚，口齿日繁，分族而居，各有专名。蒙古部族中之多儿勒斤（Dürlegin）派，即其苗裔也。Moghul（蒙兀）一名，原读为 Mung，意为孱弱与正直，但 Qian（乞颜）在蒙古语中意为由高山泻于平地之急流瀑布。蒙古之乞颜人皆甚强毅勇敢，故以此字自名。乞牙惕（Qiat）属于乞颜，凡由此族分出或其邻近之人，古时悉称乞牙惕。厥后人口稠密，遂觉山林中之平地，过于狭隘。因相谋出山，至一矿坑之地。彼等熔解铁矿，移积一处。复于林中多采薪炭，宰牛马七十，去其皮，制为铁匠之坑，投大量薪炭于裂口，同时鼓动七十巨鞴助火燃烧，直至岩熔铁流，路径得通，遂迁居于别处，弃其隘地，移彼广原。（依哀德蛮《概况》第七四至七六页重译）

> 蒙古之出阿儿格乃衮，其后人最著称者曰孛儿特赤那。（《元史译文证补》卷一）

《魏书》只言空穴，《周书》则扩大为"平壤茂草，周回数百里"，至此则更有名可征曰阿儿格乃衮。此阿儿格乃衮之方望，吾人可以求之乎？按突厥居金山（即阿尔泰山）之阳，故《周书》所传洞穴即在高昌（吐鲁番）西北。蒙古为唐代室韦之一部，其故土当在今黑龙江省西部，故学者多以额尔古纳河一险岩拟之。以《元史》考之，成吉思汗虽起于怯鲁连河，而翁吉剌部则仍在根河、迭烈木儿河与也里古纳河合流处（《元史·特薛禅传》），换言之，即唐代蒙兀之故土也。

阿布勒哈齐·把阿秃儿所撰之《突厥世系》①蒙古时代部分虽为拉施都丁书之节录，无甚可取，然于蒙古先世，增饰甚多，于出入阿儿格乃衮之故事，渲染尤力。就突厥、蒙古祖先传说之演变言，真可谓洋洋大观矣。喇嘛书于蒙古祖先之上，增饰天竺、吐蕃传说，故苍狼一变为吐蕃皇子，吾人前已言之。回教徒著作，于苍狼之上，增饰希伯来、突厥两重传说，于是孛儿帖赤那复一变而为亚当子孙矣。

自所谓人类始祖亚当起至蒙古人为塔塔儿所败，逃匿阿儿格乃衮，中间世次，据乞瓦可汗阿布勒哈齐·把阿秃儿书所著录者，不过三十代，兹撮录于后，以见此成吉思汗苗裔所传说之祖先。

亚当九世孙名奴哈（Nouh, Nöe），奴哈时洪水为灾，乘舟至毛夕里（Moussoul）近处之 Djoudi 山，生三子，长名含（Ham），往印度，次名闪（Sam），往伊兰（Iran），三名雅伏牺（Yafeth, Japhet），往北方，雅伏牺遵父命至也的里（Itil，伏尔加河）及牙亦黑（Yaiq，乌拉尔河）河滨，享寿二百五十岁。生八子，曰突厥（Türk），曰曷萨（Khazar），曰撒吉剌（Saqlab），曰斡罗思（Rous），曰明（Ming），曰秦（Jchine），曰 Kimari，曰 Tarikh。奴哈死，突厥继立，定居于热海（Issik-kol），生四子，长曰都督（Toutoukl）继立。都督四世孙一名塔塔儿汗（Tatar qan），一名蒙兀汗（Moghul qan），蒙兀汗之孙曰乌护汗，其父昆仲四人，子六人，与《乌护汗史诗》及《史集》所著录者比较，人名差同，乃中亚畏兀儿族旧有之传说，阿布勒哈齐自拉施都丁书抄出者也。至拉施都丁书所传乌护汗嫡祖 Dip，在

---

① 阿布勒哈齐（Abu'l Ghazi Baghadur）乃成吉思汗长子术赤（Joji）之后裔，一六〇五年生于玉龙杰赤（Urganj），一六四三年继承乞瓦汗位，卒于一六六三一一六六四年。其书名 *Sajara'i Turki*，译言《突厥世系》，兹所据者为德麦松（Desmaison）男爵之法文译本，译本名《蒙兀及鞑靼史》（*Histoire des Mogols et des Tatares*）。此书前部为拉施都丁书之节录，后部记录著者生前乞瓦汗国百年间事，其所用史料，今已不可复见，书之价值，即在此部。

阿布勒哈齐书则一变而为蒙兀汗。Dip 者在拉施都丁书为奴哈之孙，在阿布勒哈齐书，则见其名于奴哈之五世孙。

就人名言，其可知者雅伏牺之子，若突厥，若曷萨，若塔塔儿，若蒙古皆部族名，撒吉剌乃斯拉夫之阿拉伯语读法，其名见元代《经世大典图》。斡罗思及明，为著者当时之东西两大国名，秦即中国，西方所通用也。都督本中国官号，唐代突厥人已借用之。阿勒赤、贵由、不合等皆蒙古时代常见之人名。Alti 当即 Altan，Ordu 即斡耳朵也。雅伏牺为亚当十世孙，著者天方教人，欲其祖先世系上承希伯来，吾人前已言之矣。

阿布勒哈齐之书，颇不易见，其先世入山避难部分极富文学趣味，读之宛如一篇小说，由《魏书》之台下空穴，演变至此，北族祖先传说，叹为观止矣。兹特摘译为汉文，附于篇末，以备参阅。文中蒙兀与塔塔儿之冲突，乃后世史实，谓此战在孛儿帖赤那之前，则倒置也，但各族传说大抵如此，不足异也。考《元朝秘史》及拉施都丁书，成吉思汗曾祖合不勒汗以后，世与塔塔儿斗争，且其父也速该及叔祖俺巴孩均直接间接死于塔塔儿人之手，则蒙古人以塔塔儿为其杀祖宗掠财产之远祖仇人，固甚宜也。

至于锻铁之说，则亦突厥以来一脉相传之旧说也。

六

统观突厥、蒙古祖先传说，其演变之迹，似可约为以下数点：

一、《史记》、《汉书》之狼，为乌孙王子之哺乳之神兽。在《魏书》则变为突厥之始祖母，在《周书》则为始祖父。至《乌护汗史诗》，始言其色，为领导突厥英雄乌护汗征服世界之神兽。《元朝秘史》亦称其始祖为苍狼，及接受邻近民族之文化，始祖苍狼始一变而为亚当之子孙，或玛哈萨玛迪兰咱（Mahâsammatarâja，此云大平等王，劫初民主也）之苗裔矣。

二、至于感应天光而产子之故事，似始于《周书》之大树，阿贤设所跳跃之木，在志费尼书及《高昌王世勋碑》竟变为畏兀儿人祖先之根本。《乌护汗史诗》以后，感光生子之大树，地位始杀，君、爱诸子之母及领导乌护汗出征之苍狼，均由光中显现。《元朝秘史》、拉施都丁书以下，蒙古人则直以其嫡祖为天光所生，故有尼伦及孛儿只斤之号。

三、蒙古人与回教民族接触后，遂将其祖先传说上与阿拉伯人所承受之希伯来旧说相联系，孛儿帖赤那（苍狼）一变而为人矣。拉施都丁史识较优，谓蒙古遁入深山，在亚当十世孙雅伏牺后数千年，史料缺乏，莫之能详。阿布勒哈齐则竟能将亚当至乞颜及捏古思之世系一一列出。

四、蒙古人接受喇嘛教者，又将其祖先世系上接天竺古代君王，所谓孛儿帖赤那者，乃吐蕃色哩持赞博之子，此子在吐蕃传说中，实以"肉王"为名也。

（原载北平研究院史学研究所《史学集刊》一九四〇年第四卷）

附录　伊利汗时代

伊利汗（Il Khan）继为蒙兀（Mogols）汗，达旦（Tatars）第九汗为小云石汗，吾人于上文业已言及，伊利汗与小云石汗同时。二人斗争不休，而伊利汗则永远胜利，为此之故，小云石汗遣人至黠戛斯（Qirghiz）汗所，许以厚利及条款始得其助。

当时此地人口众多，在居住其地之一切部族中，蒙兀部最繁多。蒙兀人与他族战，蒙兀人永远胜利，无一种突厥族，不感觉其腕力、不受其锋矢者；因此各部族咸衔恨蒙人，在其压迫下呻吟。

小云石汗既得黠戛斯汗之助，复遣使说各部族。令其使臣劝说曰："请许助予，吾辈于某月十日聚于某地。吾人转向蒙兀人复仇。"此诸部族悉应其召，聚指定共击蒙兀之地。

蒙兀集其帐幕及畜群于一地，军队环其居营凿壕，等候战斗。小云石汗至，二军遂交锋，连战十日。

以每次胜利归蒙兀，乃召集同盟部族诸汗及诸匋（Beks）秘密会议，曰："吾等若不施诡计，事将败绩，次晨黎明，彼等拔营退去，弃其劣畜及笨重行李，若军队败却然。"

蒙兀人为此战略所骗，以为敌人退却，乃自觉其力不能复战也，立即追之。达旦人见蒙兀人追及，忽反军击。血战之后，达旦终胜，追敌至其营，大加杀戮，因蒙兀所有帐幕悉聚一处，故帐幕及畜群悉被掳，无一家得脱。蒙兀成年人悉被杀，俘其幼稚为奴，分于敌人部族中，蒙兀靡有孑遗矣。虎口余生之人，悉成奴婢，须取其主人所属隶之部族之名。总之，世界无复留蒙兀遗类矣。

小云石既屠戮蒙兀，遂返国。伊利汗诸子，除是年新婚之乞颜（Qian）外，悉于此役阵亡。乞颜与其同岁之捏古思（Nokouz）均由某队二人分去。捏古思者，伊利汗季弟之子，亦于是年新婚也。战后十日，二人乘机偕其妻夜逃，二人遁入其［此战之前］原先驻帐之地。于其地得四类畜牲（驼、马、牛及羊）甚多，此类畜牲皆未遭屠戮而复返营垒也。二人协议曰："吾人如复去加入某部，或留居于此，结果仍为敌族所遇见。故最好之上策莫若赴山中寻一避难所，居远离人迹之地。"二人驱其畜群奔向山中，至一高山山口，循野羊经行之蹊径而爬入。既至山顶，复下山至彼麓，各处寻视后，确知欲来此地，除其所经行之蹊径外，别无他道，甚至一驼或一羊不经万难，均不能逾越，其险如此，因少一失足，便将坠入路旁深沟中。此山之中有广原，二人于其地找出极多河沟、泉水、牧场、果树及各种猎物。既有此种种，乃致谢上苍。冬食畜肉而衣其皮，夏日畜奶亦足供其所需。二人名此地曰阿儿格乃衮，乃山中最高处。

乞颜及捏古思子甚多，乞颜子最多，称乞牙惕；捏古思子较少，有二名，一部分称捏古思，另一部分称朵儿勒斤。

乞颜一字意为山上急流、急流瀑布而注入山涧者，伊利汗之得此名者以其膂力及性质勇猛也，乞颜之多数为乞牙惕。

乞颜及捏古思之子居于阿儿格乃衮，彼等蕃息扩张，每家构成一支派（Oumaq）……Oumaq 一字意为骨头、种族。突厥询人属于何 Oumaq，意即属于何族也。居留阿儿格乃衮四百年后，蒙兀人觉其畜太多，无地可容，乃相聚一地而会议，众曰："吾人曾闻诸先人，阿儿格乃衮之外，有吾祖先所居之广大、美丽土地。有若干外族，由塔塔儿领导，蹂躏吾土而据之。幸蒙天祐，吾人今日已不弱小，无须再惧仇敌而匿居是山。吾人其寻一出口而脱离此山。与吾人为友者将与之和平相处，如有人敌视，吾人将击之。"

蒙兀人悉赞成此议，遂开始寻找引出此山之路，但尽力侦察均无功效，最后，一铁工云："予于某地见一铁矿，似仅以一层构成，吾人若熔销此铁层，则于此地开一道路，非不可能也。"众遂至其地，皆觉铁工之言有理。全体居民各出木炭，堆置山麓隙处，既置木炭，于山顶及山腰，乃用兽皮预制七十大风箱，分置七十处；此后［引火燃木。］同时各处开始鼓风煽火。

托天神全能之力，烈火遂销熔铁层，开出一道，其宽适容一载重骆驼经过。

既记清脱离之月日时辰后，蒙兀人便如是出山。自此之后，蒙兀人遂以庆祝此日为定制，可汗执一钳取火中红铁一块，置于砧上，用锤击之，诸甸继汗锤之。蒙兀人隆重纪念此幸福之日，是日始脱离牢笼而复归其先人之祖邦也。

在脱离阿儿格乃衮时代，治理蒙兀人之君主为孛儿帖赤那，此人为火鲁剌思之一支，乃乞颜之后。彼遣使各族，通告其出山及到达。诸族中有表示友谊者，有以敌人待之者。塔塔儿与之宣战。蒙兀、塔塔儿既战，蒙兀人胜利。塔塔儿成年人悉被屠戮，幼小者俘归为奴婢，此四世纪半以后，蒙兀人复其祖先被杀及丧失财产之仇，乃返回其祖先故地。当时居其地之诸突厥部中，塔塔儿最众最强。因此蒙兀人出阿儿格乃衮败塔塔儿后，重得其先人之牧地，代塔塔儿人地位，而为其他诸部之长，其中若干部族甚且求其保护，与之联合，自称蒙兀种之部族云。

（译自阿布勒哈齐书第二章第二〇—三四页）
（原载北平研究院史学研究所《史学集刊》第四卷，一九四〇年）

突厥官号考释

唐代突厥官号，多非其所固有。徒以记录简略，文献寡征，人名官号，往往难于辨识。故欲求突厥官号前后因袭之迹，一一解说，殊非易事。此篇之作，或介绍前人成说，或申述个人意见，不过为初步尝试而已，非敢有所奢望也。

突厥官号，首列举于《周书》。厥后《隋书》、《北史》、《通典》、《旧唐书》、《新唐书》、《册府元龟》等书，均见著录。诸书所述，虽有详略，而大体莫不雷同。惟《通典》所载，较他书为多。其一半虽与他书完全一致，其他半则为各书所不详。盖《通典》所列举者，有时代先后之别，故杜佑并录之，以存其真。兹先将《通典》所举突厥初期官号分述于前，而将《周书》以下所共举者，分别研究于后。

上　篇

其初，国贵贱官号，凡有十等，或以形体，或以老少，或以颜色须发，或以酒肉，或以兽名。其勇健者谓之始波罗，亦呼为英贺弗。肥粗者谓之三大罗，大罗便酒器也，似角而粗短，体貌似之，故以为号。此官特贵，惟其子弟为之。又谓老为哥利，故有哥利达官。谓马为贺兰，故有贺兰苏尼阙，苏尼掌兵之官也。谓黑色者为珂罗便，故有珂罗啜，官甚高，耆年者为之。谓发为索葛，故有索葛吐屯，如州郡官也。谓酒为匐你，[故有匐你]热汗，热汗掌监察非违，厘整班次。谓肉为安禅，故有安禅具泥,掌家事如国官也。有时置附邻可汗,[附]邻,狼名也,取其贪杀为称。亦有可汗位在叶护下,或有居家大姓相呼为遗可汗者,突厥呼屋为遗,言屋可汗也。

四十年前(一八九九年)德人夏德氏(Fr. Hirth)著《暾欲谷碑跋尾》(Nachwörte zur Inschrift des Tonjukok),刊于拉德洛夫(W. Radlof)之《蒙古古突厥文碑铭》第二辑。夏氏文中曾着手研究此段官号。然亦仅选择若干易于勘同者(夏德语),予以诠释而已。

一九一四年,法国伯希和氏著《鄂多里克书中之突厥语酒名》一文言:"第八世纪末,杜佑于其《通典》中,著录一段突厥文字及官号。……夏德氏曾举其中数词加以考释,然全文则颇值细详研究也。"①伯氏之言,距今已二十余年。东西学者仍未见有研究此段全文者。即伯氏本人亦仅于一九二六年复著一文再论"匐你"而已。②

此段突厥字中有若干字之勘同,确非难事。然其中数词,至今尚未能解释。今将其可知者一一予以考释。其不能勘同之数词,则仍付阙如。

(一)其勇健者谓之始波罗,亦呼英贺弗

"始波罗"一号,复有"沙波罗"、"沙钵略"、"乙失钵"等异译。夏德氏拟定为 Yschbara,殆无异议。盖唐代音译族国字,常将首音省去。首音为 y 或 i 者尤然。若"室点密"之对音为 Istemi 是也。然则 Yschbara 之译作"始波罗",固为唐代之通例也。Isbara(即夏德之 Yschbara)在突厥文《阙特勤碑》为一马名。在初期突厥可汗之名称中亦屡见之,殆皆取"勇健"之意也。

英贺弗,《太平寰宇记》作"英贤服"。"贤"乃"贺"之形讹,"服"又"弗"之音讹,当以"英贺弗"为正。"弗"或可作"服"。但《太平寰宇记》系全袭《通典》之文,故不可据。至于《通典》之"英"字,则又为"莫"之讹。考之我国载籍,"莫贺弗"为官名,"英贺弗"则从未见著录。

《魏书》卷一〇〇《乌洛侯传》:"无大君长,部落莫弗,皆世为之。"

---

① 《鄂多里克书中之突厥语酒名》(Le nom turc du vin dans Odoric de Pordenone),《通报》,一九一四年,第四四八—四五三页。
② 《突厥文"酒"字:匐你》(Le mot bigni [ou begni] "vin" en turc),《通报》,一九二六年,第六一一—六四页。

"莫弗"殆为"莫贺弗"之省。又《隋书》卷八四《奚传》云,奚分五部,其第二部名"莫贺弗",每部俟斤一人为主帅。又同卷《契丹传》载开皇四年(五八四年),契丹"率诸莫贺弗来谒"。其在北方者名室韦,分为数部,其中南室韦渐分为二十五部,每部有"馀莫弗瞒咄,犹酋长也"。北室韦分为九部,"其部落渠率号乞引莫贺咄,每部有莫何弗三人以贰之"。乌洛侯、室韦、契丹、奚为我国东北部族,皆有"莫贺弗"一号,他处部族则未之见。然则此号盖本为东北室韦、契丹集团所故有,而突厥借用之,用以名其勇健之人也?

"莫贺弗"与"莫贺咄"(Boghatur)之字根,当同出于"莫贺"(bagha),蒙文 bagha 译言"幼"也。殆有少壮之意欤?

(二)肥粗者谓之三大罗,大罗便酒器也

突厥文酒字除本节所著录之匐你(begni)一古字外,普通称酒曰速儿麻(surma)①,然与"大罗便"之译音不合。蒙古语酒为"答剌孙"(darasun)。②《元史·兵志》:"掌酒者曰答剌赤(Darachi)。"岂突厥借用他族官号,其字与 Dara 有关欤?

唐人读三为 sam。突厥文 sam 意为"药剂"。③蒙古初期人名官号,多袭突厥之旧(参看《突厥、蒙古之祖先传说》)。此 sam 一字在成吉思汗先世及同时人名中亦屡见之。秘史有 Sam-sochi(捎锁赤),拉施都丁书作 Sam Sauchi,《蒙古源流》作 Samsuchi。《圣武亲征录》三·哈初来,拉施都丁书作 Sam Qāchūlai。此 Sam 一字当即由突厥时代"三大罗"之"三"字而来也。

(三)谓老为哥利,故有哥利达官

哥利即突厥语 qari,汉文"老"也,一译"割利"。《唐书》卷八八《张长逊传》:"张长逊为五原郡通守,遭隋乱,附突厥,突厥号为割利特勤(Qari Tegin)。义兵起,以郡降。""割利特勤",译言"老王"。"达官"可能是"达干"(Tarqan)之别译,详见拙作《答剌罕考》。

---

① 元忽思慧《饮膳正要》卷三:"速儿麻酒又名拨糟,味微甘辣,主益气止渴,多饮令人臌胀生痰。"
② 王鸣鹤《登坛必究》卷二二《译语》:"答剌速译言黄酒。"
③ 《中古突厥语词汇》,第一七〇页。

（四）谓马为贺兰，故有贺兰苏尼阙，苏尼掌兵之官也

唐代突厥文碑铭中著录之马字，为 at。故知《通典》所谓突厥人谓马为"贺兰"者，绝非普通之马。

吾人一见"贺兰"二字，应立即想及宁夏之贺兰山。此山以"贺兰"为名，首见于《隋书》。《隋书》卷二九《地理志》"灵武郡宏静县"条注云："开皇十一年置，有贺兰山。"自此以后，此山至今尚沿用此名。南宋末年蒙古人已称之为 Alashan，当亦贺兰山之讹转也。①

《元和郡县图志》卷四"灵州保静县"条："贺兰山在县西九十三里，山有树木青白，望如駁马。北人呼駁马为贺兰。"《太平寰宇记》卷三六"灵州废弘静县"条："贺兰山在县西九十三里，山上多有白草，遥望青白如駁马。北人呼駁马为贺兰，鲜卑之类多依山谷为氏族，今贺兰姓者皆以此山名。"按駁与驳通。《说文》：驳，"马色不纯"。由是知"贺兰"，非普通马，乃一种颜色不纯之马也。

唐代突厥之北有駁马国。《通典》卷二〇〇："駁马国……马色并駁，故以为名。"此条之末并有注云："突厥谓駁马为曷剌，亦名曷剌国。"《太平寰宇记》及《文献通考》皆袭此文。《新唐书》卷一四二下：

> 駁马者或曰弊剌，曰遏罗支。……以马耕田，马色皆駁，因以名国云。

《元和郡县图志》及《太平寰宇记》谓北人称駁马为"贺兰"，而《通典》及《新唐书》则又曰突厥谓駁马为"曷剌"，为"弊剌"或"遏罗支"②，是"贺兰"与"曷剌"乃一字之异译，不过一为北魏以来相沿旧名，一为唐代之新译耳，所指皆駁马也。由是吾人复可推论唐代突厥北方曷剌国，当即拓跋氏初期高车分族③贺兰部之裔胄，而贺兰部殆即因其马色得名，未必因

---

① 《元朝秘史》第二六五节，蒙文"阿剌筛"旁注"贺兰山名"。
② "弊剌"恐有误，"遏罗支"当系掌此种马匹之人。
③ 《太平寰宇记》谓贺兰一姓源于贺兰山，恐不足据。《魏书·官氏志》明言"北方贺兰氏后改为贺氏"，是贺兰氏原为北方贺兰部人。北魏初期贺兰部时为拓跋边患。魏道武帝皇始二年始灭其国，此部出没进退，每与高车分族纥突邻、纥奚等部俱，是贺兰部者似亦为突厥族之高车分族，非蒙古族之鲜卑，如《太平寰宇记》所主张。

其居近贺兰山也。

西方学者自法国沙畹至现在美国加利福尼亚大学教授亭德伯格（P. A. Boodberg）皆主张贺兰为突厥、蒙古字 ala、alaq 之音译，显然都以贺兰山即今 Alashan（阿拉善）为根据。① 按突厥字 ala 之意仅为"杂色"、为"斑驳"。蒙古字 alaq 为"花色"②，用以形容各种物品，但《通典》明言"谓马为贺兰"，未可只着眼于颜色也。

依可失哈里字典，突厥文 qulan 为"野马、野驴"。《蒙文总汇》卷五第一二页 qula 为"黑鬃黄马"。蒙古文 qulan 为"一种黑尾栗灰白三色混合之野马"。满文亦同。③ 波斯人亦借用此外来字 qulah，释义为"黄灰色（马）"。④ 然则以 qulan 与贺兰勘同，似较 ala、alaq 为优也。qulan ulus-un ildu《蒙文总汇》译为"贺兰刀"⑤，足见早有人以贺兰为 qulan 之音译矣。

《通典》虽明言"苏尼"为"掌兵之官"，惜未能复原。突厥人名有"苏尼失"，当与此字有关。按蒙古初期，部族名称来源多甚远古。如"雪干"（Sügen），似即北魏初年之"薛干"。元初"雪你惕"（即 Sünit）、今日之苏尼特或亦昉于苏尼乎？阙必为 Kül Tegin（阙特勤）之 Kül。

（五）谓黑色者为珂罗便，故有珂罗啜

突厥文"黑"为 qara。故知"珂罗便"之"珂罗"，即 qara 之对音。"黑色者"之"者"字，似甚重要。吾人试比较"酒器"为"大罗便"，与"黑色者"为"珂罗便"之文，则"便"字必为一字尾，似表示文法家所谓主格词尾也。

"啜"为突厥常见之官号。"珂罗啜"复原为 Qara Chur，所谓以颜色名官也。

（六）谓发为索葛，故有索葛吐屯

"索葛"为突厥文 saqal 之对音，意为"须"。本文云"谓发为索葛"，

---

① 《通报》，一九二六年，第八六页；亭德伯格《中国边陲史札记二则》，《哈佛亚洲研究学报》第一卷，第三〇四—三〇五页。
② 《中古突厥语词汇》，第六页；科瓦列夫斯基：《蒙俄法字典》，喀山，一八四九年，第七四页。
③ 《中古突厥语词汇》，第一六三页；《蒙俄法字典》，第九二二页。
④ 石泰因噶思：《波英字典》，第九八七页。
⑤ 《蒙文总汇》卷五，第七九页。

"发"字似为"须"之讹,盖涉上文"须发"之"发"而误也。蒙文谓"须"亦曰 saqal。耶律楚材号"吾图撒哈里"(Urtu Saqal),意即"长髯人"(《元史》卷一四六《耶律楚材传》)是也。《新唐书》卷三一五下云突骑施(Türges)有"索葛莫贺"部(Saqal Bagha)。又有人名曰"娑葛",殆误官号为人名也。

"吐屯"为监察之官,详下篇。"索葛吐屯",复原为 Saqal Tudun。

(七)谓酒为匐你,[故有匐你]热汗,热汗掌监察非违、厘整班次

就本段行文言,本节必加"故有匐你热汗"一语,始与其他句文义相称。就近世对于"匐你"之研究,言"匐你"与"热汗"亦系二字,非一字。伯希和曾著两文以考"匐你"一字。①

夏德似乎以"你"字应该为"尔",故以"匐你"之古音为 po-ir("匐你"末一字今读为 ni),即 bor,"酒"也。②"此对于中国古音乃是一极堪注意之例。假如予之勘同不误,'匐你'二音仅构成突厥语'酒'字即'匐你热汗'(大概 Bor 与 Jitkhan、Jerkhan 或类似之音相联成)之前半。"③

夏德氏读"匐你"为 po-ir,并主张其对音为 bor。一九一四年伯希和已指其谬,毋庸再赘。至其以"热汗"为突厥"酒"字之下一半更误。因"匐你"已为"酒"之对音,"热汗"则官号也。

十三世纪鄂多里克叙述南宋故都临安时曾著录一种酒,名为 bigni。玉尔(H. Yule)在其名著《契丹及通往其地之路》(Cathay and the Way Thither)一书中(第二册,第一九九—二〇〇页),以为乃波斯文 bagni 一字之异写,并言高加索山诸族有称其酒曰 bagni 者。鄂多里克殆在汗八里与阿兰人(Alains)接触而得闻此字也。(《通报》,一九一四年,第四四八—四四九页)但此字实非波斯字,如玉尔所主张。而且事实与玉尔之说正相反,乃突厥字而为波斯采用也。

伯希和氏曾在《通报》发表短文两篇专考此字,前已言之。据伯希和之

---

① 《鄂多里克书中之突厥语酒名》(Le nom turc du vin dans Odoric de Pordenone),《通报》,一九一四年,第四四八—四五三页;《突厥文"酒"字:匐你》(Le mot bigni [ou begni] "vin" en turc),《通报》,一九二六年,第六一一—六四页。
② 《元朝秘史》第二八一节"孛儿"(bor)旁注云"葡萄酒"。
③ 《暾欲谷碑跋尾》,第一三九页。

研究，"匐你"古音为 bak-ni，即 bagni 之对音。在现代之各种突厥方言中已不存在。但在若干突厥遗文中，尚见著录。如外蒙 Shine-usu 之回纥文碑，如斯坦因（Stein）在敦煌发见之突厥文件，如可失合里（Kashghari）一〇七三年著成之《突厥文字典》及伊本·木哈那（Ibn Muhanna）之《大食突厥字汇》，皆著录此字。其见于他种著作者，除上举之鄂多里克书外，尚有拉施都丁之《史集》云。

"热汗"一字，他处未见。

（八）谓肉为安禅，故有安禅具泥，掌家事如国官也

突厥文"肉"为 et，读音与"安禅"相差甚远。故知突厥必另有"肉"字，待考。

"具泥"二字，依本段文例，当为官号。但在唐代史籍中，似乎亦仅此一见。

（九）有时置附邻可汗，[附]邻，狼名也，取其贪杀为称

自乌孙以后，突厥民族咸谓其祖先为狼所生，蒙古民族亦承受之。拙著《突厥、蒙古之祖先传说》，曾研究此传说在塞北之演变。然则可汗以"附邻"为号者，殆不仅取其贪杀也。"附邻"有"步利"、"附离"等异译，皆突厥文 böri 之对音，汉语"狼"也。可汗之下脱"附"字，应云"附邻，狼名也"。"附邻"当为 böri（n）之对音，收声 n 尚未消失。

（十）或有居家大姓相呼为遗可汗者，突厥呼屋为遗，言屋可汗也

突厥人称"屋室"为 ev，"遗"殆即 ev 之音译。"遗可汗"之号他处未见。细揣《通典》本文之意，"遗可汗"殆即一族之长也。

下　篇

《周书》卷五："大官有叶护，次设，次特勤，次俟利发，次吐屯发，及余小官凡二十八等，皆世为之。"《隋书》所载，与《周书》全同，于官号无所增益。至于《北史》，亦全袭《周书》旧文，不烦再为征引矣。《通典》所举官号，较《周书》《隋书》稍详。《通典·北突厥传》："可汗犹古之单于也，号其妻为可贺敦，亦犹古之阏氏也。其子弟谓之特勤，别部领兵者谓之设，其大官屈律啜，次阿波，次颉利发、吐屯，次俟斤。其初，国贵贱官号凡有十等……其后大官有叶护，次设、特勤，次俟利发，次吐屯发，余小官凡二十八等，皆代袭焉。"《通典·西突厥传》："其官有叶护，有设，有特勤，常以可汗子弟及宗族为之，又有乙斤、屈利啜、阎洪达、颉利发、吐屯、俟斤等官，皆代袭其位。"《旧唐书》北、西突厥两传，殆全袭《通典》之文，仅于西突厥官制下增"无员数"一事而已。

兹将《周书》以下所举官号，汰其重复，诠释于次。"达干"一官，予别有专篇，详考其演变职掌与特权，兹不再赘。"亦都护"一号，唐代载籍未见著录，兹据突厥文碑附带及之。

（一）汗（Qan）

（二）俟斤（Irkin）

（三）亦都护（Iduq-qut）

（四）特勤（Tegin）

（五）叶护（Yabghu）

（六）设（Shad）

（七）匐（Beg）

（八）梅录（Buiruq）

（九）啜（Chur）

（十）颉利发

（十一）吐屯（Tudun）

（一）汗（Qan）

突厥"汗"有大小之别。最高元首曰"可汗"（Qaghan），又称"大可汗"。"可汗"可分封其子弟为若干"小可汗"。突厥文《暾欲谷碑》第一碑西面第二行第三行之"汗"（Qan），当即吾国史籍中之"小可汗"也。[①]该碑

---

① 日人白鸟库吉曾著《可汗可敦名号考》，揭于《东洋学报》第一一卷第三号。他不承认 Qaghan 及 Qan 之别，可参阅。

西面所言之"汗",依《通典》考之,当指唐高宗调露元年(六七九年)突厥首领阿史德温(《旧唐书》作温傅)奉职二部叛立之泥熟匐,及永隆元年(六八〇年)突厥迎立之阿史那伏念,其人乃分统一部落或数部落之首领,非雄长突厥全境之"可汗"也。

《北史·突厥传》:"俟斤(Irkin)死,复舍其子大逻便而立其弟,是为他钵可汗(Tabar Qaghan)①。他钵以摄图为尔伏可汗,统其东面,又以其弟褥但可汗为步离可汗(Böri Qaghan),居西方……沙钵略(Ishbara)居都斤山(Ütüken),庵逻降居独洛水(Tughla),称第二可汗。大逻便乃谓沙钵略曰:'我与尔俱可汗子,各承父后,尔今极尊,我独无位,何也?'沙钵略患之,以为阿波可汗(Apa Qaghan),还领所部。"此处虽无"小可汗"或"汗"之明文,而就"统东面"、"居西方"、"第二可汗"、"还领所部"诸语推测,其职位与"小可汗"殆无差异。

《旧唐书·西突厥传》:"莫贺咄侯屈利俟毗可汗先分统突厥种类,为小可汗(Qan),及此自称大可汗(Qaghan),国人不附。……国人乃奉肆叶护为大可汗。"同卷:"沙钵罗咥利失可汗……阿悉吉·阙·俟斤与统吐屯等召国人,将立欲谷设为大可汗,以咥利失为小可汗。"是"大可汗"与"小可汗"之分别甚为显明。《唐会要》卷九四:"贞观十二年(六三八年)九月,上以薛延陀(Syr-Tardush)强盛,恐后难制,分封其二子,皆为小可汗。"同卷:"十九年九月,真珠二子,长曰曳莽,次曰拔灼,初分立为小可汗。"可知"小可汗"乃"可汗"之子弟受封之号,虽长一部,与属国不同。

(二) 俟斤(Irkin)、大俟斤(Ulugh Irkin)

突厥一词,有广、狭二义。以于都斤山为中心之突厥,唐代称之曰北突厥或东突厥,可称为狭义的突厥。其首领为广义的突厥诸部族之最高元首,故称"可汗"(Qaghan);其他诸部君长,则有他种称号。"俟斤"、"亦都护"等皆是也。

"俟斤"之"俟",有多种读法。自夏德以后,东西学者曾有讨论,兹不多赘。

---

① 可失合里《突厥文字典》著录一钦察酋长名 Tabar,"他钵"或即 Tabar 之对音。

Irkin 原为部族首领之称。厥后在突厥文中，另有他意。十一世纪可失合里《突厥文字典》irkin suv（意为停止的水）其下有 Köl Irkin 一词，注云："歌逻禄（Qarluq）元首之徽号：智深若海。"① köl 此云"海"，则 Irkin 一字，似有"智慧"之意。

铁勒诸部酋长，皆称"俟斤"。《隋书·铁勒传》："独洛河北，有仆骨、同罗（Tongra）、韦纥、拔也古（Bayirqu）、覆罗，并号俟斤。"拔也古君长之称"俟斤"，突厥碑文中亦曾言之（见突厥文《阙特勤碑》东面第三十四行）。原文为 Ulugh Irkin，汉文"大俟斤"。突厥官号之加"大"字，常见不鲜，非止"俟斤"一名也。史称多览葛酋亦号"俟斤"。② 多览葛为九姓回纥之一，其酋号"俟斤"固宜。

铁勒诸部外，白霫、驳马等部族，亦以"俟斤"统领其众。《资治通鉴》贞观十七年（六四三年）称"薛延陀本一俟斤"。在突厥诸部中地位最北之骨利干（Quriqan），则二"俟斤"同居（《通典》卷二〇〇）。居今热河省潢水北之霫，"习俗与突厥同，渠帅亦号为俟斤"（同上引），而潢水南鲜卑种之奚，每部亦置"俟斤"一人为其帅（同上引）。契丹"君大贺氏，有兵四万，析八部，臣于突厥，以为俟斤"。是此名之施用，不仅限于突厥种族矣。

《新唐书》卷二七〇下《黠戛斯传》："东至木马突厥部落，曰都播（Tuba）、弥列哥（Belig？）、饿支（Ach）③，其酋长皆为颉斤。"颉斤与"俟斤"在字面上固不同，但吾人试将"俟利"与"颉利"、"俟利发"与"颉利发"相较，不难知其为同名异译。

西突厥十姓，分东西二部。在东者为五咄陆部落，在西者为五弩失毕部落。五弩失毕则有五"大俟斤"（Ulugh Irkin）。然则吾人试就今日地图察之，东起辽水，西达中亚，举凡稽首于于都斤山突厥之诸属部，其酋长殆悉称"俟斤"。此号传播，可谓宽广。

"俟斤"一名，非突厥所固有。就史籍求之，实由鲜卑、蠕蠕传授而来。

---

① 《中古突厥语词汇》，第六八页。
② 当即《圣武亲征录》之帖良兀，《史集·部族志》之帖良兀惕（Talangūt）。荷人施列格尔（Schlegel）于其《哈剌巴剌撒衮回鹘文碑上之汉文碑文》（*Die Chinesische Inschrift aus dem Uigurischen Denkmal in Kara Balgassun*）第一页已言之。
③ 拉德洛夫于叶尼塞河碑文中寻得黠戛斯民族名称五，其中有 Atoch 及 Belig 二族，见 Elegesch 纪念物中，似即"弥列哥"、"饿支"。参阅《蒙古古突厥文碑铭》第一册，第三四三、三一四页。

《南齐书》卷五七《魏房传》："又有俟勤地何，比尚书。""俟勤"既可与中国尚书相比拟，当然为一官号。则突厥之"俟斤"，必为"俟勤"之异译。《魏书》卷二九《奚斤传》，吾人颇疑其非人名而为一官号。诸史北族列传中以官名为人名者甚多，不止"奚斤"一人也。①

《魏书·蠕蠕传》："婆罗门遣大官莫何去汾、俟斤丘升头六人，将一千，随具仁迎阿那瓌。"是"俟斤"一号，鲜卑、蠕蠕二族具早已用之，不自突厥始也。同传："魏宣武帝延昌四年，蠕蠕可汗丑奴遣使俟斤尉比建朝贡。""俟斤"之"侯"，当为"俟"字之误。

契丹曾臣属于突厥，故其君长大贺氏亦膺"俟斤"之号。厥后历代沿用，迄辽太宗始有所改易。《辽史·太祖本纪》："唐天复元年岁辛酉，痕德堇可汗立，以太祖为本部夷离堇，专征讨。"夷离堇乃 Irkin 之辽代音译，是耶律阿保机初起时即居是官。《辽史·百官志一》："北院大王分掌部族军民之政。北院大王初名迭刺部夷离堇。太祖分北南院。太宗会同元年改夷离堇为大王。"《辽史·国语解》："夷离堇：统军民大官。"则其职位较唐代大异。

女真官号，颇有因袭契丹者。"移里堇"（Irkin）即其一也。《金史·百官志四》："诸移里堇司：移里堇一员，从八品，分掌部族村寨事。"《钦定金史国语解》以为本辽语，不知其始自蠕蠕、鲜卑，中经突厥袭用而始见于契丹也。

（三） 亦都护（Iduq-qut）

突厥文《苾伽可汗碑》东面第二十五行云："朕年二十，征同族拔悉密（Basmil）及其 Iduq-qut。"Iduq-qut 者，拔悉密君长之号，汉文"神圣幸福"、"神圣威武"。新、旧《唐书》中均未见有对音。降及后世，Iduq-qut 演变为 Idi-qut，元代音译曰"亦都护"，兹借用之。

《元史》卷一二二《巴而术阿而忒的斤传》："巴而术阿而忒的斤亦都护（Barchuq Alt Digin Idu-qut），亦都护者，高昌国主号也。"《元朝秘史》第二三八节"亦都护"作"亦都兀惕"。《史集·部族志》作 Īdī-qūt，意为政府

---

① 此"奚斤"曾两征蠕蠕。《魏书·蠕蠕传》之"山阳侯奚"及"宜城王奚"即其人，前后封爵不同，非二人也。

之元首。① 俄人德麦松（Desmaisons）译乞瓦王阿布勒哈齐《突厥世系》注云："Idi-qut 意为幸福、富足、有强力。"较拉施都丁之说为优。

元代高昌（今新疆吐鲁番）之畏兀儿，即唐武宗会昌年间为黠戛斯所败而南徙回鹘之一部分，其根据地初在娑陵水（Selenge）。突厥失败后，代居郁督军山，雄长中国北方，则其首领"亦都护"之称号，即非由拔悉密输入，亦为突厥族所固有也。

屠寄《蒙兀儿史记·巴而术阿而忒的斤亦都护传》自注云："唐时回鹘有叶护之号，盖转为亦都护。"王国维《圣武亲征录校注》亦云："亦都护王号，唐时突厥、回鹘并西域诸国皆有叶护，此亦都护其遗语也。"案"叶护"为突厥碑文 Yabghu 之对音，亦都护乃 Iduq-qut 之遗语，王、屠两氏之说皆误。

（四）特勤（Tegin）

"特勤"一号，往日史籍，殆悉误为"特勒"。司马光《通鉴考异》卷七于"突厥子弟谓之特勒"条注曰："诸书或作特勤。今从刘昫《旧唐书》及宋祁《新唐书》。"然则两《唐书》"特勤"之误为"特勒"，司马君实修《资治通鉴》时已然。而君实弃正从误，真所谓"夷语难通"者矣。

首先发现"特勒"之讹者，实元朝耶律铸。《双溪醉隐集》卷二《取和林》一诗自注云："和林城，苾伽可汗之故地也。岁乙未（一二三五年）圣朝太宗皇帝城此，起万安宫，城西北七十里，有苾伽可汗宫城遗址，城东北七十里，有唐明皇开元壬申御制书《阙特勤碑》，……其像迄今存焉。其碑及文，特勤皆是殷勤之勤字。唐新、旧史凡特勤皆作御勒之勒字，误也。诸突厥部之遗俗，呼其可汗之子弟为特勤。特勤字也，则与碑文符矣。碑云：'特勤苾伽可汗之令弟，可汗犹朕之子也。'唐新、旧史并作毗伽可汗，勤、苾二字，当以碑文为正。"

但顾亭林《金石文字记》于《凉国公契苾明碑》下，却历引史传中之"特勒"，以订正《凉国公契苾明碑》及柳公权《神策军碑》之"特勤"，以为皆书者之误，殊可浩叹。钱大昕驳之曰："外国语言，华人鲜通其义，史文转写，或失其真，唯石刻出于当时真迹。况《契苾碑》宰相娄师德所撰，

---

① 贝勒津刊本，《丛刊》第七册，第一六三页。

公权亦奉敕书,断无伪舛,当据碑以订史之误,未可轻訾议也。《通鉴》亦作特勒,而《考异》云:诸书或作敕勤①……按古人读敕如忒,敕勤即特勤。"(《十驾斋养新录》卷六"特勤当从石刻"条)

西域诸国,有以"特勤"名佛寺者,盖寺为突厥王子所建,即以其名号名之也。《悟空纪行》,迦湿弥罗国有"也里特勤寺",健馱国有"特勤洒寺"。二寺名均作"勤"不作"勒"。《大慈恩寺三藏法师传》卷三"特勤"之"勤"字亦不误。盖内典之书,读者较少,故常能保存原文之真相。

至于"特勒"二字,亦自有其意义。《魏书》卷一〇三:"高车……初号狄历,北方以为敕勒,诸夏以为高车、丁零。"《旧唐书·突厥传》云:"回纥……在魏时号铁勒部落,……依托高车,臣属突厥,近谓之特勒。"盖"狄历"、"敕勒"、"丁零"、"铁勒"、"特勒",殆皆同名异译,与"特勤"无关。唐太宗昭陵石刻六骏之一,名"特勒骠"。"敕勒川,阴山下"之歌词为人人所能背诵。足证"特勤"之误为"特勒",亦以耳熟之故,非仅形似而已也。

诸书均谓"可汗子弟谓之特勤"。惟称"特勤"者,除《通典》卷一九九所言之宗族外,异姓亦得为之。突厥文《苾伽可汗碑》之撰者,为可汗之甥 Yoligh 特勤,甥称"特勤",可证不限于可汗子弟。又《北史》沙钵略从弟名"地勤察",此"地勤"当为"特勤"之异译。盖突厥继位之法,以兄终弟及为原则,故可汗伯叔之子亦均可称"特勤"也。隋末五原通守张长逊附突厥,突厥以为"割利特勤"(Qari Tegin,见《唐书》本传)。则突厥"特勤"一号亦可用于异族矣。

"特勤"之号,亦不始于突厥。《洛阳伽蓝记》卷五引《宋云记行》:"乾陀罗国……本名叶波罗国,为嚈哒(Ephthalite)所灭,遂立敕懃为王,治国以来已经二世。""敕懃"即"特勤"。"敕"古读"忒",已见前引钱大昕之文。宋云于五二〇年至乾陀罗国,是"特勤"一号,至少在第五世纪下半期嚈哒业已用之。

突厥以后北方民族仍袭用之。《旧五代史》卷一三八回鹘有"狄银",《辽史·百官志》有"惕憶",元代则有无数"的斤",皆"特勤"之异译,

---

① 四部丛刊影宋本《通鉴考异》"敕"作"特"。

惟意义随时转变，非复可汗子弟所专有。Tegin 之译为"狄银"、"惕惥"，盖 g 母因方言不同而软化为 y 也。①

（五） 叶护（Yabghu）

"叶护"一名来源甚古。匈奴、大月氏、乌孙之属，皆曾用之。《史记·匈奴传》："赵信者，故胡小王，降汉，汉封为翕侯。"此为"翕侯"见于载籍之始。赵信"翕侯"之号虽为汉封，当系一匈奴官号之音译。盖赵信本胡人，故汉家仍用北族官号宠之也。

《史记·大宛传》、《汉书·张骞传、乌孙传》皆言乌孙有"翕侯"。颜师古注云："翕侯，乌孙大臣官号。"《汉书·西域传》称大月氏有"五翕侯"。近世东方学家进行探讨，咸欲指出其地望。乌孙初与大月氏同居祁连、敦煌间，种属当甚近，并有"翕侯"官号，自无足异也。

《唐会要》卷一〇〇："葛禄与九姓部落复立回鹘暾叶护为可汗……自此以后葛禄在乌德犍山者，别置一都督，隶属九姓回鹘，其在金山及北庭管内者，别立叶护，每岁朝贡。"是"叶护"乃一部族中之分部部长也。

（六） 设（Shad）

"设"有"杀"、"察"等异译。其职务在《北周书》有明白之注释。曰"别部领兵者谓之设"。"设"既领兵别部，大抵可建立牙帐，专制一方，故《旧唐书》卷一九四上《突厥传》云：

> 始毕卒，其子钵苾以年幼不堪嗣立，立为泥步设，使居东偏，直幽州之北。颉利……初为莫贺咄设（Baghatur Shad），牙直五原之北。
>
> 默啜立其弟咄悉匐为左厢察、骨咄禄（Qutluq）子默矩为右厢察。各主兵马二万人；又立其子匐俱（Bögü）为小可汗（Qan），位在两察之上。
>
> 登利（Tengri）年幼……从叔二人分掌兵马，在东者号为左杀，在西者号为右杀。其精锐皆分在两杀下。

---

① 参阅拙著《西北地理札记·乌鸹》一文。

吾人读《旧唐书》之文，于"设"之地位与所谓"别部领兵"之职司，可以了然矣。

波斯文"沙"字（Shāh），汉文"君长"、"帝王"。此字应与突厥号 Shad（设）字同源。故俄人巴托尔德（W. Barthold）谓似并为伊兰字（《中亚突厥史十二讲》，第一三页）。果尔，则此官号亦非突厥所固有矣。

突厥文《阙特勤碑》南面第一行著录一 Shadapyt 字，以与梅禄（Buiruq）对举，故知其亦为官号。丹麦陶木生（V. Thomsen）谓："此字尚不认识，与 Shad（设）字有关。惟非汉文之'俟利发'。"① 厥后又言"一种贵族阶级，尚不明"。日本白鸟库吉在其《失韦考》中，曾主张 Shadapyt 乃"设发"之对音，谓"突厥官名有以'发'字为语尾者颇多，如'吐屯'亦作'吐屯发'、'设'亦作'设发'、'俟利'亦作'俟利发'之类皆是也。此'发'字乃 put 之对音……突厥之'设发'，碑文作 Shadapyt"。（见《东胡民族考〔下〕》）邦格（W. Bang）在其《苍色突厥碑文研究》（*Über die Köktürkische Insebriften*）中曾主张 Shadapyt 一字中之 Shad 及 apyt 应分开，且怀疑 apyt 乃 apyn 之多数，如 Tarqan（达干）之多数为 Tarqat、Tegin（特勤）之多数作 Tegit 是也。

案陶木生自言对此字不甚了然，可置勿论。白鸟之说，初视之似颇可成立，但吾人须知缪勒（F. W. K. Müler）曾主张"俟利发"为 Elteber 之对音（《维吾尔志二》[*Uighurca II*] 第九四页），夏德以为乃 Yilpaghu 之对音（《暾欲谷碑跋尾》第一一一页）。同一字尾"发"字，而有 bär、paghus 及 apyt 三异说，是 Shadapyt 一字究为"设发"之对音否，尚颇成问题也。

（七）匐（Beg）

夏德在其《暾欲谷碑跋尾》（第一〇七页）解释"泥熟匐"一名谓：此名"最末一字在若干地方无疑地应视为突厥文 Beg 之对音"。其后东西学者，莫不赞成斯说。beg 一字今音译为"伯克"或"白克"，新疆维吾尔族尚沿用之。元代音译为"别"、为"伯"、为"卑"、为"毕"，如"月祖别"（Üzbeg）。洪钧以为黠戛斯人称贵人曰"辈"，当为"匐"之异译。误，辈去

---

① 陶木生：《鄂尔浑河碑文解读》（*Inscriptions de l'Orkhon déchiffrées*），第一六六页，又参阅予译之《突厥暾欲谷碑》，《禹贡》半月刊第六卷第七期，第二九页。

声，非 k 尾字。

（八）梅录（Buiruq）

Buiruq 一号，唐译为"梅禄"。五代回鹘仍沿用之，音译为"密禄"、为"媚禄"（见《旧五代史》及《新五代史》之《回鹘传》）。蒙古兴起时乃蛮部落为突厥之裔胄，故其君长亦有以 Buiruq 为号者。《圣武亲征录》译为"杯禄"，《元史·太祖本纪》作"卜欲鲁"，《元朝秘史》译"不亦鲁黑"。

多桑于其《蒙古史》第二章曾译 Buiruq 之意云："Bouyourouc（'不亦鲁黑'），突厥语统兵者之义。"其说似本之于波斯十四世纪史家拉施都丁。拉施都丁用 Farmūdan 译"Būiruq"，即"不亦鲁黑者，指挥也"。① 按十一世纪可失合里字典著录 Byruq 一字，谓出于 Buiruq，意为"皇家总管"。此殆异时异地而异意也。

《通鉴纲目》："开元二十二年默啜为梅禄啜（Buiruq Chür）毒杀。"元代王幼学《集览》云："梅禄，突厥别部之号，啜，其大臣之称。"《集览》未注其解说之出处。恐为臆想，无根据。

（九）啜（Chur）

"啜"之上常加形容词，如言屈律啜（Külüg Chür，屈律，华言"著名"）、梅禄啜（Buiruq Chür）等是也。其职司虽不得详，但据西突厥东五部有五"啜"推之，其地位当亦为一部之长。

（十）颉利发

"颉利发"之外，尚有"俟利发"、"俟利伐"、"俟列弗"、"俟列发"、"希利发"等异写，而"颉利"则又有"伊利"、"一利"、"意利"、"伊离"等异文，足证此号乃极常用之号。数十年来，东西学者多欲求此字之对音，然无一人能作满意之解答者。夏德氏、缪勒氏（二氏之说已见前）、伯希和氏、王国维氏② 诸家之文，可参看也。

---

① 贝勒津刊本，《丛刊》第七册，第一七四页。
② 王国维：《观堂集林》卷二〇，第一三——四页。

(十一) 吐屯 (Tudun)

"吐屯"为 Tudun 之音译。《隋书·契丹传》：

> 突厥沙钵略可汗遣吐屯潘垤统之。……室韦分五部，突厥常以三吐屯总领之。

《唐书·突厥传》：

> 统叶护可汗悉授西域诸国以颉利发，而命一吐屯统之，以督赋入。

是"吐屯"为监察之官。《太平广记》卷二五〇引《唐御史台记》言"突厥谓御史为吐屯"，是"吐屯"职掌与唐御史略同。御史亦以监察为职责者也。《资治通鉴》载开元十四年（七二六年）"黑水靺鞨请吐屯于突厥"。就"吐屯"之职司推之，是黑水靺鞨请突厥遣官以监视其国政也。与元代之八思哈（Basqaq）、达鲁花赤（Darughachi）职务差同。

"吐屯"之外，尚有"吐屯发"一号，异写别有"鍮屯发"。"发"之意义与来源，当与"颉利发"之"发"同。

可失合里字典有 Tudun 一字，译言"村长，与分水人"，仍多少保存唐代原意。此名在蒙古时代尚见于成吉思汗先世人名中。《元朝秘史》有蔑年土敦者，拉施都丁书作 Tudun Menen，"土敦"即"吐屯"。洪钧谓 Tuduin Menen 当为 Menen Tudun 之倒误，甚是。因蒙人名，徽号皆在后。"土敦"当即此人之徽号也。

《新唐书》卷二一七下《黠戛斯传》："其官宰相、都督、职使、长史、将军、达干六等。宰相七，都督三，职使十，皆典兵。长史十五。将军、达干无员。"[①] "都督"、"将军"之名，在外蒙突厥文碑中作 Tutuq、Sengün，辽金时之"相温"、"详稳"、"详衮"，元代之"桑昆"、"想昆"，并为中国官号北游返国后之面目。时代不同，故有多种写法。回鹘亦有"宰相"，且分

---

① 《新唐书》只列举北突厥官制，于《西突厥传》则略而未言。惟吾人苟就《新唐书》之文加以分析，将见其《北突厥传》中所举之官名，实合《旧唐书》北、西两突厥传官号而为一也。所多者"达干"一号而已。"俟利发"、"颉利发"二号，乃同名异译。《新唐书》重出，似当时已莫能分辨。

内外，见《唐书》及《九姓回鹘可汗碑》。惟黠戛斯官号，多借自中国，其因袭北方民族者亦不少。"职使"黠戛斯碑文作 Chigshi，实即刺史之译音，"长史"碑文作 Changshi，契丹人音译作敞史。

外蒙突厥文碑中有若干官号，今尚不能于唐代史籍中得其对音。若 Alpaghu 或 Yilpaghu、Eltebir 等是也。其可得考者，尚有"裴罗"（Boila）一官号。王国维著《西辽都城考》，曾搜集不少裴罗人名，以为巴剌沙衮（Balasagun）即"裴罗将军"，伯希和氏已指出其误。

《玄奘传》载突厥有"答摩支"一官，伯希和以为即辽之"挞马"、元之"探马赤"（Tamachi）所从出。此字在他种书籍亦可得其踪迹。《唐会要》卷九六薛延陀之"咄摩支"、《新唐书·突厥传》之"都摩支"（《旧唐书》"支"作"度"，误），皆其异译也。

《隋书·西突厥传》："官有阎洪达以评议国政。"据此知其职司在议政。《唐会要》卷七二"诸蕃马印"条"阎洪达井"凡两见，盖以官名名井，若"特勤寺"、"莫贺城"之例也。

（原载《华西协合大学中国文化研究所集刊》一九四〇年第一卷第一期）

唐代都波新探

唐努乌梁海自古是我国的领土，一九二一年宣布"独立"，我国历届政府未予承认，一九四四年苏联将该地并入俄罗斯联邦。关于这个地区的历史情况，平日读史，略作笔记，今稍加整理，陆续写出，希望读者多加指正。

《册府元龟》卷九九九载：唐太宗贞观二十二年（六四八年）二月"以结骨部置坚昆都督府，隶燕然都护，以其俟利发失钵屈阿栈为左屯卫大将军、坚昆都督。初，结骨未尝通中国，闻铁勒等咸来内附，即遣使顿颡称臣，并献方物，至是，其君长遂自入朝，见太宗于天成殿，宴之……结骨酣醉，欢甚，因谓曰：'臣既一心归国，愿授国家官职，执笏而还。'故授以此任，赉锦帛"。结骨即黠戛斯，亦即汉朝的坚昆，所以这个部落的首领被唐朝政府授以坚昆都督的官职。这个部落在唐努乌梁海的萨彦岭以北叶尼塞河地区。现在南西伯利亚叶尼塞河上流也有个少数民族自治区名黠戛斯（Hakas），可是它同唐代黠戛斯毫无关系。W. 巴托尔德在他的《中亚突厥史十二讲》第三七页中说："叶尼塞河上游地区，即从前米奴辛斯克州的现代突厥居民，在俄国革命后，同其他俄罗斯的'外族'获得了民族自治，他们需要使用一个民族名称，可是他们还没有，而且在沙皇时代也是不需要的。米奴辛斯克的知识界当时就借用中国历史上的黠戛斯这个名称，因为他们知道中国人对以前居住在米奴辛斯克地区而具有一定政治意义的民族这样称呼他，但是他们不知道……在米奴辛斯克州今天已不复存在黠戛斯人了。"

黠戛斯的东邻是安加拉河流域的骨利干部落，贞观二十一年（六四七年）内附，以其地为玄阙州；西南邻人是巴尔喀什湖以东的三姓歌逻禄，唐高宗显庆二年（六五七年）即其地设阴山、大漠、玄池三都督府；黠戛斯的北方有驳马，东方有都波，这两个部落都曾先后遣使到长安朝贡，可是都没有设立州府。《新唐书》说黠戛斯是个强国,"地与突厥等",又说"东至木马突厥三部落曰都播、弥列哥、饿支……坚昆之人得以役属之"(卷二一七下)。那末,木马三突厥既然是黠戛斯的属部,自然也都在坚昆都督管辖之下了。

公元一九一〇年至一九一一年,英人 D. 卡拉塞斯曾在乌梁海地区旅行,他说:"在别的国家,我们接触不到真正的野蛮乌梁海人——俄人著述中的索约特人,他们称他们自己为'秃巴'。"(《未经勘探的蒙古》第一二四页)一九二六年 W. 巴托尔德在他的《中亚突厥史十二讲》第三七页中说:"乌拉-阿尔泰语系,自西向东有芬、萨莫咽、突厥、蒙古、通古斯五个语族,都波属萨莫咽语族,都波是萨莫咽人的突厥语名称。"索约特人即萨莫咽人,今虽自称为都波,其实是别族对他们的称号。

十九世纪末芬兰考古家在蒙古北部和叶尼塞河流域发现很多唐代遗址和突厥文碑铭,这些碑铭长短不一,被俄人 W. 拉德洛夫收录在他的《蒙古古突厥文碑铭》第一册,其中有几通碑文提到 Belig(BLG)及 Atsch 两个部落,历史学者多认为他们就是木马突厥三部落中的弥列哥和饿支,那末,根据这些墓碑或摩崖所在的地点,不难看出都波等三部落分布的地区。

一是贝克木河和乌鲁克木河两河支流上的墓碑。

(一)乌由克河——阿尔罕碑(拉德洛夫书第一册第三〇五页)。乌由克河是唐努乌梁海贝克木河右岸支流,在东经九十四度、北纬五十二度交切点附近汇于贝克木河,河上突厥文墓碑第四行"我们的家在饿支,我是有功绩的 Akun"。

(二)埃列格施河碑(同上第三一一页)。埃列格施河为乌鲁克木河左岸支流,在克孜尔西南汇于乌鲁克木河,河上有唐代较长的突厥文墓碑,第八行"在饿支-弥列哥我们总共是八位英雄"。

二是南西伯利亚的墓碑及金容器。

(一)威巴特河第一碑(同上第三三七页)。威巴特河在黠戛斯自治区,是阿巴干河左岸的支流,在阿巴干城西南流入阿巴干河,河上第一通突厥文墓碑左面第三行"我给饿支族的达干建立此纪念碑"。

(二)黑玉斯河摩崖(同上第三四五页)。黑玉斯河于北纬五十五度,东经九十度交切点西南与白玉斯河合流称楚累姆河,河上突厥文摩崖第二行

"饿支军队的统帅卒"。

（三）S. 吉谢了夫于一九三九年至一九四〇年，在威巴特河畔，特别是靠近叶尼塞河畔的科品尼村的黠戛斯贵族墓葬中发掘出来四个金容器，两个底部有突厥文字铭文，其中一个铭文为"黄金……饿支的礼物"（吉谢了夫《南西伯利亚古代史》第六〇二页）。

就这四通墓碑和四个金容器发现的地点看，木马三突厥的居地，南起唐努山，北方约达阿钦斯克一带地区，疆域同黠戛斯犬牙相错。

唐太宗贞观二十一年（六四七年）都波曾遣使朝贡，拉德洛夫书第三一七页收录的唐努乌梁海白葛勒地区突厥文墓碑第一行云："在我二十五岁时，我朝见唐朝天子，受赐金银。"碑文没年月，不知这位使臣是哪一年去长安的。黠戛斯和都波都遣使朝贡，都受唐朝的官职和尊号，其见于这一地区突厥文墓碑者有以下几种：

一、都督。叶尼塞河流出萨彦岭处有峨斯纳深纳牙村，村旁墓碑的墓主是"勇敢的阙·都督"（拉德洛夫书第三二八页）。乌鲁克木河支流巴尔里克河碑墓主的长兄名"俱禄·都督"（第三〇九页）。此外称都督的尚有三个墓碑及一个摩崖（第三〇四、三二一、三四三、三二六页）的墓主和摩刻人。至于一九七〇年在乌鲁克木河左岸帖米尔-苏克河谷发现的墓碑（《东洋学报》一九七六年第五十八卷第二〇六页），其墓主则自称"将军·都督"。

二、职使。克木池克河支流查库尔河上第七碑第一行："我骨咄禄（译言幸福的）chigshi"。（拉德洛夫书第三二三页）克木池克河海涯·巴失碑第五行："伊难术（译言可信任的）·俱禄（此云有名望的）·chigshi·甸（此云公侯）"。（前书第三二六页）都波的西邻黠戛斯，亦有职使官号。《广韵》职为 k 尾韵母字，所以职使与 chigshi 对音。但唐代其他北族俱无职使官号。有的学者认为，chigshi 为汉文刺史的音译，这是可取的。唐代舌人把都波人或黠戛斯人口中的 chigshi，倒译回来，就把刺史变为职使了。《广韵》入声"昔"韵刺字七迹切，亦是 k 尾韵母字，所以 chigshi 正是刺史的音译。

三、长史。威巴特河上第二碑第二行："他本人毗伽（此云英明的）changshi"。changshi 乃汉文长史的音译。契丹人亦借用这个官名，《辽史·太宗纪》载会同二年（九三九年）升"南北府国舅帐郎君官为敞史"，卷一一六《国语解》："敞史，官府之佐吏也。"敞史即长史音译。

四、将军。我们读突厥文《阙特勤碑》及《毗伽可汗碑》，知东突厥通行唐朝的将军官号。在黠戛斯贵族中这个官号亦普遍流行，如威巴特第三碑墓主自称"我是达干·将军"（拉德洛夫书第三四〇页）。另有两个墓碑和一个摩崖的墓主和摩刻人，亦都号将军（第三〇九、三一七、三二六页）。

《新唐书》卷二一七下《黠戛斯传》："其官宰相、都督、职使、长史、将军、达干六等。"达干是北族固有官号，其职务是"专统兵马事"，其他五种都是借用唐朝的，其中除宰相外都见于都波突厥文碑铭。都波与黠戛斯为近邻，所接受中原的官号，可能是相同的。此外，尚有公主一号，亦为都波所喜用。

五、公主。都波的贵族称他们的妻子为公主，而且根据突厥文墓碑，还几乎都称为"闺中的公主"。查库尔河第四碑云："我和我的闺中公主，我的两个儿子，我的独女儿……永别了，……我四十岁时逝世了。"（第三二一页）。都波地区墓碑有二十多通，差不多一半有与"公主"或与"闺中的公主"永别的话。足证这个汉族皇帝女儿的尊号，都波贵族是非常喜爱的。

黠戛斯及都波境内多山，冬月狩猎都使用木马，"其国猎兽皆乘木马，升降山磴，追赶若飞"（《通典》卷二〇〇"结骨"条）。都波是木马突厥三部落之一，其狩猎情况《新唐书》卷二一七《黠戛斯传》描述得更具体："俗乘木马驰冰上，以板藉足，屈木支腋，蹴辄百步，势迅激。"狩猎民族的这种传统的原始生产工具，在这个四面环山的地区，后代始终保存着。《元朝秘史》第二三九节称叶尼塞河上流的人民为林木中百姓，秃巴思（秃巴的复数，即都波）、乞儿吉思（即唐代黠戛斯）、合卜合纳思等族都是其中的部落，《元史·地理志·西北地附录》说吉利吉思（即乞儿吉思）、撼合纳（即合卜合纳思）等部冬月都是乘木马逐猎。十四世纪初波斯拉施都丁《史集·部族志》"林木中兀良哈"条叙述这一地区冬月"跨木马逐猎"的情况亦很详细，瑞典人多桑曾将此条译出，收入其《蒙古史》第一卷附录中。一九四三年我根据哀德蛮及拉施都丁两个波斯文本再译为汉语，收入《唐努都波》一文中（《中国边疆》第三卷第四期），不再赘述。

"跨木马逐猎"的生产方法，也存在于贝加尔湖以东的各部落。其实这种原始生产工具在地理条件相同的地方都会采用，如松花江下游的赫哲人就是一例（参阅E. G. 拉文斯坦因的《俄国人在黑龙江上》第一〇章引一八四六年天主教士布吕涅的信，和解放前历史语言研究所刊行的《松花江下游的赫哲族》第八一页插图一〇〇）。

补　记

这篇札记写成以后，读到韩百诗（L. Hambis）写的《Kesh-dim 及 Ges-Dum》(《亚洲学报》，一九五八年，第三一三—三二〇页）一文。关于 Bälig 及 Ach 两字，他不同意拉德洛夫采取 Ach-bäligdä 的读法，自然也就不同意夏德用这两个字同弥列哥和饿支两部族名的勘同了。他说，土耳其学者鄂尔昆（H. N. Orkun）读为 Achbildigdä（《古突厥碑文》第三册，第一八〇、一八二页注文）。可是韩百诗没有举出鄂尔昆读法的译文，我们在南京也找不到他的书。于是我就写信给中央民族学院民族语文系古突厥文专家耿世民先生，请教他为什么这个词组的 l 和 g 之间增加了一个 d。耿先生复信说："拉德洛夫治学有时不够严肃，他刊行的《蒙古古物图录》中的资料，都经过他描过，即是一例。拉德洛夫书中无原碑图版，无从校订，所以来信所提问题，目下尚不能解答。"

拉德洛夫对这一词组的读法既靠不住，当然勘同问题也就说不上了。

阿里斯多夫（Aristov）说，在十七世纪的俄文记载中，Kistim 是突厥化的叶尼塞河人或萨莫咽人（Samayèdes），今天还有 Ach-Keshtim 人生活在帖良兀（Teleut）族中。(伯希和：《准噶尔史评注》，第六〇页，及《亚洲学报》一九五八年，第三一四页引阿里斯多夫的《札记》，刊于《活的古代》杂志，一八九六年）Ach-Keshdim 的第一部分即 Ach 族的本名，不仅在叶尼塞河流域古突厥碑文中屡次出现，而且也见于这个地区墓葬中出土的金容器古突厥文的款识。

克木池克河右岸古突厥文摩崖第五行 Keshdim 部，韩百诗谓即杜佑《通典》卷二〇〇"盐漠念"条的可史襜。饿，《广韵》"箇"韵，五个切，音值为 ng；ch 唐代一般用"支"字对音，如 Tamachi（护卫队）一词在《玄奘传》音译为答摩支。(见《通报》，一九二九年，第二二〇—二二一页）所以 Ach 为木马三突厥中的饿支是可信的。

《元朝秘史》第二三九节、《亲征录》、《史集·部族志》都把帖良兀与客思的音并列①，足见自古以来这两族是邻族。

客思的音，明代属于瓦剌。一六六五——一六六六年沙俄派遣布本尼（Vasili Bubenny）使团出使瓦剌，瓦剌首领僧格与布本尼对话时说："在我父亲洪台吉（Kontaisha）之后，现在是我僧格统治一切国土。瓦剌的 Kakin 国土②的我的一些客思的音人、帖良兀人，被饥饿驱逐到托木斯克城，他们至今仍住在那里，沙俄的将军拒绝放还他们。"见巴德雷（J. F. Baddeley）：《俄国·蒙古·中国》第二册，第一七八页。

巴德雷书第一册著录一个复制彩色的一六七三年民族地图。各族居地标有号码。其中二十五号为白准噶尔（帖良兀）部居地（第一三九页），在鄂毕河上游左岸。附在一七六八年 N. E. 费舍所著的《西伯利亚史》（圣彼得堡一七七四年版）中的"古西伯利亚地图"（图一），标明帖良兀族住在鄂毕河上游及其右岸支流托木河。（见俄译本《史集·部族志》第一二三页注引）时代不同，游牧民族的牧地是会有移动的。

巴德雷书民族地图的四十三号为客思的音部居地（见第一四〇页），在鄂毕河右岸，与 Achin 族为邻。五十八号为"楚累姆"（Chulim）及 Achin 族居地，托木斯克的城在其中（第一四一页）。在这里，用 Achin 的形态表示 Ach，今楚累姆河上的阿钦斯克（Achinsk）城显然就是用这个部族的名称命名的。

（原载《社会科学战线》一九七八年第三期）

---

① 《元朝秘史》第二三九节作田列克，即帖良兀部。乃蒙文 l 音错位所致，故将单数 Teleng 写成了 Tenleg 了。参阅伯希和：《金帐汗国史评注》，第一四二页。
② 黑白玉斯（Yus）二河发源于阿尔泰山北坡山中，越过 Kachin 国人领有的快活的平原后合流成了一个可以通航的楚累姆河，在托木斯克以下一三〇俄里处流入鄂毕河（巴德雷书，第二册，第二五五页）。

元代的吉利吉思及其邻近诸部

清朝嘉庆、道光以后，西北舆地之学大盛。学者对于元代西北政治经济重地——吉利吉思及其邻近诸部的辨方定位研究，至今已有一百五十多年历史了。欲了解元朝中央政府与西北叛王的斗争形势，必须判明各族分布状况和地理方望，不然就坠入五里雾中，得不到要领，可惜他们为时代所限，或缺乏详密地图和域外材料，或对民族语言文字有所隔阂，研究进展始终不够理想。

元代有关吉利吉思及其邻近诸部的材料十分分散，其名称并列齐举比较集中之处有三：一、《元朝秘史》第二三九节（《圣武亲征录》戊寅年太略）；二、《元史·地理志·西北地附录》；三、波斯拉施都丁《史集·部族志》，这一部分材料，直到清朝末洪钧才接触到。

第一个研究《西北地附录》的大约是徐松。据魏源《海国图志》卷三《元代疆域图·序》，徐松著有《元代西北地附录注》，可惜"未卒业"。嘉庆十七年（一八一二年）徐松因事遣戍伊犁七年，"出关，置开方小册，随所至图其山川曲折"，对新疆地理有亲身勘查测绘的实践经验，所以他的《西域水道记》等书至今犹为学者所重视，成了西北舆地之学的划时代人物。不过叶尼塞河流域他没到过，受了《水道提纲》的影响，除昂可剌河外，对阿浦、玉须诸水的勘同，都是错误的。

魏源在他的《海国图志》中收入他有关元代西北地理研究的一图、四考。其图名《元代西北疆域沿革图》，收入卷三；四考是《图志》卷三二的"元代征西域考"上、下两篇，及卷五六的"元代北方疆域考"上、下两篇。魏源说："谦河……贯诸部以入北海"，"谦河明而岭北五部舆地纲领得矣"，可是由于他以今日地图上的安加拉河上游当元代的谦河，他所位置的诸部方位差不多完全错误了。

何秋涛著《朔方备乘》。他认为魏源《元代北方疆域考》尚有未赅之处，把他收入《朔方备乘》卷五四，补入自己的批评意见。他见过比较详细的西国舆地全图，对于吉利吉思等部的方望多少有所突破，如他说"诸家都以伊聂塞河为古谦河"（卷五四第八页），"谦河当即叶尼塞河"（卷首九第六页）。谦河的方望既正确，其所流经的各族位置就容易确定，不会像魏源在东西伯利亚幹难河南找撼合纳部了。

李文田著有《元秘史注》，在何秋涛《校正元圣武亲征录》上注有校语，对于吉利吉思诸部方位未发表意见，只引用《元史·地理志》之文，互相比附而已。

洪钧《元史译文证补》卷二八为《部族考》，必是将《史集·部族志》译为汉文，加以考释，可惜有目无书。卷四《术赤传》第一页注解云：西域书"谓谦河之源有八河，卫喇特居其左近，其东有乌拉速特，帖楞郭特，客失的迷三族，居拜喀勒湖西，与卫喇特、乞尔吉思为邻"，这是他根据《史集·部族志》兀儿速等部及幹亦剌部两节写成的。自从他介绍了《史集》这点记载以后，那珂通世的《校正增注元亲征录》（第一〇一页，收入《那珂通世遗书》）、丁谦的《元秘史考证》（卷一二第一一二页）、屠寄《蒙兀儿史记》卷三（成吉思汗二年）均采纳其说。可是洪钧以为帖良兀及客思的迷在幹亦剌之东，显然是错误的。洪钧所具备的条件远远超过前人，所以他在西北舆地之学的领域中，对于吉利吉思的研究能向前推进一大步。

丁谦继施世杰（著有《元秘史山川地名考》）、洪钧、李文田之后，既具备他认为必不可缺的"详密之舆图"，又有"重译之国史"，应该有很好的成绩，读他的《元秘史考证》第二九三节注释，亦仍是袭用洪钧旧文，无所发明。

屠寄《蒙兀儿史记》卷三记述术赤征林木中百姓，以及卷一六〇关于《元史·地理志·西北地附录》的解说，几乎完全因袭洪钧的意见，洪钧错误之处，他不仅更加扩大，而且还师心自用，任意更改《元史》的文字。《元史·地理志》谦河"注于昂可剌河"，他竟认为是"旧志倒误"，改为昂可剌河"会于谦"，以求"与今图密合"，真令人吃惊！《禹贡》"岷山导江，东别为沱",难道今日注解《禹贡》的人,可以根据今日的地理知识,改为"唐古拉山导江"吗?

前辈为时代所限,成就大小虽有不同,但筚路蓝缕之功是令人敬佩的。没有他们披荆斩棘的辛勤劳动,他们所走的弯路,后人就难免不再走了。

日本的早期元史专家,如那珂通世的《成吉思汗实录》、《校正增注元亲征录》,箭内亘的《兀良哈三卫名称考》,都已注意到吉利吉思的问题,这些研究是国人所熟悉的,兹不赘。

关于西伯利亚古史,从十七八世纪荷兰学者 Nicholas Witsen 的《鞑靼地区的北部和东部》(一六九二年)和被俘的瑞典人 P. J. Strahlenberg 的《欧亚的北方和东方》(一七三〇年)起,就引起西方学者的十分注意。以后俄国学者也不断有所记述。第二次世界大战后,在哈卡斯-米努辛盆地、阿尔泰及图瓦地区,苏联人从事大规模的调查和发掘,可惜他们的著作我们很不容易见到。至于西方的东方学家对于元代吉利吉思等部的研究,我们囿于见闻,所见亦甚少,我们手头所能接触的,主要有法国伯希和的遗著《金帐汗国史评注》(一九五〇年)、《圣武亲征录译注》(一九五一年)、《额鲁特史评注》(一九六〇年)等书。《元朝秘史》第二三九节列举术赤征服的林木中百姓吉利吉思东西两方各部名称,伯希和在其《额鲁特史评注》第五页有法文译文,第五六至六四页(即脚注三十四至六十)有详细注释。他的同僚韩百诗著有《谦河注》(《亚洲学报》,一九五六年,第二八一至三〇〇页)及《Kasdim 及 Ges-dum》(同上,一九五八年,第三一三至三二七页),两文亦是研究吉利吉思等部的文章。他们在语言学上对于这些部族名称的诠释,以及他们的旁征博引、详细考订,给读者很多启发。不过他们的原书俱在,可资参考,如无必要,他们讲过的,本文就不重复了。

解放后我国重印的古籍不少,部分的且加标点符号,对于史学工作者颇为便利。但为古书作索引者则不多见,学者如欲在某书中寻找某种材料,必须通读全书,始能一一检出。现在先进的图书馆已使用电子计算机搜集材料了,我们认为在此种设备尚未普及之时,应该为二十四史、《通鉴》等重要古籍,每书作一部带有简单扼要原文的分类索引以节省学者查阅、搜寻的时间。日本学术界为辽、金、元等史所作带有简要原文的索引,中外学者在搜集辽、金、元史中所需材料时,无不利用它。本文所引用的《元史》中吉利吉思、谦谦州的材料，我国西北舆地学家著作中固然差不多都接触到了，可是《元史语汇集成》把这些材料一一列举于吉、乞、谦、欠等字之下，其他周围各部材料也是一样，展卷即得，这就节省了大量翻检剔选的辛劳。

一、吉利吉思诸部的方位

《元朝秘史》第二三九节："兔儿年（一二〇七年），成吉思汗命拙赤领右手军去征林中的百姓。令不合引路。斡亦剌种的忽都合别乞，比万斡亦剌先来归附。就引拙赤去征万斡亦剌。入至失黑失惕地面，斡亦剌惕、不里牙惕、巴尔浑、兀儿速惕、合卜合纳思、康合思、秃巴思诸种都投降了。至万乞儿吉思种处，其官人也迪亦纳勒、阿勒迪额儿、斡列别克的斤也归附了。……自失必儿、客思的音、巴亦惕、秃合思、田列克、脱额列思、塔思、巴只吉等种以南林木中百姓，拙赤都收捕了。"

根据这节记载，若以乞儿吉思为中心，林木中百姓可分东西两部分。他们的住地，我们虽不能全部知道，但其中大部分部族的方位，是可以确切或大体指出的。

（一）斡亦剌部

一九五三年，蒙古人民共和国科学委员会考古队在库苏古勒省阿尔布拉克（Arbulagh）县第三巴格地方，色楞格河支流德勒格尔河北岸，发现元宪宗"丁巳夏"（一二五七年）外剌驸马八立托及公主一悉叶建立的"释迦院碑"。碑记是汉、蒙两种文字写的。这个地方应是外剌的夏营，是他的政治活动中心之一。[①]

溯德勒格尔河西北行，越过唐努山脉东端的分水岭，即达华克木河上源锡什锡德河（Shishkhid-ghool）。伯希和认为 Shishkhid（shishqit）是 shikhshid 一字中间的两个辅音（q、sh）换位所致[②]，似乎是可信的。斡亦剌、

[①] 丕尔勒：《关于蒙古古城及居民点史》，《苏联考古学》，一九五七年第三期，第四三—五三页。附有影印释迦院碑图片。

[②] 伯希和：《额鲁特史评注》，一九六〇年，第五七页。

秃巴思诸部向术赤投降的地面，就是在这条河的流域。

拉施都丁《史集·部族志》"斡亦剌"条："斡亦剌的帐幕及住地，在八河流域……诸水从此地流出，汇为一水，曰谦河。谦河流入昂哥剌河。"谦河上源华克木河支流甚多，所谓八水，应是此水支流的一部分，也就是说斡亦剌部的主要部分，住在德勒格尔河及华克木河流域。

H. H. 霍渥思（《蒙古人史》第一卷，一八七六年，第六八二页）根据阿布勒哈齐《突厥世系》节录拉施都丁《史集·部族志》斡亦剌部之文，对这八条河流曾进行过勘同工作。不管阿布勒哈齐书中这八条河名的写法是否正确，他在昂哥剌河支流中寻求这八条河流，未免南辕北辙了。关于昂哥剌河与谦河的关系，《元史·地理志·西北地附录》及《史集》"吉利吉思"条都说谦河注于昂哥剌河。这是元代的地理概念。据我们在南京所能接触的材料——《史集》贝勒津刊本（第一〇一页）、《史集》一九五八年俄文新译本（第一卷第一分册第一一二页）及霍渥思引用的《突厥世系》，这三种本子关于八水的名称，除以颜色命名的三水外，其余五水的写法都不相同。根据这些不能肯定的写法进行对音勘同恐怕是危险的。韩百诗所著《谦河注》一文，曾试图在贝克木及华克木两河的支流中寻求八水，可是他的勘同工作，仍未能令人满意。（《亚洲学报》，一九五六年，第二八五—二八六页）

（二）不里牙惕

今贝加尔湖东面的布里雅特人。《史集》未著录。

（三）巴尔浑

《史集》作 Barqūt，这个部族住在贝加尔湖东巴尔古津河流域。我国黑龙江省有新旧巴尔虎人，所以我国学者早已用巴尔忽歹和它比拟了。

（四）兀儿速惕

《史集》作 Ūrāsūt；《元史·英宗纪》作兀儿速；《地理志》作乌斯。洪钧说："俄图叶尼塞河上游有乌斯河，东来入之。河滨有二村，曰上乌萨、下乌萨，皆为乌斯之转音，《元史》谓乌斯因水得名，在谦河之北，说合。"（《元史译文证补》卷二六下第十二页）看来，乌斯部居住在萨彦岭北万山之中，道路崎岖，交通困难，可以想象。元朝政府在兀儿速（乌斯）部特别设立两个驿站①，是有道理的。

（五）撼合纳

《史集》未著录。《元史·地理志》说，此部在"乌斯之东，谦河之源所以出也"。谦河南源华克木河为斡亦剌部住地，那末形如"布囊"的撼合纳必在北源贝克木河的谷地。洪钧已经指出，这个谷地正在乌斯之东，伯希和把这个名称拟构为 Qapqanas，说突厥语 qap 意为囊。"在巴只吉惕族确有个名为 Qapqa 的氏族，如果要为这个名称找个字义的话，最好用突厥语'捕捉鸟及狐的陷阱'的 Qapqan 字来解释。它以 khabkha 的形态传入蒙古语，而且还传入俄语为 kapkan。"（《额鲁特史评注》第五八页）

（六）康合思

不详。《史集》亦未有著录。

（七）秃巴思

Tubas 乃 Tuba 的复数，参阅《社会科学战线》一九七八年第三期《唐代都波新探》一文。

（八）乞儿吉思

《史集·部族志》"乞儿吉思"条："乞儿吉思和欠欠州两个地区互相毗连、组成一个国家。"塞北可作政治经济中心的地方不多。就地理条件和历史遗迹及出土文物看，只有叶尼塞河上游米奴辛斯克平原及唐努乌梁海盆地可耕可牧，具有政治活动中心的资格。所谓汉代的李陵宫②、前汉铜镜③、古

---

① 参阅陈得芝：《元岭北行省诸驿道考》。
② 基谢列夫：《南西伯利亚史》，一九五一年，第四七九—一四八四页。
③ 杨连陞：《西伯利亚发现的铭刻铜镜》，《通报》，一九五三年，第三三〇—三四〇页。

墓①，唐代的突厥文碑碣②、唐会昌铜钱③，元朝的城市及生产工具④、符牌⑤，都是在叶尼塞河上游这两个地区发现的。

至于今日的叶尼塞河下游，元代是昂可剌部的居地。洪钧说："昂可剌既然'炙羊肋熟，东方已曙'，其地当在北纬六十度左右，而谦水注于昂可剌之地在五十八九度之间。"（《元史译文证补》第二六页），故附庸于吉利吉思之昂可剌部必在两河汇流以后的叶尼塞河的下游。

（九）失必儿

《史集·部族志·吉利吉思部》："昂哥剌河流到亦必儿·失必儿部（Ibir-Sibir）地区的边界。"这是林木中百姓最北部的部族之一。元代海都叛乱，玉哇失曾与其将八怜等"战于亦必儿·失必儿之地"。（见《元史》卷一三二本传）

这个失必儿之地，十四世纪上半叶 Mesalek-Alabsay 说，此地极寒，遍地积雪。Ibn Arab Shah（卒于一四五〇年）言，钦察北邻 Sibir 之地。十六世纪沙俄侵略西伯利亚时，在 Irtish 河上 Tobolsk 上游十六俄里处有鞑靼 Kucum 汗都城名 Sibir，一五八一年为哥萨克头人 Yermak 所夺取，今尚有遗迹可寻。据此，元明时代失必儿的方望可以想象了。

（十）客思的音

《亲征录》作客失的迷。这个部族名称 KshDM，早见于唐努乌梁海克木池克——崖头（Qaya Bashi）唐代突厥文摩崖。摩崖刻辞云："伊难珠·俱禄·剌史·匐……在 Keshdim 六族中，我是至尊。"⑥ 这个摩崖在克木池克河右岸，正对其左岸支流亦失克木河流入克木池克河的入口处。据卡拉塞《未

---

① 基谢列夫：《南西伯利亚史》，一九五一年，第四七九—一四八四页。
② 拉德洛夫：《蒙古古突厥文碑铭》，一八九五年，第一册"叶尼塞河流域的古突厥碑文"部分。
③ 同上。
④ 基谢列夫：《古代蒙古城市》，一九六五年，第五九——一九页。
⑤ "从查库尔平原（欠欠州）至米奴辛斯克（吉利吉思），估计三至五日程。"（卡拉塞：《未经勘探的蒙古》，第一一〇页）《元史》卷二〇：大德五年，"称海至北境十二站大雪"。这个"北境"似应在吉利吉思之境。果尔，吉利吉思就有两条驿道，一通称海，一通外剌。一八四六年在米奴辛斯克地发现的至元国书牌（见 E. A. Wallis Budge 英译《中国皇帝忽必烈的僧人》，一九二八年，第六二页，图版五；羽田亨《元朝驿传杂考》卷末影印图版第一之一），在托木斯克地区出土的圆牌（见羽田亨上引书卷末影印图版第四），是元代驿路到达这两地的见证。
⑥ 拉德洛夫：《蒙古古突厥文碑铭》第一册，第三二六页。

经勘察的蒙古》附图，这个地方正在乌鲁克木河与克木池克河之间的"古道"西端。

伯希和及韩百诗对这个部族的名称都有过较详细的研究。伯希和说："在汉文史料中 Keshdim 的名称，我可以追溯到一个六五二年的记载。"① 他从敦煌拿走的古藏文抄本一二八三号卷子背面，有一个八世纪时回鹘的五人使团受命侦察北方国王之后向回鹘国王所作的报告。使团行程中提到三十五个部族。抄件第六三行，在拔悉密境内有一个 Ges-dum 部族。伯希和认为它就是 Keshdim，但研究结果未及发表，他就去世了。② 后来韩百诗撰写《Keshdim 及 Ges-dum》一文进行解释，认为即《通典》卷二〇〇"鬼国"条唐永徽中（六五二年）遣使朝贡的可史褴。这个部族在唐代居于克木池克河流域。英译本《世界境域志》（第二八六页）说九八二年它居于黠戛斯之西。③ 元代为豁儿赤封地的一部分。其明清间的居地，据巴德雷书复制的一六七三年彩色民族地图，鄂毕河上游北部（四三号）是客思的迷（卷一第 CXL 页），南部（二五号）是帖良兀（卷一第 CXXXIX 页）。近代似在同特勒乌特（Teleut）族杂居的 Ach-Keshdim 族之中。④ 今天在戈尔诺-阿尔泰自治区（参阅《苏联大百科全书》本条）。看来，这个部族的居地千余年来没有多大变动。

（十一）巴亦惕

《史集》未著录。科布多有 Bait 人。一九一二年符拉基米尔佐夫著有《科布多地区巴亦特人中考察报告》。名称相同，未知是否一族。

（十二）秃合思

《史集》亦未著录，不详。

（十三）田列克

据诸部名称排列次第，与《亲征录》比较，过去学者都指出田列克即帖

---

① 伯希和：《金帐汗国史评注》，第一四二页。
② 巴构（J. Bacot）：《第八世纪回鹘五人使团北部亚洲腹地侦察报告》，《亚洲学报》，一九五六年。
③ 《亚洲学报》，一九五八年，第三一五页。
④ 伯希和：《额鲁特史评注》，第六〇页引文。

良兀，但讲不出道理来。伯希和认为系蒙文 Teleng 一字中，表示 l 的音符错位，成了 Tenleg。① 这个意见很可取。Teleng 的多数为 Telengüt（帖良兀惕）。他又说："从喝昆河诸突厥文碑以来已见此部名称。"② 但他没有指出碑名。按夏德在他的《暾欲谷碑跋补正》（第一三三页）中说："据施来格尔《回鹘纪念碑》一书第一页，'多览葛'的广东音是 Tō-lam-kat，即 Telengut。"施来格尔这本书的第一——七页《回鹘史编年摘要》③，是他本人的著作，亦没有指出 Telengut 一字见于什么碑。所谓喝昆河碑，学术界指的是唐代突厥文阙特勤、毗伽可汗等碑，但诸碑都没有此部名称。

鄂尔浑河突厥文诸碑一八八九年发现，一八九三年创通，从一八九二年起俄国鄂尔浑河考察队出版一套《鄂尔浑河考察队报告丛书》和一套《蒙古古物谱》。一九〇〇年八月二十三日，法国沙畹的法译《西突厥史料》献给圣彼得堡帝国科学院，一九〇三年作为《鄂尔浑河考察队报告丛书》第六册，出版于俄京。他对于鄂尔浑河诸碑的内容绝不会陌生吧。他也用"多览葛"与 Telangoutes 对音。但他却说："'多览葛'是拉施都丁《史集》记载的居于吉儿乞思和欠欠州的 Telangoutes。"（法文《西突厥史料》第三六九页）

帖良兀部的居地在今戈尔诺-阿尔泰自治州。一八五九年拉德洛夫调查突厥方言，犹到阿尔泰山区 Teleut 部中去。④

（十四）脱额列思

《史集·部族志》（贝勒津刊本第一〇八页）作 Tūlās，脚注五五作 Tūālās。伯希和说："至少在名词上我不大怀疑与喝昆河诸碑上很著名的 Tölös 或 Töles 有关。"⑤ 问题是否就这样简单呢？按喝昆河碑文上只有 Tölis 及 Töls 两个形态⑥，自从诸碑发现创通以后，各国学者却有 Tölis、Töles、Tölös、

---

① 伯希和：《金帐汗国史评注》，第一四二页。
② 伯希和：《额鲁特史评注》，第七三页。
③ 施来格尔：《回鹘纪念碑的中文碑文》，一八九六年，第一——七页。
④ 拉德洛夫：《突厥方言词典》序。
⑤ 伯希和：《额鲁特史评注》第六〇页。
⑥ 据拉德洛夫《蒙古古突厥文碑铭》第一卷，《阙特勤碑》东面第一三行作 Tölis（第一〇页）。《毗伽可汗碑》东面一二行（前引书第四八页）、南面第一三行（据马洛夫《蒙古-吉尔吉思古突厥文碑》，一九五九年，第一五页）；毗伽可汗墓前石柱上刻辞（拉德洛夫前引书第二四三页），以及回鹘磨延啜碑第一行（马洛夫前引书第三〇页），均作 Töls。

Tölish、Tölesh 等多种读法。其实除 Tölis 外，其他都是按照自己的主观见解译写的。

拉德洛夫读 Tölis 为 Töles，读 Töls 为 Tölös。① V. 陶木生最初俱读为 Tölis②，后又读为 Tölish③。C. E. 马洛夫读 Töls 为 Töles。④ 伯希和一方面采用 Tölös 或 Töles 的写法，与脱额列思相联系，一方面却又说 Töles 是嘔昆河诸碑 Tölesh（伪的——"Tölös"）的名称，因而读为 Tölesh。⑤ 他既未说明前后主张不一致的理由，也没有提出这个部族名称在唐代汉文史籍中有无音译。其实，《阙特勤碑》东面第一至三十行与《毗伽可汗碑》第三至廿三行内容是相同的。《毗伽可汗碑》东面第十二行的 Töls，即《阙特勤碑》东面第十三行的 Tölis，各种异写我们不知道有什么必要。

Tölis 在唐代汉文典籍中有无音译，拉德洛夫最初似乎没有进行过勘同工作。陶木生认为它是铁勒的对音。⑥ 沙畹在读法上采用拉德洛夫的 Tölös，在对音上的主张与陶木生同。⑦ 施来格尔认为敕勒或铁勒广东音为 Tit-lik，对于用它和 Tölös 或 Töles 对音，表示怀疑。⑧ J. 马可瓦尔特根据突厥碑文及《唐书》，认为设（Shad）是达头（Tardus）的统治者，叶护所辖的当然是突利施（Tölis）了。⑨ V. 陶木生的主张与马可瓦尔特同。碑文与《唐书》的右厢和左

---

① 拉德洛夫：《蒙古古突厥文碑铭》第一卷，第一、一二九、四二六页。陶木生在其《嘔昆河诸碑解读》（一八九六年，第一四六页）中引用拉德洛夫《来自西伯利亚》一书说："即使在今天，在阿尔泰山的部族中还有 Töiös 氏族。"这大概是拉德洛夫读 Töls 为 Tölös 的理由。
② 陶木生：《嘔昆河诸碑解读》（*Inscriptions de l'Orkhon Déchiffrées*），一八九六年，第一〇二页。《阙特勤碑》东面第一至三〇行与《毗伽可汗碑》东面第三一二三行内容相同。那末，《毗伽可汗碑》东面第一二行的 Töls，即《阙特勤碑》东面第一三行的 Tölis，当然须读为 Tölis。
③ 《蒙古的突厥文碑》，《德意志东方学会杂志》，一九二四年，第一四七页。
④ 马洛夫：《古突厥文字纪念碑》，一九五一年，第三八页；《蒙古-吉尔吉思碑》，第一八页。
⑤ 伯希和：《金帐汗国史评注》，一九五〇年，第一四二页。
⑥ 陶木生前引书，第六一、一四六页。
⑦ 沙畹：《西突厥史料》，第七一页；同氏《暾欲谷碑跋》第三七页，收入拉德洛夫：《蒙古古突厥文碑铭》第二卷，一八九九年。
⑧ 施来格尔：《哈剌巴剌哈孙回鹘的汉文碑》，一八九六年，第二页。
⑨ 马可瓦尔特：《古突厥碑文年表》，一八九八年，第五二页。突厥文《阙特勤碑》东面第一三至一四行"组织 Tölis（突利施）及 Tardas（达头）人民，并任命叶护及设。右边大唐……左边 Baz 可汗……"《新唐书》卷二一七下《薛延陀传》："夷男……胜兵二十万，以二子大度设、突利失分将之，号南北二部。"《旧唐书》卷一九四上《突厥传》："骨咄禄……自立为可汗，以其弟默啜为设，咄悉匐为叶护。"《唐会要》卷九四："默啜立其弟咄悉匐为左相察，骨咄禄子默矩为右相察，各主兵二万余。"马可瓦尔特是根据以上汉文及突厥文史料作出这个结论的。

厢，应即《唐书》的"南北两部"。陶木生却不同意。他认为居于西方的达头是右厢，突利施是位于东方的左厢。① 不过突厥（Türk）与突骑施（Türges）之"突"，是收声 t 的"没"韵字，依唐代译例，对音是 Tür，何以突利施之"突"与 Tö 对音？这还是个疑问。根据以上诸家研究的情况，我们只能主张元代的脱额列思（Tūlās，Tūalās）是从唐代的突利施（Tölis = Töls）演变而来的。

巴儿忽惕，脱额列思及豁里在《史集·部族志》中同列于一节，互相毗邻，是近族。如"阿里不哥有一妾……是巴儿忽支族脱额列思人"②，他们的居地在巴儿忽津隘。可是脱额列思又是豁儿赤在阿尔泰山地区的一个部族。因此，我们认为它们恐怕和八邻族一样，是跟豁儿赤从东方迁到西方的。

（十五）塔思部

未详。《史集》亦未著录。

（十六）巴只吉惕

此名又见于《元朝秘史》第二六二、二七〇两节。普拉诺·迦尔毕尼说，巴只吉惕即大匈牙利，是古匈牙利。③ 鲁不鲁克说离开亦的勒（伏尔加河）走十二天，遇到名为扎牙黑的大河（乌拉尔河）。它来自北方巴只吉惕地方，流入宽田吉思海。巴只吉惕和匈牙利语言相同。匈人即后代的匈牙利人，来自这个巴只吉惕地面。因此，这个巴只吉惕也称为大匈牙利。④ 居近乌拉尔山。俄国编年史称其地为 Ugra 或 Yugra。匈牙利人第九世纪始迁到欧洲。⑤ 留下的巴只吉惕人与突厥人、蒙古人相混合，丧失了自己的语言，最后在民族上产生一个完全新的民族，仍称巴只吉惕。⑥

一二〇六年成吉思汗统一蒙古，建立政权。在论功行赏时对豁儿赤说："再将三千巴阿里种，又添塔该、阿失黑二人管的阿答儿乞［赤那思、

---

① 陶木生：《突厥志》（*Turcica*），一九一六年，第九八页。
② 《史集·部族志》，俄译本，第一二二页。
③ 《迦尔毕尼行纪》，里施德文译本，第一九二、二三〇、二七〇页。
④ 《鲁不鲁克行纪》，里施德文译本，第一三一页。
⑤ 布来特施乃德：《中世纪研究》第一卷，第三二七页。
⑥ 沙斯奇娜：《迦尔毕尼行纪注释》，一九五七年，第二一一页。

脱斡劣思、帖良古惕]等种百姓凑成一万，你做万户者。顺额儿的失河水林木中百姓地面，从你自在下营，就镇守者。"(《元朝秘史》第二〇七节)一二〇七年术赤才收服林木中百姓。一二〇六年成吉思汗就把也儿的失河流域的一部分林木中百姓帖良古惕、脱斡劣思等部封给豁儿赤。足见这一地带的某些部族在术赤进兵之前早已被成吉思汗征服了。

那么，成吉思汗是何时收服帖良古惕等部的呢？也儿的失河流域当时有哪些部落游牧？豁儿赤封地的方位及版图大体情况又如何？

成吉思汗兴起时，蒙古西部是乃蛮部。当时乃蛮部的情况，《秘史》、《史集》都有比较详细的记述。

《史集·部族志》"乃蛮"条："乃蛮一部分住在险阻的山区，另一部分住在草原。他们拥有大按台山，窝阔台建造崇高宫殿的哈剌和林平原，阿雷（Alūī）一撒剌思（Sarās）的山及蓝也儿的失河；也儿的失木怜即也儿的失河；此河及吉儿吉思地区之间的山岳，他们（乃蛮）版图的边界，与王罕居地蒙兀斯坦互相接壤，而且也和毗连畏兀儿斯坦的沙漠边缘相邻接。"（参阅伯希和《亲征录译注》第二九九页，法文译文及解说）

这是乃蛮鼎盛时代的疆域。成吉思汗统一蒙古地区时，乃蛮已分裂为两部。

《元朝秘史》第一五八节："（一二〇二年）那后，成吉思汗与王罕征乃蛮种的古出古敦不亦鲁黑时，不亦鲁黑在兀鲁黑塔黑①的地面溹豁黑水②。成吉思汗与王罕到了。不亦鲁黑不能对阵，越过阿勒台山去了。追至忽木升吉儿③地面兀泷古河④……顺兀泷古河又追至乞湿泐巴失海子⑤，把不亦鲁黑消灭了。"（参阅第一七七节）

根据不亦鲁黑败逃的道路，我们知道不亦鲁黑住在阿尔泰山区。也就是《史集》所谓住在险阻山地的那一部分乃蛮。

---

① 兀鲁黑塔黑（Ulughtagh）应为高达四三七四米的奎屯山，亦名友谊峰。它是科布多河支流索果克河与也儿的失河右岸支流布克图尔玛河的分水岭。
② 溹豁黑水，今作索果克河，为科布多河支流。清代在河上设有索果克卡伦。自科布多至索果克卡伦有九个巡查卡伦驿站。
③ 忽木升吉儿，《元史》卷二作横相乙儿（Qum Sengir），译言沙岬或沙角，应在东经92°，北纬46°交切点西布尔根河转弯处。（参阅伯希和、韩百诗：《圣武亲征录译注》，第三一五—三一六页）
④ 今图作乌伦古河。
⑤ 今图作乌伦古湖，旧图布伦托海。

一二〇四年，太阳汗败死于鄂尔浑河东纳忽昆山。其子古出鲁克罕沿塔米河逃走（《元朝秘史》第一九五——一九六节），往依其叔不亦鲁黑。一二〇五年，不亦鲁黑死，古出鲁克退至也儿的失河右岸支流的不黑都儿麻（Buqturma）[①]地方整顿军马。成吉思汗远征军至，乃蛮人大败而逃，争渡也儿的失河，多堕水而死。余众路经畏兀儿及合儿鲁兀惕地方（今伊犁地区西），逃至回回地面即垂河的西辽。根据古出鲁克败逃的情况和路线来看，他和他父亲的住地在也儿的失河上游的草原。

帖良古惕居地在鄂毕河上游及其支流托木河流域，与也儿的失河上游及其支流不黑都儿麻等地相毗连。帖良古惕被征服之年，当在成吉思汗灭乃蛮之时。故一二〇六年成吉思汗能把也儿的失河林木中的百姓及帖良古惕、脱斡劣思等部封给豁儿赤。看来，豁儿赤的封地必有乃蛮故地的一部分。

豁儿赤分地中的八邻部，参加海都之乱。当脱帖木儿拥立昔里吉而为可汗军战败时，在遁逃途中掠八邻部[②]而至也儿的失河滨。大德元年（一二九七年），床兀儿率领北征诸军逾金山进攻"八邻之地"[③]，这个八邻之地即豁儿赤的分地。豁儿赤是八邻部人，他这个万户的主要组成部分就是他自己所在的八邻部三千人。因而元代称豁儿赤所属的分地为"八邻之地"。可是由于他的万户内还有赤纳思族，所以这个部落所在之地，当日也称为"赤纳思之地"（见虞集：《句容郡王世绩碑》，《元文类》卷二六）。《元史》卷二〇载成宗大德四年（一三〇〇年）五月赐八邻、脱列思所隶户六万五千余锭。这两部都是豁儿赤的属民。

术赤征服林木中百姓后，成吉思汗对他说："我儿子中你最长。今日初出征去，不曾教人马生受，将他林木中百姓都归附了。我赏与你百姓。"（《元朝秘史》第二三九节）

关于术赤在也儿的失河的封地，波斯拉施都丁的记载比志费尼（英译本第四二页）具体：

[①] 今 Buqturma 河，发源于阿尔泰山奎屯峰，参见前注。徐松《西域水道记》卷五第二七页译为布克图尔玛河。

[②] 《史集》第二卷，布洛晒刊本，第四三九页，俄译本第一六九页。

[③] 《元史》卷一二八《床兀儿传》。

也儿的失河及按台山境内所有地方和人民，周围的驻冬和驻夏牧地，成吉思汗都封给术赤了。……术赤的营地在也儿的失河境，他的政府的首都就设在那里。①

耶律大石为黠戛斯人所阻，西行至叶密立，筑一城，突厥诸族归之者达四万众。②后来成了窝阔台分地的都城。阿力麻里及附近Quyas为哈剌鲁人Ozar或Buzar汗的首府。海押立是哈剌鲁阿儿思阑汗（Arslan Qan）的首府。③后来这些城市成了察合台的政治中心。唐代北庭五城之地是元代畏兀族的首都。根据以上情况看，成吉思汗二子、三子的首府都是他征服的大部族的故都。那末，也儿的失河上术赤的都城，也绝不会是个无名之地。从地理方位上看，我认为它原来是蒙古的西方大国乃蛮部长的政治活动中心。

据《史集·忽必烈传》，唆鲁禾帖尼的封地后来传给他的幼子阿里不哥。"夏营在按台山，冬营在兀良哈及乞儿乞思，两地相距三日程。"④这个兀良哈，是邻近吉儿乞思部疆界的林木中的兀良哈。看来唆鲁禾帖尼分地的政治中心，可能是吉儿乞思部长的旧营地。

宪宗二年（一二五二年），迁窝阔台子蔑里于叶儿的石河。世祖至元二年（一二六五年）以古称阳翟的钧州（今河南禹县）隶明里（即蔑里）。大德十年（一二七三年），海山至也儿的失之地受窝阔台四世孙秃满等降。次年封为阳翟王。⑤封地亦在也儿的失河。

根据上述各王分地的地理情况看来，豁儿赤分地是乃蛮故地的西北部，在也儿的失河上游。其西与术赤分地为邻，东北至鄂毕河上游，与唆鲁禾帖尼分地接壤。东不逾金山，西不越也儿的失河。豁儿赤、术赤、秃满等人的分地是犬牙相错的。

---

① 《史集》第二卷，布洛晒刊本，第一三一页，俄译本第七八页。
② 《世界征服者传》，英译本，第三五五页。
③ 《史集》第二卷，布洛晒刊本，第七四、七五页。
④ 《史集》第二卷，布洛晒刊本，第五六〇、五六一页，俄译本第二〇一页。
⑤ 参阅《蒙兀儿史记》卷一四八，第五四页。

二、阿里不哥等叛王的基地

《元史》卷九五《食货志·岁赐》："凡诸王及后妃、公主皆有食采分地。"这种食采分地，诸王、后妃在漠北有，在中原地区也有。阿里不哥漠北的分地是欠欠州吉利吉思，中原的是真定路。《元史·食货志·岁赐》："太祖第四子睿宗子阿里不哥大王位：岁赐银一百锭，段三百匹，五户丝丙申年（一二三六年）分拨真定路八万户。"蒙古俗，幼子守产，真定分地是继承他父母的。他父母的影堂就在那里。①

阿里不哥漠北的欠欠州吉利吉思的分地，也是继承他母亲的。一二五二年，他母亲唆鲁禾帖尼死。拉施都丁说："唆鲁禾帖尼的分地传给阿里不哥。"② 在阿里不哥失败以后，他首途去他兄长忽必烈处求宽恕时，"他同他所有的妻子偕行，而把他的四个儿子（名字从略）留在他自己的分地"；"他的夏营在 Ulīās tū，而冬营在兀良哈惕和吉利吉思，两地相距三日程"。③ 俄译所据本，夏营在 Altae，显然是 Altai 之误。夏营例在山上，冬营例在草原。Ulīās tū 的写法，不可取。

一二五四年（鱼年，即龙年），蒙哥在其即位的驻夏之地，决定进击南宋。"他命他的幼弟阿里不哥管理留下的蒙古军队及诸斡鲁朵，把兀鲁思（Ulus）委托给他。"④ 蒙哥率兵入四川，忽必烈入湖北。据郝经《班师议》，一二五九年阴历七月十二日，忽必烈行至汝南淮河之滨⑤，已得到蒙哥死于合州的消息。

---

① 《元史》卷二《太宗纪》：八年丙申（一二三六年）秋七月，"诏以真定民户奉太后汤沐"。这个太后是成吉思汗的皇后孛儿台旭真。按照蒙古幼子守产的旧俗，孛儿台死后，分地应由她的幼子拖雷继承。所以学术鲁翀《真定路宣圣庙碑》云："初，镇州置真定路，以中山、冀、晋、赵、深、蠡府一州五土地人民奉我睿宗仁圣景襄皇帝（拖雷）显懿庄圣皇后汤沐。"（《元文类》卷二〇）一二五一年蒙哥夺得可汗宝座时，他就"命取真定金银……以赏推戴之功"了。（《元史》卷一二五《布鲁海牙传》）唆鲁禾帖尼死，分地当然由她的幼子阿里不哥继承。拖雷及唆鲁禾帖尼的神御殿（即影堂）就在忽必烈在真定建立的玉华宫孝思殿，"以忌日享祀太上皇（拖雷）、皇太后御容"。
② 《史集》第二卷，布洛晒刊本，第五六六页，俄译本第二〇二页。
③ 《史集》第二卷，布洛晒刊本，第五六〇—五六一页，俄译本第二〇一页。
④ 《史集》第二卷，布洛晒刊本，第三一九页，俄译本第一四五页。
⑤ 郝经：《班师议》，《元文类》卷一三。《史集》第二卷，布洛晒刊本，第三八〇页，谓行至"淮河之滨"得蒙哥死讯。《元史》谓蒙哥死于七月癸亥（二十一日），恐不可信。屠寄说死于癸未，亦误。

按蒙古旧制，蒙哥死后，忽必烈和阿里不哥以及蒙哥的儿子都有继承汗位的资格。就当日蒙古政治形势讲，阿里不哥既据有蒙古根本之地，蒙哥合罕又"独以大兀鲁思（Ulus）委托给他"①，政治地位最为优越。所以他就在蒙哥驻夏之地和林城西按坦河畔召集大会即位了。②

忽必烈与阿里不哥争位的物质基础，主要在中原（汉地）。阿里不哥的基地，主要在漠北。力量对比，相差悬殊，但是，阿里不哥和忽必烈一样，亦采取蒙汉联合战线，极力利用中原的人力物力争夺帝位。一二五九年十一月，命脱里赤括兵于漠南诸州，闰十一月又命其行省事于燕都（今北京），搜刮民兵。③另外使"阿兰答儿、浑都海图据关陇"④，刘太平、霍鲁海办集粮饷，图谋秦蜀。⑤根据当时形势，阿里不哥一派是准备先夺取中原的西北地区作为争位的基地。阿里不哥争取的汉族大将，见于记载的，似乎只有刘太平一人，替他组织武力，根本不能和忽必烈相比。他也想利用蒙汉两族知识分子给他出谋划策。但他母亲唆鲁禾帖尼为他选择的老师真定名士李槃⑥及真定分地内的知识分子张础⑦，都看清他的物质基础太弱，不能和忽必烈抗衡，坚决不肯依附他。只有封地也在真定束鹿的蒙古文臣孛鲁欢支持他的夺权活动。⑧

蒙哥攻打合州死于钓鱼山之后，跟他进攻南宋的大军，由他的儿子阿速台（Asutai）率领，向北移动。这时，阿里不哥打算据有关陇，他的军队驻在河西走廊及六盘山一带。阿里不哥即命部将阿兰答儿为阿速台所率这支军队的主帅。不久，阿兰答儿在删丹为忽必烈部将所败，这支曾进攻四川的残军，遂溃逃到吉利吉思——阿里不哥的根据地。⑨

阿里不哥虽据有蒙古国都和林，政治上占优越地位，终因物质力量太差，为忽必烈将移相哥所败，退回乞儿吉思。⑩

---

① 《史集》第二卷，布洛晒刊本，第四二五页，俄译本第一六六页。
② 欧阳玄：《高昌偰氏家传》，《元文类》卷七〇。《元史》卷四《世祖纪》。
③ 《元史》卷四《世祖纪》。
④ 《元史》卷一二一《按竺迩传》。
⑤ 《元史》卷一二六《廉希宪传》。
⑥ 《元史》卷一二六《廉希宪传》。
⑦ 《元史》卷一六七《张础传》。
⑧ 《史集》第二卷，布洛晒刊本，第四二五页，俄译本第一六六—一六七页。
⑨ 《史集》第二卷，布洛晒刊本，第三九四—三九七页，俄译本第一六一页。
⑩ 《史集》第二卷，布洛晒刊本，第三九三页，俄译本第一六一页。

以后，忽必烈驻兵汪吉，切断蒙古粮道。阿里不哥要求中亚察合台后王的接济，亦归失败，遂挥师东进，期与东道诸王相呼应。可是他一败再败，只好逃回吉利吉思，率饥饿疲惫之兵屯驻欠欠州之地答速河之滨了。① 阿里不哥困居边远地区，丧失中原人力物力的支援，束手无策，遂向其兄忽必烈投降求宥了。

一二六四年阿里不哥降。一二六八年海都又叛。一二七〇年忽必烈遣保定路完州刘好礼任吉利吉思、撼合纳、谦州、益兰州等五部之地断事官。迁去中原地区的农民、军人，进行军垦、民屯，设立人匠局组织管理迁去的各种手工业者，并设立传舍，改进道路交通，希图把吉利吉思、欠欠州建设成防御西北叛王的根据地。西北叛王在短时期内一度占据欠欠州。所以，一二七九年刘好礼被叛王召至欠欠州。次年，刘好礼只好贿赂叛将逃回大都了。

一二七六年，忽必烈汗弟岁都哥之子脱黑帖木儿唆使蒙哥子昔里吉叛。昔里吉等败逃也儿的失河，脱黑帖木儿由此进袭吉利吉思。②

至元三十年（一二九三年）忽必烈派遣土土哈平定叛王，师次欠河，尽收五部之众。③ 以后，成宗末年（一三〇七年）派人往征乞儿吉思部秃鲁花（Turqaq 译言"质子"）骣马、鹰鹞。④ 英宗初（一三二〇一一三二一年），乞儿吉思水灾，"兀儿速、憨哈纳思等部贫乏，户给牝马二匹"。⑤ 足证有元一代，乞儿吉思在中央政府管理之下，征收其地实物税和赈济其地灾民，同内地人民一般无二。

杨瑀《山居新话》一书，写成于元朝覆亡前八年。那时朱元璋攻入南京已五年，陈友谅已在当涂称帝。杨书犹记述他的两位朋友从乞儿吉思赠送他矿盐。⑥ 足证元朝末年乞儿吉思犹是大元版图的一部分。

---

① 《史集》第二卷，布洛晒刊本，第三九七页，俄译本第一六一页。
② 《史集》第二卷，布洛晒刊本，第四三九页，俄译本第一六九页。
③ 《元史》卷一二八《土土哈传》。
④ 《元史》卷二二《武宗纪》。
⑤ 《元史》卷二七《英宗纪》。
⑥ 杨瑀：《山居新话》。

三、五部断事官的设立

元代吉利吉思是西北叛王阿里不哥等的根据地,阿里不哥失败后,元朝政府为了发展这一广大地区的经济,巩固其西北的统治,从中原地区迁移来大批军人、匠户与农民,设置各种行政机构,以增强其在这个地方的政治军事力量。

至元七年(一二七〇年)元朝政府任命保定路完州刘好礼为吉利吉思等五部断事官,治益兰州。① 根据考古发掘,断事官的治所,也就是所谓"大营盘"②,在今日乌鲁克木河左岸之厄列格斯河下游③。

据《元史·地理志》,刘好礼所管辖的五部,是吉利吉思、撼合纳、谦州、益兰州和乌斯。五部之外尚有昂哥剌部,由于它附属于吉利吉思,不是独立部落,在名义上举吉利吉思也就包括昂哥剌部了。所以至元三十年(一二九三年)土土哈平定海都叛乱进取吉利吉思时,也是说他"收五部之众"④。

这五个部落的方位,参见陈得芝:《元代岭北行省诸驿道考》"四、乞里吉思至外剌站道",南京大学《元史及北方民族史研究集刊》第一期。文中指出,乞里吉思在今叶尼塞河上游,憨合纳思在今贝克木河流域,乌儿速(即乌斯)在今贝克木河支流乌斯河地区,兹不赘。"谦州以河为名,在吉利吉思东南,谦河西南,唐麓岭之北。"⑤ 据此,谦州即今克木池克河流域。《史集·部族志》"吉利吉思"条:"吉利吉思和欠欠州是两个互相毗邻的地方,它们两地组成一块领土。"⑥ 所以欠欠州和吉利吉思常常连在一起讲。

吉利吉思的属部昂哥剌,幅员广大,不仅限于今日安哥拉河流域。依现在的地理观念,昂哥剌河流入叶尼塞河,下游仍名叶尼塞河。元代昂哥剌河的意义却与今不同,《元史·地理志》说谦河"注于昂哥剌河,北入于海"⑦,

---

① 《元史》卷一六七《刘好礼传》;同书卷六三《地理志·西北地附录》。
② 杨瑀:《山居新话》。
③ 克兹拉索夫:《图瓦之中世纪城市》,《苏联考古学》,一九五五年第三期;同氏:《准-帖列克古城》,见基谢列夫编:《古代蒙古城市》,一九六五年莫斯科版,第六〇、一一七页。
④ 《元史》卷一二八《土土哈传》。
⑤ 《元史》卷六三《地理志》。
⑥ 《史集》第一卷《部族志》,贝勒津刊本,《丛刊》第七册,第一六八页;赫达古洛夫俄译本,第一五〇页。
⑦ 《元史》卷六三《地理志》。

是两河汇流后，下游称昂哥剌河，不称谦河。《史集》吉利吉思部亦说"昂哥剌河直流到亦必儿·失必儿之地"。^①失必儿是林木中百姓最北的部落，那末昂哥剌部的版图包括今日叶尼塞河下游直达北冰洋了。也就是说现代叶尼塞河流域全部在五部断事官刘好礼的管辖之下，所以刘好礼曾亲自到昂哥剌去调查"益吉剌日不落，只一道黑气遮日"^②的北极景色。

吉利吉思等五部之地，是元朝政府防御西北叛王的根据地，由于这一地区的经济落后，粮食及日常用品等一切生活资料极端缺乏，在当日交通运输条件下，从中原地区送去大量物资是万分艰难的。所以成吉思汗在征服林木中百姓之后，西征之前，便把中原的工人和农民向漠北、吉利吉思、欠欠州等地大量迁移^③，从事工农业生产，来解决驻军的给养问题。迁去的匠户、农民、军人既多，就不能不分门别类设立各种行政机关负责管理工农业的生产，大体说来，这里管理手工业的人匠局可分军用和民用两种，主要设立在谦州：

一、"欠州武器局，秩正五品。大使、副使各一员。"^④公元一二一九年，成吉思汗准备西征的时候，冀州贾塔剌浑已受命率炮军进驻谦州。^⑤忽必烈初年（一二七〇年）"徙谦州甲匠于松山"。^⑥谦州这个西北军事重地，设置制造、修理和管理武器的机构，是必然的。

二、这里的居民不会制作杯皿；过河使用独木船，不会制造舟楫；地沃衍宜稼，产好铁，但不会铸作农器。刘好礼向大都朝廷报告这些落后的情况，政府便派遣工匠，教导当地居民学习抟埴、冶炼、制造舟楫等技术，来提高五部居民的生活水平。^⑦

在成吉思汗西征的时候，俭俭州已有汉匠千百人从事织绫罗锦绮。^⑧这里各军种的衣裘等物当然都是这些汉匠承担制造的。一二六九年"赈欠州人

---

① 《史集》第一卷《部族志》，贝勒津刊本，《丛刊》第七册，第一六八页；赫达古洛夫俄译本，第一五〇页。
② 盛如梓：《庶斋老学丛谈》卷上。
③ 《元史》卷一四七《史秉直传》。李志常：《长春真人西游记》，国学文库本第九九——一〇〇页。
④ 《元史》卷九〇《百官志》。
⑤ 《元史》卷一五一《贾塔剌浑传》。
⑥ 《元史》卷七《世祖纪》。
⑦ 《元史》卷六三《地理志》。卡拉塞：《未经勘察的蒙古》，伦敦，一九一四年，第七六页："秋季用独木船，冬季用雪橇。"
⑧ 《长春真人西游记》，第一〇〇页。

匠贫乏者米五千九百九十九石"，足证这一地区工人的众多了。①

阿巴干盆地和都波盆地盛产鱼类。例如贝克木河各支流及湖泊就有十种左右的品种，所以这里也迁来专门制造渔具的工人。②

《元史·地理志》：欠州"地沃衍宜稼，夏种秋成，不烦耘耔"。③ 元朝在这里既驻大军，又迁来大量人匠，依靠当地居民生产的粮食供应，是不可能的，所以元朝政府利用当地有利条件，从事屯垦。屯田有两种：一为军屯，一为民屯。屯田军人的衣裘、农具、渔具等物都须由元朝政府供给④，所以主要是民屯。

阿巴干平原及都波盆地中部气候和土壤都是比较适宜于人类生活的地方，在靠近河流能取水灌溉的台地，就有农田可以种植麦子、黍子和其他农作物，如查丹河谷中部就是好例。现在伊利克木河和帖米尔苏格河沿岸有复杂的水利工程遗迹，乌由克河及图兰河流域为灌溉而修筑的拦河坝遗迹也宛然俱在⑤，都证明往昔某个时期这里工程技术的水平是很高的。这些水利工程遗迹是什么时代遗留下来的？是什么人的手泽？当地人民的答案很简单：是成吉思汗教导的。

在乌梁海人中间，"成吉思汗至今犹被崇拜为神明，一切好事都归功于这个蒙古伟大首领，他们说，他教他们播种小麦和修筑灌溉沟渠"⑥。这种传说只能说明成吉思汗在北方民族中的历史地位，与农作物种植和水利工程的建设，是风马牛不相及的，成吉思汗是弯弓射大雕的能手，拿锄头种田地，却是外行。

《元史·世祖纪》：至元九年（一二七二年），"减乞里吉思屯田所入租，仍遣南人百名给牛具以往"。⑦ 元朝建都北京，不就近派遣北方"汉儿"而派遣淮河以南的"南人"百名去叶尼塞河流域屯田，必有原因。北方几乎全是旱地，水利很不发达；南方种水稻，农民对于如何修渠灌溉是内行，因此我

---

① 《元史》卷六《世祖纪》。
② 《元史》卷一一《世祖纪》。
③ 参阅前注。
④ 《元史》卷一一《世祖纪》。
⑤ P. 卡包：《图瓦历史与经济概述》，第二章。
⑥ 卡拉塞：《未经勘察的蒙古》，第二〇四页。
⑦ 《元史》卷七《世祖纪》。

们认为欠欠州各地水利工程遗迹，必是元代迁去的"南人"农民修建的。

手工业方面的衣服、农具、渔具、陶器等等要贮存，农业方面收获的小麦、大麦各种农作物也需要仓库收藏，刘好礼遂建立"库廪"，来解决贮存保管的问题。

欠欠州产矿盐和海盐，盐有红色及青黑色两种。我国江南地区多食海盐，所以从欠欠州南归的人，往往把这种"或方而坚、或碎而松、或大块可旋成盘者"的欠州食盐携回，分赠亲友。当时欠州的"大营盘处亦以此为课程抽分"，所谓大营盘当即五部断事官的机关，此种税收在刘好礼任断事官时曾一度蠲免。①

忽必烈平定阿里不哥后，把欠欠州吉利吉思等部地——他母亲的分地，作为镇压西北叛王的基地。无论是迁移中原地区的工人和农民，或是派遣军队到那里，都必须把交通运输条件加以改进，断事官刘好礼于至元七年（一二七〇年）到达后，就开始设置"传舍"，以利行旅。到至元廿八年（一二九一年）元朝政府更进一步正式组织吉利吉思到外剌的六处驿站（从略）。兹仅将这一地区的南北交通情况略作说明。

蒙古时代传说昂哥剌河流到与海为邻的地方，那里到处是白银，居民的一切用具器皿都是白银制造的。忽必烈母亲唆鲁禾帖尼的漠北分地是吉利吉思和欠州，距"北海"不远，传说她曾派三位异密（长官）率领一千人乘船去这个到处是白银的地方，后来当然失败而返。②

成吉思汗建国以后，蒙古北方已无敌人，为了摸清极北的情况，他的儿子窝阔台派遣和端等人深入"北海"进行调查。他们往返数年，远达北极圈，"得日不落之山"。③ 和端等"北海"调查团所走的道路，应是从和林到欠州，再由欠州遵三异密经行的那条沿谦河、昂哥剌河而达"北海"的路。

"西起阿尔泰山东至贝加尔湖，沿中俄边界的全部地带，是深林密菁，人口稀疏，蹊径稀少的山地"④，若从和林到北极去，就当日情形看，只有通过欠欠州最为方便。益兰州所在地是谦谦州盆地的中心，从这里越过较易通

---

① 杨瑀：《山居新话》；《元史》卷一六七《刘好礼传》。
② 《史集・部族志》，赫达古洛夫俄译本，第一〇二页，贝勒津刊本无此段传说。
③ 耶律铸：《双溪醉隐集》卷五《丁零诗注》。
④ 卡拉塞：《未经勘察的蒙古》，第七三页。

行的沙宾达巴或库尔吐石山口，不过三天至五天①，就可到达唆鲁禾帖尼驻冬之地吉利吉思（阿巴干草原）。再从此出发，利用三异密所行之路，便可到达北极。所以欠欠州盆地的道路是连接蒙古和西伯利亚最重要的交通大道，是长途旅行的补给站。

> 在查库尔河谷和克木池克河之间，有一条建筑得很好的古路，宽六码，高出周围草原的地平面之上，路两边都有壕沟。路面和英国的公路一样平，也像英国用碎石筑的公路一样好。……这里所说的两个地点之间道路笔直，相距约五十英里。我们不能相信任何规模的商业需要建筑这样惊人的道路。它的目的依然是费解的。道路经过的地方不须筑路就能通行运输。这里土地是坚硬平坦的草原，适宜于任何交通运输；所以筑路似乎是一种浪费劳力的蠢事。……从它的现状我们所能推测的是这个地区必定曾一度非常重要，有更多的旅行队习惯使用这条大道，在蒙古和西伯利亚之间，存在一种更大的交通量……古道的大部分能适用于车辆运输。②

D. 卡拉塞的猜想是正确的。欠欠州这个地方在元朝确实非常重要。管理吉利吉思等五部的断事官治所益兰州，不仅是元代欠欠州吉利吉思广大地域的政治中心，工人农民众多，往来频繁，而且是军事要地，军队给养的运输尤其重要。元军大将玉哇失曾与叛王海都军战于亦必儿·失必儿③，土土哈"师次叶河，尽收吉利吉思等五部之众，屯兵守之"④。没有宽广坚固的大道负担这样庞大的运输量，如何能完成平叛的任务？查库尔与克木池克之间残存的一百五十里古道，只能是元朝欠欠州断事官或通政院、兵部奉中书省命令修筑的驿路遗迹。卡拉塞不读中文史料，根据霍渥思《蒙古人史》怀疑这条古道是清初（一六五七年）蒙古西北阿尔泰诸汗中的一个头目修筑的蒙古通往西伯利亚蜿蜒曲折道路的一部分⑤，是完全错误的。

元代天文学家郭守敬最重实地测验，至元十六年（一二七九年）元朝统

---

① 卡拉塞：《未经勘察的蒙古》，第一一〇、一一三页。
② 同上书，第一一四——一一五页。据本书卷末附图，这条古道东起查库尔河与乌鲁克木河合流处，西达查丹河与克木池克河合流处。
③ 《元史》卷一三二《玉哇失传》。
④ 《元史》卷一二八《土土哈传》。
⑤ 卡拉塞：《未经勘察的蒙古》，第一一四页。

一全国，版图辽阔，他自南向北从"南海"北极出地十五度起，每隔十度设立一个测景所，最北的一个设在"北海"，北极出地六十五度。每所由正副两位监候官领导着十位星历生，携带着"为四方行测者所用"的天文仪器，进行野外观测①，这样一支规模可观的科学测量队伍，没有一条供应无匮乏之虞的交通线是不堪设想的。根据当日交通情况，他们只有从大都经和林到五部断事官治所益兰州，越过萨彦岭山口到吉利吉思，再从那里遵循唆鲁禾帖尼派人寻找白银的道路北上最为方便合理了。

至元二十四年（一二八七年）复置尚书省，以畏兀儿人桑哥为平章政事。在桑哥专政期间（至元二十四—二十八年），"许多回回商人从火里、巴尔忽及吉利吉思来到可汗的都城（北京）"②。至元二十八年（一二九一年）设吉利吉思至外剌驿站。这些在吉利吉思逐利的商人这年赴大都，必然是利用这条新修的驿路。

一二八〇年刘好礼回大都，不久任吏部尚书。一二八三年，"刘好礼以吉利吉思风俗事宜来上"③，可惜这些资料没传下来。元朝既在欠欠州吉利吉思各地进行工农业建设，当然就出现许多居民点和城镇。根据近年考古家在厄列格斯河流域和沙戈纳尔等地的发掘，就有准-帖列克、奥依玛克等遗址。④

十世纪的《世界境域志》(*Hudūd al-'Ālam*) 说黠戛斯只有一个城，名欠州（Kemidjkat），他们的可汗居其中，无其他城市或村庄而只有帐幕。十一世纪葛尔底西（Gardizi）说黠戛斯可汗的都城在那些山（贪漫山 Kūkmān, Kögmen）北七日程。⑤

十四世纪初波斯拉施都丁说在这个地方有许多城市和村庄，并指出 Qīqās 城临昂哥剌河。⑥

《世界境域志》及葛尔底西的地理知识是否完全正确，姑不论，即使各有所本，时代不同，定居的人数有差异，居民点的多寡自然也就有别了。黠戛斯在十至十一世纪间（辽代）只有一个都城无其他城市是可以理解的。拉

---

① 《元史》卷四八《天文志·四海测验》；《元文类》卷五〇《知太史院事郭公行状》。
② 《史集》第二卷，布洛晒刊本，第五二一页，俄译本第一九〇页。
③ 《元史》卷二〇《世祖纪》。
④ 克兹拉索夫：《图瓦之中世纪城市》，《苏联考古学》，一九五五年第三期；同氏：《准-帖列克古城》，基谢列夫编：《古代蒙古城市》，第六〇、一一七页。
⑤ 《伊斯兰百科全书》，第二卷，英文版，第一〇二五页。
⑥ 《史集·部族志》，贝勒津刊本，《丛刊》第七册，第一六八页，俄译本第一〇二页。

施都丁著书于十四世纪初，当时五部之地有军屯民屯、诸色匠户、人匠局、驻军、仓库、传舍以及各种行政机构和各种官吏①，和中原地区差不多，拉施都丁说那里有许多城市和村庄，当然是必然的现象。

四、吉利吉思诸部的东迁

元代从中原地区迁移大批手工业者和农民到吉利吉思、欠欠州进行工农业生产建设，也有不少吉利吉思等部人迁到东方来。

> 成吉思汗时代有一位出自林木中兀良哈部的左手军千户长名 Ūdāchī。成吉思汗时代以后，Ūdāchī 的儿子们率领自己的军队在名为不儿罕合勒敦地方守护禁区（Ghurūq）的成吉思汗伟大遗骸（lūsūn），他们不参加战争，直到现在仍被派来守护这些遗骸。②
>
> 这个部落和这个 Ūdāchī 的子孙率领其千户依法（Iāsa）和习惯（Iūsūn）守护位于不儿罕哈勒敦地方的伟大禁区。③

忽必烈母亲分地的冬营在兀良哈和吉儿乞思，距其阿尔泰山的夏营只有三日程（见前），这个与吉儿乞思和阿尔泰山相毗连的兀良哈和其他邻近吉儿乞思的诸族一样，也是林木中百姓。所以《史集·部族志》把林木中兀良哈一节，排列在紧接乌思、帖良兀、客思的迷之后，这个部族分布甚广，最东的部分，与住在巴儿忽津地区的斡亦刺、不刺合臣、客列木臣等部疆界相邻近（《史集·部族志》"巴儿忽部"条）。

Ūdāchī 所守卫的禁区，汉文史料称之为起辇谷，是成吉思汗以后元朝历代皇帝埋骨之地。《元朝秘史》在一二四○年写成，上距成吉思汗逝世（一二二七年）才十三年，编写的地方又在克鲁伦河的荒岛上。作者在第八十九节叙述成吉思汗一家曾在"不儿罕·合勒敦山前古连勒古山中桑

---

① 杨瑀：《山居新话》。
② 《史集·部族志》，贝勒津刊本，《丛刊》第七册，第一一七、一九一—一九二页，俄文新译本第一二五、一五八—一五九页。Iūsūn 系 Yasun 之讹。
③ 《史集》第一卷《成吉思汗传》，斯米尔诺娃俄译本，第二七三页。

沽儿小河……下营"。桑沽儿河是克鲁伦河左岸支流,于东经一〇九度稍东,自北向南汇入克鲁伦河。那末,广大肯特山中的不儿罕合勒敦距桑沽儿河当不甚远。林木中兀良哈人守护的禁地,突厥文为 Ghurūq 或 Qurūq;Brockelmann《中古突厥语词汇》Qoriq 译言"禁区",Qorughchī 译言"守卫人"(第一六〇——一六一页);柯瓦列夫斯基(J. E. Kowalevski)《蒙俄法字典》第九五五页动词 qariqu 译言"关闭"、"禁止",第九六三页 qorugha 译言"封锁地"。《黑鞑事略》称"忒没真之墓则插矢以为垣,逻骑以为卫";《草木子》说元朝皇帝的棺椁"送至其直北园寝之地深埋之,则用万马蹴平,俟草青方解严"。中外文字记载虽不尽同,但成吉思汗陵寝之为禁地,则是一致的。观于明初在南京紫金山麓特设孝陵卫以守护朱元璋陵墓方圆数十里的禁地,也就可以想象起辇谷的情况了。

《蒙古源流》[①]和《黄金史》[②]都说埋葬成吉思汗时建立"八白室",以为祈祷祭祀之所。元代蒙文、汉文、波斯文等中外各种史料都没有这种记载。阿布勒哈齐说成吉思汗宣称大汗于"八个圈子"[③],也是明代的传说。《元史》卷七四《祭祀志·宗庙上》:"至元元年,太庙定为八室:也速该、成吉思汗、窝阔台、术赤、察合带、拖雷、贵由、蒙哥各一室。"大约蒙古统治者在中原丧失政权退回漠北时,大都太庙无法搬去,所谓"八白室"(Nayiman Chaghan Ger,译言"八个白色帐幕")必是元朝太庙八室在漠北的模拟品,或者是十五世纪末期达延汗统一蒙古后移置或又新建置于鄂尔多斯的。所以达延汗、达赖逊等都在八白室前即位,以表示昭告祖宗,继承大元皇帝的统绪。[④]《源流》等书以讹传讹,非史实。惟谓禁区的守卫者有乌梁海人[⑤],尚保

---

① 《蒙古源流》卷四,施密德注释本,第一〇九页。
② 《黄金史》,包敦(C. R. Bawden)英文译本,第一四五页。又,中华书局本《蒙古秘史》,第二六七页引《黄金史》。
③ 《蒙古源流》,施密德注释本,第三八九页。
④ 《蒙古源流》卷六,施密德注释本,第一九三、一九九页。
⑤ 田清波:《鄂尔多斯志》(Ordosica),《辅仁英文学志》第九期,一九三四年,第三八页:"今负责守陵寝者为 Darxat(达尔哈特人),这个名词是 Darxan 的复数形态,原来不是氏族名称,而是对免除赋税者的称呼。在鄂尔多斯也用这个名称呼负责看守'八白室'的蒙古人,虽说他们原来似乎隶属于许多不同的氏族。"按这种负责守"八白室"之达尔哈特人,可能仍是原来林木中兀良哈人的后裔。据张相文《南园丛稿》卷三(第四页上),这种"所谓八白室者,今已无存","陵户五百余家,……对于蒙旗有特权,一切徭役皆弗与。又以时持册出募,若游方僧道然者,而所至蒙旗者,必以牛羊布施之,不敢吝也。然必轮番而出,常以七八十户居守之。居无室庐,或韦帐,或柳圈中"。

存旧说，未有改变。不过说乌梁海人所守护的是"君主的金仓库"①，就不可信了。鄂尔多斯的郡王旗今改名伊金霍洛旗，田清波说伊金霍洛译言"君主的圈子"，是"用木垣围着的帐幕"②，他用蒙文 Qoriya（圈子）与霍洛比附，看来这个"霍洛"应该是从当年林木中兀良哈人守护的 Qurūq（禁地）蜕变出来的。

成吉思汗幼弟帖木格斡赤斤封地在蒙古东北最远的地方，远至今松花江上游及嫩江流域。至元二十四年（一二八七年）斡赤斤玄孙乃颜叛，不到三个月就被擒了。二十八年（一二九一年）乃颜余党窜女真之地，混同江南北的女真、水达达与之联结。三十年（一二九三年）元朝政府遂于乃颜故地立肇州以镇之。《元史》卷一六九《刘哈剌八都鲁传》，世祖谕哈剌八都鲁曰："乃颜故地阿八剌忽者产鱼，吾今立城而以兀速、憨哈纳思、乞里吉思三部人居之，名其城曰肇州，汝往为宣慰使。"

元代肇州，有人说在吉林双城界的珠尔山，有人说在拉林河入松花江处。吉林博物馆在大安城东南十公里北上台子村发掘的他虎城（《文物》，一九六四年，第四六—四八页），就其地理方位看，即元、明两代驿路上的肇州（赵州）（《永乐大典》卷一九四二二，第一二页；又卷一九四二六，第二页。《辽东志》卷九"外志"海西西陆路站）。迁到这个地区的乞里吉思等三部人，和明初在东北设立的兀良哈三卫应有密切的关系。

吉利吉思等三部的东迁，何秋涛、李文田、洪钧等人都曾研究过，日人箭内亘著《兀良哈三卫名称考》，在结论中对于三卫汉文名称与蒙文名称互不相同，则未言及。《皇明实录》洪武二十二年（一三八九年）"五月辛卯置泰宁、颜朵、福余三卫指挥使司于兀良哈之地……以脱鲁忽察儿为朵颜卫指挥同知"。三卫的名称汉文与蒙文是不同的；《武备录》和《登坛必究》译语部分都在汉文名称下注出蒙文的音译：泰宁——往流，福余——我着，朵颜——五两案。我们把蒙、汉两种名称互相对照，不难看出三卫的汉文名称都是地名，三卫的蒙古名称都是部族名。

泰宁——往流。泰宁据元、明两代驿路，元泰州（明台州）在塔鲁（明洮儿）北一四〇里，往年泰来西北八十里塔子城发现泰州碑（藏黑龙江博物

---

① 《蒙古源流》卷六，德译本第一九一页。
② 《鄂尔多斯志》，《辅仁英文学志》第九期，第四九页。

馆），明泰宁卫似即设于此地。(《永乐大典》卷一九四二六《驿站》二，第二页；《辽东志》卷九"外志"海西西陆路站。）

往流，《续文献通考》作罔留，都是《黄金史》Onglighut 的对音①，意为属于"王的人民"。这个字的构造和 Tutuqlighut（"都督的人民"）相同。Onglighut 明代常写为 Ongnighut，今内蒙翁牛特旗的名称就是这个字的音译。这个王是什么人呢？《元史》卷二一成宗大德九年（一三〇五年）七月"给脱脱所部乞而吉思民粮五月"，斡赤斤玄孙脱脱封辽王，这一部分乞而吉思人当然就是他的属民。

福余——我着。金代蒲与路在今黑龙江省乌裕尔河流域；明初福余卫应该就在这里。辽金时代东北有个著名部落名兀惹（乌惹），元代称吾者，我着应即兀惹、吾者，时代不同，音译自不能相同。金毓黻《东北通史》（第三二九页）据《文献通考》宋太宗"赐乌舍城浮渝府渤海琰府王诏"之文，认为乌舍即兀惹，浮渝即扶余，那么明代的福余卫从辽代起已是我着部的居地了。

朵颜——五两案。《华夷译语》载有朵颜卫指挥使司同知《脱儿豁察儿书》，译文不甚明晰。中华书局标点本《元史》卷八八校勘记将蒙文原书译为现代汉语："吾兀良罕林木百姓，自国主成吉思汗之世以降，至今未离多延温都儿，搠河之地。"多延温都儿，学者多认为即索岳尔济山，搠河为今绰尔河。明代海西西陆站的终点兀良河即在这里，兀良河即兀良哈。我认为这一部分"兀良罕林木百姓"，不是成吉思汗陵墓的守护者，便是至元三十年（一二九三年）来到东方的吉儿乞思等三部后人。明初设置朵颜、泰宁、福余三卫于兀良哈之地，因而称为兀良哈三卫。由此可以推知，元明之际兀良哈这个名称的使用范围已扩大，成了吉儿吉思及其邻近诸部的共名了。

此外乞里吉思、欠欠州等部人民东迁的地方尚多，忽必烈末年（一二九三年）"乞里吉思七百户屯田合思合之地"，合思合亦译为哈思罕，辽东半岛辽阳以南地方，辽金时代称曷苏馆。合思合当即其地。

《元史》卷八八《百官志》："海西、辽东、哈思罕等处鹰房诸色人匠，怯怜口万户府管领哈思罕、肇州、朵因温都儿［兀良哈］诸色人匠四千户。"

---

① 《鄂尔多斯志》，《辅仁英文学志》第九期，第三四页。

这几处都有乞儿吉思等部人徙居其地。

元贞元年（一二九五年）徙缙山（今北京市延庆）所居乞里乞思等民于山东，以田与牛、种给之；元末杨瑀《山居新话》说："缣州即今南城缣州营，是其子孙也。"这样看来，现在中原汉人中，必然也有他们的苗裔。乞儿吉思、欠欠州是极端缺乏手工业工人的，所以成吉思汗收服这个地区后立即从中原迁去大批手工业工人。至元二年（一二六五年）徙谦谦州诸户于中都（今北京，至元元年改中都，九年改大都），七年徙谦州甲匠于松山（今赤峰县南），这可能是把谦州的汉族工匠再送回中原，似乎不会是把绝无仅有的乞儿吉思手工业者迁到内地来。

一九七八年三月于南京大学

（原载《中国史研究》一九七九年第一期）

附录　吉利吉思大事年表

年	大事	出处
1199	铁木真与客烈部长王罕共攻乃蛮。乃蛮败于乞湿泐巴失。其罕杯禄逃欠欠州。	拉施都丁：《史集》，俄译本，第I卷第2分册，斯米尔诺娃，莫斯科，1952年，页112。
1200	札绀孛疑其兄王罕害己，奔乃蛮。	《史集》I，2，页118。
1202	铁木真败乃蛮于阙亦田。斡亦剌部长忽都花别乞助乃蛮。	《史集》I，2，页121—122。《圣武亲征录》记事系年自此始；《元朝秘史》143节系之鸡年（1201年）。
1203	王罕袭铁木真，铁木真败于合兰真沙陀，饮班朱尼水。	《史集》I，2，页125—126。
1203	铁木真遣使责王罕。	《史集》I，2，页127—129。
1203	王罕败，走乃蛮，见杀。	《史集》I，2，页132—134。参阅《亲征录》；《秘史》170、176、185、188诸节；《元史》卷一《太祖纪》。

续表

年	大事	出处
1204	铁木真征乃蛮。太阳汗败死纳忽昆山。子曲出律逃依其叔杯禄罕。斡亦剌部酋忽都花别乞参与乃蛮、蔑儿乞等部联军。	《史集》I, 2, 页147—148;《秘史》193—196节;《亲征录》;《元史》卷一《太祖纪》(《元史》著录同于《亲征录》者,以下不再注出)。
太祖元年（1206）	铁木真称成吉思汗。	《史集》I, 2, 页150;《秘史》202节;《亲征录》。
	汗以巴阿邻、赤那思、脱斡劣思、帖良古惕、乃蛮诸族百姓一万赐豁儿赤,命沿额儿的失河镇守林木中百姓。	《秘史》207节。
	出兵征杯禄罕,于兀鲁黑塔黑山之莎合水上杀之。曲出律及蔑儿乞酋长脱脱遁走也儿的失河。	《史集》I, 2, 页150—151;《亲征录》;《秘史》系于狗年（1202年）后,见158节。
太祖二年（1207）	遣按弹、不兀剌使吉利吉思。	《史集》I, 2, 页151;《亲征录》。
	术赤降服诸部林木中百姓。	《秘史》239节。参见《史集》I, 2, 页253。
太祖三年（1208）	冬,斡亦剌部长忽都花别乞降,以之为前锋,征脱脱及曲出律至也儿的失河的不黑都儿麻地方,脱脱战死,曲出律奔哈剌契丹。	《史集》I, 2, 页151—152;《亲征录》;《秘史》系此事于鼠年（1205年）,见198节。
太祖四年（1209）	畏吾儿归附。	《史集》I, 2, 页152;《亲征录》;《元史》卷一二二《巴而术阿而忒的斤传》;志费尼:《世界征服者传》,波义耳英译本,1958年,曼彻斯特,页44。
太祖六年（1211）	哈剌鲁归附。	《史集》I, 2, 页153—154、163;《亲征录》。
太祖八年（1213）	永清豪强史秉直降蒙古,率屯聚霸州降人十余万家迁漠北。	《元史》卷一四七《史天倪传》。
太祖十二年（1217）	遣兵再征秃马惕部。	《史集》I, 2, 页178;《亲征录》;《秘史》系此事于兔年（1207年）,见240节。
太祖十三年（1218）	贾塔剌浑率炮军驻谦谦州。	《元史》卷一五一《贾塔剌浑传》。
	乞儿乞思叛,命术赤往讨之,遂克乌思、憾哈纳思等部。	《史集》I, 2, 页256;《亲征录》。

续表

年	大事	出处
太祖十四年（1219）	成吉思汗议征西域。	《史集》I，2，页197。
太祖十六年（1221）	长春真人邱处机奉诏自宣德西行。	《长春真人西游记》卷上；《元史》卷二〇二《丘处机传》。
太祖十八年（1223）	邱处机归至镇海城附近的栖霞观，闻俭俭州有徙去的汉人工匠。	《长春真人西游记》卷下。
太祖二十二年（1227）	成吉思汗卒。林木中兀良哈部的Ūdāchī守卫埋葬成吉思汗的禁区。	《史集》I，2，页234—235、273。
太宗十三年（1241）	窝阔台卒。他曾遣和端等人深入"北海"进行调查，往返数年，远达北极圈附近，"得日不落之山"。	耶律铸：《丁零二首》注，《双溪醉隐集》卷五。
定宗三年（1248）	忽必烈在潜邸召张德辉至漠北后，德辉荐忽必烈母后唆鲁禾帖尼封地真定李槃等。槃奉太后命侍阿里不哥讲读。	《元史》卷一六三《张德辉传》，卷一二六《廉希宪传》。
庚戌（1250）	时以真定藁城为拖雷妃唆鲁禾帖尼汤沐邑。唆鲁禾帖尼命择邑中子弟至和林。	《元史》卷一四八《董文用传》。
宪宗元年（1251）	遣末哥官人率军二万赴吉利吉思及欠欠州。	《史集》II，波义耳英译本，1971年，纽约，页214。
	分迁诸王于各所。迁太宗孙海都于海押立，蔑里于也儿的失河。	《元史》卷三《宪宗纪》。
	宪宗母唆鲁禾帖尼卒。吉利吉思和欠欠州为其分地。她曾派三异密率千人，乘船寻找传说中位于昂哥剌河与海为邻处某个到处是白银的地方，失败而归。	巴托尔德：《中亚突厥史十二讲》，1935年，柏林，页186，引述阿布勒哈齐书。
宪宗六年（1256）	石天麟使窝阔台后王海都所，被拘留。	《元史》卷一五三《石天麟传》。
	廉希宪以阿不哥分地真定儒者张础荐于忽必烈潜邸。阿里不哥以张础不肯附己，衔之。	《元史》卷一六七《张础传》。
宪宗七年（1257）	宪宗留幼弟阿里不哥镇蒙古，驻和林，自将大军攻宋。	《元史》卷三《宪宗纪》；《史集》II，页224，系于兔年。
世祖中统元年（1260）	阿里不哥据和林与忽必烈争夺汗位，为忽必烈将移相哥败，退至吉利吉思。	《史集》II，页253。
	阿里不哥部将阿兰答儿、浑都海败死于凉州，残卒逃至吉利吉思阿里不哥所。	《元史》卷四《世祖纪一》；《史集》II，页254。

续表

年	大事	出处
中统二年（1261）	阿里不哥袭攻移相哥，败之。忽必烈亲征，败阿里不哥于昔木土脑儿之地。	《史集》II，页256—257；《元史》卷四《世祖纪一》。
	寻又于额利惕之地败其右翼。阿里不哥北遁。	《史集》II，页257；《元史》卷四《世祖纪一》。
中统三年（1262）	阿里不哥进讨察合台后王阿鲁忽，败之。驻冬阿力麻里。	《史集》II，页259。
至元元年（1264）	阿里不哥降忽必烈。	《史集》II，页261；《元史》卷五《世祖纪二》。
	忽必烈势力到达欠欠州。他命伯八领诸部军马屯守欠欠州，当在是年。	《元史》卷一九三《伯八传》。
至元二年（1265）	敕徙镇海、百八里、谦谦州诸色匠户于中都，给银万五千两为行费。	《元史》卷六《世祖纪三》。
至元五年（1268）	海都举兵南下，元军逆败之于北庭。	《元史》卷六三《地理志六·西北地附录》。
至元六年（1269）	赈欠州人匠贫乏者米五九九九石。	《元史》卷六《世祖纪三》。
至元七年（1270）	刘好礼为益兰、吉利吉思等五部断事官。	《元史》卷一六七《刘好礼传》，卷六三《地理志六·西北地附录》。
至元八年（1271）	徙谦州甲匠于松山，给牛具。	《元史》卷七《世祖纪四》。
	那木罕建行营于阿力麻里。	《元史》卷一三《世祖纪十》。
至元九年（1272）	减乞里吉思屯田所入租，仍遣南人百名给牛具以往。	《元史》卷七《世祖纪四》。
至元十二年（1275）	命木华黎四世孙安童佐北平王那木罕出镇阿力麻里。	《元史》卷一二六《安童传》。
至元十三年（1276）	宗王昔里吉、拖黑帖木儿叛，袭杀伯八，械系那木罕、安童。	《元史》卷九《世祖纪六》；参见《史集》II，页266。
至元十四年（1277）	伯颜破昔里吉于斡鲁欢河。	《元史》卷一二七《伯颜传》。
	昔里吉遁也儿的失。拖黑帖木儿进袭乞儿吉思之地，后又奉撒里蛮为主。	《史集》II，页267。
至元十六年（1279）	北方诸王叛时，曾执刘好礼，旋释之。至是时，又召刘好礼至欠欠州。	《元史》卷一六七《刘好礼传》。

续表

年	大事	出处
至元十七年（1280）	刘好礼逃归大都。	《元史》卷一六七《刘好礼传》。
	元代曾在昂哥剌河与谦河合流处立一城，名黠戛斯（Qīqās），应为五部断事官刘好礼所建。	《史集》俄译本，第I卷第1分册，赫达古洛夫译，页102。
	郭守敬为制新历，在元政府支持下设北海测景所于北极出地六十五度之地。	《元史》卷一六四《郭守敬传》。
至元十八年（1281）	谦州织工百四十二户贫甚，以粟给之；其所鬻妻子，官与赎还。	《元史》卷一一《世祖纪八》。
	赐谦州屯田军人钞币、衣装等物，及给农具渔具。	同上引。
至元二十年（1283）	吏部尚书刘好礼以吉利吉思风俗事宜来上。	《元史》卷一二《世祖纪九》。
	贷牛六百头，给乞里吉思之贫乏者。	同上引。
至元二十一年（1284）	宗王牙忽都败海都。	《元史》卷一七《牙忽都传》。
	那木罕、安童相继归。	《元史》卷一二六《安童传》。
至元二十二年（1285）	海都所立的察合台兀鲁思汗都哇围畏兀儿都城。	《元史》卷一二二《巴而术阿而忒的斤传》系于至元十二年。此据屠寄考证。见《蒙兀儿史记》卷三六《巴而术阿而忒的斤亦都护传》。
至元二十三年（1286）	海都犯金山，土土哈、朵儿朵怀共御之。	《元史》卷一二八《土土哈传》。
	赐欠州诸局工匠钞五六一三九锭十三两。	《元史》卷一四《世祖纪十一》。
至元二十四年（1287）	铁穆耳以皇孙抚军北边，以土土哈等从之。	《元史》卷一二八《土土哈传》。
至元二十五年（1288）	海都、都哇犯边。	《元史》卷一五《世祖纪十二》。
	玉哇失败海都将八怜等于亦必儿失必儿之地，当在是年。	《元史》卷一三二《玉哇失传》。
至元二十六年（1289）	乞儿吉思户居和林，验其贫者赈之。	《元史》卷一五《世祖纪十二》。
	发和林所屯乞里吉思等军北征。	同上引。
	晋王甘麻剌征海都，抵杭海岭。土土哈从征。	《元史》卷一二八《土土哈传》。
	命伯颜镇和林。海都犯和林，世祖亲征。	

续表

年	大事	出处
至元二十八年（1291）	立吉利吉思至外剌等六驿。	《元史》卷一六《世祖纪十三》。
至元二十九年（1292）	明里铁木儿挟海都以叛，伯颜败之于阿撒忽秃岭。	《元史》卷一二七《伯颜传》。
	诏土土哈进取乞里吉思。	《元史》一二八《土土哈传》。
至元三十年（1293）	土土哈师次欠河，尽收五部之众。海都引兵至欠河。复败之。	同上引。
	徙乌速、憨合纳思、乞里吉思三部人于乃颜故地，立肇州城。	《元史》卷一六九《刘哈剌八都传》。
	冬十二月，伯颜自北边回至大同，由玉昔帖木儿代之领兵漠北。	《元史》卷一二七《伯颜传》。
	以只儿忽所汰乞儿吉思户七百，屯田合思合之地。	《元史》卷一七《世祖纪十四》。
成宗元贞元年（1295）	徙缙山所居乞里吉思等民于山东，以田与牛、种给之。	《元史》卷十八《成宗纪一》。
大德元年（1297）	土土哈子床兀儿败海都于八邻南答鲁忽河。又败其将宇伯于阿雷河。	《元史》卷一二八《床兀儿传》。
大德二年（1298）	床兀儿败都哇、彻彻秃等进袭火儿哈赤之潜师。	同上引。
大德三年（1299）	命皇弟之子海山代宁远王阔阔出总兵，镇漠北。	《元史》卷二二《武宗纪一》。
大德四年（1300）	海山与海都军战于阔别列之地，败之。	同上引。
	床兀儿击叛王秃麦、斡鲁思于阔客之地。	《元史》卷一二八《床兀儿传》。
大德五年（1301）	海都、笃哇入犯，海山破之。海都旋卒。	《元史》卷二二《武宗纪一》。
	海都子察八儿嗣领其众。	《元史》卷一一九《博尔忽传》。
大德七年（1303）	察合台后王笃哇，海都子察八儿、明里铁木儿请降。	《元史》卷二一《成宗纪四》。
大德九年（1305）	给辽王脱脱所部乞而吉思民粮五月。	同上引。
大德十年（1306）	海山至也里的失之地受秃满、明里铁木儿、阿鲁灰诸王降。察八儿逃于都瓦部，俘获其家属营帐。	《元史》卷二二《武宗纪一》。

续表

年	大事	出处
大德十一年（1307）	使完泽偕乞儿吉带亦难往征乞儿吉思部秃鲁花骟马、鹰鹘。	《元史》卷二二《武宗纪一》。
武宗至大元年（1308）	封秃满为阳翟王。	同上引。
英宗至治元年（1321）	乞儿吉思部水。	《元史》卷二七《英宗纪一》。
	兀儿速、憨哈纳思等部贫乏，户给牝马二匹。	同上引。
顺帝至正二十年（1360）	杨瑀写《山居新话后序》。书中记其友人曾以谦谦州所出黑色石盐遗之。	杨瑀：《山居新话》，页3。

（原载《南京大学学报》专辑《元史及北方民族史研究集刊》第五期，一九八一年八月）

中国西北民族纪年杂谈

清代赵翼《陔余丛考》卷三四收录"十二相属"及"十二相属起于后汉"二文，认为十二相属"本起于北俗，至汉［宣帝甘露二年（前五二年）］时呼韩邪款塞，入居五原，与齐民相杂，遂流入中国耳"。十二相属究竟起于何族，是个需要进一步研究的问题，但中国古代西北诸族如突厥、吐蕃、蒙古俱用十二相属纪年，则为人所共知。今将三族纪年之演变及其与公历之互算略述于后，尚望读者指教。

突 厥

《周书》卷五〇《突厥传》："其书类胡，不知年历，唯以草青为记。"《太平寰宇记》卷一九九"黠戛斯"条："以十二属纪年。假如岁在子则谓之鼠年，在戌则谓之狗年，与回鹘同也。"《新唐书》卷二一七下《黠戛斯传》："以十二物纪年。如岁在寅则曰虎年。"

据上述史文，可知突厥、回鹘、黠戛斯都是以十二属纪年的。突厥西与波斯接，故波斯古史亦有用十二属纪年者，名之曰突厥历（Sanavāt i Turkī）。①

突厥纪年之首见于汉文史籍，应为隋开皇四年甲辰（五八四年）。时突厥可汗沙钵略遣使致书，有"辰年九月十四日……致书大隋皇帝"之语。②

---

① W. St. Clair-Tisdall：《现代波斯语会话语法》，海德堡，一九二三，第二一八页。
② 《隋书》卷八四《突厥传》。

此处辰年在沙钵略原信中必定写作龙年。因为突厥人是用十二相属纪年的，不用汉族的十二支。

汉文记载以外，其见于突厥文碑文者为翁金河碑。此碑可能是已发现最早的突厥人用十二属纪年的遗物之一。碑文言墓主"卒于……龙年"。依拉德洛夫的意见，当为六九二年壬辰。① 其他见于突厥文碑铭的十二属纪年尚有：

突厥文《阙特勤碑》北面与东面之间的棱角：阙特勤卒于羊年（唐玄宗开元十九年辛未，七三一年），碑立于猴年（七三二年）。② 突厥文《苾伽可汗碑》南面第十行：苾伽可汗卒于狗年（开元二十二年甲戌，七三四年），葬于猪年（七三五年）。③

至八世纪中叶回鹘强大，推翻突厥人的政权，南迁其故地，建牙乌德鞬山，继突厥后雄长漠北。其风俗制度多承突厥之旧，故纪年亦与突厥同，即简单地用十二属纪年。如回鹘文《英武威远毗伽可汗碑》叙述唐玄宗天宝二年（七四三年）至肃宗至德二年（七五七年）十四年间可汗事迹，标出七个纪年，即羊年（七四三年）、鸡年（七四五年）、猪年（七四七年）、虎年（七五〇年）、兔年（七五一年）、羊年（七五五年）、鸡年（七五七年），皆以十二属纪年。④

公元八四一年回鹘政权为黠戛斯所推翻，人民逃散。其西迁至吐鲁番而建国者，史称高昌回鹘。高昌回鹘的纪年方式就比较多样化了。其中有依漠北旧制，仍用十二属纪年的。例如吐鲁番出土的回鹘文民间契约文书：

> 狗年二月七日，我，Surijaschiri，急需油。从 Kajumtu-Bakschi 处借到一桶油。秋初，我归还两桶。如在交还之前我死了，那末我交付民间流行的［在此之前的］利息。证人 Kuldkaya，证人 Jalaktschi。这个手印是我 Surijaschiri 的。⑤

---

① 拉德洛夫：《蒙古古突厥文碑铭》，第一册，圣彼得堡，一八九五，第二四七页。
② 《古代突厥文献选读》，第一分册，中央民族学院少数民族语文系编，一九七七，第一四四页。
③ 上引书，第一四五页。
④ 见《北蒙古卢尼字体回鹘语碑铭二通》，此文乃《Sine 水古墓碑铭》之一章，刊于《芬兰-乌戈尔学会会刊》第三〇卷第三分册。
⑤ 拉德洛夫：《回鹘文书》，列宁格勒，一九二八，第二六—二七页。

我们手头没有吐鲁番出土的汉文文书资料。但如果与敦煌汉文文书相比较，亦可知这一类回鹘文契约的格式显然是从同类的汉文契约文书因袭而来的。① 所不同的，仅仅是纪年方式。从《敦煌资料》一书中所收有关买卖、典租、雇佣、借贷等事的汉文契约文书来看，当地汉族居民使用的纪年方式有用封建王朝年号的，有用干支的，有只用十二支的。十二支纪年在汉地是民间的习惯。这种习惯，依赵翼之说，可能起源于"太岁在子"、"太岁在丑"的古制。② 至于十二属纪年，在汉地至今仍很流行，可惜见于文字者极少。

除用十二相属而外，回鹘人还有用其他方式纪年的。根据缪勒所引述的文献资料，可以将它们归纳为以下几类③：

以五行与十二属相配者，如"土兔年"。

以"幸福 ki"加五行与十二属相配者，如"幸福 ki 火羊年"④。

以第若干甲 ki 十干再加五行与十二属相配者，如"第二甲 ki 十干的土牛年"。第二甲，回鹘文原作 ikinti（译言第二）bagh, bagh 译言"捆、束"。ikinti bagh 是指六甲（详下文）中的第二甲。"十干"回鹘文原作 sipqan。十在《广韵》中属于入声缉韵，是 -p 尾韵母字。缪勒释 sipqan 为汉字"十干"的音译，是完全正确的。元代回鹘文《亦都护高昌王世勋碑》中也有 sipqan 一词。⑤ 入声字的 -k、-t、-p 收尾在元代已经消失。元人用八思巴字母拼"十"字为 ci。元碑中出现 sipqan 一词，不过是当时的畏兀儿人沿用其前代借用汉字读音的转写而已。

吐鲁番出土文献中有 Karunadaz Sidu 在大都白塔寺翻译的佛经跋文残片，是用头韵诗体写成的。跋文末尾标注的年月是 Shim Shipqan-ligh bars yil yitinch ay-ta。齐穆（Zieme）将它译为"在与十干的 sing 相当的虎年第七

---

① 参见中国科学院历史研究所资料室编：《敦煌资料》，第一辑，一九六一。兹举第三五六页所录借贷文书为例，以资比较："未年四月五日张国清遂于□□处便麦叁蕃升。其麦并息至秋八月末还。如不还，其麦请陪，仍掣夺［家资］。如中间身不在，一仰保人代还。恐人无信，故立私契。两共平章，画指为记。麦主，便麦人张国清年册三，保人罗抱玉年五十五，见人李胜，见人高子丰，见人画允振。报息窖内分付。四月五日记。"
② 《陔余丛考》卷三四"干支"。
③ 缪勒：《吐鲁番出土的两个杵的铭文》，柏林，一九一五，第二四页。
④ 这个 ki，缪勒认为系汉文"气"字之音译，参见上引书第二五页。按此处"幸福 ki"也许是"吉日良辰"之意，然则 ki 应为汉文"期"字之音译。
⑤ 参见耿世民：《回鹘文亦都护高昌王世勋碑研究》，《文物》一九八〇年第四期。

月"①。他把 shim 转写为 sing，shipqan 转写为 shingan，都是错误的。按"壬"字在《广韵》中属平声侵韵，是 -m 尾韵母字，元代八思巴字转写为 shim。上引纪年中的 shim 正是"壬"字的音译。这个年代应译为"十干的壬马年七月"。其纪年方式，与上述第三类十分相似。

此外，德国探险队在吐鲁番发现了一份历书残简，上面的纪日方式甚为复杂。即每日先列出粟特语七曜日之名称，次译汉语甲、乙、丙、丁等十干之音，再以粟特文之鼠、牛、虎、兔等兽名配成十二支，最后，又于每二日之上用粟特语译中国的木、火、土、金、水五行之名而以红字纪之。这本历书，应成于九世纪下半期回鹘人移居高昌之后。②

高昌残历之足以引起我们注意者，有以下几点：

一、中亚粟特人的七曜之名，即密（日曜日）、莫（月曜日）、云汉（火曜日）、咥（水曜日）、温没司（木曜日）、那颉（金曜日）、鸡缓（土曜日），此时已由摩尼教徒传入中国，并应用于历书。

二、回鹘人不止用十二兽纪年，且用以纪日。今日西南少数民族如彝族亦仍用十二兽纪日。云南的牛街、羊街之类，就是由附近农民在牛日或羊日到此赶集而得名。

三、十干的采用，已见前述，此不赘。

四、隔日纪汉族五行之名，其五行次第与七曜日中之五星次第不同。关于这一点，俟叙述西藏纪年时再谈。

回鹘人原来信奉摩尼教。徙至高昌后，佛教又甚为盛行。以后有许多突厥人又信从回教。据波斯史家伊本·阿昔尔记载，十世纪后半期，在建都于喀什噶尔的突厥黑汗王朝，有二十万帐突厥人皈依回教。③但由于佛教势力未衰，直到十五世纪，新疆地区的居民方才全部皈依回教。

突厥皈依回教后即使用回历。以穆罕默德从麦加逃往麦地那之明日为元年元日，即唐武德五年壬午六月三日（公历六二二年七月十六日）。

公历一年为 365 日 5 时 48 分 46 秒；回历一年为 354 日 8 时 48 分。其单月为 30 日、双月 29 日，每隔二三年置一闰日于 12 月末。回历较公历每

---

① 齐穆：《关于回鹘文佛教头韵诗》，Acta Orientalia，一九七五年，第一九九页。
② 羽田亨：《西域文明史概论》，参见郑元芳汉译本，一九三四年，第八二—八三页。
③ 巴托尔德：《蒙古入侵时期的突厥斯坦》，英文版，一九二八年，第二五五页。

年少 10 日 21 时 1 分，积二三年差一个月，积三十二三年差一年。因此，以回历年（H）换算为公历年（G）的公式为：

$$G = 622 + H - \frac{H}{32}$$

以公历年（G）换算为回历年（H）的公式为：

$$H = G - 622 + \frac{G - 622}{32}$$

如元太祖卒年回历为六二四年，其公历为 $622 + 624 - \frac{624}{32}$ 即一二二七年；太祖即位于一二〇六年，合回历 $1206 - 622 + \frac{1206 - 622}{32}$ 即六〇二年。

吐 蕃

唐穆宗长庆二年（八二二年），唐朝与吐蕃会盟。当时吐蕃赞普为可黎可足，"策署彝泰七年"①。吐蕃年号只此一见。很可能吐蕃赞普本无年号，这只是偶然仿效汉制而已。

依西藏典籍传说，"时轮学说（Kālacakra）发展于北方苫婆罗国（Chambhala）。十世纪下半叶从此地输入中天竺，以后又经加湿蜜罗传来吐蕃，一〇二七年在吐蕃引起六十年一轮的年历输入"②。

苫婆罗国内有徙多河（Sita）。③ 据《大唐西域记》，此河即今塔里木河。这就不能不令人联想到粟特文历书残片出土之地——高昌了。

汉历六十年一轮，称为一个甲子，因为是从甲子年开始的。藏历亦以六十年为一轮。印度人称六十年一轮的第一年为 Prabhava，藏文与之相应的字为 Rab-'byun，译言胜生。故藏人用胜生称呼一个六十年轮。汉历十干与十二支相配为一轮，藏历则以五行与十二属相配为一胜生，每个胜生的第一年是火兔年。藏历十二属的次第与突厥、蒙古两族相同。藏历之前，以五行与十二属相配，就目前所知，似乎只见于高昌残历。

---

① 《新唐书》卷二一六下《吐蕃传》。
② 伯希和：《汉文资料中与苫婆罗有联系的若干音译》，《通报》，一九二一年，第七三页。
③ 同上。

五行之说首见于《尚书·洪范》，自汉朝以来即在中国人思想中占着很重要的地位。五行之次序，在《尚书·洪范》中是水、火、木、金、土。这与两汉之际为谶纬神学所采取的五行次第是不同的。《淮南子》卷三《天文训》："何谓五星？东方木也，……其兽苍龙，……其日甲乙；南方火也，……其兽朱鸟，……其日丙丁；中央土也，……其兽黄龙，……其日戊己；西方金也，……其兽白虎，……其日庚辛；北方水也，……其兽玄武，……其日壬癸。"后来人讲五行，都遵循这个次第。高昌粟特文残历、吐蕃年历之五行次第与《淮南子》所列举者完全相同，而与从粟特人那儿输入的七曜中火、水、木、金、土等五星次第不同，这显然不会是偶然的巧合，相反，可以证明高昌残历和藏历中的五行来源于中原的阴阳五行之说。不仅如此，高昌残历以五行和十二兽相配的事实，使我们有理由认为它与西藏的胜生俱有某种继承关系，并进而推想徙多河上的苦婆罗国或许就是八四一年回鹘西迁后在今吐鲁番建立的高昌回鹘国。

　　十干与十二支相配，只能以单配单、以双配双。甲与十二支相配，得甲子、甲寅、甲辰、甲午、甲申、甲戌，此所谓六甲；乙与十二支相配，得乙丑、乙卯、乙巳、乙未、乙酉、乙亥。在六十年一轮中，只有甲子，绝无甲丑；只有乙丑，绝无乙子。因此，五行中每一字即可代表十干中相邻的两干。换句话说，木既代表甲，亦代表乙。如木鼠、木牛，即甲子、乙丑。其他火、土、金、水亦然。高昌残历用五行与十二属相配，每隔一日记木、火、土、金、水五行之名者，原因即在五行之一名可配二日也。藏人往往在五行之上再加阴（mo）、阳（pho）。如藏历第一胜生第一年为阴火兔年（me mo yos），第二年为阳土龙年（sa pho 'brug），第三年为阴土蛇年，第四年为阳金马年等等，其实全无必要，故亦不甚流行。

　　十二兽纪年为藏族同胞人人所熟知。干支相配六十年一轮的胜生则用于书籍、契约、公文、书信等等。所以即使在藏历创制后的一〇四〇年，宋仁宗遣刘涣使邈川（今青海乐都）见唃厮啰，厮啰"道旧事"仍"数十二辰属，曰兔年如此，马年如此"。[①] 足见吐蕃上下平时纪年止用十二兽，不用干支。

　　青海佑宁寺也摄班珠尔（以孙波堪布著称）乾隆十三年（一七三五年）著

---

① 《宋史》卷四九二《唃厮啰传》。

《印度、汉族、西藏、蒙古圣教史如意宝树》，其书第二七〇—二八四页为"方格年表"（Rehu-mig），记宋仁宗天圣五年丁卯至乾隆十一年丙寅（一〇二七—一七四六年）七百二十年间的西藏大事。这个年表的第一胜生第一年为火兔年，那么它相当于公历哪一年呢？

自匈牙利人 Csoma de Koros 所著《藏文文法》把这个火兔年误算为一〇二六年，嗣后踵其误者甚众。一九一三年伯希和著《西藏年代学中的六十年循环制》一文，始订正为一〇二七年，并作一甲子、公元对照表附于文末。[①] 一九三五年钢和泰著《西藏人六十年循环制》，有中历、藏历与公历对照年表，刊于《华裔学志》。

无论以上两表使用是否方便，均须置于案旁方能查阅。其实藏历纪元与公历互换，无须查表即可推算出来。兹举二例如下：

藏历换算为公历：萨班（Sa-skya Pandita）于第四胜生火马年（丙午）见阔端太子于凉州。按火马年为第四胜生的第四十年。前三个胜生（即三个六十年）加四十年再加一〇二六年（第一胜生第一年为一〇二七年）即所求萨班见阔端之公历年份，是为 $(4-1) \times 60 + 40 + 1246$ 年。如果用公式来表示，则第 m 胜生第 n 年的公历为 $(m-1) \times 60 + n + 1026$ 年。

公元换算为藏历：宗喀巴（Con-kha-pa）卒于一四一九年，$1419-1026=393$ 年，则宗喀巴死于藏历纪元后第三九三年。$393 \div 60 = 6$ 余 33，则此年为藏历第六胜生第三十三年，是为土猪（己亥）年。

蒙　古

据近代学者研究，鲜卑为蒙古族。就今日中国古史所见，北族中第一个使用十二属纪年者即鲜卑。《北周书》卷十一《宇文护传》，护兄弟三人，长什肥，次导，次即护。五六四年护母致护书云："昔在武川镇，生汝兄弟。大者属鼠，第二属兔，汝身属蛇。"

《元朝秘史》是一部蒙文编年体古史，用十二属纪年，其有明确纪年起

[①] 《亚洲学报》，一九一三年，第六三三—六六七页。

鸡儿年（一二〇一年），终鼠儿年（一二四〇年）。十四世纪初波斯拉施都丁奉命纂修《史集》，其所据史料，关于蒙古史部分为蒙文秘籍《黄金史册》，故《史集》纪年亦用十二相属。惟因一个循环仅十二年时间，相距稍远即易致误，所以拉施都丁一一折算为回历。我们今天读这部书，须再从回历折算为公历。

蒙古史学家萨囊彻辰《蒙古源流》一书，据施密德蒙文本谓书成于壬寅年，蒙文作 sim bars yil，此云壬虎年，即康熙元年壬寅（一六六二年）。壬字平声侵韵，侵、咸等韵母的收声 -m 在元代尚保留着。足见十干的蒙文音译，乃是从元代流传下来的。

《黄金史纲》所用纪年有三种：（一）干支纪年，如成吉思汗辛巳年生，四十五岁丙寅即大位。（二）十二属纪年，如忽必烈蛇年生，猴年即大位，马年死。（三）用青、赤、黄、白、黑五色与十二属相配纪年，如图帖睦尔汗（元文宗）殁于黑猴年，乌哈噶图汗（Uqaghatu 译言敏悟，元顺帝的蒙语尊称）黄猴年（戊申）即大位于大都。①

蒙古用五色与十二属相配纪年，无疑是受藏历五行与十二属相配的影响。青、赤、黄、白、黑五色，古人谓之正色，分别代表了甲乙、丙丁、戊己、庚辛、壬癸十干，已见前引《淮南子》。藏人于五行之上再加阴阳，蒙古人亦如此，分别将五色分为阴阳以代表十干，其名如下：

koke	青（甲）	kokekchin	阴青（乙）
ulaghan	赤（丙）	ulaqchin	阴赤（丁）
sira	黄（戊）	siraqchin	（？）黄（己）
chaghan	白（庚）	chaghaqchin	阴白（辛）
qara	黑（壬）	qaraqchin	阴黑（癸）

蒙古纪年与汉族纪年同，均无纪元，不像回历以六二二年为纪元、藏历以一〇二七年为纪元。蒙古纪年如不与别种纪年相比对，便无从知道其事件发生在何年。因此，蒙古纪年与公历的换算，和汉族的甲子纪年与公历换算相同，必须知道所记干支是在第几世纪。其推算方法亦较为复杂。

我们知道，能被3除尽的逢百之年（即公元三〇〇年、六〇〇年、

---

① 朱风、贾敬颜两先生译：《黄金史纲》，一九八〇，第一六、三九、四一页。按成吉思汗生年当为壬午（一一六二年），又黄猴年（一三六八年）乃顺帝逃离大都之年。

九〇〇年等），其干支必为庚申。次一个逢百之年（即公元四〇〇年、七〇〇年、一〇〇〇年等，以及公元一〇〇年），其干支为庚子。再次一个百年（即公元五〇〇年、八〇〇年、一一〇〇年等，及公元二〇〇年），其干支为庚辰。如果已知所记述的事件是发生在第 x 世纪，就很容易推知公元 (x-1)×100 年的干支，亦很容易推知从上述干支到事件发生之年的干支之间相距有若干年。如成吉思汗建国于十三世纪之丙寅年。(13-1)×100 为公元一二〇〇年，此年干支为庚申。从庚申到丙寅相距六年，与下一甲子之丙寅相距六十六年，故此丙寅是公元一二〇六年或一二六六年。但是我们知道成吉思汗之子窝阔台灭金之年为一二三四年。蒙古建国远在灭金之前，故知此丙寅乃是一二〇六年。再如元朝末代皇帝顺帝生于庚申，故有庚申帝之称。元亡于一三六八年，一三〇〇年为庚子，庚子与庚申之间相距二十年，由此推知顺帝出生之庚申为一三二〇年。以上例子说明，如果能在每个世纪中选择一二件重大历史事件记在心中，并且记住历朝皇帝在位的前后次序及其大致年代，那末，即使只知道某一事件所发生的干支纪年，要通过上述方法推算其公历年代，一般说来，也是不难做到的。

（原载《元史及北方民族史研究集刊》第六期，一九八二年）

吐蕃之王族与宦族

近世研究《唐书·吐蕃传》及《唐蕃会盟碑》者，或探究其音读，或考订其史事，中外合计，已不下数十家，然其中待发之覆，所在仍多，本文所考，特其一端耳。

一九一四年《通报》载劳费尔（B. Laufer）《吐蕃鸟卜》（Bird Divination Among the Tibetans）一文，其第二部研究《唐蕃会盟碑》及《唐书》中之吐蕃古字及古音，氏论 Žaṅ、Lon（尚、论）二字之意义，先评前人之说，而后断以己见。其大意云：

Žaṅ、Lon 二字，在占卜表中凡三见，而巴构（J. Bacot）亦有三译，一曰大臣，二曰新闻，其三则将 Žaṅ Lon 分开，译 Žaṅ 曰舅，译 Lon 为新闻、消息。劳费尔评之云，不知 Žaṅ Lon 乃一名词，三处皆同义也。瓦德尔（Waddell）释之为 uncle-minister（伯叔舅姑姨父-大臣），并指明名卿大吏，始有此号，其中有若干或大部属皇族。劳费尔斥之为毫无根据之想象。依劳费尔之意，吐蕃政治组织，完全与中国同，试观《唐蕃会盟碑》之吐蕃官号，悉仿中国，可以知之。氏以为尚论之解释，可于《唐书》中求之。吐蕃政府九省，中文音译为"尚论掣逋突瞿"，吐蕃文为 Žaṅ(b)lon C'en-po dgu，译言九大部也，Žaṅ 字不能用吐蕃文解释，其字不过为中文"尚"字之吐蕃音译耳。Žaṅ(b)Lon 者长官也，与中文"尚书"之音相应，又言在《唐蕃会盟碑》论结历赞官衔中，尚书二字，与 C'en-po 相当，如碑文 Žal-ce-ba C'en-po 中文译为刑部尚书是也。Žaṅ 与尚，蕃、汉声调亦完全相合，在碑文上，Žaṅ 字又屡见于吐蕃大臣官号中，且每次必用尚字译之，足知 Žaṅ 即尚也。

劳费尔氏又云吐蕃人名之首字，多用尚字。七六五年入寇唐朝之吐蕃三将，名尚结息赞磨、尚息东赞（Žaṅ ston btsan）、尚悉野。七六八年蕃将名尚悉摩，更有一吐蕃元帅曰尚塔藏，在此种场合，尚字乃与一吐蕃 Žaṅ 部相当，盖藏地（gtsaṅ）有一地域名曰 Žaṅ，此部之名，即由此地名而来也。

吾人归纳劳费尔之意，可得数点：

1. Žaṅ Lon（尚论）为一名词，意义与中文尚书相当。
2. 在论结历赞之官衔中，中文用尚书二字译 C'en-po。
3. Žaṅ 字有二义：
   A. 在碑文中 Žaṅ 为尚之音译。
   B. 在《唐书》所著录之五蕃将人名中，尚为藏之 Žaṅ 地部族名。
4. 论为吐蕃字 (b)lon 之音译，意为大臣。

一九一五年伯希和氏亦于《通报》发表一文①，专考吐蕃名词之中国音译，对劳费尔之 Žaṅ 为中文尚字音译一点，则未置一辞。同年劳费尔复于《通报》刊一短文②，以补正前说，并批评伯氏之文，而于 Žaṅ 与尚之关系及意义，亦未再置一辞。

然则劳费尔之说，即完论乎？Žaṅ(b)lon 既为尚书，何以《会盟碑》反用尚书二字译 C'en-po？此非显明之矛盾乎？依吾人之见，劳费尔之说，甚难成立，兹于两《唐书》外，别求证据，以明其说之不可信。

西方汉学家研究唐代史事，大抵只重视新、旧《唐书》而轻视《资治通鉴》，以为《通鉴》简略，所用材料，罕有出于两《唐书》之外者。不知常有若干不易解决之问题，往往两《唐书》无能为力，而于温公书中，反可求得解释。③劳费尔认为尚字不能用吐蕃文解释者，即其只读《唐书》，未尝一检《通鉴》故也。《通鉴》卷一九四"贞观八年十一月甲申"条云：

---

① 伯希和：《几个吐蕃名词之汉文译写》（P. Pelliot, "Quelques Transcriptions Chinoises de Noms Tibétains"），《通报》，一九一五年。
② 劳费尔：《吐蕃名词之汉文译写》（B. Laufer, "Chinese Transcriptions of Tibetan Names"），《通报》，一九一五年。
③ 吾人试举一趣例，以见《通鉴》常用史料，而两《唐书》反削改过甚，难见本相。唐德宗贞元六年，回纥忠贞可汗死，大相颉于迦斯（Il Üges）在外，次相率国人立可汗幼子。颉于迦斯回，次相惧其后有废立，可汗等出迎郊野，可汗拜且泣曰："今幸得继绝，仰食于父也。"（《新唐书·回纥传》）"儿愚幼无知，今幸得立，惟仰食于阿爹。"（《旧唐书·回纥传》）《通鉴》唐德宗贞元六年作："儿愚幼，若幸而得立，惟仰食于阿多，国政不敢豫也。房谓父为阿多。"吾人苟不读《通鉴》之文，绝不知《新唐书》之父，及《旧唐书》之阿爹，乃回纥语 ata 之意译及半音译半意译也。阿爹与阿多对照，尤饶意味。

吐蕃赞普弃宗弄赞遣使入贡，仍请婚。吐蕃在吐谷浑西南，近世浸强，蚕食他国，土宇广大，胜兵数十万，然未尝通中国。其王称赞普，俗不言姓；王族皆曰论，宦族皆曰尚。弃宗弄赞有勇略，四邻畏之。上遣使者冯德遐往慰抚之。

《通鉴考异》卷二十一"洛门川讨击使论恐热"条云：

《补国史》①曰恐热姓末，名农力，吐蕃国法不呼本姓，但王族则曰论，宦族则曰尚，其中字即蕃号也。热者，例皆言之，如中华呼郎。

又卷十二景龙三年十一月"吐蕃遣尚赞咄来逆金城公主"条云：

《实录》乙亥吐蕃大臣尚赞吐等来逆女。《文馆记》②云：吐蕃使其大首领瑟瑟告身赞咄，金告身尚钦藏③以下，来迎金城公主。译者云："赞咄犹此左仆射，钦藏犹此侍中。"盖赞咄即赞吐也，今从《文馆记》。

吾人由《通鉴考异》所引《补国史》及《文馆记》之文，可得下列数点新知识。即（一）《新唐书·吐蕃传》谓尚恐热姓末，名农力热，犹中国号为郎。今由《补国史》证之，"犹"字上脱一热字，当云"名农力热，热，犹中华呼郎"。其吐蕃原字，即《会盟碑》屡见之 bžer 也。劳费尔及伯希和据《新唐书》复原之农力热，恐尚可讨论。（二）尚字与论字，除普通意义之外，在唐代尚别有一义，即尚为宦族之通称，论为王族之通称是也。（三）就论赞吐、尚钦藏二名观之，唐代史籍中吐蕃人名，当大半为官名，赞吐既如唐朝之左仆射，则论赞吐者，即示此人官左仆射而系出王族也。尚钦藏亦然，籍属宦族之侍中也。《唐书》有尚恐热，《宋史》有论恐热，即二人官同而族属异也。

---

① 《新唐书·艺文志》著录林恩《补国史》十卷，注云：恩，僖宗时进士。
② 《太平御览》引用书有唐景龙《文馆记》。
③ 《新唐书·吐蕃传》："其官之章饰，最上瑟瑟，金次之，金涂银又次之，银次之，最下至铜止。差大小，缀臂前，以辨贵贱。"

尚与论既别具新意，吾人苟用尚之普通意义与唐代吐蕃人名相参照，则劳费尔认为不可通者，皆可迎刃而解。据耶失克（Jäschke）《藏英字典》，Žaṅ[①]有舅父、女婿、姐夫、妹夫、内兄弟等意，Žaṅ-nyen 为母系亲属，Žaṅ-tsa 为外甥。于 Žaṅ lon 一词另立一目，耶失克释之曰"似为给予大臣之一种官号"。劳费尔不知宦族称尚，以 Žaṅ 字所有诸意，与登坛会盟人名无干，故盛称耶失克将 Žaṅ 与 Žaṅ lon 分立之明智，而于《会盟碑》上吐蕃人名，如宰相同平章事尚绮立赞窟宁思当，则曰此大臣之名为 k'ri tsan k'od(t)ne stan（绮立赞窟宁思当），而删去其尚字。而于其所举《唐书》中尚结息赞磨诸人名字，则释为系出藏之尚（Žaṅ）地。今依吾人所见言之，耶失克所集 Žaṅ 字诸意，正可作吐蕃王族宦族之注脚，而劳费尔所引巴构及瓦德尔之说虽谬，而未可斥为无稽之谈。盖就人类进化言之，当日吐蕃政治机构，绝不能如劳费尔氏想象之复杂，以为其行政组织，可与天可汗朝相比拟。就恒情论，其政务必甚简单，文武官吏，当多出身贵族，或为赞普之王族，或为赞普之姻戚（舅父、母系亲属、外甥、姐夫、内兄弟、女婿等），换言之，所有将吏，除少数外，殆不出论与尚两族之外也。吐蕃既有宦族之名，则当日贵族平民阶级甚严可知。除王族外，赞普之外戚，自居多数，宦族皆曰尚者，殆以此欤？此事似可与辽朝之耶律及萧两姓相参照。

或以为此种推论，未免近于穿凿，然就唐代史料中所见吐蕃人名与赞普有亲属关系者[②]证之，殊非附会。《张说之文集》卷一七《拨川郡王碑》云：

> 论弓仁者，源出于匹末城，吐蕃赞普之王族也。[③]

《通鉴》唐武宗会昌二年：

> 初，吐蕃达磨赞普有佞幸之臣，以为相。达磨卒，无子，佞相立其

---

① 耶失克：《藏英字典》（H. A. Jäschke, *A Tibetan-English Dictionary*），一九三四年，第四七一页。
② 此外尚有器弩悉弄赞普之舅曲萨若，此人之名若与曲莽布支相较，曲字当为其人之姓氏。
③ 碑文又云："曾祖赞，祖尊，父陵，代相蕃国号为东赞。戎言谓宰曰论，因而氏焉。"燕公以论为禄东赞祖孙父子之姓氏，且取义于 blon 之普通字意，殊误。《旧唐书》及《通鉴》明言禄东赞姓薛氏，是论非论弓仁之姓可知。

妃繊氏（Mchims）①兄尚延力之子乞离胡为赞普……首相结都那见乞离胡不拜曰："赞普宗族甚多，而立繊氏子，国人谁服？……"拔刀斄面，恸哭而出，佐相杀之，灭其族。

论弓仁为赞普之王族，故其祖孙父子，以"诸论"之号，名扬中土。达磨妃继氏之兄为外戚，非王族，故其名之第一字为尚，而非论。是就吐蕃人名观之，林恩《补国史》之文，绝非无根，而吾人以宦族通称尚之尚字，乃借用普通意义尚字之说，亦非无凭据也。

本此新解，再读两《唐书·吐蕃传》、《唐蕃会盟碑》及其他有关史料，则其中所载人名，顿然显出一种新意义。即人名之上加论者，大抵皆为王族，加尚者，皆宦族或外戚也。予尝约略统计两《唐书·吐蕃传》及《通鉴》所载吐蕃百余人名，见其中将吏属王族（论）者，居百分之四十强，属宦族（尚）者，居百分之二十强，尚、论两族外之将吏，不及百分之四十。若谓论为官吏之通称，何以不一律称论？若谓尚为藏地族名，何以百官之中生于此地者，历代竟如是之多耶？

总之，论与尚所表示者，为吐蕃人之族属，非吐蕃人之姓氏。就吾人所知之吐蕃姓氏言，若属卢或烛卢（Cog-ro，《会盟碑》有属卢论赞热土公，《唐会要》卷九十七有属卢论莽藏，《旧唐书》烛卢巩力之烛卢，当亦为属卢之异译），若末（aBal，《会盟碑》有末论矩立藏名摩，《新唐书》尚恐热姓末），若琛或繊（Mchims，《会盟碑》有琛尚顿热窟宁赞及琛尚旦热思诺市，《唐书》尚延力姓繊氏），若薲（《旧唐书》禄东赞姓薲氏，《新唐书》称曰为薛禄东赞，恐误），皆为地名或族名，似略与中国姓氏相当。论矩立藏名摩与尚恐热同姓末，而一称论，一称尚，正足表示其同生一地，而所隶属之族属不同。

依吾所得之结论言，劳费尔之说，殆全不能成立，吾人之结论可撮要如次：

1. 吐蕃 Žaṅ 字非中文尚字之音译，且与劳费尔之说正相反，尚为 Žaṅ 之音译，在唐代吐蕃为宦族之通称。

2. 论为 (b)lon 之音译，除普通意义外，在唐代吐蕃尚有别义，即王族之

---

① 唐代读繊为 Chim，故伯希和氏以为即吐蕃氏族 Mchims 之音译，参阅《通报》，一九二六年，第七三页。按《唐蕃会盟碑》吐蕃人名中 Mchims 字凡两见，中文音译为琛，然则繊乃琛之异译也。

通称是也。

3. 尚与论乃表示吐蕃统治阶级之两大宗族，非表示其地域或姓氏。

4. "尚论"乃 Žaṅ(b)lon 之音译，当系统王族与宦族而言，或即政府之别名，故"尚论掣逋突瞿"者，殆言王宦两族或政府之九长官也。

（原载《华西协合大学中国文化研究所集刊》一九四〇年第一卷第一期）

青海佑宁寺及其名僧（章嘉、土观、松巴）

一、佑宁寺之建立

青海互助土族自治县县东五十里红崖子沟（湟水北岸支流）上流有喇嘛寺，曰佑宁，数百年来，名僧辈出，著作如林，在近代黄教史及西藏文学史上，均占重要位置。今我国史学之范围日扩，史料之收集愈广，无论就中国宗教史或文学史观点言，此湟中著名古刹，要不可不亟亟介绍于世。

佑宁寺建于明神宗万历三十二年（一六〇四年），即藏历第十胜生（Rab-byung）木龙（甲辰）年，藏名 Dgon-lung byams-pa gling，此言郭隆慈氏洲。地名郭隆（译言空谷），故亦号"郭隆寺"。清雍正元年（一七二三年）和硕特蒙古叛于青海，僧众附逆，寺毁。十年（一七三二年）复修，赐名佑宁寺。

初，第四辈达赖喇嘛云丹嘉磋（Yon-tan rgya-mcho，此云功德海，一五八九——一六一六年，蒙古人）遣栋约绰吉嘉磋（Don-yod chos-kyi rgya-mcho，此云不空法海）兴建此寺，但讲显教。嗣后，章嘉（Lcang-skya）、土观（Thuhu-bkvan）、嘉样加巴多尔吉（Hjam-dbyangsbzad-pahi rdo-rje，此云妙音笑金刚，一六四八——一七二一年，甘肃西南甘家滩人）又建密宗院（Rgyud-pagrva-tshang），遂成显密双修之寺。妙音笑金刚者，即康熙四十七年（一七〇八年）创建拉卜楞寺（藏名 Lha-brang bkra-shis hkhyil，此云拉卜楞吉祥聚寺）之名僧，所谓第一世嘉木样也。

佑宁寺虽为不空法海所创修，而招集僧徒，繁衍香火者，则第一任住持大松巴（Sum-pa）经师丹绰嘉磋（Dam-chos rgya-mcho，此云圣教海）之力也。

佑宁寺号称湟北诸寺之母，盖大通、互助、门源一带寺院，大都为佑宁寺之分支。如大通名刹广惠寺（藏名 Dgahldan dam-chos gling，此云具喜圣教洲，地名 Ser-khog，此云金窖，故又称色阔寺，住持号果莽 Sku mang 活佛，亦曰果莽寺），即第十一胜生金兔年（清顺治八年），佑宁寺副住持蒙古人栋主嘉磋（Don-grub rgya-mcho，此云义成法海）所建立。

佑宁寺在青海东北土族（Monguor）区域之内，藏籍僧侣甚少，住持（清代官书称法台，Khri-Pa）以下僧徒，几尽为土族。清代著名喇嘛如章嘉国师，土观禅师，亦悉为土族，而非番族。寺内通行语言即土语，汉藏语言亦可行使。惟所谓土语者，乃蒙古语之一支，与"土语"二字之普通意义大异，此不可不察也。①

今寺内僧众约五百余人，生活习惯与一般黄教喇嘛同。吉哇囊（Spyi-ba-nang，办公之地）之组织，亦与他寺无殊，可不论。

寺内有五囊（nang，此云"家"），一曰土观囊（Thuhu bkvan nang），二曰章嘉囊（Lcang-skya nang），三曰松巴囊（Sum-pa nang），四曰却藏囊（Chu-bzang nang），五曰王囊（Wang nang），乃土观、章嘉、松巴、却藏及王五呼图克图之僧舍也。其他尚有小佛甚多，不俱论。

吾人因材料缺乏，于王及却藏二呼图克图所知殊少，本文但言举世闻名之章嘉、土观及松巴。

二、佑宁寺及罗卜藏丹津之乱

佑宁寺于雍正初年曾一度附和罗卜藏丹津（藏文 Blo-bzang bstan-hjin,

---

① 此种口操蒙古语之土族，分布于青海东北大通、互助诸县境内。其地为古昔吐谷浑故国，故颇有人主张土族为吐谷浑之遗民者。盖吐谷浑为鲜卑之分支，语言亦属蒙古语系也。在蒙古诸方言中，土语保存古音极多，清末俄国伊尔库茨克博物院副院长坡塔宁（G. N. Potanin），数游中国边陲，一八九二年著《中国之唐古特土伯特边地及蒙古中部》（*Tangutsko-Tibetskaya Okraina Kitaya i Centranaya Mongoliya*）一书凡两册，第二册所收集三川土族方言，即此种土族之言语也。三川者，青海民和县古鄯邑西南上川河上流之地名。嗣后美国驻华公使柔克义（W. W. Rockhill），旅行时尚为使馆秘书）于一八九一至一八九二年作第二次蒙藏旅行，归著《蒙藏旅行日记》（*Diary of a Journey Through Mongolia and Tibet in 1891 and 1892*），卷末似亦收有土族方言，惜手头无书，未能确言。挽近比国天主教普爱堂（Scheut）斯迈德（A. de Smedt）及田清波（A. Mostaert）两神甫，对土族方言研究最深，著有《土语文法及字典》等书，字典名《蒙法字典》（*Dictionnaire Monguor-Francais*），一九三三年由北平辅仁大学刊行。其所研究之地域，为青海互助县沙塘川上游之那林沟。

此云善慧教持），反抗清兵，凡稍治西北史者，莫不知之。顾此附逆之寺，即雍正乾隆父子所崇信之章嘉呼图克图祝发名刹，内地学人，尚多忽略，今姑略举汉藏双方记载，以见此事之经过。魏源《圣武记》卷三：

> 罗卜藏丹津者，和硕特固始汗（Gu-shri han，Gu-shri 为汉文国师二字之藏文音译）之孙也。……以青海（hA-mdo）及唐古特（Tang-gud）旧皆和硕特部属，而已固始汗嫡孙，阴觊复先人霸业，总长诸部。乃于雍正元年夏诱诸部盟于察罕托罗海（蒙文 Chaghan Tologhai，此云白头，盖雪峰也），令各仍故号，不得复称王、贝勒（Beile）①、公等爵号，而自号达赖浑台吉（蒙文 Dalai qung taiji，dalai 译言"海"，qung taiji 乃汉文皇太子三字之蒙文音译，别有"黄台吉"，"洪台吉"，"皇太极"等异写）以统之。……初，青海有大喇嘛（Tvabla-ma）曰察罕诺们汗（蒙文 Chaghan nom-un qan，译言"白法王"）者，自西藏分支，住持塔尔寺（藏文 Sku-hbum byams-pa gling，此云十万身慈氏洲）②为黄教之宗，番夷信向，丹津以术诱煽，使从己。大喇嘛既从，于是远近风靡，游牧番子、喇嘛等二十余万，同时骚动。……二年正月岳钟琪攻贼党喇嘛西宁东北之郭隆寺（即佑宁寺），夺其三岭，沿途焚其十七寨庐舍七千余，斩馘六千，其石门、奇嘉（当为"祁家寺"，在大通县，祁氏为土族著名土司之一）、郭莽（藏文 Sko-mang，此云多门，即广惠寺）等寺皆破。

罗卜藏丹津反抗清廷之日，为青海喇嘛教鼎盛之时。故佑宁寺喇嘛所撰史籍，对此一段史迹，亦有详细记载，惟《圣武记》所转抄《雍正实录》之文，为战胜者表功记录，而湟中僧侣所撰传记，则被残害者惨痛哀音。依常情衡之，喇嘛之书，当有丑诋满廷，刻画清兵残暴之文。今检读当时名僧松

---

① 此满人官号当与外蒙古那赖哈（Nalaiha）之唐代突厥文暾欲谷碑中之"裴罗"（Boīla）一号有关，参阅《通报》，一九二八年，第四四页。
② 相传其地有旃檀树，叶上显现十万佛像，故有是称。参阅印度达斯（S. Chandra Das）之《藏英字典》（*Tibetan-English Dictionary*），第九〇页。寺外有八塔，相传为年羹尧所杀活佛八人之墓，故称塔儿寺，殊误。按塔儿寺为宗喀巴（Tsong-kha-pa，此云湟滨人，藏人称湟水曰"宗"，河滨曰"喀"，宗喀巴生此水滨，故有是称）诞生处，万历六年第三辈达赖喇嘛贲南坚错（Bsod-nams rgya-mcho，此云福海，一五四三—一五八八年）始命人建寺，但在建寺之前，已有人建塔，僧众环居其侧矣。

巴诸人著作，则皆寥寥数行，绝少评论，因知满廷对喇嘛之笼络，与以文字狱对内地学人之钳制，异曲而同工矣。

关于佑宁、广惠诸寺之损失，乾隆十三年（一七四八年）松巴堪布所著《如意树》①之年表，有扼要记载，兹摘译雍正元年、二年两年之文，以见一斑。

第十二胜生水兔年（雍正元年癸卯）：

青海 Os-long 叛清廷，Os-long 败绩。清兵杀广惠寺住持却藏（Chu-bzang）活佛等大小七百余人。毁圣塔三事。焚烧佛殿经堂。夏沃窟（Shva-bo khog）之三大寺及若干山洞，亦均被毁。杀塔尔寺老僧三百人。

第十二胜生木龙年（雍正二年甲辰）：

清兵大将年羹尧（Neng-gung-nga）焚烧佑宁寺之佛殿经堂、十三部甘珠尔，并戕杀僧徒，破毁朱剌（hJuulag）之仙密等寺（Sem-nyi-dgon）②诸修地。但至秋季，佑宁三寺，夏沃窟及朱剌诸寺，均又修复。

汉文记录谓喇嘛暴动，由于察罕诺们汗之附逆，而当时湟中藏文著作家，则咸委过于广惠寺僧人薛禅兰占巴（Se-chen Rab-hbyams-pa）③之贪婪，达儿摩瓦只剌（Dharma-Va-jra，此云"法金刚"）所著《第二世土观语自在法海传》（Ngag-dbang chos kyi rgya-mchohi rnams-thar）④云：

清帝素善遇罗卜藏丹津，惟彼无福享受皇恩，正如犬升住室，复欲上攀星辰也。彼既藐视清廷，逞凶倡乱，遂以蒙兵毁三角城（Zan chan mkhar）。时广惠寺有僧名薛禅兰占巴者，率同族僧众，援助蒙兵，寺中贪婪僧徒，亦多赴三角城，乘机抢掠财物。未几皆被清兵捕获。……

---

① 详见下文。
② 仙密寺在门源县大通河北岸克图河、桃拉河两支流之间，西距县城约百里。
③ Se-chen 即蒙文 sechen，此云聪明。Rab-hbyams-pa 为学位名，凡学完五大部经十三级课程者，均授以此号。清代官书噶布楚兰占巴（Bkah-bcu rab-hbyams-pa）即此。
④ 用友人杨福龄先生译文。按此书著者为第三世章嘉弟子，传末谓金兔年写成，当为第十三胜生。然则第三世土观传写成于乾隆三十六年。

此次薛禅兰占巴等煽风燃火，殃及无辜。诚所谓一人作恶，普天受祸者也。受害最重者，为广惠寺，次为佑宁寺。其他青海大小寺院，多被焚毁。所有经堂、僧舍以及圣塔、经典，多被残毁。并将却藏上人（Cha-bzang rin-po-che）、丹麻禅师（hDan-ma grub-chen）、阿奇图诺们汗（A-chi-thu no mon-han，蒙文 Acitu nom-un qan，此云慈悲法王）等名僧杀害。世袭昂贽（Ngang-so，土司之称，位在千户上）多人，亦捕入监狱。遂致僧伽恐惧，尽易俗服，时吾师章嘉大国师转身，在乱兵中，清帝恐其受害，谕令延请至京。岳将军（Yohu jang-jun）年羹（尧）（Nen-gung）遵命，派人护送北行，清帝躬身慰问。帝信佛法，与前辈章嘉，尤结深缘，一见如故，龙目潜然矣。

今湟中各大寺，于阴历正月十四、六月十四等日，皆有跳神之举，寺周数十里民众，多往观之。跳者著彩衣，带神面具，依乐队音节舞蹈，住持率高僧诵经。约自午间起，至傍晚止。最终则置一炒面人，以黑布裹之于舞队中，剖腹抽肠而割裂之，以表示魔鬼消灭之意。世俗不察，以为年羹尧结怨番僧，恨入骨髓，特创此"斩年"之举，以咒诅之，俱矣。

三、章嘉呼图克图

清代驻京喇嘛中，历辈阐扬黄教，如章嘉、噶勒丹锡呼图、敏珠尔、济隆诸呼图克图，或在京掌教，或赴藏办事，俱曾加国师禅师等名号。乾隆五十一年（一七八六年），钦定其班次如下：

左翼头班章嘉呼图克图（Lchang skya hu-thug-tu），二班敏珠尔呼图克图（Smin-grol hu-thug-tu）①。

---

① 敏珠尔呼图克图为青海大通县广惠寺法台。广惠寺为佑宁寺分支，故敏珠尔得居二班之列。北京驻锡地在黄寺。第三世赞普诺门汗（Btsan-po no-mon-han），著有《瞻部洲广说》（*Hdsom-gling chen-pohi rgyas-bshad snod-bchud kun gsal me-long*），为著名藏文地理书。关于印度者，不可信，西藏部分，则极有价值。一八八七年，印人达斯译其西藏部分为英文，名曰《摘自"瞻部洲广说"的西藏简述》（*A Brief Account of Tibet from dsam ling Gyeshe*），刊于《孟加拉亚洲学会报》（*Journal of the Asitaie Society of Bengal*）一八八七年，第一部，嗣后俄国著名汉学家瓦西里（一八一八—一九〇〇年）又于一八九五年由藏文译为俄文，名曰《西藏地理》（*Geografiya Tibeta*）。

右翼头班噶勒丹锡哷图呼图克图（Galdan siregetü qutugh-tu）①。二班济隆呼图克图（Skyid-grong hu-thug-tu）②。

清代驻京喇嘛甚众③，惟章嘉位居上首，地位尊崇，可以想见。其北京驻锡地为嵩祝寺，寺北接著名之天清番经局，南临嵩公府，规模颇为宏大。嘉庆时，嵩祝二字尚作松竹，嗣后殆以嵩公府故，渐改写为嵩祝。今则嵩公之府已改建为国立北京大学图书馆矣。

第一世章嘉名札华鄂塞儿（Grags-pa hod-zer，此云誉光），生于青海互助县红崖子沟西岸张家（村名，隔岸与老幼堡相望）。二世章嘉传谓生于Hu-lan-na-re④。明末崇祯三年（一六三〇年），被选为佑宁寺法台。大约卒于崇祯

---

① Galdan 为藏文 Dgah-ldan 之满蒙文读法，乃梵文兜率陀（Tusita）之译文，此云喜具。蒙语 Siregetü 直译为有座椅，在宗教上译为坐床（参阅《钦定西域图志》卷三第九页下），常与藏文 Khri-pa 对译。故噶勒丹锡哷图者，殆即藏文 Dgah-ldan khri-pa 之蒙译，意为甘丹寺法台。按甘丹寺汉名永泰寺，在拉萨东数十里，永乐十六年，为宗喀巴（一三五七——四一九年）大师所建。名 Ribo dgah-ldan rnams-par rgyal-bahs gling，译言喜具山全胜洲，永乐十七年，大师示寂寺内，遗座由学德俱优之高僧传坐，故西藏三大寺以甘丹寺为最尊。其法台为黄教掌教，职位仅次于达赖、班禅而已。驻京喇嘛右翼头班应即其人。

② 拉萨西郊磨盘山上有永安寺，藏名功德林（Kun-bde-gling），机裕（Kyi chu，译名见《西藏赋》）河岸南有崇寿寺，藏名 Che-mchog-gling；北区有阐宗寺，藏名 Bstan-rgyas-gling，与 Che-smon-gling 合称拉萨四皇寺（达斯《藏英字典》，第二二页）。清制掌握西藏政权之大臣（Blon-chen，或称 Rgyal-ehab，或称 Sde-srid）例由上列四寺之呼图克图轮流充当。永安寺住持号称济隆呼图克图（Skyid-grong hu-thug-tu）。济隆多作济咙，一译济仲乃藏人读法，原为乾隆简派帮同达赖喇嘛办事之人。藏地初无一定庙宇，及用兵廓尔喀（Gur-kha）时，颇为出力，乱后遂将拉萨西北三日程之阳八井沙玛尔巴（Zhva-dmar-pa，此云红帽派）庙宇，交济咙呼图克图管理（《卫藏通志》卷一三下）。乾隆五十七年参赞大臣海兰察等于拉萨磨盘山之南麓，捐资五千，修建一寺，为济咙呼图克图驻锡之所。五十九年工竣，驻藏钦差和宁文其碑。六十年赐名卫藏永安（参阅《卫藏通志》卷六）。

③ 依《清会典》："驻京喇嘛，大者曰掌印札萨克达喇嘛（执掌庙务之领袖喇嘛而有札萨克印者），曰副掌印札萨克达喇嘛，其次曰札萨克喇嘛，其次曰达喇嘛，曰副达喇嘛，其次曰苏拉喇嘛（Sula blama，满文 sula，闲散也），其次曰德木齐（蒙文 Demchi，掌管庶务之人），曰格斯贵（藏文 Dge-bskos，一寺殿之总管），其徒众曰格隆（Dge-slong，即比丘），曰班第（Ban-de，即沙弥）。"驻京呼图克图，曾加国师禅师号者，除章嘉、敏珠尔、噶勒丹锡埒图、济隆四人外，尚有洞科尔呼图克图（Stong-skor hu-thug-tu，湟源县洞科尔寺住持）、果蟒呼图克图（Sga-mang）、那木喀呼图克图（Nam-mkhah，贵德德千寺活佛？）、颚萨尔呼图克图（Hod-zer？）、阿嘉呼图克图（A-gya，塔尔寺活佛）、喇果呼图克图、贡唐呼图克图、土观呼图克图（佑宁寺活佛），合计十二位。一九二三年，钢和泰著《十八世喇嘛文告译释》（《国立北京大学国学季刊》）一文，其喇嘛友人所开驻京活佛名单，则为阿嘉（驻雍和宫）、敏珠尔（驻黄寺）、La-mo-bde-chen-gser-khri（德千寺法台？驻褔祥寺）、洞科尔（驻雍和宫）、Pod-du-kun-hdus-gliṅe-rje-drun（驻雍和宫，似为永安寺活佛济隆，文内恐有错字）、拉卜楞 Zam-sa（驻雍和宫）。或所记不详，或清末驻京之数如此云。

④ 友人于道泉先生译《馆藏诸佛菩萨圣像赞跋》注文二（北平图书馆《图书季刊》第一卷第一期第八页）。

十四年（一六四一年），号称张家法王（Lchang-skya-chos-rje），后代化身，遂以张家呼图克图为号。至于易张家为章嘉，殆为康熙以后事。今张家村人信口附会，犹于邻近造出许多圣迹。① 如村北有泉，流为小溪，隆冬不冰，谓系誉光曾于其泉饮马，故不冻结，因名饮马泉。村西有山，层叠如阶级，谓当山崩时，誉光洒炒面以镇之，故得不颓。最奇妙者，村北有塔，谓系誉光所修，若无此塔神力，其地土族，早已全与汉人融合矣。

第二世章嘉呼图克图名俄旺曲丹（Ngag-dbang chosldan，此云语自在法具），崇祯十五年（一六四二年）转生于湟滨伊格沟（Gyi-dgehi lung），为山西商客之子。② 十二岁出家。四十五岁入藏，事第五世达赖喇嘛俄旺罗藏嘉磋（Ngag-dbang blo-bzang rgya-mcho，此云语自在善慧法海，一六一七—一六八二年），依从高僧多人，遂成大哲，为哲蚌寺（hBras-spungs，此云米聚，在拉萨西四英里，内多蒙古僧人。《卫藏通志》卷六称："凡初出世之呼毕勒罕，及远近大小喇嘛初学经者，多聚处于此。"）兰占巴。返青海后被选为佑宁寺法台，时康熙二十七年（一六八八年）也。清帝聘请章嘉至京，宏扬佛法，缁素悦服。第六辈达赖喇嘛仓洋嘉磋（Tchangs-dbyangs rgya-mcho，此云梵音海，一六八三—一七〇六年）立，奉命入藏送敕印。康熙四十四年（一七〇五年），封为灌顶普善广慈大国师，给予敕印。③ 住多伦诺尔之汇宗寺。雍正在藩邸，从咨佛法。④《卫藏通志》卷首《雍正十一年御制语录后序》：

……圣祖敕封灌顶普惠广慈大国师章嘉呼图克图喇嘛，乃真再来人，实大善知识也。梵行精纯，圆通无碍，西藏蒙古中外诸土之所皈依，僧俗万众之所钦仰。藩邸清闲，时接茶话者十余载，得其善权方便，因知究竟。……壬辰（康熙五十一年）春正月，延僧坐七、二十、二十一随喜同坐两日，共五枝香，即洞达本来，方知唯此一事实之理。自知未造究竟，而迦陵音乃踊跃赞叹，遂谓已彻玄微，笼统称许。叩问章嘉，乃曰："若王所见，如针破纸窗，从隙窥天，虽云见天，然天体

---

① 友人祁子玉先生，青海互助县老幼堡人，与张家村隔沟相望，张家圣迹，皆其口述。
② 《松巴佛教史》，第二二五页上五行："山西某商人之子"。
③ 《清会典》，及钢和泰《十八世纪喇嘛文告译释》。
④ 魏源：《圣武记》卷五。

广大,针隙中之见,可谓遍见乎?佛法无边,当勉进步。"朕闻斯语,深洽朕意。二月中复结制于集云堂,着力参求。十四日晚经行次,出得一身透汗,桶底当下脱落,始知实有重关之理。乃复问证章嘉,章嘉国师云:"王今见处虽进一步,譬犹出在庭院中观天矣,然天体无尽,究未悉见,法体无量,当更加勇猛精进"云云。朕谛信章嘉之垂示,而不然性音之妄可。仍勤提撕。恰至明年癸丑(当为巳)之正月二十一日,复堂中静坐,无意中忽蹋末后一关,方达三身四智合一之理,物我一如本空之道。庆快平生!诣章嘉所礼谢,国师望见,即曰:"王得大自在矣!"朕进问:"更有事也无?"国师乃笑展手云:"更有何事耶?"复用手从外向身挥云:"不过尚有怎么之理,然易事耳。"此朕平生参究因缘,章嘉呼图克图喇嘛实为朕证明恩师也。其他禅侣辈,不过曾在朕藩邸往来,壬辰癸巳(康熙五十一、五十二年)间坐七时,曾与法会耳。……

康熙五十三年,章嘉卒,年七十三。著作凡七函,附于北京版丹珠尔之后,流布甚广。①

第三世章嘉呼图克图名绕为多尔吉(Rol-paḥi rdo-rje,此云游戏金刚),又名也摄丹丕钟麦(Ye-shes bstan-paḥi sgronme,此云智慧教灯),康熙五十六年(一七一七年),生于夏玛帕察(Shva dmar-pha-khra)之地。② 三妙具备,稍学即成。雍正初罗卜藏丹津倡乱,年甫七龄。清帝召至京师,特于多伦泊造善因寺以居之。③《清会典》称:

(雍正十二年)章嘉呼图克图忽毕勒罕(Qubilqan,译言"化身"),来历甚明,于经典性宗,皆能通晓,不昧前因,实为喇嘛内特出之人,应照前身赐国师之号。其原有灌顶普善广慈大国师印,现在其徒收储,毋庸颁给外,应给予诰命敕书。

清代康熙、雍正两朝,满廷与准噶尔皆欲利用黄教,控制西藏。雍正六

---

① 《松巴佛教史》,第二二五页上七行,钢和泰《十八世纪喇嘛文告译释》第二页。
② 《松巴佛教史》,第二二五页上一行,慕寿祺《甘宁青史略》卷一八谓多尔吉生于西宁北乡。
③ 《圣武记》卷五,第一八页下。

年（一七二八年），以噶尔丹策楞（Dgah-ldan che-ring，此云具喜长寿）觊觎西招，遂迁第七辈达赖喇嘛贤劫海（Skal-bzang rgya-mcho）于噶达城（hGah-dag）惠远庙，以杜衅端。十三年，准噶尔遣使求成，定界息兵，乃于四月派兵护送回藏。第三辈章嘉呼图克图时年十九岁，亦随同入藏巡礼。《卫藏通志》卷一三上：

> 世宗以达赖喇嘛久离藏地，令其回招，以遂其性。特命果亲王至泰宁赐以筵宴，副都统福寿、兵部郎中祁山、理藩院郎中拉卜坦（Rab-brtan）、四川督标中军副将张圣学，领驻防泰宁官兵六百名，于［十三年］夏四月护送达赖喇嘛同章嘉呼图克图由惠远庙起程，七月望二日抵前藏。越七日送达赖喇嘛于布达拉坐床。九月二十七日送章嘉呼图克图赴后藏，礼班禅额尔德尼（时为第五辈罗卜藏伊什 Blo-bzang ye-shes，此云善慧智），传衣受戒。冬至日事毕，回至前藏。……

又同卷：

> 乾隆元年，章嘉呼图克图同赉诏熬茶（Mang ja gtong，此云放众茶）之侍卫，带领副将张圣学，并原护送达赖喇嘛来藏之川兵，自藏起程入都。

他"游戏金刚，学通番汉"，极为乾隆所崇信①，在京时，黄幰车过处，都人仕女，争取手帕铺途，以轮毂压过，即为有福。其车可出入东华门，盖所以尊崇之者备至。清帝以其徒众繁多，特为设置僧官以管辖之。《清会典》：

> （乾隆二十年）章嘉呼图克图属下徒众甚多，照喀尔喀多尔济旺舒克（Rdo-rje dbang-phyug，此云金刚自在）托音（Toyin，此云僧人），给以总管哲布尊丹巴呼图克图（Rje-btsun dam-pa hu-thug-tu，此云尊贤活佛）属下徒众额尔德尼（蒙文 Erdeni，此云宝）商卓特巴（藏文

---

① 关于章嘉事迹，《清凉山志》、《啸亭杂录》、《宸垣识略》、《京师坊巷志》等书，均有记载。惜目前敌机肆虐，避居山村，未能参阅。

Phyag-mjod，译言司库？)① 印信之例，给予罗卜藏吹木丕勒（Blo-bzang chos-hphel，译言善慧教广）总管章嘉呼图克图属下徒众札萨克喇嘛商卓特巴（Ja-sag bla-ma Phyag-mjod）印信。

游戏金刚著作丰富，文字优美，蒙藏喇嘛，莫不奉为圭臬。据今所知，除其本人著述外，尚有下列多种制作：

(一)《首楞严经》(Sūraṃgamasutra)译本之编校。②

今《大藏经》中，有《佛说首楞严三昧经》及《大佛顶如来密因修正了义诸菩萨万行首楞严经》。前者来自天竺，鸠摩罗什（Kumārajīva，此云童寿）译；后者为伪经，学界早有定论。此伪经既为中土所制，天竺吐蕃，自无传本。游戏金刚乃商请乾隆，译为满蒙藏三种文字。惟其说则颇奇诡，乾隆《御制楞严经序》③云：

> 三藏十二部，皆出自天竺，流通震旦。其自西达东，为中途承接者，则实乌斯（Dbus）藏（Gtsang）。天竺即所谓厄纳特珂克（Enedkeg），乌斯藏即所谓土伯特（Tubet）。故今所译之汉经，藏地无不有。而独无《楞严》，其故以"藏地中叶，有所谓狼达尔吗（Glang dar-ma，此云象法）汗者④，毁灭佛教，焚瘗经典。时是经已散失不全。其后虽经高僧辈补苴，以无正本，莫敢妄增。独补敦祖师（Bu-ston rin-chen-grub，元世祖至元二十七年生，顺帝至正二十四年卒）⑤曾授记："是经当于后五百年，仍自中国，译至藏地。"此语乃章嘉国师所诵梵典，炳炳可据。朕于几政之暇，每爱以国语翻译经书，如《易》、《书》、《诗》及四子书，

---

① 商卓特巴殆即 Phyag-mjod 之音译。
② 参阅钢和泰《乾隆皇帝及大首楞严经》(《哈佛亚洲研究学报》，一九三六年第一卷第一期，第一二六——四六页)。
③ 《卫藏通志》卷首亦收此序。
④ 唐代史料，但作"达磨"，无 glang（象）字。此字殆后世喇嘛所加。依佛教传说："释迦牟尼尚为菩提萨埵时，骑六牙白象，自兜率天降于其母摩耶夫人体内，此象名阿兰札斡尔丹。"拘留孙佛时，有大悲十一面观世音菩萨自色究竟天下降，化入额纳特珂克僧伽罗（Simhala 即锡兰）海边所埋之一蛇心旃檀树根内，阿兰札斡尔丹象卧于其上，弃宗弄赞命人逐象，取出观世音菩萨。象遂设恶愿，誓转一大力汗，坏其教律。即与唐武宗东西遥峙之毁法朗达尔玛也（参阅《蒙古源流》卷一及卷二）。
⑤ 元代音译作布思端，所著《佛教史》已由俄人欧伯密勒（Obermiller）译为英文，参阅中央大学《文史哲》季刊第二期第一〇二页。

无不藏事。因思皇祖时，曾以四体翻译《心经》，皇考时锓而行之，是《楞严》亦可从其例也。语之章嘉国师，则如上所陈。且曰："《心经》本藏地所有，而《楞严》则藏地所无，若得由汉而译清，由清而译蒙，由蒙而译土伯特，则适合补敦祖师所授记，虽无似也，而实不敢不勉力焉。"因命庄亲王（乾隆之诸父）董其事，集章嘉国师及传鼐诸人，悉心编校，逐卷进呈，朕必亲加详阅更正，有疑则质之章嘉国师，盖始事则乾隆壬申（一七五二年），而译成于癸未（一七六三年）。庄亲王等请序而行之。……

此经译就后，刊为汉、满、蒙、藏四体合璧本，魏源《圣武记》卷五所谓"借此土本，四译而归也"。全书共十函，红字。

（二）《满文藏经》之董理。①

《满文藏经》之有无，在过去欧洲东方学界，曾表示怀疑。及日人内藤虎次郎《烧失之蒙满文藏经》一文出，始无人再怀疑其存在。嗣后北京故宫博物院成立，满文全藏又逐渐复显于世。② 今略举满清文献，以见章嘉辈之经营。清礼亲王《啸亭杂录续录》：

乾隆壬辰（三十七年），上以大藏佛经有天竺番字汉文蒙古诸翻译，然其禅语深邃，故汉经中咒偈，惟代以翻切，并未译得其秘旨。清文句意明畅，反可得其三昧。故设清文经馆于西华门内，命章嘉国师经营其事，达天莲筏诸僧人助之，考取满文誊录纂修若干员，翻译经卷。先后十余年，大藏告蒇，然后四体经字始备焉。初贮经版于馆中，后改为实录馆，乃移其板于五凤楼中存贮焉。

又王先谦《东华续录》：

---

① 参阅日人内藤虎次郎《烧失之蒙满文藏经》（《读史丛录》）。
② 满文《大藏经》译于一七七三至一七九〇年间，译成，印为红字，分装一〇八函，贮存各大寺内。西人首先言及此书者，似为俄国汉学家瓦西理（Vasiliev），时一八五四年也。自此以后，穆璘德（Möllendorf）、劳费尔（Laufer）、伯希和（Pelliot）、内藤虎次郎、福克斯（Fuchs）等东方学家，对于满文《大藏经》之有无及是否尚存在等问题，进行长期讨论。一九三〇年至一九三七年七七抗战前夕，国内于热河、北京等地已发现满文《大藏经》五部，满文《大藏经》之存在已不成问题矣。

乾隆三十八年二月甲戌上谕："大藏汉字经函,刊行已久,而蒙古字经,亦俱翻译付镌,惟清字经文,尚未办定。……用特开清字经馆,简派皇子大臣,于满洲蒙古人员内,择其通晓翻译者,将藏所有蒙古字汉字两种,悉心校核,按部翻作清文,并命章嘉国师董其事。每得一卷,即令审正进呈,候朕裁定,今据章嘉国师奏称:'唐古特甘珠尔经一百八部,俱系佛经。其甘珠尔经内,有厄纳特珂克得道大喇嘛等所传经二百二十五部。至汉甘珠尔经,则西方喇嘛及中国僧人所撰,全行列入。今拟将《大般若》、《大宝积》、《大集》、《华严》、《大般涅槃》、《中阿含》等经及大乘律全部翻译。其五大部支派等经八种并小乘律,皆西土圣贤撰集,但内多重复,似应删繁就简,若大乘论小乘论共三千六百七十六卷,乃后代祖师在此土撰述,本非佛旨,无庸翻译'等语,所奏甚合体要,自应照拟办理。……"

(三)《御制满汉蒙古西番合璧大藏全咒》之编纂。

详见王先谦《东华续录·乾隆三十八年二月上谕》。惜目前手头无此书,未能参考。此谕与清字经馆开设同日发出。

《御制满汉蒙古西番合璧大藏全咒》共八十五册,分装九函,除咒语(Dhārngī)外,收有中文圣旨一道,及汉、满、蒙、藏四体合璧御制序文一首。一九二八年上海商务印书馆影印流布。①

(四)《钦定同文韵统》之纂修。

《钦定同文韵统》六卷,近有影印本(商务印书馆?),目前避寇农村,亦未能参阅,全书仅两册,《四库提要·经部·小学类三》:

乾隆十五年奉敕撰。以西番字母参考天竺字母,贯合其同异,而各以汉字译其音,首为天竺字母谱,次为天竺音韵翻切配合十二谱,次为西番字母配合十四谱,次为天竺西番阴阳字二谱,次为大藏字母同异谱,次为华梵字母合璧谱。

---

① 参阅钢和泰《北京、圣彼得堡及京都复原之北宋汉字转写梵文颂》(On a Peking, a St. Petersburg, and a Kyōto Reconstruction of a Sanskrit Stanza transcribed with Chinese Characters under the Northern Sung dynasty),《庆祝蔡元培先生六十五岁论文集》第一八〇页。

（五）蒙译《甘珠尔》之校正。

明末插汉尔林丹（Lingdan）汗宏扬佛法，不遗余力，因膺受虎墩兔（Qutughtu）之号，《蒙古源流》及《蒙古世系谱》均不言其翻译藏经，俄人施密德（I. J. Schmidt）似别有所本，其德译《蒙古源流》注①云：

> 在林丹汗时，《甘珠尔》译为蒙文。后百年，清帝雍正命章嘉呼图克图校正蒙古译本，锓板问世。

（六）蒙译《丹珠尔》之翻译。

乾隆《御制续藏经序》谓蒙译丹珠尔成于游戏金刚之手。清朝嘉道间，甘肃拉卜楞人济墨那木喀（hJigs-med nam-mkhah，此云无畏空）在其《蒙古佛教史》②中，亦称章嘉呼图克图于乾隆六七年间，致力于《丹珠尔》之翻译，惜手头既无无畏空原书，亦无德人胡特（Georg Huth）译本，莫能详述。③

（七）《金刚经》（*Vajracchedikā*）藏译之指导。④

乾隆时，有西藏佛像画家名丹巴（Dam-pa）者，在章嘉国师指导下，于北京翻译梵文《金刚经》为藏文。法国研究院图书馆（Bibliothèque de l'Institut）藏有百年前舍林·封·贡施塔特（Schilling von Constadt）男爵在中国搜购之蒙藏文库，《金刚经》梵文本及丹巴藏译本，均在其内。

（八）《造像度量经》之厘订。

此经由蒙古乌珠穆沁旗之工布查布（Mgon-po skyabs，此云护法保）译出。此人通藏语，居帝都，总理西番学。⑤ 著有《中国佛教史》（*Rgya-nag*

---

① 参阅施密德《东蒙古及其诸王室史》，第四一一页。柯瓦列夫斯基（Kovalevski）亦谓："雍正时，蒙文甘珠尔在北平校刊，十八世纪初叶锓版。"惟吾人须知雍正板不能视为蒙文甘珠尔第一版，康熙五十六年三月十九日已谕知蒙古喇嘛王公将蒙文甘珠尔付梓，大约五十九年三月以前即已完工。参阅钢和泰《似为西方所未知之藏文甘珠尔北京版》（*On a Peking Edition of the Tibetan Kanjur which seems to be unknown in the West*），一九三九年，第一一页。
② 参阅拙著《突厥、蒙古之祖先传说》注九，《北平研究院史学集刊》第四期。（亦收入本书。——编者注）
③ 参阅钢和泰《乾隆皇帝及大首楞严经》，《哈佛亚洲研究学报》，一九三六年第一卷第一期，第一四三页。
④ 参阅钢和泰《乾隆时代译为梵文道光时代译为汉文之西藏文书》（*On a Tibetan Text translated into Sanskrit under Ch'ien-Lung [XVIII cent.] and into Chinese under Tao-Kuang [XIX cent.]*）第七页，北平图书馆《图书季刊》，一九三二年。
⑤ 参阅内藤虎次郎《烧失之蒙满文藏经》。

chos-hbyung）约八万言。一九四二年，吕澂先生刊《汉藏佛教关系史料集》（《华西协合大学中国文化研究所专刊》乙种第一册），曾将其第二章摄颂用拉丁字母译写刊出。

（九）《喇嘛神像集》之编纂。①

此书为游戏金刚所作，无书名。除蒙藏合璧序文外，收录喇嘛教先圣及诸天等像三百幅，木板存北平嵩祝寺后天清番经局。自一八九〇年德人潘德（Eugen Pander）以《章嘉呼图克图神像集》（*Das Pantheon des Tschangtscha Hutuktu*）书名刊行于柏林之后，遂成欧洲喇嘛教佛像学家重要之参考书。一九二一年，俄人 Mozelevsky 依潘德书重译为俄文，刊于哈尔滨。俄国佛学泰斗欧登堡（Sergjus von Oldenburg）一九〇三年于圣彼得堡所刊行之《三百佛像集》（*Sbornik izobraženiï 300 Burhanov*）所收佛像，亦俱本游戏金刚书。

（十）《诸佛菩萨圣像赞》之编纂。②

此书无印本，仅有唯一稿本，存国立北京图书馆。书中汉文序一，汉文像赞三百六十节，画像之数与像赞等。每像名号，用汉、满、蒙、藏四种文字标出。在佛像学上，极饶价值。北平及欧洲各国博物院中所见乾隆年间所制喇嘛教式小神像，显系依照此书画像所制成。

（十一）北京故宫咸若馆"擦擦"之监制。

《元史·八思巴传》："尝以泥作浮屠，或十万至二三十万，名曰擦擦（tsha-tsha）。"依喇嘛教俗，用此种泥像供佛，可祈福免祸。故宫慈宁宫花园内之咸若馆，藏有此种泥像四千余，其制造泥像之铜模，今犹可以在北平古玩店中得之。③ 一九三七年，美国哈佛大学柯拉克（W. E. Clark）教授，曾根据《诸佛菩萨圣像赞》等新材料，著《两种喇嘛教神像集》（*Two Lamaistic Pantheons*）行世。

第四辈章嘉呼图克图名也摄丹丕嘉灿（Ye-shes bstan-pa-hirgyal-mchan，此云智慧教幢）。《清会典·嘉庆十一年谕》云：

> 现在章嘉呼图克图之呼毕勒罕转世，着仍赏给香山法海寺、五台山

---

① 参阅钢和泰《诸佛菩萨圣像赞跋》。
② 同上。
③ 同上。

普乐院等寺居住。所有国师印信及金顶黄轿、九龙黄坐褥、黄伞等项，著在松竹寺（即今嵩祝寺）妥为供贮，俟转世之呼毕勒罕勤习经卷后，能维持黄教时，再加恩赐。

此嘉庆十一年前（一八〇六年）转世之章嘉，当即第四辈。降至道光八年（一八二八年），约已二十二三岁，故是年谕云：

> 章嘉呼图克图经艺纯熟，且所办捐输事件，均属妥协，着将伊所得印信敕书，仍旧赏用。

第五辈名也摄丹丕尼玛（Ye-shes bstan-pahi nyi-ma，译言智慧教日）。关于此世章嘉，生平行事，吾人尚无所知。

第六辈章嘉呼图克图名罗藏也摄丹丕嘉磋（Blo-bzang ye-shes bstan-pahi rgya-mcho，此云善慧智教海），清光绪十六年（一八九〇年）少亡。

第七辈章嘉呼图克图名罗藏巴丹丹丕钟麦（Blo-bzang dpal-ldan bstan-pahi sgron-me，此云善慧吉祥教灯），即今世转身。生于清光绪十七年（一八九一年），现年（一九四三年）五十三岁。民国建立后，受政府尊崇如故。北伐之前，其官衔为"灌顶、普善、广慈、宏济、光明、昭因、阐化、综持黄教大国师，大总统府高等顾问，管理京城、内蒙、察哈尔、五台山、热河、多伦等处各寺庙掌印"。① 现任国民政府委员。

就宗教言，喇嘛教与伊斯兰教平分中国西北部，清代蒙、藏等地，前藏达赖，后藏班禅，外蒙古哲布尊丹巴呼图克图，内蒙古章嘉呼图克图，实为喇嘛教四大教主。然就其对政府关系言，章嘉则远较其他三活佛密切。

依《清会典》呼毕勒罕之认识，乾隆以前，向由达赖喇嘛所属拉穆吹忠（Lha-mo chos-skyong，或作垂仲，师巫也）②作法降神，凭其隆丹（Lung-bstan，此云授记），访迎供养。惟吹忠往往受人嘱托，妄行指示。是以达赖喇嘛、班禅额尔德尼、哲布尊丹巴呼图克图，率以亲族姻娅，递相传袭，竟与世职无异。致令蒙古番众，物议沸腾。乾隆末年，后藏有噶布

---

① 钢和泰《十八世纪喇嘛文告译释》，第一〇页。
② 参阅《卫藏通志》卷六"噶玛霞寺"条。

伦（Bka'-blon）丹津班珠尔（Bstan-hjin dpal-hbyor）者，其儿辈中亦出呼毕勒罕，众心不服，致酿成沙玛尔巴（Shva-dmar-pa，此云红帽派）往结廓尔喀（Gurkha），抢掳札什伦布（Bkra-shis lhun-po，此云吉祥山）之事。乾隆五十七年（一七九二年）廓尔喀平后，特定金奔巴（Bum-pa，瓶也）掣签之制。并制《喇嘛说》，镌碑立雍和宫。《清会典》①云：

> 特颁奔巴金瓶于布达拉大昭（藏名 Ra-sa hphrul-snang gyi gcug-lag-khang，此云羊地神奇寺，相传其地低下，山羊负土填高，故名。② 蒙人称之曰 Yeke juu，故中文有大招之名）。凡达赖喇嘛、班禅额尔德尼、哲布尊丹巴呼图克图，及西藏蒙古各处已出数辈之呼图克图大喇嘛圆寂后，将报出之呼毕勒罕数人名字生辰，缮签入奔巴金瓶内，令喇嘛唪经，驻藏大臣监看，掣出一人，以为呼毕勒罕。复设奔巴金瓶一于雍和宫内，其内外札萨克等所奉之呼图克图，如力不能赴藏认识者，即令盟长（Chighulghan-u darugha）拟定报院（理藩院），缮签入雍和宫奔巴金瓶内，令掌印札萨克达喇嘛唪经，理藩院大臣监掣。

章嘉呼图克图转世时，究在何处掣签乎？《卫藏通志》卷五：

> 乾隆五十八年二月十三日和琳等具奏……窃臣前奉谕旨，遇有大小呼毕勒罕，即在金本巴瓶先行试掣。兹有西宁送到逊巴呼图克图（Sum-pa hu-thug-tu？）之呼毕勒罕……向来转世并不报明理藩院具奏，亦不由吹忠指认，惟将本处所出之呼毕勒罕名字送交达赖喇嘛、班禅额尔德尼，诵经指定，历来俱系如此办理……前奉谕旨，各蒙古地方所出之呼毕勒罕，俱于雍和宫设立之金本巴瓶内抽掣，此呼毕勒罕既送到藏内，臣等遵示试掣。嗣后西宁地方距藏较近，将所出之呼毕勒罕就近送藏，入瓶抽掣。此外，蒙古地方所出呼毕勒罕，俱应由理藩院行文，令其将名字送京，在雍和宫金本巴瓶内签掣以别真伪。

---

① 参阅《卫藏通志》卷五福康安和琳等奏折。
② 达斯《藏英字典》，第一一六一页。

章嘉呼图克图历世转生湟中，其掣签手续，理当于拉萨举行。但一九二三年佑宁寺某喇嘛为钢和泰所陈述者①，则与此稍异：

> 章嘉圆寂后，派专差赴拉萨向达赖喇嘛报告噩耗，达赖喇嘛即指示转生之地，并组织委员会，赴指定地点（所有章嘉均转生于青海滨），委员会到达后，即访求是否最近有婴儿于特殊吉祥情境中，诞生其地。砖墙中流出牛乳，或天空有异光显出，皆兆征也。委员会调查若干适合婴儿后，即将姓名送往拉萨，提交达赖喇嘛及若干高僧审察，选定三名，此三名字写于金签上送北京金瓶内，皇帝本人或一驻京活佛用金钳由瓶中掣出活佛之名。

四、土观呼图克图

第一辈土观名罗藏拉卜坦（Blo-bzang rab-brtan，此云善慧胜坚，法金刚），Dharma-vajra《第二辈土观传》称第一世之家世云："为土族敬格尔地方望族李姓诸侯之后嗣，土观之名，在藏语为（村落）头目。"②按清代官书通称土观呼图克图，由《第二辈土观传》观之，土观二字，当本为"土官"（Mgo-dpon），殆以名不雅驯，易官为观云。所谓李姓诸侯者，即湟中著名之李土司，相传为沙陀李克用后人，元末李赏哥居西宁，遂为今日东府土司西府土司之始祖。③吾人不知敬格尔在何地，有谓其人生于西宁西纳族景阳川（北川支流）土观庄④，未知所据。康熙十一年（一六七二年）被迁为佑宁寺法台，大约卒于康熙十八年（一六七九年）。

第二辈土观呼图克图名曲吉嘉磋（Chos-kyi rgya-mcho，此云法海），生于康熙十九年（一六八〇年），二十五岁时，被选为佑宁寺法台，为第三世章嘉及松巴智慧光辉之师。康熙五十八年（一七一九年）塔尔寺僧戛勒桑嘉

---

① 钢和泰《十八世纪喇嘛文告译释》，第六—七页。
② 法金刚所著《第二辈土观传》，第四页下第一行。
③ 青海省政府民政厅编《最近之青海》第二六〇页《互助县土人调查记》"土司"条，又《说文月刊》第三卷第一〇期卫聚贤录有"李克用后裔家谱"。
④ 慕寿祺《甘宁青史略》正编卷三二，第一九页下。

磋（Skal-bzang rgya-mcho，此云贤劫海）奉清帝命，聘请法海为塔尔寺住持，嗣后亦极受雍正宠信，十二年（一七三四年）封为静修禅师，给予敕印。①

第三辈土观呼图克图名罗藏曲吉尼玛（Dlo-bzang chos-kyi nyi-ma，此云善慧法日），生于乾隆二年（一七三七年），无畏空《蒙古佛教史》称其为乾隆朝国师之一，凡稍治西藏佛教史者，莫不知之。其人学通番汉，著作极富。统计凡十七种，五千七百四十六页。其与历史有关者有《贡拔饶萨传》（Dgongs-pa rab-gsal-gyi rnam par-thar-ba，八页）、《札什嘉磋及其弟子合传》（Bkra-shis rgya-mcho slob-brgyud dan bchas-bahi rnam-thar，六页）、《阿旺曲吉嘉磋传》（Ngag-dbang-chos-kyi rgya-mchohi rnam-thar，五十二页）、《也摄丹丕钟麦传》（Ye-shes bstan-pahi sgron-me dpal-bzang-pohi rnam-par thar-ba，二百四十一页）等书。②

然善慧法日之所以受人崇仰，名扬全世者，犹不在上举诸传记，而在其士林传诵之《佛教史》一书，其书名：《说明一切宗派之渊源及教义，善说水晶镜》（Grub-mthaha thams-chad-kyi khungs dang hdod-chul ston-pa legs-bshad shel-gyi me-long）。佑宁寺土观曩版共十二卷，三○六页，嘉庆六年（一八○一年）著成，时年六十五，已疾病缠身，莫能详校矣。其内容：ka，天竺圣地内外教派源流。kha，西藏前宏后宏及密教宁玛（Rnying-ma）源流。ga，迦当派（Bkah-gdams-pa）源流。ṅa，迦尔居派（Bkah-brgyud-pa）源流，希解派（Zhi-byed-pa）源流。cha，萨斯迦派（Saskya-pa）源流。ja，觉曩派（Jo-nang-pa）源流。nya，根敦派（Dge-ldan-pa，即黄教）源流。ta，笨教派（Bon）源流。tha，中国（摩诃脂那，Ma-hā-ci-na）儒（Rig-byed）、道（Bon）宗派源流。da，中国（Rgya-nag）佛法（Nang-pa sangs-rgyas-pahi chos-lugs）源流。na，蒙古（Hor）、和阗（Li）、苦婆罗（Shambhala）③宗派源流。善慧法日书于西藏各宗派源流学说，双方兼顾，每派均分"见"、"修"、"行"三门以说明之，并各予以批判，在藏文《佛教史》中，最为上选。故能传诵士林，扬名中外。十九世纪末印人达斯（Sarat Chandra Das）

---

① 《清会典》。
② 参阅《善慧法日全集目录》（Blo-bzang chos-kyi nyi-ma dpal-bzang pohi gsunghbum dkar-chag），第五页下面。
③ 关于此国地望，参阅《通报》，一九一五年，第五九六页及一九二一年伯希和所撰专文。

译为英文，名曰《西藏宗教史》（Contributions on the Religion, History, etc, of Tibet）①，刊于一八八一至一八八二年之《孟加拉亚洲学会报》，一九四二年，吕澂先生曾将其第十一卷（da）《中土佛教源流》用拉丁字母译写刊出，收入《华西协合大学中国文化研究所专刊》乙种第一册《汉藏佛教关系史料集》。

现世土观为第七辈，一九一二年，加封圆觉妙智静修禅师。《清会典》：道光五年（一八二五年），赏土观呼图克图之呼必勒罕班第静修禅师名号，及副札萨克达喇嘛职衔。同治二年，又赏土观呼图克图静修禅师名号，副札萨克达喇嘛职衔印敕，当系第四第五两辈之转身。

五、松巴呼图克图

松巴（Sum-pa）有二，一为大松巴，一为小松巴，筚路蓝缕为佑宁寺草创基业之贤教海（Dam-chos rgya-mcho），即为一大松巴。此人复于明末天启元年（一六二一年）、崇祯六年（一六三三年）两次被选为法台。

在历辈松巴呼图克图中，最为学术界所熟知者，则也摄班珠尔（Ye-shes bpal-hbyor）也。也摄班珠尔生于康熙四十三年（一七〇四年），九岁入经堂，雍正元年（一七二三年）入藏留学，故未遭罗卜藏丹津之乱。九年（一七三一年）回青海，乾隆十一年（一七四六年）被选为佑宁寺法台。十三年（一七四八年）著《印度、中国、西藏、蒙古圣教史如意宝树》（Hphags-yul rgya-nag chen-po bod dang sog-yul-du dam-pahi chos byung-chul dpag bsam ljon-bzang）。其中印度及西藏两部，一九〇八年达斯刊布于加尔噶答，名曰《印度西藏佛教史》（History of Buddhism in India and Tibet），虽非全译原文，然将两史内容列为英文详表，极便学者。达斯尚有《松巴堪布传》（Life of Sum-pa Khan-po），揭于一八八九年之《孟加拉亚洲学会报》。

---

① 此书分十一章：一、笨教；二、佛教及笨教对于Kailàsa山（冈仁波齐峰）及Mánasa湖（玛法木湖）之争；三、西藏古史及中世西藏；四、西藏佛教之兴起及宏布；五、班禅传；六、宗喀巴传及传说；七、蒙古佛教之兴起及宏布；八、中国佛教之兴起及宏布；九、古代中国、藏人所知之经书、哲学及宗教；十、龙树（Nágàjuna）传及传说；十一、西藏各宗派杂论。参阅戈迪叶（H. Cardier）《中国书目》（Bibliotheca Sinica）栏（Col.）七五二。由达斯书内容观之，当系采取善慧法日书纂辑而成，非全译也。

《印度、中国、西藏、蒙古圣教史如意宝树》第二七〇—二八四页为著名之"方格年表"（Rehu-mig）①，自藏历第一胜生第一年（火兔，宋仁宗天圣五年丁卯，西历一〇二七年），至第十二胜生第六十年（火虎、乾隆十一年丙寅，西历一七四六年），共七百二十年事。几于每年之下，均列有史事，为治西藏史者最佳之工具。一八八九年，达斯亦译为英文，名曰《西藏年表》（Tibetan Table），揭于《孟加拉亚洲学会报》，惜达斯步匈牙利人克垿斯（Csoma de Körös）之后，推算错误，其译本年代，每岁均须下推一年。一九一三年伯希和写的《西藏年代学中之六十甲子》（Le Cycls Sexagénaire dans Ia Chronologie tibétaine）一文业已指出。

（原载《边政公论》一九四三年第三卷第一、二、三、四、五期）

---

① 本文史事年代，多本此表。

《明史》乌斯藏大宝法王考

《明史》卷三〇四《郑和传》：

> 当成祖时，锐意通四裔。奉使多用中贵：西洋则[郑]和、[王]景弘，西域则李达，迤北则海童，而西番则率使侯显。

郑和及李达，中外学者，早加研究。侯显西使及海童北行，似尚少有注意者。今为环境所限，亦无意对侯显五使绝域，详加探考，不过仅就其入番延请大宝法王一事，欲加阐说耳。《明史·侯显传》：

> 侯显者司礼少监。帝（成祖）闻乌斯（Dbus）藏（Gtsaṅ）僧尚师① 哈立麻有道术，善幻化，欲致一见，因通以西诸番。乃命显赍书币往迓，选壮士健马护行。元年四月奉使，陆行数万里，至四年十二月始与其僧偕来……帝延见奉天殿……五年二月建普度大斋于灵谷寺，为高帝高后荐福……乃封哈立麻万行具足十方最胜圆觉妙智慧善普应祐国演教如来大宝法王西天大善自在佛，领天下释教，给印、诰，制如诸王。其徒三人亦封灌顶大国师。

《明史》卷三三一《乌斯藏大宝法王传》：

> 命哈立麻赴五台山建大斋，再为高帝后荐福，赐予优厚。六年四

---

① 元代译 Bla-ma 为上师，尚师即上师，今称喇嘛。

月，辞归……命中官护行。自是迄正统末，入贡者八。已，法王卒，久不奉贡，弘治八年，王葛哩麻巴始遣使来贡。

大宝法王，藏文当为 Rin-chen-chos-rje，在汉文史料中，此号似首见于《元史·释老传》。哈立麻受成祖聘请，躬来东土受封号，在明代三法王①中，位居上首，声誉隆崇，可以想见。然则其人究属何宗？地位何若？所居寺院，今在何地？似宜一一说明，以见其在汉藏宗教史上之地位。

凡稍治西藏佛教史者，一见葛哩麻巴四字，不难立知其为迦尔居派（Bka'-brgyud）之 Karma-pa 对音。故《卫藏通志》云：

> 前藏②西北山及大寺驻锡噶尔玛巴呼图克图（Kar-ma-pa Hu Thug-tu）系黑教喇嘛，云南人也。即明时所谓哈立玛者。藏字卷一轴，长二十余丈，乃绘永乐初哈立玛诵经灵谷寺图。

清代于西藏设置驻藏大臣后，彼中情况，知之甚悉。此噶尔玛巴大寺中所藏哈立麻灵谷寺诵经图，若非其人亲身目睹，绝不能道出如是确凿消息也。

迦尔居派与萨斯迦派（Sa-skya-pa）为元代西藏新学两大宗。萨斯迦在元代之地位，以帝师八思巴（Phags-Pa Blo-grosrgyal-mtshan，一二三五一

---

① 《明史·西域传》三法王，即第五辈葛哩麻如来，封大宝法王；黄教宗喀巴弟子释迦也失（Sa-skya ye-ces，云释迦智），封大慈法王（Byams-chen chos-rje）；萨斯迦派普喜吉祥（Kun bkra），封大乘法王（Theg-chen chos-rgyal）。萨斯迦及葛哩麻两派在元代势力相伯仲，释迦智为黄教祖宗喀巴高足。成祖当时以法王封此三派领袖，殊为适当。而以迦尔居派居上首，尤符当时形势。关于明成祖所延请之三僧，鄂尔多斯乌审旗南部历史家萨囊彻辰所著《蒙古源流》亦有记载，俄人 I. J. 施密德刊蒙文原本名《东蒙古及其诸王室史》，第二九○页，第一七至一九行所举三法王名字为：Karma yin tegüncilen iregsen Rolbai dorci, Saskya yin yeke Külgen-ü tancan corji, Saskya yin yeke asaraghqui(?)bsamcan corji。中文译本乃根据成衮扎克布采进本之满洲本重译而成，兹节录汉文译文于后："即请噶哩玛巴之特衮齐楞·伊哷克森·罗勒贝·多尔济，萨斯嘉之大乘·丹簪·绰尔济，黄教之大慈·扎木禅·绰尔济等三人。"按萨囊彻辰书多伪误，极须订正，中文特衮齐楞·伊哷克森为 Tegüncilen iregsen 之音译，此云如来，为藏文 De-bshin gcegs-pa 之对译，质言之，即明成祖所封之大宝法王第五辈葛哩麻也。Rol-bai dorci 藏文 Rol-pa'i rdo-rje，为第四辈葛哩麻之名。萨囊合两僧为一人，殊误。大慈法王似应写为 Yeke asaraghsan(bsamcen)corji, bsamcan 为藏文 Byams-chen 之音译，此云大慈，蒙藏两字未可重出，施本称其人为萨斯迦派，亦误。tancan 或 tencen，当系 theg chen 之误，此云大乘。

② 《卫藏通志》每称拉萨为前藏，札什伦布为后藏。

一二七六年）故，向为学者所熟知。迦尔居派上座虽亦迎来东土，备受尊崇，势力足与萨斯迦派相对峙，独以无特殊机遇，显其宗门原来地位，遂为内地学者所忽视。

迦尔居派分两大宗，一曰商巴迦尔居派（Saṅspa bka'-br-gyud-pa），为刻珠琼波（Mkhas-grub khyuṅ-po）所创立；二曰达薄迦尔居派（Dvags-po bka'-brgyud-pa），玛尔巴译师法慧（Mar-ba lo-tshā-ba chos-kyi blo-gros，一〇一二——〇九七年）实为其始祖。① 而达薄迦尔居派中，又分九系，葛哩麻巴即其一也。

此派号称葛哩麻迦尔居系（Karma bka'-rgyud-pa），人名上通冠 Karma② 一字，以示宗属。哈立麻当为人名上所冠之 Karma 一字音译，徒众称 Karma-pa，为葛哩麻巴对音。故成祖所请及孝宗时遣使入贡者，均非人名也。

哈立麻之名，殆间接由蒙文译出。因蒙文属阿尔泰语系，元音和谐律遵守甚严，凡遇藏文 ka、ga 等音，一律读为 qa、gha。元明间译 qa、gha 为合、哈，故与元代直接音译之加剌麻、加耳麻哇，与孝宗时之葛哩麻巴，均异。

考南宋初年有西康人知三世（Dus-gsum mkyen-pa）者，生于宋徽宗大观四年（一一一〇年），为迦尔居派大师，高宗绍兴二十五年乙亥（一一五五年），创建 Gshu-mtshur-lha-luṅ 寺于拉萨西北 Gshu 之四方圣谷中（Gru-bshi'i-lha-luṅ）。③ 宋孝宗淳熙十二年乙巳（一一八五年）又于西康葛哩麻谷（Karma lha-sting）近处葛麻沃（Ka-ma-bo）地方建寺，学者遂称其宗门为葛哩麻派。④ 淳熙十六年己酉（一一八九年）复建楚普（Mtshur-phu）寺⑤，为此派中心寺院。光宗绍熙四年（一一九三年）卒，年八十四。是为葛哩麻派初祖。

嗣后二辈三辈四辈葛哩麻，均曾躬来东土，受元帝供奉。独惜《元史》藏僧虽多，人名犹未能一一勘同，殊为憾事。兹摘录松巴（Sum-pa，一七〇四年生）"方格年表"⑥之文，以见其与元廷之关系。

二辈葛哩麻——宋宁宗嘉泰四年甲子（一二〇四年）葛哩麻大布衣（Ras-

---

① 土观（Thu'u-bkvna）：《宗派源流》（Grub-mtha'sel-gyl-me-lon），佑宁寺版，da 卷第三页上第一行及第四页下第五行。
② karma 为梵文字，古译羯摩，此云业。葛哩麻派首领号 Rgyal-ba karma Pa。
③ 松巴（Sum-pa）：《如意宝树》（Dpag-sam-ljon-bzan），佑宁寺版，第二七四页上、第二七五页上。按 Gshu 为拉萨西北地名，亦称 Sne-mo-gshu（达斯《藏英字典》第一〇八一、五〇六页）。
④ 《如意宝树》，第二三四页下第七行。
⑤ 《如意宝树》，第二七五页下。
⑥ 《如意宝树》，第二七五页下至第二七九页下。

chen，一〇四〇——一一二四年）[1]再传弟子奔札巴（Sbom-brag-pa）之弟子葛哩麻巴哈失法持（Karma Baksi chos-jin）生。元宪宗三年乙卯（一二五五年）巴哈失至蒙古。六年（一二五六年）为蒙古帝师。丁巳、庚申、辛酉等三年宏演禅法于蒙古。世祖至元二十年癸未（一二八三年）卒。

Baksi 为蒙文 baghsi 之藏文译写，此云师。甘肃夏河人无畏空（'Jigs-med nam-kha'，嘉道间人）之《蒙古佛教史》（Hor chos byun）称其人为元宪宗、世祖两朝帝师，与此同。达斯《藏英字典》第一四页"二辈葛哩麻（Karma gñis-pa）"条引《隆朵尔（Klon-rdol）喇嘛全书》第一六册 a 卷第一〇页，谓系忽必烈所请，恐不可信。前引《卫藏通志》称葛哩麻巴为黑教喇嘛，黑教即黑帽派，其名称也起源于巴哈失。土观《宗派源流》云[2]：

因蒙古帝以品级黑帽赐葛哩麻巴哈失，后世转身遂以黑帽为名。

按明末西藏政权，悉在葛哩麻之手，及和硕特部长固始汗（Gu-sri han）出，兵力强大，崇信黄教，崇祯十年（一六三七年）平定青海额尔德尼绰克图汗（Erdeni Coghtu，此云宝武），十二年（一六三九年）平西康北部白利（Be-ri）土司 Donyo，十三年（一六四〇年）入藏执第巴藏巴罕（Sde-pa gtsan-pa），黄教始定于一尊。然黑帽派犹未肯甘心低首于黄教前也。故康熙末准噶尔策旺阿拉卜坦（Che-dbaṅ rab-brtan）自伊犁遣策凌敦多布（Che-rin don-grub）入藏，攻杀固始汗曾孙拉藏汗（Lha-bcan），黑帽喇嘛即助之，以抗清兵（《卫志》卷一三上）。

三辈葛哩麻——元世祖至元二十一年甲申（一二八四年），巴哈失转身第三辈葛哩麻自生金刚（Ran-byun rdo-rje）生。文宗至顺二年辛未（一三三一年）至蒙古。顺帝至元五年己卯（一三三九年）卒于蒙古。

无畏空《蒙古佛教史》称自生金刚为文宗朝帝师，与松巴书同，《隆朵尔喇嘛全书》谓为 Temur Taokwan 请至大都（北京）。不惟时代有异，帝名

---

[1] 大布衣即苦行诗人 Mi-la-ras-pa，元代音译作铭移辣罗悉巴。相传有魔鬼声若 Mila 或 Miṅ-la，为大布衣所摄伏，遂以 Mila 或 Miṅ-la 为姓。ras-pa 译言布衣，其人冬夏仅着布衣一件，故有是称，本名 Thos-pa dga'，此云闻喜，阿里（Mṅa'-ris）人。

[2] 《宗派源流》da 卷，第一〇页，二行。

亦误。如为顺帝，其名为脱欢帖木儿（Toghan Temür），此云锅铁，如为文宗，则为图帖睦尔（Tugh Temür），此云熨铁。①

四辈葛哩麻——元顺帝至元六年庚辰（一三四〇年）第四辈葛哩麻游戏金刚（Rol-pa'i rdo-rje）生，至正十八年戊戌（一三五八年）离楚普（Mtshur-phu）至朵·甘思（Mdo-Khams）。② 十九年己亥（一三五九年）宗喀巴从游戏金刚受戒。二十年庚子（一三六〇年）游戏金刚见蒙古帝，授法。明太祖洪武十六年癸亥（一三八三年）卒。

历辈葛哩麻既皆躬来大都，为元朝帝师，成祖为燕王时，自不难于元代故都，闻其声名。且当时元亡未久，耳目犹接，大都伽蓝，理宜尚有番僧踪迹。明廷欲得乌斯·藏详情，殊非难事，故成祖即位后，即遣侯显及僧智光往征黑帽派领袖者，实非偶然也。

五辈葛哩麻——洪武十七年甲子（一三八四年）第五辈葛哩麻如来（De-bshin gcegs-pa）生，成祖永乐五年丁亥（一四〇七年）至中原，十三年（一四一五年）卒。

明成祖所封之如来大宝法王，即此人也。依《明史》，实以永乐四年（一四〇六年）十二月至中原，时年二十三。考元明之际，萨斯迦派势力已衰歇，掌握西藏政权者，为迦尔居派之帕木竹巴系。③ 然则成祖所以亟亟召请此青年黑帽喇嘛者，殊非以其有道术，特一种政治策略耳。

《卫藏通志》已言葛哩麻巴大寺在前藏西北，质言之即拉萨西北。究在何地，惜未明白指出。惟吾人以他种材料比较研究，亦得确指其所在。

按 Mtshur-phu 寺为黑帽派历代大本营，达斯《藏英字典》第一〇四〇页"Mtshur-phu"条引《隆朵尔喇嘛全书》云：

---

① 李盖提（L. Ligeti）：《元文宗的蒙古名字》（Les noms mongols de Wentsong des Yuan），《通报》，一九三〇年。
② 西藏人称西康为 Mdo-stod，译言上朵，青海为 Mdo-smad，译言下朵。《元史》脱思麻路当即 Mdo-smad 之音译。
③ 帕木竹巴之名见《明史·西域传》"阐化王"条，乃藏文 Phag-mo-gru-pa 之音译。Phag-mo-gru 为雅鲁藏布江向南折流处 Lho-kha 省州名（达斯《藏英字典》，第八一八页）。南宋时西康有金刚王（Rdo-rje rgyal-po）者，为铭移辣罗悉巴再传弟子，建寺于帕木竹之地，遂成帕木竹派。元末 Sne-gdon-rjon 之菩提幢（Byan Chub rgyal-mtshan）于顺帝至正九年夺取萨斯迦派政权，西藏大部遂入帕木竹巴之手。十五、十六两世纪，统治西藏者，遂称弟悉帕木竹（达斯《藏英字典》，第七一九页，Sde-srid phag-mo gru），明成祖迎大宝法王时，正此派当权之日也。

Mtshur-phu 为 Stod-luṅ 之地方名，距拉萨二日程，有葛哩麻派大寺。

又同书第五五三页"Stod-luṅ phu-rtsa gye-mo"条：

拉萨西北之州名，葛哩麻派之总部楚普（Tshor-phug）寺在其地。

《卫藏通志》卷四，前藏至腾格诺尔（蒙文 Tengri Naghur，译言天池）①路程：

前藏（拉萨）三十里至甲普，四十里至浪孜，四十里至奔里，四十里至德庆。②

又同卷后藏（札什伦布）由草地阳八井至前藏道路，"德庆至浪孜宿"注云：

由德庆绕小山至龙巴桥，有初普寺。

又同书卷六"楚布寺业朗寺"条：

拉撒北七十里之浪子地方，各有呼图克图掌之。红帽教之宗名③噶

---

① 藏名 Gnam-mtsho phyid-mo，此云冰天湖，在拉萨西北约三百里之地，为西藏最大之湖。
② 此为小德庆，非拉萨东六十里之德庆。
③ 西藏佛教宗派宁玛（Rñiṅ-ma），葛哩麻及萨斯迦三派宗徒，均称红帽派（Shwa-dmar）（达斯《藏英字典》，第一〇六五页）。学者往往忽于藏地宗教流别，直以红教为萨斯迦派，疏矣。初，元代有誉狮（Grag Sen，一二八三——一三四九年）者，师事黑帽派上座自然金刚。相传元帝赐红帽以宠之，遂成红帽葛哩麻系。元明两代，皆有封赠，其灌顶国师镀金印至清初尚在。降至乾隆时代，已转世八九辈。首寺在拉萨与腾格里湖间之阳八井，楼房七七八间，僧房三五七间，庙内所供佛，皆与黄教无异，有镀金大铜佛一躯，为前辈红帽喇嘛江阿哇之像。第六世班禅额尔德尼巴勒丹也失（Dpal-ldan ye-ces，此云吉祥智，一七三八——一七八〇年）于乾隆四十五年为帝七旬祝釐，卒于京，其兄仲巴呼图克图为班禅治理丧事，尽有其财产。其弟舍玛尔巴（Shwa-dmar-ba，此云红帽派）以习红教，不得分惠。遂愤唆廓尔喀（Gurkha，即尼泊尔）王拉特纳巴图尔（Ratna batur，此云宝勇）侵藏，掠札什伦布寺。乾隆五十六年乱平，以红教阳八井寺赐济龙（Skyid-gron）呼图克图，所有僧徒一〇三人，悉分属黄教寺内，红帽派遂亡，参阅《卫藏通志》卷一三下第一节及第三节。

吗巴（Karma—pa），黑帽教之宗名沙吗纳（应为 shwa nag）。明万历时入觐，赐封号印册。今袭衣钵者，一名札哇楞布齐（Rgyal-pa rin-po-che），一名革桑楞布齐（dge-bzaṅ rin po-che）。

由此可知腾格里湖南小德庆与拉萨间南距拉萨七十里浪子地方之初普寺（楚布寺、楚普寺），即葛哩麻巴中心寺院，亦即永乐初侯显奉使入藏所至之地也。

一九四四年元月十一日于重庆
（原载《真理杂志》一九四四年第一卷第三期）

元朝中央政府是怎样管理西藏地方的

西藏是元朝版图的一部分。本文打算就当时中央政府怎样进行管理、地方行政区域怎样划分等问题，稍作阐释。

一二五一年元宪宗夺到政权以后，对中央和地方政治军事负责人选，都重新作了安排。《元史·宪宗纪》特别提到"以和里觯统吐蕃等处蒙古汉军，皆仍前征进"。可见西藏当时还处在结束割据趋向统一的进程中。

依西藏古史，一二四四年奉凉州阔丹大王命到西藏邀请八思巴伯父的使者，以及在这以前或以后率兵入藏的蒙古将官名叫道尔达[1]，这个道尔达，大约就是属于和里觯这支队伍的。

一二六〇年元世祖取得了政权，把吐蕃作为封地给了他的第七子西平王奥鲁赤。[2] 奥鲁赤死后，他的儿子镇西武靖王铁木儿不花和他的孙子搠思班相继承袭这块封地，所以元代吐蕃有事常常是由他们祖孙父子受命处理的。[3] 明太祖洪武三年（一三七〇年）邓愈率兵到河州，"镇西武靖王卜纳剌亦以吐蕃诸部来纳款"[4]。足见元朝一代西藏始终是元世祖第七子一家的采邑。

西藏是元朝版图的一部分，中央政府设有专门机关，管理西藏事务，这个专门机关名为宣政院。《元史》卷八七《百官志》："宣政院，掌释教僧徒及吐蕃之境而隶治之。"这就是说宣政院一方面管理全国释教宗教事务，一

---

[1] 刘立千译：《续藏史鉴》（即一六四三年藏人语自在妙善所著的《西藏王臣史》），成都，一九四五年，第一一页。逊波堪布：《如意宝树》附《西藏大事表》（藏文）。萨囊彻辰：《蒙古源流》中文译本，卷四，施密德德文译本，第三九三页注文。

[2] 拉施都丁：《史集·忽必烈传》，布洛晒刊本，第三六六页。

[3] 《元史》卷八《世祖纪》；卷一九《成宗纪》；卷二三《武宗纪》。《续藏史鉴》第二〇页的 Thi-mur bho-kha，即铁木儿不花（Temür Buqa，译言铁牛）。

[4] 《明史》卷三三〇"西番诸卫"条。

方面又管理西藏的行政事务。在这里我只想讨论一下西藏地方和元朝中央政府的政治关系。

元世祖至元初年设立这个机构的时候，原名总制院，"掌浮图氏之教兼治吐蕃之事"，管理财政的权臣桑哥便是一位最早的总制院使。至元二十五年（一二八八年）他认为"总制院所统西蕃诸宣慰司军民财谷事体甚重，宜有以崇异之，奏改为宣政院"①。据说唐朝皇帝在宣政殿接见吐蕃使臣，所以就把管理西藏的行政机关改名为宣政院了，大概是为了纪念汉藏两族悠久的友谊吧。

元朝政府的人事进退制度，分为四个系统，即管理政治的中书省、管理军事的枢密院、管理监察的御史台及管理宗教和吐蕃事务的宣政院。这四个机关都"得自选官"。②不过宣政院由于所管辖的地区及所管理的事务特殊，所以"僧俗并用，军民通摄"。西藏的政教合一制度，就是从这时的僧俗并用起源的。

元代西藏地方的最高官吏是宣慰使都元帅，其次是宣抚、安抚、招讨等使。这些高级官吏必须由宣政院③或帝师直接推举④，镇西武靖王只能推举宣慰使以下的官吏⑤。西藏的高级僧俗官吏既由元朝中央政府任命，处罚当然亦由中央政府决定。如《元史》卷二七《英宗本纪》记载，"脱思麻部宣慰使亦怜真坐违制不发兵，杖流奴儿干之地（黑龙江入海的地区）"，就是例子。西藏若添置行政机构，也须经宣政院向皇帝建议，由皇帝决定。⑥

西蕃军务隶属于宣政院⑦，遇有小规模军事，由宣政院直接处理⑧，或设行宣政院就近解决⑨。重大的军事措施宣政院便不能自行决定，必须会同掌管全国军事的枢密院讨论。⑩吐蕃邻境有军事，中央即发吐蕃兵进行镇压。⑪当时中央政府处理吐蕃军政事务的制度，大体如此。

① 《元史》卷二〇五《桑哥传》；卷八七《百官志》"宣政院"条。
② 《元史》卷二一《成宗纪》；卷八七《百官志》"宣政院"条。
③ 《元史》卷一七《世祖纪》。
④ 《元史》卷二六《仁宗纪》。
⑤ 《元史》卷二三《武宗纪》。
⑥ 《元史》卷一七《世祖纪》。
⑦ 《元史》卷二三《武宗纪》。
⑧ 《元史》卷三四《文宗纪》。
⑨ 《元史》卷三九《顺帝纪》。
⑩ 《元史》卷八七《百官志》"宣政院"条。
⑪ 《元史》卷二九《泰定帝纪》；卷三四《文宗纪》。

西藏是元朝版图的一部分，遇到饥馑贫乏，即由内地运送粮食进行赈济，如至顺元年（一三三〇年）"吐蕃等处脱思麻民饥，命有司以粮赈之"，这就充分反映出来当时休戚与共的关系。

从内地到吐蕃，沿途设有驿站，持有玺书驿券及西蕃宣慰司文牒的僧俗官员，即可于西藏和内地之间乘驿往来。站户如果贫乏，由中央政府赈济，如至元二十九年（一二九二年）九月"甲申，乌思藏宣慰司言，由必里公反后[①]，站驿遂绝，民贫无可供亿"。中央政府即"命给乌思藏五驿各马百、牛二百、羊五百，皆以银；军七百三十六户，户银百五十两"。以后，朵思麻及朵甘思驿站贫民都同样得到救济。

帝师是由元朝皇帝任命的，是中央政府的一个特殊官吏，"正衙朝会，百官班列，而帝师亦或专席于坐隅"[②]。他住在北京，往往由于履行宗教上的某种仪式，而回到西藏去。[③] 帝师是元朝创立的新制度，他管辖全国的佛教，是佛教最高领袖的象征。[④] 元朝所任命的帝师，有的只有十二岁。[⑤]

依《元史·释老传》，元朝任命的帝师共十二人，我们拿来和《续藏史鉴》相校，其中多半是出自八思巴（'Phags-pa，译言圣者，名慧幢，一二三五——二八〇）一家，他们是祖孙父子相继承的。八思巴以后，亦怜真［监藏］（Rin-chen rgyal-mtshan，译言宝幢）是他的兄弟，答儿麻·八剌·剌吉塔[⑥]（Dharmapāla rakshita，译言法护）是他的侄子，乞剌思八·斡节儿（Grags-pa'Od-zer，译言誉光）是他的侍者，公哥·罗古罗思·监藏·班藏卜（Kun-dga' blo-gros rgyal-mthsan dpal bzaṅ-po，译言庆喜慧幢吉祥贤）和公哥·列思巴·冲纳思·监藏·班藏卜（Kun-dga' legs-pa 'byuṅ-gnas rgyal-mtshan dpal bzaṅ-po，译言庆喜妙生幢吉祥贤）是他的侄孙。[⑦] 此外，亦摄

---

① 这应该就是西藏古史所说的一二九〇年的必里公内战（'Bri-guṅ gliṅ-log），参阅《续藏史鉴》第二〇页。'Bri-guṅ 今读为止贡，明代音译写为必力工，参阅《明史》卷三三一"阐教王"条。
② 《元史》卷二〇二《释老传》。
③ 《续藏史鉴》第一四页。《元史》卷二七《英宗纪》。
④ 《元史》卷一二《世祖纪》；卷一六《世祖纪》。
⑤ 《续藏史鉴》第一六页。
⑥ 《元史》卷一二《世祖纪》。
⑦ 根据《元史》各帝本纪，元仁宗的蒙语庙号是普颜笃（Buyantu，译言有德），英宗是格坚（Gegen，译言光明）。梵文 Ratnasrī 译言宝祥，藏文为 Rin-chen dpal，元代依照蒙古语的读法，音译为懿璘质班，乃宁宗的名字。《续藏史鉴》第一七页原文 Buyantu 作 Bu-yan，Gegen 作 Gi-gan，都不正确，中文译文仁宗误为定宗，英宗误为安王，宁宗取用梵文译名，均不可从。《续藏史鉴》以诸帝师与这几位皇帝有关，故加订正。

思·连真（应为 Ye-ces rin-chen，译言智宝）、辇真·监藏（应为 rin-chen rgyal-mtshan，译言宝幢）、相加班（应为 Saṅs-rgyas dpal，译言觉祥）①、相儿加思（应为 Saṅs-rgyas，译言觉，有缺文）等人不见于《续藏史鉴》，可能是有缺略或不是八思巴的族人。② 至于八思巴的兄弟"卡那金刚"，是元朝的驸马③，统治西藏二十余年；另一位兄弟亦摄思·冲纳思（译言智生）是忽必烈第六子云南王忽哥赤（Hud-kar-che）的师傅④，帝师庆喜慧幢吉祥贤的哥哥锁南藏卜（译言福贤）"尚公主"、"封白兰王、赐金印"，受命领西番三道（前藏、后藏、阿里，见下）宣慰司事。⑤

总之，八思巴一家，在元朝前半期垄断了西藏的政权和教权。到了元明之间，西宁宗喀巴（一三五七——四一九年）创立黄教，实行化身制度来代替萨斯迦派一家包办制度。从历史的发展来看，这也是必然的趋势。

《元史·释老传》："郡县土番之地，设官分职。"《明史·西域传》"朵甘"条："元置宣慰司、招讨司、元帅府、万户府分统其众。"那么元代西藏地方政治组织、行政区划究竟如何呢？

元代朱思本绘制舆地图时，曾在权臣铁木迭儿子宣政院使八里吉思家"得帝师所藏梵字图书"⑥，研究黄河上游的情状。这说明当时宣政院是有西藏详细地图的。但《元史·地理志》"陕西等处行中书省礼店、文州蒙古汉儿军民元帅府"条原注云："朵·甘思、乌思、藏、积石州之类尚多，载籍疏略，莫能详录也。"可见明初纂修《元史》的时候，已经搞不清楚，今天要想把元朝的西藏政治区划情况完全弄明白，当然更是不容易的事了。

大体讲来，元朝称藏族人民分布的地方为吐蕃。这个地区设立的最高地方行政组织是宣慰使司都元帅府，元朝皇帝授给他们金银牌、印和宣敕。元朝在这一广大地区，设立了三个最高地方行政机构⑦：

---

① 《元史·释老传》作都家班，误。此言据卷二一《成宗纪》。
② 萨囊彻辰：《蒙古源流》，中文译本卷四，及无畏空著《蒙古佛教史》卷二第一章，都列举元朝各帝的帝师，其中除个别的以外，都不可信。
③ 《续藏史鉴》，第一六页。
④ 同上。'jaṅ 应为哈剌章、察罕章之章，乃云南；Hud-kar-che 应为忽必烈子忽哥赤（Hügerchi）。
⑤ 《元史》卷二九《泰定帝纪》；卷二〇二《释老传》。
⑥ 《元史》卷六三《地理志·河源附录》。
⑦ 《元史》卷八七《百官志》"宣政院"条。

一、吐蕃等处宣慰［使］司都元帅府，设宣慰使五员，治所设在河州①，管理朵·思麻路等地。西藏人称青海为朵，朵·思麻是藏文 Mdo-smad 的音译，译言下朵，今青海东部。但元代的朵·思麻不包括西宁一带的地方，因为西宁是翁吉剌部章吉驸马的分地，隶属于甘肃等处行中书省。②元朝被任命为这一宣慰使都元帅的有赵国宝、沙的、亦怜真等。最后一位是锁南普，明洪武三年（一三七〇年）"以元所授金银牌、宣敕来上，会邓愈克河州，遂诣军前降"③。

二、吐蕃等路宣慰使司都元帅府，设宣慰使四员，管辖朵·甘思（Mdo-Khams）等地。元代用甘思二字译 Khams，今译作康，为甘孜藏族自治州及昌都地区。

西藏古史有"朵甘思六冈"（Mdo-Khams sgan drug）④之说，元代朵甘思的奔不儿亦思刚和亦思马儿甘万户府或者就在六冈之内。至于朵甘思招讨使所辖的哈答就是清代的噶达，现在甘孜藏族自治州的泰宁；所辖的李唐就是现在昌都地区的里塘，这个李唐城至元九年（一二七二年）曾改为李唐州。

乞剌失思巴班藏卜⑤就是这个地区的宣慰使都元帅之一。

三、乌思、藏、纳·里速、古儿·孙等三路宣慰使司都元帅府，设宣慰使五员，管理前藏、后藏及阿里三部，并设乌思、藏管蒙古军都元帅二员，纳·里速、古儿·孙元帅二员。接受元朝中央政府任命，充当这一地区宣慰使都元帅的，有西僧加瓦藏卜、蘸八儿监藏等（《元史》卷三四）。

《元史·世祖本纪》至元二十九年（一二九二年）"宣政院言：置乌思、藏、纳·里速、古儿·孙等三路宣慰使司都元帅"，但这里绝不是说西藏的这个宣慰使司设于这一年，因为至元二十五年（一二八八年），总制院使桑哥已为乌思藏宣慰使软奴汪木请奖了。⑥

---

① 《元史》卷六三《地理志·河源附录》。《明史》卷三三〇"西番诸卫"条。
② 《元史》卷六〇《地理志》"西宁州"条；卷一〇九《诸公主表》。拉施都丁：《史集·成吉思汗传》，斯米尔诺娃俄译本，第一六八页。《元史》卷八《世祖纪》。《明史》卷三三〇"西番诸卫"条作章古，古应为吉。
③ 《元史》卷一二一《按竺迩传》；卷二三《武宗纪》；卷二六《仁宗纪》。《明史》卷三三〇"西番诸卫"条。
④ 《续藏史鉴》，第一四页。
⑤ 《元史》卷二九《泰定帝纪》。
⑥ 《元史》卷一五《世祖纪》。

乌思、藏、纳·里速、古儿·孙是藏文成语 Dbus Gcaṅ Mṅa'-ris skor gsum 的音译，意为"前藏、后藏、阿里三部"。元朝人已用这一成语称呼今天的西藏。不过随着西藏语音的变化，到清代乌思、藏、纳·里速读成"卫、藏、阿里"罢了。乌思或卫是"中"的意思，指前藏，藏指后藏，纳·里速或阿里是西藏的最西部分。

现在的阿里号称阿里三部，藏文为 Mṅa'-ris bskor gsum，元代的"纳·里速、古儿·孙"便是它的音译。阿里三部的旧名是普兰、芒宇及古格。①

根据西藏记载，元代把前藏、后藏地方划分成十三个万户（藏人称为 Khri skor chu-gsum）。明洪武六年（一三七三年）朱元璋在西藏设立乌思藏指挥使司，设立"万户府十三"②，大体上仍是沿袭元朝的旧制。

据一六四三年语自在妙善所著的《西藏王臣史》，元代十三万户中属于前藏的有刹巴（Tshal-pa）、帕竹（Phag-gru）、止贡（'Bri-guṅ）等六万户，属于后藏的有霞炉（Sha-lu）、曲弥（Chu-mig）等六万户，此外还有前藏后藏间的杨淖（Yar-'brog）一万户。③

用藏文古史与汉文旧记对校，可以互相补充、互相订正的地方很多，可惜我的西藏历史和地理知识太浅薄，藏文史籍的刊行与翻译也很少，目前许多史事还弄不清楚。拿《元史·百官志》"宣政院"条与语自在妙善书互相比校，知元朝中央政府在西藏地区设立的乌思、藏、纳·里速、古儿·孙等三路宣慰使司都元帅府所管辖的范围，比帝师所辖的十三万户地方要大得多，因为十三万户都在前藏和后藏境内，用元代的术语说，十三万户止在乌思与藏两路之内，三路宣慰使司都元帅却还管辖纳·里速一路。而且元朝在西藏设乌思、藏管蒙古军都元帅二员，设纳·里速、古儿·孙元帅二员，显然在三路宣慰使司都元帅府统辖下，元代西藏行政分为前后藏与阿里两个系统。

既然十三万户与三路宣慰使司都元帅府的辖地广狭不同，那末，拿藏史所载帝师所辖十三万户的名称和《元史·百官志》宣政院条乌思、藏、纳·里速、古儿·孙等三路宣慰使司都元帅府所辖的十几个万户名单互相比较，当然就大有出入了。还有一点我们也应该注意，就是《元史》中有关西

---

① 达斯：《藏英字典》，第三六二页。
② 《明史》卷三三〇"朵甘思"条。
③ 《续藏史鉴》，第二〇页。

藏的记载是缺漏很多的，这一点上边已经提到了，如拉萨东北的必里公一个万户，在《元史》"宣政院"条的各万户中就没有著录。在这样史料残缺不全、个人知识又很简陋的条件下，能勘同的，目前还只有很少几个。

"沙鲁田①地里管民万户一员"，沙鲁应该是霞炉，地在札什伦布西南数十里，为西藏著名历史家布思端（Bu-ston）的居地。②

"出密万户一员"，出密当即曲弥，八思巴曾于后藏曲弥仁摩寺举行大会，当即其地。

"搽里八田地里管民万户一员"，搽里八即刹巴，地在拉萨西。

"伯木古鲁万户一员"，伯木古鲁即帕竹，在山南地区。Phag-gru 是 Phag-mo-gru 的简称，依元代蒙古人音译他族语言的例子，gru 须读为 guru③，所以 Phag-mo-gru 元代蒙古人就读成伯木古鲁了。

元英宗至治二年（一三二二年）大司徒菩提幢受封为十三万户中的伯木古鲁万户，他的势力渐渐强大，一三五一年代替萨斯迦派建立伯木古鲁政权，元朝政府仍命他统治西藏三部十三万户。元朝灭亡以后，他和中央政府的关系没有改变。洪武五年（一三七二年）遣使明廷，永乐四年（一四〇六年）封为阐化王。以后每次新王即位，必遣使请封。

元末内地农民纷纷起义，推翻维护地主利益的政权，西藏农民牧民的命运和内地农民是一致的，当然也起来了，仅仅至正七年（一三四七年）一年之内，藏民起义的就有"二百余所"。西藏和内地的交通，元明之间，大约受到不少破坏。永乐年间明朝政府命西藏各地地方政府修复西藏和内地间驿站，于是"道路毕通"，又恢复"往还数万里"畅通无阻的旧观了。

（原载《历史研究》一九五九年第七期）

---

① 田字原文作思，思为田之误。"田地里"是当时的术语，"地里"不成辞。
② 以下诸地方位，参阅达斯《藏英字典》的解释。
③ 如 Otrar，元代译为讹打剌（Otarar），例子很多。

清初中俄交涉史札记

元代"斡罗思"与现行"俄罗斯"两名词（清初陆次云《八纮译史》卷二"阿路索"一名不通行），皆间接由蒙古文 Oros 来（I. J. Schmidt《蒙德俄字典》第五六页译言"俄国人"），非直接由 Rossiya 或 Russiya 一字译出。蒙人遇 r 发声之外来字，必取 r 后之元音于 r 前重迭之，始能读出。故吾人简称俄国之"俄"，不能于 Russiya 一字中求出也。清初黑龙江索伦（Solon）土语称扰乱尼布楚（Nibchu）一带之俄罗斯人为"罗叉"。方式济《龙沙记略》谓"误作老枪，又误老羌"。何秋涛以"俄罗斯本羌种，老枪误，老羌不误"，固不值辩。劳费尔（B. Laufer）在其绝笔之作 Rye in the Far East and Asiatic Origin of Our Word Series "Rye"（《通报》，一九三五年，第二三七至二七三页）一文中，于"老"字译意，于"枪"、"羌"二字译音，亦不可从。按《蒙文总汇》"罗叉"作 Loca。伯希和教授于一九三九年《通报》第一〇九页举出 Loca、Locan 诸异称，是"罗叉"、"老枪"、"老羌"与 Loca、Locan 对音，鼻音收声不固定，非有误也。

中国称俄国沙皇（Car）曰"察罕汗"（Caghan Qaghan），称其女皇（Carica）曰"哈屯汗"（Qatun Qaghan）。俄人称中国皇帝曰 Bogdo Khan，皆蒙人对两国皇帝之称呼也。盖中俄两国相识，初以蒙人为媒介，故两国咸用蒙语以互称其皇帝。突厥、蒙古称其后为"哈屯"，人所共知，可勿论。柯瓦列夫斯基（Kovalevski）《蒙俄法字典》Caghan Qaghan 译言"白沙皇，俄帝"。bogdo 为 boghda 之讹，译言"神圣"，用以称至尊。

中国称俄国守边大头目为"固必尔纳托尔"。俄文 Guber-nator 译言"总督"，与拉丁文写法同。其称管兵头目曰"咭那喇尔"，曰"玛玉尔"，乃俄文"将军"（General）、"少校"（Major）之译音。其称"哩咭斯塔喇托尔"

者，俄文 Regestrator 也，此云"主簿"。"科密萨尔"即俄文 Kommisar，华言"经理人"，惟在清初中俄互市史上，乃俄国营商队长之号，自一七一〇年始用之。中文史料，往往误为商人名。

清初黑龙江本地人与俄人互市曰"出勒罕"或"出尔罕"，华言"会"也。按蒙古文言"会盟"曰 Cighulghan，鄂尔多斯方言读为 ts'ulqan。满文"会盟"曰 Culhan，似出自蒙古口语。"出勒罕"即满文 Culhan 音译。

所谓俄历，即奥古斯督（August）改革之儒略历（Gulian Calendar）。儒略历每四年一闰，微有差误。积至十六世纪末叶，已差十日。故一五八二年教皇格里哥里第十三（Gregory XIII）下令修改，以是年十月五日为十五日，并改定每逢百之年不闰，逢四百之年仍闰，是谓格里哥里历（Gregorian Calendar），即今日通行之阳历也。此历四百年九十七闰，平均每年约三六五日五时四九分十二秒，历三千余年始有一日之差（按太阳年三六五日五时四八分四六秒）。欧洲各国虽相继采用，独俄人及希腊人不肯接受。直至一九一八年苏联革命政府成立始废旧历，改用公历。按公历一千六百年为逢四百之年仍闰，故十七世纪儒略历与格里哥里历相差仍只十日，与十六世纪同。一七〇〇、一八〇〇、一九〇〇三年，均仅为逢百之年，不置闰，故十八世纪两历差十一日，十九世纪差十二日，今二十世纪差十三日。吾人在中国报纸上尝见平津宁沪诸地白俄元月七日始过圣诞节者，以此。

俄人初用世界创造（Satvorenie Mira）纪年，以公元前五五〇九年为纪元，以九月为岁首。一七〇〇年彼得大帝改用"我救世主耶稣基督降生"之年为纪元，并以元月一日为岁首。故欲将创世纪年与公元纪年换算，在九月以前，须从创世纪年减去五五〇八年，九月以后减五五〇九年。国立北平故宫博物院文献馆出版之《故宫俄文史料》（一九三六年），其第一号文件署"创世纪第七七一八年，即公元一六七〇年四月十三日"，第六号文件署"创世纪第七二一一年，即公元一七〇三年七月十七日"，第八号文件署"七二一四年，即公元一七〇五年十二月三十一日"，就是这个道理。

俄人姓名颇长，中国记载，仅译首字，而略其他。图理琛、俞正燮均称康熙十五年（一六七六年）进贡陪臣或商人为"尼果赖"，《四裔考》称其人为"尼果赖、罕伯里尔、鄂维策"，均非 Nikolai、Gabril、Ivic Spothar 之全名。考俄国东来使臣三级，最低者为 Gonec，此云"差官"，次曰 Poslannik，此云"使臣",最高者曰 Posol,译言"大使",尼果赖为使臣非商人也。清初俄人仅派大使二次,一为费要多罗(Feodor Alexivic Golovin),签订尼布楚条约,一为萨瓦(Sava Vladislavic),签订恰克图(Kiakhtu)条约。

邓之诚《骨董琐记》卷三"聘盟日记"条云:"海昌陈其元子庄庸《间斋笔记》录《中西见闻记》,俄使义滋柏阿郎特义迭思著聘盟日记。……读此觉康熙时风俗历历如在目前,不当作寻常聘问日记观也。"按"义滋柏阿郎特义迭思"即 Izbrant Ides,其人生于丹麦,本商人,一六九二年得俄皇许可,东来贸易,其主要使命在经商,外交任务抑其次也,记中所谓"热尔必良",即法人张诚(J. Fr. Gerbillon),"波玛斯",似为荷人徐日升(Thomas Pereyra)之名,至于"郭札玛底",则 Grimaldi(闵明我)也。义迭思所著行纪英译本名《自莫斯科出游的三年行程纪》(*Three Years Travels from Moscow*,一九一七年),就"热尔必良"译名观之,《中西见闻记》所据者似为英译本。

在中俄互市史上居重要地位者,为 Larenz Lange。清初记载称之曰"郎喀"。其人为瑞典籍工程师,前后曾数度来华,深知中国习俗,故独以姓显。初康熙帝向俄国请求西医,俄皇以圣彼得堡医院医生英人 Thomas Carvin 应,一七一五年遣郎喀伴之,随同商队东来。自此往来中俄间,于东西贸易经验,极为丰富。一七二一年至一七二二年曾为俄国驻北京商务代表。著有《郎喀先生旅居日记》(*Journal de la Residence du Sieur Lange*),颇值一读。《朔方备乘》卷一二:"康熙五十一年,俄罗斯商人科密萨尔禀称,番僧在京师者,现在有米提理一人,年已老迈,倘有不测,则行我俄罗斯佛教之人,必致断绝。"按尼布楚条约之前,中国在黑龙江俘获不少俄罗斯兵士,其中有 Dmitri Nesteroff 者,一七三一年上书萨瓦,谓已居北京四十八年,米提理殆即此人之名也。

清初中俄语言隔阂,交涉困难,居中翻译悉赖法、葡两国耶稣会士,俄外部深感舌人之需要,一七二五年顷设蒙文学校于伊尔库茨克,培养蒙文翻译人才,并要求遣派学生至北京,学习满汉文字。一七八二年恰克图条约第五款,许俄人在北京建立俄罗斯馆,为其僧人及学生驻所。从此中俄直接交涉,不假耶稣会士用拉提诺(Latin)传话矣。

一七二九年北京俄国正教会成立,院长(Archimandrite)为 Platkovskii,

执事僧（Deacon）为 Joseph，另一来华教士名 Ivan Filimonoff，此即中文史料所谓"俄罗斯三僧"也。后二人昼博弈，夜酗酒，凶暴殊甚，后或押送回国，或免职，予中国人士印象极恶。别有学习语言学生六人，分两批来华，曰 Lucas Vaeikoff，曰 Ivan Pukhart，曰 Theodosius Jretyukoff，于一七二七年九月伴同郎喀商队东来；曰 Gerasime Chulgan，曰 Michael Ponomareff，曰 Hilary Rossokin，随大僧正 Platkovskii 于一七二九年六月十六日同至京师。Lucas Vaeikoff 中文史料作"鲁喀"，其人本莫斯科斯拉夫拉丁希腊宗教学院学生，由萨瓦选拔东来。Ivan Pukhart 即中文史料中之"宜宛"（Ivan = John），本萨瓦侍仆。Theodosius 为"佛多德"，Gerasime Chulgan 则"喀喇希木"也。

诸生酗酒不悦学，后多更易。其成绩最佳而大露头角者，仅 Rossokin 一人而已。此人一七四一年回俄京，被任为汉满文翻译，东方语言教授。一七六四年为德籍史家 G. F. Muller 译图理琛《异域录》，实俄国第一位汉学家也。

清初中俄贸易甚盛，据中文记载，出口货物为烟、茶、大黄、布缎、杂货，入口为各色皮张、毡片等物。至于品色、数量、价值，则语焉不详，莫知究竟。莫斯科外交部档案库中国档（Kitaiskya Dela，一七三〇年右面 IV/60 柜，第八捆）存有雍正五、六年间，俄国商队报告书共五十三页，内容分为数部，其最要者，为一七二七年十二月七日至一七二八年八月二十二日在蒙古及北京之流水账，逐日详记买卖物色种类价目数量，极为珍贵。一九一一年法人 G. Cahen 曾将此部分原文刊出，并附法文译文及研究，名曰《一七二七至一七二八年俄国北京商队账目》（*Le livre de comptes de la caravane russe a Pekinen 1727-1728*），兹但将 Cahen 之统计摘录于下，以见清初中俄贸易之一斑。

俄国货：

（一）松鼠皮　分灰鼠、玄鼠、鄂毕鼠、帖良兀惕鼠等类，共一三七六三八〇张，每千张价银三十五至四十两。

（二）银鼠皮　分鄂毕鼠、雅尔库茨克鼠、雏鼠等类，共二二八〇二〇张，每百张价银七至十二两，雏鼠每千张十两至十三两半。

（三）狐皮　分北极狐、北极雏狐、草狐、白胸狐、白胸火狐、灰胸狐、玄胸狐、火褐狐、火狐、玄褐狐、褐狐、灰狐等类，共九九五八七张。大抵每千张三六〇两至五〇〇两，珍贵者以张计。狐腿共四五二五〇对，大抵每对价三分至六分。

（四）貂皮　共二七五五〇张。每张普通价七十五分至一两。貂腿共四六四二五张，每千张普通价八两。貂腹共四六〇〇张，每千张普通价四〇〇两。貂尾共三二五三张，每百张普通价十四两。

（五）野猫皮　共三四二一张，每张普通价二两半。野猫腿共三〇四〇张，每对价四十分。

（六）海龙皮　共二〇〇六张，每张价一两半至二两。

（七）堪察加海狗皮　共五八一张，每张价十一两半。

以上共皮一七四五三九八张，腿七一五〇三对。此外尚有海牛皮、海马牙、荷兰呢及英法钟表、玻璃、镜等欧洲美术品、奢侈品。

中国货：

中国绸缎布匹，名称繁多，颇难证合，兹姑举大略。至于长度单位，依 Cahen 研究，大抵 1 postav 合十二米以上，1 partichtche 恰当其半，或约十米，1 archine 为〇·七一二米，1 tyoun 为三五·六〇〇米（约当中国十丈），konec 为 tyoun 之十分之一。

（一）缎子

绸子（aus，薄而窄），共二五〇四 postavs，每 postav 价二两半至四两半。

普通缎子（atlas），共二一六 postavs 三 partichtches，每 postav 价二两八十分至六两。

厚缎子（kanfa），共一三七〇 postavs 三九 partichtches，每 postav 价四两至十二两。

（二）高丽缎子（kamba）

五两缎，共七二四 post. 三 part.，每 post. 价一两二十分至五两。

六两缎，共五九 post.，每 post. 价二两五十分至六两。

七两缎，共二三六五 post.，每 post. 价三两半至七两半。

七两以上缎，共四三〇 post.，每 post. 价九两至十二两。

（三）各种丝制品

1. Baiberek（中文音作 syandouang）共八五四 post. 三 part.，其中一半每 post. 价五两。

2. 贡绸共三百六十 post. 三 part.，上等每 post. 价八两，二等七两十分。

3. Svistoun（中文音作 gontchaoudza）共一九三 post. 二 part.，十三块，每 post. 价四两至六两半。

4. 花缎共一一〇 post. 二十二 part.，二十七块，每 post. 价约十二两。

5. 纱共一〇〇 post.，五二五块，每 post. 价约三两。

6. 锦绣（solonneuka）共七十六 post. 二 part.，八块，每 post. 价约五两。

此外尚有他种物品数量甚少，姑从略。

（四）棉布 共一四〇七五 tyouns 二十四 konec，大抵每 tyoun 价三两。

（五）黄金 共二一八六两六十一分半，合银二一八六六两，金器共七十六两九十一分，合银七六〇两，白银共二三九六一两二十八分，银器共二四六两半。

（六）植物

1. 茶叶 绿茶（珠兰）二六一九斤，每斤价六十分；次等绿茶（兰花?）二一九〇二斤，每斤价四十分；红茶二五二斤，每斤价五十分。

2. 大茴香 共一五〇〇斤，大抵每斤价二十七分。

3. 红团烟 共七五一盒，每盒八分。

4. 药品 共值一〇〇二两。

另有漆器、景泰蓝茶壶、丝帘、珍珠、生牛皮等物，计自一七二七年正月二十一日至是年七月二十五日六阅月内，在北京贸易额（货物及银）达一五二五三四两四十九分，在蒙古七四六二两九十分，别收俄币 412.50 卢布，当日每两银合 1.40 卢布，总计一六〇二九〇·六〇两。

（原载《学思》一九四一年第二卷第二期）

汉代西域屯田与车师伊吾的争夺

王莽篡汉以后，打算发三十万大兵，带三百日粮秣，穷追匈奴。他的大将严尤谏道：

> 发三十万众，具三百日粮，东援海代，南取江淮，然后乃备。计其道里，一年尚未集合。兵先至者聚居暴露，师老械弊，势不可用，此一难也。边既空虚，不能奉军粮，内调郡国，不相及属，此二难也。计一人三百日食，用糒十八斛，非牛力不能胜，牛又当自赍食，加二十斛，重矣。胡地沙卤，多乏水草，以往事揆之，军出未满百日，牛必物故且尽，余粮尚多，人不能负，此三难也。胡地秋冬甚寒，春夏甚风，多赍鬴镬薪炭，重不可胜，食糒饮水，以历四时，师有疾疫之忧。是故前世伐胡，不过百日，非不欲久，势力不能，此四难也。辎重自随，则轻锐者少，不得疾行，虏徐遁逃，势不能及。幸而逢虏，又累辎重，如遇险阻，衔尾相随，虏要遮前后，危殆不测，此五难也。（《汉书·匈奴传》）

严尤所陈述的这五种困难都是实情，并无铺张事实、耸人听闻之处。当时交通工具和道路均很陋劣，要想运输大量的粮饷，供给远方的大批军队，当然有没法克服的困难。

征匈奴如此，征西域也是一样。战争的胜败，每系于粮饷的足与不足。汉武帝用了三十多年兵，常自述其经营西域给养困难的情形道：

> 前开陵侯击车师①时，危须②、尉犁③、楼兰④六国子弟在京师者皆先归，发畜食迎汉军，又自发兵，凡数万人，王各自将，共围车师，降其王。诸国兵便罢，力不能复至道上食汉军。汉军破城，食至多，然士自载不足以竟师，强者尽食畜产，羸者道死数千人。朕发酒泉驴、橐驼负食，出玉门迎军，吏卒起张掖，不甚远，然尚厮留甚众。（《汉书·西域传》"渠犁"条）

由内地向边陲运输粮饷绝不可能，严尤已详言之，依靠西域诸国供给汉朝军队的军粮，据汉武帝的经验，也是不可恃。那末汉代参谋部要想解决这种西域给养的困难，非设法在西域求得粮食的补充不可。

《后汉书》卷七五《袁安传》谓东汉经营西域的岁费是七千四百八十万，我们不知道前汉的岁费是多少⑤。但就两汉向西域开拓的规模比较起来，前汉岁费的数字必较后汉的大。这种疲内郡以事边陲的事业，朝内本有一派人反对。汉代参谋部要想减轻国库的负担，以缓和反对派的掣肘，亦非在西域求得自给自足的根据地不可。

匈奴是行国，只要使其漠南无王庭，汉人便可以高枕无忧。西域可就不同，那里是城郭国家，是匈奴的附庸和近邻；倘若汉人不屯兵驻防，则匈奴铁骑一至，城郭诸国仍要倒戈相向，听匈奴的指使了。汉代参谋部要想达到凭借西域东制匈奴的目的，尤非在西域树立一个中心据点不可。

根据以上的理由——解决给养的困难，减轻国库的负担，切断匈奴的右臂——汉家在西域开设屯田，乃是一件军事上必须贯彻的国策。

大体地说，大青山、天山乃是我国古来游牧民族和农业民族的分界，这几个山系附近的地域，如归绥、后套、宁夏、武威、张掖、酒泉、敦煌、哈密、吐鲁番等地，都是沙漠中的绿洲，自古以来，西北比较适于农耕的地域

---

① 今吐鲁番（Turfan）。
② 博斯腾湖（Bastan Noor）东南。
③ 详见下文。
④ 参阅予所著《西北地理札记》，《华西协合大学中国文化研究所集刊》第一卷第三期。（亦收入本书。——编者注）
⑤ 《汉书·匈奴传》扬雄说："往者图西域，制车师，置城郭都护三十六国，费岁以大万计。"未确指数目。

也只有这几处。所以这几个地方在我国历史上也就成了汉家和匈奴军事上必争的要点了。这几个要点倘若落在匈奴手里，那末，不惟我国西北边陲的人民不能安枕，中原人民的安全也要受到严重的威胁了。反之，倘若这几个要点汉家都能守住，匈奴便不敢南向牧马，大青山下也绝不会看见夜宿的毡车了。

汉代经营西域的目的既在凭西域以制匈奴，所以在河西开设四郡，肃清东西交通的大道后，便开始在西域的中央开设屯田，确立经营西域的根据地。

西汉在西域的屯田虽有渠犁、轮台①、伊循②、乌孙③、车师等地，而在军事上占重要地位的则为渠犁与车师。汉朝先在渠犁屯田，后来又迁移到车师。质言之，西汉经营西域，初以渠犁为中心，东向以争车师，及车师既得，即进而据之以威迫匈奴。屯田区域是逐渐东移的。

按西汉国都远在东方长安，何以其在西域屯田不因近就便，自东而西，反而自西域的中央由西而东呢？我们在分别叙述西域的屯田和要害的争夺之先，不能不先解答这个问题。要想解答这个问题，下列几件事情是应该首先知道的。

（一）南道诸国与北道诸国间是一片大沙漠，汉朝势力到了北道后，就把匈奴与南道诸国的交通切断。南道诸国既然孤立，他们在西域军事上的地位便无足轻重，所以杜钦说大将军王凤道：

……县度之阨，非罽宾④所能越也。其乡慕，不足以安西域；虽不附，不能危城郭。（《汉书·西域传》"罽宾"条）

大国罽宾尚且如此，其他小国更不必提了。

（二）北道诸国的地位便不同了，他们与匈奴为近邻，离合向背能直接威胁汉人在西域的地位。所以都护郭舜说：

---

① 今库车东布告尔（Bügür）。
② 今罗布泊南 Miran。
③ 今伊犁河（Ili）流域。
④ 今加失密尔（Kashmira）。

>本匈奴盛时，非以兼有乌孙、康居①故也；及其称臣妾，非以失二国也。(《汉书·西域传》"康居"条)

因此，汉朝经营西域便特别重视北路，假若不在北路设立根据地，便不能得到稳定城郭、监视匈奴的效果。

（三）远交近攻是秦汉两代对付敌国的传统政策。汉人要利用西域夹攻匈奴，当然须在北路诸国求与国。迨西汉与乌孙和亲，北路诸国闻风内附之后，为实现发动城郭诸国兵卒以东制匈奴的目的，自然需要在汉与匈奴势力范围之间选择一个西域根据地。我们展开地图一看，这两个势力范围间的渠犁乃是最理想的地点，因为玉门关—楼兰城—渠犁是一条直线，渠犁以西都是与国，渠犁东南一千一百多里就是南北两道分歧点。楼兰②对内的交通既便利，距匈奴的根据地车师又远，是最好没有的了。

前汉在西域设立都护之前，车师以东均在匈奴日逐王手中，汉朝没有法子从敦煌进兵北攻车师。要想驱逐匈奴在西域的势力，自然以凭借西域城郭国的人力和物力，东向与匈奴争衡为最便了。

汉家在西域的势力既然是逐渐东进，匈奴的势力当然是逐渐东退了。当汉家势力未达到西域的时候，西域城郭诸国本在匈奴的统治之下。匈奴西边的日逐王设有僮仆都尉，住在焉耆一带，征收诸国的赋税。《汉书·西域传序》说：

>西域诸国大率土著，有城郭田畜，与匈奴、乌孙异俗，故皆役属匈奴。匈奴西边日逐王置僮仆都尉，使领西域，常居焉耆、危须、尉黎③间，赋税诸国，取富给焉。

这个匈奴经营西域的专官，直到汉宣帝神爵二年（前六〇年）日逐王降汉，匈奴势力退出西域，城郭诸国悉归附长安，汉家在西域设立都护的时

---

① 今 Qirqiz-Kazak。
② 参阅予所著《西北地理札记》(《华西协合大学中国文化研究所集刊》第一卷第三期)。
③ 今焉耆西 Qara Qum。

候，方才撤销了。

匈奴经营西域的中心，是先由焉耆一带迁到车师。西汉为驱逐匈奴的势力计，自然要东争车师。匈奴为要保持他们在西域的势力和利益，当然也不甘轻易放弃。所以前汉与匈奴争夺车师，前后竟达五次。

后汉时，敦煌、车师间的新路便是遵循现在的甘新大道，所以这条路线上的伊吾①又变成汉与匈奴争夺的要冲了。这一点我们留待讲东汉时再说，现在我们先述渠犁的屯田及车师的争夺。

渠犁一作渠黎，本来是个国名，汉武帝天汉二年（前九九年）曾来贡献。这个国家在今天山南麓策特尔（Chadir）及车尔楚（Charchi）之间②。徐松《西域水道记》卷二说：

> （策特尔及车尔楚）两程之间，平原衍沃。南近（塔里木）河者，渠犁故地，北近（天）山者，乌垒故地。

这个地方十分适于耕稼，他的农业价值，汉武帝时桑弘羊已说得很清楚：

> 地广，饶水草，有溉田五千顷以上。处温和，田美，可益通沟渠，种五谷，与中国同时熟。（《西域传》"渠犁"条）

渠犁既具备这样优越的农业条件，当然可作为经营西域的根据地，所以在李广利伐大宛之后，便选择这个地方开始置校尉屯田。

按西历纪元前一二六年，张骞自西域归，汉人对西域始获得明确的知识。从此，降昆邪王③，取得通西域的道路（前一二一年）；虏楼兰国主（前一〇八年），安定了敦煌西域间的交通；结乌孙（前一〇五年），得到匈奴西方的与国；破大宛④（前一〇二年），威震西域。汉朝前后不过经营二十五年，

---

① 今哈密（Hami, Qomul）。德人赫尔曼（Herrmann）以为车师南尚有一伊吾，即以今营盘当之，不可信。
② Chadir译言帐幕，Char-chi译言游行商人，皆突厥语。徐松以为车尔楚为"准语忌讳之词，地多古墓，经者多病，故名"，不足信。
③ 故地即汉代河西四郡武威、张掖、酒泉、敦煌。
④ 今费尔干纳（Fergana）。

便在西域获得自给自足的根据地——渠犁。在这一点上，我们不能不钦佩汉廷削弱匈奴的迅速及其所得效果的伟大了。

渠犁屯田虽始于西历纪元前第二世纪最末的一两年，可是以渠犁为根据地而得到东向以攻匈奴的效用，则始于宣帝时第一任西域都护郑吉。

汉人向来安土重迁，不愿到边远他方作开发的事业，所以在渠犁屯田的不是什么孝子贤孙，大体都是免刑的罪人。渠犁的田士也只有三个校，共一千五百人，由三位校尉统率。

西汉与匈奴五争车师，第四、第五两役都是郑吉凭借渠犁作根据地，率领这些田士，实现武帝以来终日梦想的东制匈奴的大业。

西汉与匈奴五争车师的成绩，徐松《汉书西域传补注》已经明白指出了。现在我们把每次战役经过略述于后。

汉武帝元封三年（前一〇八年），遣赵破奴破姑师（即车师），因"暴兵威以动乌孙、大宛之属"。不过当时西域还没有通，汉廷对车师尚无力控制，可以不算。

天汉二年（前九九年），汉遣李广利、李陵等由酒泉、居延等路北击匈奴，别遣匈奴降者开陵侯将楼兰国兵击车师。结果是李广利被围，几不得脱，兵士死了十分之六七，李陵食尽援绝，降匈奴，开陵侯因为匈奴发数万骑救车师，也不利引去。"此汉争车师者一，汉未得车师。"

征和四年（前八九年），汉遣李广利将七万人出五原，商丘成将三万余人出西河，莽通将四万骑出酒泉，北击匈奴。莽通军道过车师北，至天山。汉恐车师兵切断莽通的后路，乃遣开陵侯将楼兰、尉犁、危须等六国兵别围车师。车师王降服。尽得其民众而还。"此汉争车师者二，汉得车师。"

车师是西域的门户，匈奴决不肯轻易放弃，所以到昭帝时候，匈奴又遣四千骑田车师。宣帝本始二年（前七二年），遣常惠使乌孙，乌孙连年为匈奴所侵暴，因请求汉廷发兵夹击匈奴。汉朝远交近攻的目的这时才得达到了。所以汉廷遂大发关东的轻锐，选伉健习射的人皆从军。遣田广明将四万余骑出西河，范明友三万余骑出张掖，韩增三万余骑出云中，赵充国三万余骑出酒泉，田顺三万余骑出五原，凡五将军，兵十余万，出塞击敌。别以常惠为校尉，持节护乌孙兵五万余骑从西方入。东西俱进，声势浩大。车师的匈奴田士大惊逃去，车师复通于汉。"此汉争车师者三，车师后降汉。"

以上几次争夺，或是一个大战役的一方面，或是匈奴田者慑于汉与乌孙同盟军的威势，自动逃去，战争的目的都不在车师。渠犁屯田也尚未发挥它在军事上的作用。

> 地节二年，汉遣侍郎郑吉、校尉司马憙将免刑罪人田渠犁，积谷，欲以攻车师。至秋收谷，吉、憙发城郭诸国兵万余人，自与所将田士千五百人共击车师，攻交河城①，破之。王尚在其北石城中，未得。会军食尽，吉等且罢兵，归渠犁田。收秋毕，复发兵攻车师王于石城。……以降吉。……匈奴闻车师降汉，发兵攻车师。吉、憙引兵北逢之，匈奴不敢前。吉、憙即留一候与卒二十人留守王，吉等引兵归渠犁。车师王恐匈奴兵复至而见杀也，乃轻骑奔乌孙，吉即迎其妻子置渠犁。东奏事，至酒泉，有诏还田渠犁及车师，益积谷以安西国，侵匈奴。……于是吉始使吏卒三百人别田车师。（《汉书·西域传》"车师"条）

汉在西域用兵最大的困难是粮饷的供给，汉武帝早已言之。到郑吉利用渠犁屯田以安西国、侵匈奴，始比较得到解决的办法。谷物充足，即率兵东进，一旦食尽罢兵，仍回到根据地田收，待秋收毕再发兵，使大军的粮饷不仰给于内地的转送，而在西域本土即能自给自足。渠犁屯田，到此才发生显著的效力，俾西域屯兵能独立作战。匈奴方面呢？

> 单于复以车师王昆弟兜莫为车师王，收其余民东徙，不敢居故地。（《汉书·匈奴传》）

这是汉与匈奴第四次争车师，车师屯田亦自此始。

匈奴放弃了车师，即丧失了西域的权益，他们岂肯就这样让右臂切断，坐看汉廷虎生两翼？

单于大臣皆曰："车师地肥美，近匈奴，使汉得之，多田积谷，必

---

① 今吐鲁番西二十里之雅儿城（Yar-Khoto）。

害人国，不可不争也。"［元康元年？］果遣骑来击田者，吉乃与校尉尽将渠犁田士千五百人往田，匈奴复益遣骑来，汉田卒少，不能当，保车师城中。匈奴将即其城下谓吉曰："单于必争此地，不可田也。"围城数日乃解，后常数千骑往来守车师。吉上书言："车师去渠犁千余里，间以河山，北近匈奴，汉兵在渠犁者，势不能相救，愿益田卒。"公卿（魏相等）议以为道远烦费，可且罢车师田者。诏遣长罗侯（常惠）将张掖、酒泉骑出车师北千余里，扬威武车师旁。胡骑引去，吉乃得出归渠犁。……汉召故车师太子军宿在焉耆者，立以为王。尽徙车师国民，令居渠犁，遂以车师地与匈奴。车师王得近汉田官，与匈奴绝，亦安乐亲汉。（《汉书·西域传》"车师"条）

郑吉利用渠犁屯田，虽稍稍解决了军粮的问题，而兵士的补充仍须仰给于内地，虽说汉人的兵器较精，一可当三，无奈人数究竟太少，但凭战斗力的优势，仍不能制服匈奴的地大人众。所以第五次争夺车师的结果，只好放弃了车师的土地，尽徙其国民于渠犁，土地虽为敌占领，人力可不致资敌。

这时匈奴渐弱，内部也发生了破裂，由全盛时代逐渐衰落了。匈奴方面，经营西域的是他们西边的日逐王。神爵二年（前六〇年），日逐王先贤掸与单于有隙，想率其部下降汉，使人到渠犁向郑吉通款，这算是千载难逢的机遇。吉遂发渠犁、龟兹诸国兵五万人，迎日逐王，送他到京师。汉廷除封日逐王为归德侯外，并任命郑吉为西域都护，兼护南北两道。吉即择定渠犁北三百三十里的乌垒地，为都护治所，作为经营西域的政治中心。从此"匈奴益弱，不敢争西域，僮仆都尉由此罢"。质言之，匈奴在西域的势力扫荡净尽，城郭诸国完全听受长安的号令了。武帝以来切断匈奴右臂的大业，到这时才由郑吉完成了，上距张骞通西域，才不过六十七年。

按元康年间，郑吉放弃车师土地，取其人民居住渠犁。及匈奴经营西域的日逐王降汉，就常情推测，所徙的车师国人必皆东归故地，车师也由汉军占领。所以元帝时毫不费力的设置戊己校尉，屯田车师前王庭，凭借西域以制匈奴的根据地，遂由渠犁东徙了一千多里。从此，渠犁之屯罢，车师代替渠犁的地位了。

汉代西域屯田与车师伊吾的争夺

至于西汉在西域别地的屯田，尚有伊循、乌孙、轮台等处。①伊循的屯田乃出于鄯善国王的请求，目的止在震慑鄯善前王之子，使汉廷所立者得依大汉威重而已。所以汉廷止遣司马一人，吏士四十人而已。人数既少，作用也小。昭帝时，于渠犁外曾命扜弥太子赖丹分田轮台，有田卒数百人，似乎赖丹被害后即罢，为时甚暂。据辛庆忌传，乌孙也曾屯田，怕也是临时的，因为乌孙为汉朝的与国，用不到那里屯田。

匈奴的蒲类王居于蒲类泽的近处。蒲类泽即今巴里坤（Barköl），不过唐元两代音译都作 Bars-köl，此云虎泽。元帝时，匈奴东蒲类王将人众降都护，都护分车师后王西部地以处之。这时西域的新根据地——车师前王庭和内地的交通似不必再迂绕楼兰故城，很可以遵循现在甘新大道（敦煌—哈密—吐鲁番）了。所以元始中，戊己校尉徐普便想由车师后王国出五船北②，通玉关，开一条新路，既省一半路程，又可避免白龙堆③的危险，可惜当时的地方当局反对。我们不管徐普的计划有没有成功，西汉末年敦煌、车师间的交通是不是遵循这条路，而后汉通西域的道路，至少徐普的计划线也是其中之一了。《后汉书·西域传》：

> 自敦煌西出玉门、阳关，涉鄯善，北通伊吾千余里。自伊吾北通车师前部、高昌壁千二百里，自高昌壁北通后部、金满城五百里。此其西域之门户也。故戊己校尉更互屯焉。

高昌壁是现在吐鲁番的哈剌和卓（Qara-Hoja），金满城是现在的济木萨（Jimsa）。前者是通天山南麓诸国的门户，后者是通天山北麓诸国的门户。大

---

① 依后汉班勇的廷辩，楼兰亦可屯田。《水经注》"河水"条记一段神事，虽荒唐，而楼兰之可以屯田当为事实。河水注云："敦煌索劢字彦义，有才略。刺史毛奕表行贰师将军，将酒泉、敦煌兵千人至楼兰屯田，起白屋。召鄯善、焉耆、龟兹三国兵各千人，横断注滨河。河断之日，水势奋激，波陵冒堤。劢厉声曰：王尊建节，河堤不溢，王霸精诚，呼沱不流，水德神明古今一也。劢躬祷祀，水犹未减。乃列阵被杖，鼓噪欢呦，且刺且射，大战三日，水乃回减。灌浸沃衍，胡人称神。大田三年积粟百万，威服外国。"
② 关于五船的地位，现在尚不容易决定。徐松《汉书西域传补注》谓："今小南路（按指哈密北横断天山之直路）有小山五，长各半里许，顶上平而首尾截立，或谓是五船也。"
③ 《汉书·西域传》"鄯善"条："楼兰国最在东垂，近汉，当白龙堆"。《魏略·西戎传》："从玉门、阳关西出，发都护井，回三垅沙北头，经居卢仓，从沙西井转南北，过白龙堆，到故楼兰。"由此可知白龙堆在楼兰故城东且甚近。

抵戊校尉屯后王部，已校尉屯前王部，把守着天山两麓的两个门户，以隔断东方的匈奴。

后汉通车师前后王部，既然必须经过伊吾，则伊吾在这条道路上地位的重要自然可想而知了。而且不惟伊吾的地位重要，农业的价值也十分高。《后汉书·西域传》：

> 伊吾地宜五谷、桑、麻、蒲萄①，其北又有柳中②，皆膏腴之地，故汉常与匈奴争车师、伊吾，以制西域焉。

伊吾在匈奴与西域间大沙漠中是这样的一个宜于耕稼的绿洲，又是敦煌到车师大道上的惟一补给站，无怪乎汉与匈奴双方对这个地方都不肯放松了。

按东汉"建武至于延光，西域三绝三通"，每次必在车师和伊吾屯田，而对伊吾的争夺则竟有四次之多。

后汉光武初定天下，不遑远略，虽西域诸国欲脱离匈奴，请求内属，竟不许。明帝时，天下乂安，颇欲遵武帝故事，击匈奴，通西域。以其姊婿窦固明习边事，遂于永平十五年（七二年）夏四月命耿秉、窦固等议击匈奴事。耿秉曰：

> 当先击白山，得伊吾，破车师，通使乌孙诸国以断其右臂。伊吾亦有匈奴南呼衍一部，破此，复为折其左角，然后匈奴可击也。（《资治通鉴》卷四十五）

次年，兴师伐匈奴，大体就是遵照耿秉所拟的计划。窦固、耿忠至天

---

① 三十年前新疆最后的巡抚袁大化赴任时，对沿途各地的经济状况十分留意。他叙述哈密一带的情形云：
> 出安西不见树木，至长流水则风景顿异。……长流水、黄芦冈百里之地足养十数万人……良田万。……哈密缠民一千九百五十户，男女两万人，汉民无多。燕声雀语，鸡犬相闻，蕃庶似内地。……哈密城以土为之，沟渠纵横，树木深茂。回城在其南里余，风景尤佳，绿阴夹道，清流贯其中，水声潺潺，草木畅茂。……沙亲王新庄子渠长百余里，两岸绿柳环绕，渠极坚固。（《抚新记程》）

袁大化的话或不免稍夸张，然哈密在新疆、蒙古间为惟一的适宜农牧之地，古今要无二致也。

② 今吐鲁番回王住居之鲁克沁（Lükchün）。

山，击呼衍王，追至蒲类海，取伊吾卢地，置宜禾都尉，留吏士屯田伊吾卢城。伊吾既得，则通车师的道路便没有障碍了。所以十七年（七五年）冬十一月，又遣窦固、耿秉等出敦煌昆仑塞，进击车师，遂定其地。设戊、己两校尉，屯车师前后两王庭，屯各置数百人。

北匈奴以汉人兵力单薄，十八年（七五年）春便又开始击车师了。恰恰这时候汉明帝崩，救兵不能早到，次年虽然发兵营救，也几乎使西域屯兵全军覆没。明年，又放弃伊吾卢的屯田，匈奴立刻就遣兵占领了。汉与西域交通的门户，又被匈奴夺去了。《后汉书》称这一次是第一次通西域，计伊吾占领了整四年，车师只占领了三个月，便被北单于围攻了。

汉朝放弃西域十几年后，北匈奴大乱，南单于欲乘其分争之际，与汉兵合力讨平之。正在公卿聚讼纷纭的当儿，窦固的侄孙窦宪适犯杀人之罪，自求击匈奴以赎死。窦宪的运气很好，既于永元元年（八九年）击败北匈奴，燕然勒铭；复于次年五月遣阎奢将二千余骑掩击北匈奴守伊吾的军队，又把伊吾夺取来了。

永元三年（九一年），西域由班超平定，又设立都护及戊己校尉。戊己校尉领兵五百人居车师前部高昌壁，别置戊部候，居车师后部，仍是把守西域的门户，防制匈奴的西进。

同年二月，窦宪遣耿夔、任尚大破北单于于金微山①，北单于携众西逃，这是世界史上有重要地位的战争。不过北单于虽逃，其弟於除鞬尚有众数千止于蒲类海，窦宪请立他为单于，遂于四年（九二年）春授以印绶，使任尚屯住伊吾监视他。

及班超年老东归，都护不得其人，数年之内诸国并叛，道路阻塞，檄书不通。公卿以吏士屯田费用无已，遂于永初元年（一〇七年）罢西域都护，迎回伊吾、柳中屯田的吏士。

东汉把西域又放弃了。这一次汉廷据有伊吾凡十八年，据有车师凡十七年。

在班勇第三次通西域之前后，汉经营伊吾与车师，尚有一幕插曲。后汉第二次放弃西域以后，北匈奴又迫胁城郭诸国共为边患。元初六年（一一九年），敦煌太守曹宗遣他的部下索班将千余人屯伊吾，招抚西域，于是车师

---

① 今阿尔泰山，突厥文 Altun，蒙文 Altan，译言金也。

前王等都来降。可是次年春索班就被匈奴攻杀了。

伊吾一日在北匈奴手中，河西诸郡便一日不能安枕。当时竟有人主张封闭玉门、阳关以绝其患的。延光二年（一二三年），敦煌太守张珰上书陈述三策。他的中策是：

> 若不能出兵，可置军司马将士五百人，四郡供其犁牛、谷食，出据柳中，此中计也。（《后汉书·西域传》）

安帝采纳张珰的中策，即于是年夏任命班超的少子班勇为西域长史，将施刑五百人出屯柳中。勇即以柳中为据点，招抚西域诸国。

顺帝又以"伊吾膏腴之地，傍近西域，匈奴资之以为钞暴，复令开设屯田，如永元时事，置伊吾司马一人"（《后汉书·西域传》）。

元嘉元年（一五一年），北匈奴三千余骑寇伊吾，司马毛恺遣吏兵五百人于蒲类海东与之战，悉为所没。遂攻伊吾屯城，汉军救之，无功而还。

永兴元年（一五三年），车师后王叛，攻围汉屯田，杀伤汉朝屯田的吏士。桓、灵两代，朝政不纲，汉廷在西域的威势也逐渐消失了。

（原载《文史杂志》一九四一年第二卷第二期）

关于西夏民族名称及其王号

依苏联列宁格勒东方语言学校日本文教授聂利山氏（N. A. Nevsky）之研究，西夏自称其国为"白上国"，汉译"瘄喻领"，西夏文作 Mbo-mbe-le，其用以表示民族之名称者，除 Mi 以外，尚有 Mi-nia 一语，为吐蕃人称西夏之 Mi-ñag 一名所从出。[①] 顾此说尚有待补充处，至于我国挽近学者之误解与穿凿，则尤须一一指出。

《唐书·党项传》："党项西羌别种……东距松州（今四川松潘），西叶护，南春桑、迷桑等羌，北吐谷浑。……后吐蕃寖盛……地入吐蕃。其处者皆吐蕃役属，号弭药。"依吐蕃记载，吐蕃东北有二州，一曰 Mi-ñag，一曰 Tang-gud，二者互相毗连，往昔自为一国。[②]《广韵》入声药韵字收声 -k。回纥 Yaghlaghar 汉译药罗葛，Yaxartes 水汉译药杀水。弭药与 Mi-ñag 对音密合。

江苏吴县文庙中府学有南宋王致远摹刻天文、地理、帝王绍运、平江四图，乃宋宁宗为太子时所用教科书也。[③] 其地图贺兰山居延海左近有"碛南弥娥州"一名，窃以为弥娥即 Mi-ñag 之宋代音译。贺兰山居延海左近地，乃西夏河西诸州地也。

法国传教士所编《藏文、拉丁文及法文字典》谓密纳克为西康东部地

[①] 《关于西夏国名》，《国立北平图书馆馆刊》第九卷第二号，第一七页。

[②] 耶失克《藏英字典》（H. A. Jäschke, *A Tibetan English Dictionary*）第四一三页引《嘉喇卜经》。

[③] 原碑拓本未见。此据法人沙畹（Ed. Chavanaes）《宋绍熙四年中国储君之教育》（L'Instruction d'un future empereur de la chine en l'an 1193）一文插图（法国铭刻美术研究院刊《中亚论文集》[*Mémoire concernant l'Asie centrale*] 卷一，一九一三年，图五）。原图跋云："有四图，兼善黄公为嘉邸（宋宁宗）翊善日所进也。致远旧得此本于蜀，司臬右浙，因摹刻以永其传。淳祐丁未（宋理宗淳祐七年，公元一二四七年）东嘉王致远书。"沙畹（或其助手）误读为"旧得此本于蜀司臬，右浙因摹刻以永其传"，谓"此句组织颇奇特"（沙氏文，第三一页）。其实此句甚平常，特沙氏或其助手误解耳。

名，质言之，即雅砻江（Ñag-chu，亦译雅楚河）流域也。① 法国教士之说不可从。元代吐蕃人，亦有误解者。福幢《帝系明镜》第三品称赵宋失国于 Mi-ñag（密娥），是西藏史家早有误女真为 Mi-ñag 者矣。②

我国古代称黄河以西之地为河西。西夏建国河西，故十三世纪蒙古人称西夏人为合申·亦儿坚（Qashin Irgen，《秘史》第二四九节），亦称合失（Qashi）。成吉思汗征西夏，窝阔台第五子适出生，为炫耀武功，字之曰合失。合失嗜酒早卒，窝阔台痛之，自此蒙古讳言河西，惟称唐兀惕（Tangqut，《史集》第二卷，布洛晒刊本第七页）。合申、合失皆自蒙文重译为汉文之河西也。

明代《华夷译语》译藏文 Mi-ñag 为河西，在西藏文献中，称西夏为 Mi-ñag。《蒙古源流》著者从之。吾国近世学者，遂多所论列。

《蒙古源流》卷四成吉思汗杀西夏王锡都尔固汗（Sidurghu Qan）后，占据"密纳克唐古特人众"（原文作 Mi-ñag kemeku Tangghut ulus，应云"名为密纳克之唐古特人民"）。又同卷称元英宗（梵文 Suddhopala，此云净护）逐唐古特之持卜赞汗（藏文 Khri btsan Qan？施密德刊本第一百二十页作 Chingsang kemeku Noyan，译言丞相之官人）以定密纳克之众。沈曾植笺证云："《武备志·译语》满剌曰弍四蛮，满剌即此密纳克，弍四蛮即《元史》之脱思麻也。"按沈说全误，无一可采。满剌与弍四蛮，皆回回字，在蒙文为外来语。明王鸣鹤《登坛必究》卷二二《译语·人物门》亦以满剌与弍四蛮对译，而列于撒儿讨兀儿（Sarta'ul，译言回回）一字之上。考满剌为阿拉伯文 maulā 音译，此云教师、博士、学者、法官、教士。弍四蛮《元史》作答失蛮，为回回教士，在元代文籍与碑刻中，每与佛教之和尚（Toyin）、道教之先生、景教之也里可温（Erkegün）并称。其字在山西河津禹门神禹庙八思巴字蒙文令旨碑第六行作 Dasman，为汉译"答失蛮"所从出。波斯原文实作 dānishmandī，此云学者。波斯语 dānish 义为学问知识，mandī 则变名词为形容词之后缀，用以表示"具备"之意者也。至于《元史·地理志》之脱思麻，即今甘肃南部白水江流域之地，其字似出自藏语 Mdo-smad，译云下朵，即青海也，与回回教士（弍四蛮）无涉。

---

① 《藏文、拉丁文及法文字典》（*Dictionaire thibetain-latin-francais*），第七四五页。
② 《东蒙古及其诸王室史》，第三八八页。

《蒙古源流》卷四穆纳地方，施密德本作 Muna，无畏空（'Jigs-med nam-mkha'）《蒙古佛教史》政治史部分悉本《源流》，但此处改 Muna 为 Mi-ñag（据 Huth 本）。王国维《蒙古源流注》以《明史·鞑靼传》及《瓦剌传》之母纳山当穆纳。Muna, Mi-ñag 及母纳果为一地乎？窃以为王注近是，无畏空之改易恐不可从。田清波（A. Mostaert）之《鄂尔多斯口述记录》（Textes oraux Ordos）第一二八页脚注云："Muna 为乌拉特旗（Urat）之山，即（明末）《黄金史》（Altan Iobci）及《蒙古源流》之 Muna 或 Muna Qan 也。"母纳山近河套，殆即 Muna Qan 山欤？

《蒙古源流》卷四沈曾植笺证：

> 锡都尔固汗即《亲征录》之夏主失（都）儿忽，庚午纳女请和者也。蒙古伐夏，前后经历四主十八年。初纳女者为安全，继之者曰遵项。遵项传位于德旺，德旺卒，晛立一岁而国亡。《秘史》始终称之曰不儿罕，此则前后皆称锡都尔固汗。不儿罕华言为佛，锡都尔固当亦梵语嘉称。盖夏主世世称之，如西辽之古儿罕也。……不儿罕既佛称，锡都尔固又有呼必勒罕之目，与史所载安全、遵项行事，殊不相符。国主国师本是二人，传者殆并而一之，无从证辨矣。

张尔田校补云：

> 案《秘史》卷一四云，将不儿罕改名失都儿忽，据此书则失都儿忽乃其原号。失都儿忽疑胡图克图之讹，谓再来人也。或太祖轻蔑佛教，夏主既降，仍以喇嘛所给之尊号加之，作史者遂以为改名矣。

按失都儿忽为蒙文 Sidurghu 之音译。汉文本《蒙古源流》译自满文，作锡都尔固。Sidurghu 译言忠直，非梵语嘉称，亦与胡图克图（Outughtu）无关。沈氏以西辽古儿罕（Gur Qan，此云普遍汗）拟之，甚是，失都儿忽盖亦为历代夏主共用之徽号也。然又以锡都尔固有呼必勒罕（Qubilghan）之目，则误矣。

考唐代弃宗弄赞吐蕃语作 Srong bcan sgam po。元代布思端（Bu-ston）

《宗教史》(Chos 'byung, Obermniller 英文译本第一八四页)云：

> 尔时，吐蕃人民藐视王权。王输入十善律，导其国民皈依佛教。因此，号称双赞甘普（从《彰所知论》译名 Srong-bcan sgam-po），意即最圆满完成之双赞（Srong-bcan）也。

又元代吐蕃史家福幢《帝系明镜》第九品述此徽号之来源云：

> 太子（弃宗弄赞）年长时，通达工巧、书算、武艺，及一切五明学处具足才能。诸臣相谓曰：吾辈之主，备诸才德，心极沉毅，遂称之曰双赞思甘普（端严沈毅）。①

两说颇不同，然以布思端说较雅驯。今请先言甘普之号。此号虽为唐代吐蕃所原有，宋元时代西夏人亦采用之。《元朝秘史》第二五六节西夏大臣有阿沙敢不（Asha Gambu），《元史》色目人传中，有唐兀昔里钤部，其子称小钤部（卷一二二），有也蒲甘卜（卷一二三）。敢不、钤部、甘卜，皆 sgam-po 译音也。克烈部长王罕弟 Keh-bedāī 亡命唐兀时，夏主亦以甘普之号予之②——即元宪宗世祖之外祖父札阿绀孛（Jaqa Gambu）——足证此号在西夏必甚盛行。唐兀与吐蕃境地相接，佛教且甚流行，夏人取其赞普徽号而用之，固极自然之事。甘普译言圆满也。

夏人既采用甘普之号，则双赞（srong-bcan）一名亦流行其地，非不可能。Schmidt 云："失都儿忽为蒙古字，义为'纯直、公平'。即西藏字 Srong，在蒙古书籍中，常见用 Berke Sidurghu（端庄正直）译 srong bcan 之徽号也。"③柯瓦列夫斯基（Kovalevski）《蒙俄法字典》又以 Sidurghu dülgen qaghan（正

---

① 译文用刘译（《康导月刊》卷三，第六三—六四页）。《蒙古源流》卷二译为苏隆赞堪布。张尔田《蒙古源流笺证校补》云"堪布唐古特语住持"。按藏文堪布为 mkhan-bo，与甘普（sgam-po）音近，张氏以中文字面相同，遂以住持释之，不可从。
② 法人迦特麦尔（E. Quatremère）刊《波斯之蒙古人史》（第八六、八八页）云："札阿绀孛之名为 Keh-bedāī，当其居留唐兀之地时，获得地位，唐兀主赐以札阿绀孛（Jākambū）之号，意即尊荣异密、伟大首领（amīr ī mu'ẓam va buzūrg-i mamlukat，异密译言王）也。"
③ 《东蒙古及其诸王室史》，第三八二—三八三页。

直和平汗）译 Srong btsan sqam po。①由此观之，夏主当日即未直接用吐蕃 srong 一字作徽号，而其徽号之意义，要必与 srong 一字相当。质言之，元初蒙古人以失都儿忽所译之西夏王号，意义必与吐蕃赞普徽号 srong 同也。

《元朝秘史》第二六七节蒙文："Ghutaghar udur (edür) Cinggis Qaghan jarliq bolurun: Ilughu Burqan-a Sidurghu nere ökchü…"意为"第三日成吉思汗下令云：给与亦鲁忽·不儿罕以失都儿忽名称……"。不儿罕译言佛，为畏兀儿字，"亦鲁忽"之意义待考。成吉思汗何以用"正直"一字易"亦鲁忽佛"之号，殊不得其解，就常情言，应给敌人以恶名，不应易一嘉号也。

洪钧《元史译文证补》译拉施都丁《史集·成吉思汗本纪》，谓西夏土人称失都儿忽为李王。②吾人手头无《成吉思汗本纪》原书，不敢定其是非，然在《史集·部族志》中，则确无此种称呼。《部族志》"唐兀"条云："Pādshāh-i īshānrā Lūng Shādarghū khvāndah and."③意为"呼其君主曰 Lūng Shādarghū"。Shādarghū 一字，一望知为蒙文 Sidurghu 之误，俄人贝勒津刊本所引 C、D 两本，Lung 俱作 ung，当即"王"字音译。盖此字第一字母 alif 误为 L 也。

洪钧谓失都儿忽为西夏主之名④；王国维谓《元朝秘史》称成吉思汗改夏主李晛名为失都儿忽，《亲征录》称李安全为失都儿忽，二者必有一误⑤。诸家皆不知失都儿忽为西夏主徽号之蒙文译文，故有种种误会也。

（原载北平图书馆《图书季刊》一九四二年第四卷第四期）

---

① 《蒙俄法字典》，第一四九二页。
② 《元史译文证补》卷一下，第二二页。
③ 《史集》贝勒津刊本，《丛刊》第七册，第一五三页。
④ 《元史译文证补》卷一下，第二二页。
⑤ 《圣武亲征录校注》，第一二五页。

女真译名考

宋徐梦莘《三朝北盟会编》卷三谓女真本名"朱理真",番语讹为"女真"。他书或作"朱里真"。《元曲选》女真人李直夫《虎头牌》又作"竹里真"。按"女"、"朱"二字,声母迥异,何故讹转如此?欧洲东方学家,多主张女字应读为尔汝之"汝"①,果尔,当日译人何故舍眼前"汝"字不用,独取"女"字之异读乎?且此说不惟与吾国用眼前字、眼前读音译写外来字之习惯相背,而"朱"、"汝"声母仍不同,依然莫能令人心折也。考吾国用女字译为外国人名、地名或部族名,《辽史》以前殊不多见,则此字在契丹时代似必有特殊读音,与现行国语异,读史者特未注意耳。其特殊读音为何?此本文所欲首先研究之问题也。

窃以为欲考求女真之"女"字音值,宜首先解决下列问题,即:(一)女真一词初见于何代?(二)大约为何地人民所翻译?时代与地域定,而后始可作定性研究矣。如贸然以今音拟古读,或以南声绳北音,吾未见其能作合理解决也。

《辽史》卷一《太祖本纪》:

> 唐天复三年(九〇三年)"春,伐女真,下之,获其户三百"。

---

① 格罗塞(R. Grousset)谓女真应读 jou-tchen,niu-tchen 为误读。(《远东史》[Histoire de l'Extreme-Orient],Tome 1,第三七三页)惜刻下为环境所限,未知最初何人作如此主张。拉古伯里(Terrien de Lacou-perie)在其《满洲女真:其名称、语言和文献》("The Djourtchen of Mandshouria: Their Name, Language and Literature",《英国皇家亚洲学会集刊》,一八八九年)一文,定有讨论,惜成都无此杂志。惟法国汉学家如特维里牙(M. G. Devéria)、沙畹(E. d. Chavannes)等均读女真为 Joutchen。帕克(E. H. Parker)、夏特(F. Hirth)等则又用威妥玛(Th. F. Wade)式译写,读女真为 Ju-Chih。

唐天祐三年（九〇六年）"十一月，遣偏师讨奚、霤诸部及东北女真之未附者，悉破降之"。

辽太祖天显元年（九二七年）平渤海。三年，女真遣使来贡。九二七年阿保机平渤海后，女真朝贡，史不绝书。盖契丹自是始与女真集团接触，交涉日益频繁矣。考九〇三至九〇六年之间，契丹尚为热河南部一小部族，局促于潢河燕山间，其无力作大规模远征，自不待言。观于九〇三年伐女真下之，仅获三百户，九〇六年以偏师即讨平其未附者，可以知之。且从此以后，即不复再见女真消息。及二十年后，渤海灭亡，即岁岁来朝。可知九〇三及九〇六年间所讨伐者，殆远离女真集团之小部落，游牧于热河辽宁间而已。①

或谓《新五代史》卷七四《黑水靺鞨传》后唐同光长兴年间，黑水部尚遣使中原。阿保机九〇三年所讨之女真，得非后世史家之追改乎？此事甚可能。顾吾人须知《新五代史》同光年间遣使南来者，或但称黑水，或称黑水兀儿，儿字属日母，古读为 nz，元代八思巴字圣旨碑，犹译为 ži，则兀儿即辽金时代之兀惹部，当无可疑。洪皓《松漠纪闻》卷一谓黑水靺鞨五代时始称女真（李心传《建炎以来系年要录》卷一说亦同，或即本诸洪书），窃以为其说最为近实。盖黑水部桃李花请命中原王朝时，上距渤海之亡，才数年，距阿保机初讨女真及其称帝之年（九〇七，亦即五代第一年），亦不过二十余年，是吾人即不能确言黑水靺鞨改称女真于何时，而暂定女真一词始见于第十世纪初叶，应无大误。

自第十世纪阿保机侵扰山西、河北北部起，至石敬瑭割让燕云十六州止（九三七年），在契丹统治下之汉人，大抵皆燕晋两省北部人，则首先与朱理真接触而以女真一名介绍于世者，当亦不外此一带之人。然则第十世纪初期河北、山西北部方言中"女"字音值如何乎？

吾人若专凭字书反切为研究之资料，则仅能考见音类，而不能测定音值。苟能以第十世纪中国北方方言记录作根据，再证以第十世纪前后之他种记录，与现代燕晋方言，以推求"女"字之音值，则所得结论虽不敢必其毫

---

① 《三朝北盟会编》卷二〇引许亢宗《宣和乙巳奉使行程录》谓契丹、女真两国古界，距来流河八十里，当非阿保机建国时之界。

厘不爽，要亦不能相去过远也。

《辽史》专名译音，为考见五代北方方言最佳之资料。惜刻下契丹文字虽已发见，而契丹语言则所知犹少，故今欲就《辽史》译名而从事研究，则尚非易事。无已，惟有取诸地域稍远之他种文件以为向导耳。

匈牙利人斯坦因（A. Stein）前向中国道士所借敦煌石室写本中，有藏文音译《金刚经》及《阿弥陀经》两残卷，英人陶慕士（F. W. Thomas）及柯乐逊（G. L. M. Clauson）早已研究，分别刊于《皇家亚洲学会杂志》。① 据其研究结果，此二残卷乃第八世纪至第十世纪间写本。在此两残卷中，吐蕃字音译之西北方音"女"字读 ji，与"女"字同属娘母之"尼"字，声母亦为 j；同属鱼韵之"汝"字，则作 źi，或作 źu。②

公元第六世纪日本人留学于长安，其所学习之汉字读音，称为汉音，时代虽较早，然亦可供吾人参考。日本汉音女字读 dzo。③

依高本汉《中国音韵学研究》所录之中国方言，现代"女"字尚有保存 j 母痕迹者。如山西文水、临汾二地女读 ndy④，兴县读 ndyi，汕头读 dziu⑤。

然则就时代而言，上起南北朝下至今日，就地域言，西自敦煌，东抵日本，北起山西北部，南达广东，"女"字除普通鼻音声母外，尚别有与 'j 或与 'j 相近之声母，此吾人所不能忽略者也。

就"女"字声母言，自切韵 njiwo 至今普通话 ny，声母皆为鼻音。顾娘母发音部位前移在 i、y 前，起颚化作用（Palatalization），故发生 n > nd 现象。⑥ 就韵母言，第十世纪西北方言，鱼韵字出入于 i、u 两摄间，游移未定⑦，故汝

---

① 即《藏文音译〈金刚经〉残卷》（A Chinese Buddhist Text in Tibetan Writing），《皇家亚洲学会杂志》，一九二六年；《藏文音译〈阿弥陀经〉残卷》（A Second Chinese Buddhist Text in Tibetan Character），《皇家亚洲学会杂志》，一九二七年。柯乐逊（Clauson）在此两文中，将此两种藏文残卷，一一注出汉字，甚便检阅。一九三三年罗常培先生刊其《唐五代西北方音》时，据柯乐逊文将藏汉对音一一录出，本文所据，即间接引自罗书也。惟罗马字母译写之西藏字母 j 改用法国式 j，以便与威妥玛式写之中文 j 母分别。
② 《唐五代西北方音》，第二一页。
③ 赵元任、李方桂、罗常培诸先生合译高本汉（B. Karlgren）《中国音韵学研究》（*Etudes sur la phonologie Chinoise*），第六七六页。
④ 同上书，第三五三页。
⑤ 同上书，第六七六页。
⑥ 同上书，第二六〇、三五五页。
⑦ 《唐五代西北方音》，第四五页。

读 zi 又读 zu。然则就理论上言，"女"字宜亦有 ju 之读法，惟吾人尚未发现此种如意例证耳。

'ji 前之 [']母，乃表示 j 母鼻音先声之前置字母，其作用与 'b、'd、'g 读如 mb、nd、ng 同。① 观于宋代西夏文"穴"字汉字译音为"尼长"，吐蕃字母译为 'jo'，尼与 ['] 对译。明代西番译语译前置字母 'a 为恩，今青海藏语方言仍读 'a 为 n，可以知矣。② 今临汾等县"女"字声母（nd）浊塞音前，亦有一同部位之浊鼻音，此 [']母之位置，正与 n 相当，则其音值亦与之相应，当无可疑。然则首先以女真二字译 'jüchin 者，在其所操方言中，女字当读为 nju。

今既知五代北方方言"女"字之音值为 'ji ~ 'ju = nju，则一旦欲复原《辽史》女古、女里、女瑰、女古底等名称，亦当借镜于此矣。③

女真国号金，《金史国语解·物象门》"金"曰"安春"。乾隆十二年（一七四七年）钦定《金史国语解》以满文 ayisin 当之，而钦定《金史语解》卷三《地理门》则又以按春为满文 anchun 之音译，anchun 汉文耳坠也。按以安春与 ayisin 同意则可，直以安春即满文 ayisin，则不可，至以按春当 anchun，乃当日御用学者昧于金元间译例，但求对音，不顾史实所致耳。

伯希和教授谓突厥语金为 altun，蒙古语为 altan，女真语按春应为 alchun。④ 其说良确。今再作若干补充，以资说明。陆次云《译史纪余》译畏兀儿语 altun 为"俺吞"⑤，《元史》译蒙文 altan 为"按坦"、"按滩"等等，明王鸣鹤《登坛必究》卷二二译为"俺炭"，则女真语"按春"为 alchun 当无疑义。盖上起金元，下至明代，外来语韵尾辅音为 l 者，常译为 n。⑥ 如阿尔泰山（Altai）译为"按台山"，suldus 译为"逊都思"，其例固不胜枚举也。至于 t > ch，乃阿尔泰语系常见之现象。如突厥语 Od-tegin > 蒙古语

---

① 唐叔豫译俄人聂利山（N. A. Nevsky）:《关于西夏国名》，《国立北平图书馆馆刊》第九卷第二号，第九页。
② 王静如先生:《西夏文汉藏译音释略》，《中央研究院历史语言研究所集刊》第二本，第二份，第一七八页。惟改 ha 为 'a，dza 为 ja，以求一律。
③ 契丹建国，早于女真二百余年，故此例不能适用于金史，如《金史语解》十六曰女鲁欢（niolhon），《三合便览》译为上元后一日。罐曰活女（honio），《三合便览》译为水桶。足证金代女字声母，与现代普通话音同。
④ 《通报》，一九二二年，第二二三页。
⑤ 《龙威秘书》，第九集，第三册，《译史纪余》卷四，第一〇页下。
⑥ 金元时代音译中之 l，予将别著专文详细讨论。

Otchigin①，ötüg（请求）> öchik（讲说）是也。故在阿尔泰语系语中，以女真语"金"为 alchun 毫无困难。

明代《华夷译语·女真语·珍宝门》"金"作"安春温"，德人 W. Grube《华夷译语女真译语序》谓：

> 关于《华夷译语》译者所用之汉文译音，亦不可不论。虽以一音对一音为原则，但在若干场合中，所谓反切之译写，亦曾应用。此类之例，如：阿浑温（兄），满文为 ahon。②

葛鲁伯（Grube）以"春"、"温"二字仅代表一音之说，虽言之成理，然窃疑其实为二音，"春"、"温"二音之间，似有一 hiatus，其原语似为 alchu'un，十三世纪蒙古语即有此现象，似不能以今日满语绳明代女真语也。

明代辽东建州卫女真方言金为 ayisin，其字显然与 alchun 相应。惟在语音演变上究当如何解释，则犹待比较阿尔泰语言学专家研究也。建州努尔哈赤崛起时，称金国曰 Ayisin Gurun③，自建国号曰大金或后金，其满文原文亦用 Ayisin Gurun。观于天聪四年（一六三四年）《辽阳莲花寺大金喇马法师记》"大金"二字满文作 Ayisin Gurun④，可以知矣。

ayisin 译音"爱新"，亦作"爱亲"（ayichin）。此亦出方言之变异。s > ch 现象，吾人可用满文萨满（saman，巫也）一字解释之。达呼尔（Dahur）称巫为"萨玛"（sama）⑤，宁古塔（Ninguta）称为"叉马"（chama）⑥，语音随地而异，非有异也。至阿勒楚喀河俗称"阿什河"，"阿什"则又爱新之另一种方言读音也。

---

① Od 义为"火"，tegin 为"王"，蒙古俗，幼子守产，故多加 Otchigin 之号，汉译"斡赤斤"。
② 《女真语言及文字》（Die Sprach und Schrift der Jučen），第一一页。葛鲁伯所据之《华夷译语》为夏德所得本。此本后为柏林皇家图书馆购去，现在分装四巨册。至其内容，夏德曾加解说，参阅同氏所著《四夷馆考》（The Chinese Oriental College），J.Ch.B.R.A.S.，一八八七年，第二〇三—二一九页。
③ 达海（Dahai）及额尔德尼（Erdeni）等译《金史》曰 Aisin Gurun-i Suduri（九册，一六四四年）。一八八七年哈雷（C. de Harlez）于鲁文（Louvain）刊行之《金史》法文译本，即据满文本重译。
④ 福克斯（Walter Fuchs）：《满洲早期满文碑铭》（Early Manchurian Inscription in Manchuria），The Chinese Journal，July 1931，第七页。
⑤ 西清：《黑龙江外纪》卷六。
⑥ 吴振臣：《宁古塔纪略》。

《三朝北盟会编》卷三谓女真国号"大金",以水名"阿禄阻"为国号。《金史》卷二四《地理志》说同,惟称此水为"按出虎"。《建炎以来系年要录》卷一引《张汇节要》云:"阿古达(阿骨打)为帝,以本地'爱新'为国号。"爱新为满文,乃清人所改译,原文当亦为"按出虎"一类译音也。

按出虎水即今哈尔滨南之阿什河。金代之前,名"安车骨"或"安居骨"①,金代除阿禄阻与按出虎外,《金史》尚有阿术浒、按出虎、安出虎等异译。清代称之曰阿勒楚喀河。东西学者向以"按出虎"(alchuxu)与"按春"混言,不加分别,其实"按出虎"为水名,与"按春"当有区别,兹略辨析于此。

关于"按出虎"与"阿勒楚喀"之关系,清代学者已作研究,萨英额《吉林外纪》卷二:

> 阿勒楚河以水得名,……旧作按出虎。……按清字音,按与阿近似,出字与楚字同,虎字首与喀字首同。本处人习于国语,转音之讹也,俗称阿什河。

清代学者大抵不注意语言因时因地而变之定律,又不肯细求各代音译外来语译例,凡遇有与近代官话参差者,即以"音讹"或"音转"二字了之,独不思古人何以较后人特别低能,而不能用比较正确之字音,译写外来字乎。

"按出虎"最早译名,为"安车骨"。"车"字《广韵》有两种读音,一"九鱼切"(kjǐwo),一"昌遮切"(tcia)。若与后世译音"按春"、"阿禄阻"、"阿术浒"、"按出虎"、"阿勒楚克"比对,其相应之字为"阻"、"春"、"出"、"术"、"楚",声母除阻(j)字外皆为 ch,不为 k(居 = kjǐwo)。由此吾人可断定《北史》、《隋书》、《旧唐书》"安车骨"之"车"字,应读为"昌遮切",不当为"九鱼切"。又可推定《新唐书》"安居骨"之"居"字,殆不可从。

"阿勒楚喀"一名,满文写法为 Alchuka②,字尾 -ka,当为一语尾,与古译对比,显然与"安车骨"之"骨","按出虎"之"虎","阿术浒"之"浒"等字相当。是"骨"、"虎"、"浒"当亦为语尾。与"按春"或"安春温"迥

---

① 《北史》卷九四《勿吉传》作"安车骨"。《隋书》及《旧唐书》并同,惟《新唐书》作"安居骨"。
② 《钦定清汉对音字式》,一八三六年,第五三页。

异。"骨"、"虎（浒）"、"喀"，时代不同，音微变耳。至于此语尾在文法上意义如何，尚不易解释，穆麟德（P. G. von Möllendorff）《满文文法》谓凡字尾加 ka、ko、ku、ho 者，大抵皆表示工具及器物之名①，恐不能用以释此。

博明《西斋偶得》云：

> 辽为契丹，金为女直。契丹本音乃"契塔特"，女直系由"女真"、"女真"由"朱里真"迭改，其音乃"朱里扯特"，见《元秘史》蒙古文，今蒙古犹以是呼之。

西斋虽蒙人，然其说犹多待补正。契丹之名，在东亚别种语言中，始见于唐玄宗开元二十年（七三二年）突厥文《阙特勤碑》，其文作 Qïtaï。② 自此以后，直到今日之俄文仍 Kitai。在西方文籍中，第二字音，始终皆作 -tai，不作 -tan。丹为阳声字，收声为 -n，何以在他种语言中，译音与汉语均不同？（中国虽有吸纥之名，然不通用）查古代北族名称若乌桓、柔然、达怛等译名，第二字亦皆为阳声，丹字之收声 -n，殆表示一种特别意义欤？按蒙古语有单数 -ai 则复数变为 -an 之规则③，如《元朝秘史》第一四二节"头硝"作 manglai（莽来，本意为额），复数"头硝每"作 manglan（莽阑）；《华夷译语》贼作 qulaghai（忽剌孩），复数作 qulaghan（忽剌罕）。然则 Qitai 与契丹（Qitan），亦可用古蒙古语复数单数解释欤？

《元朝秘史》第二四七节蒙文音写"乞塔惕"（Kitat）旁注"金国"。"合剌乞答敦"（Qarakitat-un）旁注"契丹的"。"主儿扯敦"（jürchit-un）旁注"女真的"。第二四八节"阿勒坛合讷"（Altan qan-u）旁注"金皇帝的"。第二五一等节"乞塔敦"（Kitat-un）旁注"契丹"，译文皆作"金"。第二八一节"札忽敦"（jaqut-un）旁注"金人的"。此种名称，亦须稍加说明。按"札忽惕"回教史料作 jauqut，《至元译语》作"托（札）忽歹"，译言"汉儿"，陈寅恪先生早已研究④，可不论。Kitat 乃契丹之蒙文复数，为今日蒙人对汉人之称呼，但在十三世纪，则用以称金国，观于《秘史》第二四七

---

① 《满文文法》(*A Manchu Grammar*)，第四页。
② 参阅拙译突厥文《阙特勤碑》，载《国立北平研究院院务汇报》卷六第六期。
③ 田清波（A. Mostaert），*Textes Oraux Ordos*, 1937, 第二二页。
④ 《元代汉人译名考》，《国学论丛》卷二第一号。

节可以知矣。第二五一等节旁注"契丹"，误。元初蒙古称契丹遗族曰"合剌乞答惕"（Qarakitat），彭大雅《黑鞑事略》"其残虐诸国"条作"呷辣吸绐"，乃 Qara-Qitai 之译音，用以称耶律大石所建之西辽。突厥蒙古 qara 义为"黑"，故彭大雅自注"黑契丹"云。

至于"主儿扯惕"，乃"朱理真"（Jürchin）之蒙文复数。拉施都丁书作 Jūrcha，殆由韵尾 n 消失之 Jürchi 或 Jürche 译出。① 据《蒙古源流》，知其字实应读为 Jürchit。② 王鸣鹤《登坛必究》卷二二《译语·地理门》称"辽东海西"［卫］为"主儿赤"，又《人物门》"□□"下注"主儿赤"，"□□"当为与建州相当之字，盖版系明刻，入清后触讳挖去耳。③ 大抵自元初以来，蒙人用 Jürchit 一字，专称女真人。

明《华夷译语》称女真为"朱先"，Grube 以 Juchen 或 Niuci 注之。④ 惜未注明 Juchen 之出处。《满洲源流》卷一谓国初称所属诸部为"珠申"。满文老档作 Jusen。⑤ 似不能贸然用以与女真相对比。就十世纪译例言，Jur- 应用收声 -t 之入声字译之。如谓 -p、-t、-k 收声已消失，则 Jur 之 r 又未可略而不译。"朱理真"之"理"，最足以表示收声 -t（-r）已消失，儿、而、尔等日母字尚未变为近代之 ər 也。

女真亦作"女贞"。《中原音韵》为"真有贞"。⑥ 宋代某方言中，当亦有"真"、"贞"不分之现象。《松漠纪闻》称辽人避兴宗讳，"更为女直，俗讹为女质"。就字面言，直或为真之省减，就读音言，恐女直、女质皆由鼻音韵尾消失之 jürchi 一字译出也。《宋会要·蕃夷门》谓女真本姓"挐"，契丹谓之"虑真"。宇文懋昭《金志》说亦同，或即本《会要》。今南京人犹有读女为 lu 者，契丹境内汉儿，殆亦有 n > l 现象乎？

一九四二年五月二十日于成都
（原载《华西协合大学中国文化研究所集刊》一九四三年第三卷）

---

① 《丛刊》第七册，第一四六页。
② 施密德（I. J. Schmidt）刊蒙德合璧《蒙古源流》第七四页，第九行。
③ 书前有万历戊戌（二十六年）王鸣鹤自序，及万历二十七年己亥张朝瑞序，其书当即刻于戊己间。
④ 《女真语言及文字》，第九一页。
⑤ 据日人周藤吉之《清朝入关前旗地发展经过》引《东方学报》东京第一二册之二，一九四一年八月，第一三八页），忆满文《阿济格木牌》亦有"珠申"原字。刻下手头无书，暂从略。
⑥ 古书流通处影印本，下册，第二九页下。

谈谈辽、金、元史籍中少数民族的译名等问题

一、毕沅《续资治通鉴》中辽、金、元三代少数民族的人名、地名，采用的都是"钦定"《三史国语解》的改译。我认为应当依据未改过的三史本子统统改过来。

清乾隆年间修四库全书，下令将辽、金、元三史及同时代文集中的少数民族人名、地名一律改译，《辽史》据索伦语（达斡尔语）改，《金史》据满语改，《元史》据蒙古语改。像这样师心自用、擅改史文，只会给后来的研究者增加麻烦和困难。例如《元史》中人名、地名，有的译自蒙文，也有不少译自阿拉伯文、维吾尔文、藏文和他种文字，都用蒙文来改，就不免张冠李戴、指鹿为马；即使是译自蒙文的，时代不同，读音上也有差异，以今音律古音，同样是不妥当的。清代许多有名的学者，曾使用各种托辞抵制乾隆"钦定"的改译。赵翼倒填著书年月，然后说："臣纂辑《廿二史札记》时，第就坊刻辽、宋、金、元、明旧史为据。今蒙高宗纯皇帝御批《历代通鉴辑览》，所有人名、地名，一一翻译改正，始知数百年以来皆承讹袭谬，今日方得本音。"他在书后作了个新旧译名对照表表示恪遵诏令，其实是为了免除学者阅读之苦。魏源写《元史新编》，借口"钦定辽、金、元三史国语官书，即在京师亦难购觅，况南方下士乎"，仍用没有改过的旧名。毕沅编纂的《续资治通鉴》，是继《资治通鉴》之后一部便于使用的编年史书，目前还没有其他适当的书来替代它。但毕沅身为前清重臣，所处的政治地位使他不敢不采用乾隆"钦定"的改译。虽然在每一个改译名词初见时都注出它的旧名，读者仍然难以立刻记住这么多毫无道理的改译名词指的究竟是何人何地。对使用这部书的人来说，这简直是一种折磨。将所有改译都按旧名改回来，不但不会降低，而且只会提高这部书的学术价值。五十年代中华书局出

版标点本《续资治通鉴》时，我曾提出过这个问题。现在重新提出来，希望趁这次古籍整理的机会妥善解决，以便解决青年读者和文史工作者使用这部书的困难。

二、解放后我国重印的古籍不少，一部分还加以标点，用起来较为便利。但是为古书作索引的还很少。有时为搜检某一方面的史料，甚至只是一两条材料，就不得不有将一部卷帙浩繁的古书从头到尾通读一遍的思想准备。我认为应该有系统地为廿四史、通鉴等重要古籍分别作出索引，以减少学者翻检之劳。从前顾颉刚先生曾作过《尚书通检》，使用起来非常方便。日本学术界为辽、金、元史所作的索引或语汇集成，每个词条下都带有简要的原文，是研究这一阶段历史的中外学者手头必备的工具书。我们今天编这一类工具书，当然不能倒退到过去的水平之下，也不应该自甘落后于国际学术界同行已经达到的水平，应当采取语汇集成的方式，在词条之下注出扼要的原文。这个工作，希望能有一个规划，通过分工合作、集体努力，尽快搞出来。

三、中国的历史和文化，不仅是汉族的历史和文化，中国的历史和文化，不是在和外国隔绝的状态下孤立地发展起来的；对于中国的历史和文化，也不是只有我们中国人自己在研究。所以，我们必须开阔自己的眼界。在这里，我觉得以下两点应当引起我们的充分重视。第一，有关兄弟民族、历史上的边疆地区、中外交通的史籍整理工作，除校点而外，应尽可能优先组织力量进行注释。为了做好这个工作，我们的研究对象绝不能局限于汉文史籍，必须尽可能详细地占有各个时代的少数民族和邻国史籍中的有关材料，尽可能充分地吸收国外东方学家的学术成果。西方及日本东方学的发展虽然曾经同殖民主义、帝国主义侵略活动有着密切的关联，但其中不少学者的学术研究成果是非常值得我们借鉴的。我们的古籍整理工作，只有置于当代世界史学、考古学、民族学等多种学科综合成果的坚实基础之上，才能高质量地进行下去。第二，对于少数民族文字（如藏文、维吾尔文）的珍贵文献古籍，包括新疆出土的大量回鹘文书等，也应加紧组织班子进行研究和整理。以上两点如果做得好，我们就能培养出一批年轻的专家，改变目前在这些比较特殊的学科领域中人才缺乏的现象。

（一九八二年全国古籍整理规划会议上的书面发言）

初版后记

我在阅完过去几十年中所写的论文之后，觉得有关经常参考的拉施都丁（Fadl Allah Rashīd ad-Dīn）《史集》（Jām i' at-Tavārīkh）的波斯文刊本及译本的问题还应该再谈一下。

第一卷　《部族志》及《成吉思汗传》

贝勒津（И. Березин）波斯文校订本及俄译本，收入《俄罗斯皇家考古学会东方部丛刊》（Труды Восточного Отдедения Императорского Археологического Общества），圣彼得堡。

第一篇　部族志

1. 哀德蛮（Franz von Erdmann）：《古突厥、塔塔儿及蒙古民族概况》（Vollständige Übersicht der ältesten Tuerk-ischen Tatarischen und mongolischen Voelkerstämme），喀山，1841（此书为《部族志》的德文节译本，本书引用时简称《概况》）。

2. 贝勒津校本及译本：

A. 俄文译本，《丛刊》第五册，1858。

B. 波斯文校订本，《丛刊》第七册，1861。

3. 赫达古洛夫（Л. А. Хетагуров）俄文译本，《史集》第一卷第一册（Сборник Летописей, Т. 1, кн. 1），莫斯科，1952。

第二篇 《成吉思汗传》

1. 贝勒津校订本及译本：

A.《成吉思汗传》上半部，波斯文校订本及俄文译本，《丛刊》第十三册，1868。

B.《成吉思汗传》下半部，波斯文校订本及俄文译本，《丛刊》第十五册，1888。

2. 洪钧：《元史译文证补·太祖本纪译证》为《成吉思汗传》贝勒津俄文译本之撮译。自太祖本纪始至猪年（一二〇三年）"宣布札萨以令于众"（光绪丁酉刻本卷上，第二七页），为贝译上半部；鼠年（一二〇四年）以后至卷末为贝译下半部。

3. 斯米尔诺娃（О. И. Смирнова）俄文译本，《史集》第一卷第二册，莫斯科，1952。

第二卷 《成吉思汗的继承人》
（窝阔台至铁穆耳）

1. 布洛晒（E. Blochet）波斯文校订本，《拉施都丁的蒙古史》（Histoire des Mongols de Fadl allah Rashīd de-Dīn），莱顿、伦敦，1911。

2. 威尔霍夫斯基（Ю. П. Верховский）俄译本，《史集》第二卷，1960。

3. 波义耳（J. A. Boyle）：《成吉思汗的继承人》（The Successors of Genghis Khan），此书即布洛晒波斯文校订本《史集》第二卷的英文译本。

第三卷 《波斯蒙古史》

1. 迦特麦耳（E. Quatremère）：《波斯蒙古史》（Histoire des Mongols de la Perse），巴黎，1873。此书只有旭烈兀传，系波斯原文与法文译文合璧本。

2. 阿伦兹（A. K. Арендс）俄文译本，《史集》第三卷，莫斯科，1946。

韩儒林著述要目

《西洋文明史》上册 （翻译）
北京女子师范大学研究所出版 1931年

《突厥文阙特勤碑译注》
《北平研究院院务汇报》第6卷6期 1935年

《突厥文苾伽可汗碑译注》
《禹贡》第6卷6期 1936年

《突厥文暾欲谷碑译文》
《禹贡》第6卷7期 1936年

《蒙古之突厥碑文导言》（翻译）
《禹贡》第7卷1期 1937年

《绥北的几个地名》
《禹贡》第7卷8期 1937年

《突厥蒙古之祖先传说》
北平研究院史学研究所《史学集刊》第4卷 1940年

《突厥官号考释》
《华西协合大学中国文化研究所集刊》第1卷1期 1940年

《成吉思汗十三翼考》
《华西协合大学中国文化研究所集刊》第1卷1期 1940年

《吐蕃之王族及宦族》
《华西协合大学中国文化研究所集刊》第1卷1期 1940年

《蒙古答剌罕考》
《华西协合大学中国文化研究所集刊》第1卷2期 1940年

《蒙古氏族札记二则》
《华西协合大学中国文化研究所集刊》第1卷2期 1940年

《元史研究之回顾与前瞻》
《责善》第2卷7期 1940年

《西北地理札记》
《华西协合大学中国文化研究所集刊》第1卷3期 1941年

《爱薛之再检讨》
《华西协合大学中国文化研究所集刊》第1卷4期　1941年
《元代阔端赤考》
《华西协合大学中国文化研究所集刊》第1卷4期　1941年
《答剌罕考补遗》
《华西协合大学中国文化研究所集刊》第1卷4期　1941年
《读蒙古世系谱》
《齐鲁、华西、金陵三大学中国文化研究汇刊》第1卷　1941年
《清初中俄交涉史札记》
《学思》第2卷2期　1941年
《汉代西域屯田与车师伊吾的争夺》
《文史杂志》第2卷2期　1941年
《成都蒙文圣旨碑考释》
《华西协合大学中国文化研究所集刊》第2卷2期　1942年
《罗马凯撒与关羽在西藏》
《华西协合大学中国文化研究所集刊》第2卷2期　1942年
《关于西夏民族名称及其王号》
北平图书馆《图书季刊》第4卷4期　1942年
《关于洪钧》
《边政公论》第1卷9期　1942年
《边陲石刻跋文译注》
《边政公论》第1卷11期　1942年
《元代漠北酒局与大都酒海》
《东方杂志》第39卷9号　1943年
《八思巴字大元通宝跋》
《金陵、齐鲁、华西三大学中国文化研究汇刊》第3卷　1943年
《女真译名考》
《华西协合大学中国文化研究所集刊》第3卷　1943年
《蒙古的名称》
《中央大学文史哲季刊》第1卷1期　1943年
《吐蕃古史传说研究》
《中央大学文史哲季刊》第1卷2期　1943年
《青海佑宁寺及其名僧（章嘉、土观、松巴）》
《边政公论》第3卷1、2、3、4、5期　1943年
《唐努都波》
《中国边疆》第3卷4期　1943年
《〈明史〉乌斯藏大宝法王考》
《真理杂志》第1卷3期　1944年

《内蒙急待举办的几件事》
《边政公论》第 6 卷 1 期　1946 年
《西藏的回顾》
《新华日报》1951 年 6 月 2 日
《蒙古史史料与基本文献概述》（翻译）
《蒙古人民共和国通史》（汉译本）第一章　1958 年
《元朝中央政府是怎样管理西藏地方的》
《历史研究》第 7 期　1959 年
《内蒙古新感》
《民族团结》第 12 期　1961 年
《论成吉思汗》
《历史研究》第 3 期　1962 年
《影印元刊本〈国朝名臣事略〉序》
《元朝名臣事略》卷首　中华书局　1962 年
《耶律楚材在大蒙古国的地位和所起的作用》
《江海学刊》第 6 期　1963 年
《"通今"才能"博古"》
《江海学刊》第 3 期　1964 年
《从今天内蒙古自治区的畜牧业大丰收回看元代蒙古地区的畜牧经济》
《南京大学学报》第 8 卷 3—4 期　1964 年
《知识分子在农民战争中的作用》
《南京大学学报》第 9 卷 1 期　1965 年
《关于让步政策问题的笔谈》
《新建设》第 3 期　1966 年
《唐代都波》（乌梁海史札记）
《元史及北方民族史研究集刊》第 1 期　1977 年
《唐代都波新探》
《社会科学战线》第 3 期　1978 年
《把我国的民族史研究搞上去》
《元史及北方民族史研究集刊》第 2 期　1978 年
《元代吉利吉思》（乌梁海史札记）
《元史及北方民族史研究集刊》第 2 期　1978 年
《研究历史必须坚持实事求是的学风》
《工农兵评论》第 10 期　1978 年
《关于西北民族史中的审音与勘同》
《南京大学学报》第 3 期　1978 年
《元代的吉利吉思及其邻近诸部》
《中国史研究》第 1 期　1979 年

《回忆与展望》
《南京大学校刊》 1979 年
《关于"拂林"》
《元史及北方民族史研究集刊》第 4 期 1980 年
《关于西辽的几个地名》
《元史及北方民族史研究集刊》第 4 期 1980 年
《我国元史研究的回顾与展望》
《在元史研究会成立大会上的发言》 1980 年
《认真开展中亚史的研究》
《群众论丛》第 1 期 1980 年
《元代诈马宴新探》
《历史研究》第 1 期 1981 年
《答剌罕》
《百科知识》第 5 期 1981 年
《清代蒙古驿站的方位》
《元史及北方民族史研究集刊》第 5 期 1981 年
《元代的吉利吉思大事年表》
《元史及北方民族史研究集刊》第 5 期 1981 年
《所谓"亦思替非文字"是什么文字》
《文物》第 1 期 1981 年
《中国通史参考资料第六册》（主编）
中华书局 1981 年
《〈元史纲要〉结语》
《元史论丛》第 1 辑 1982 年
《中国西北民族纪年杂谈》
《元史及北方民族史研究集刊》第 6 期 1982 年
《谈谈辽、金、元史籍中少数民族的译名等问题》
《在古籍整理规划会议上的书面发言》 1982 年
《回忆禹贡学会——纪念顾颉刚先生》
《历史地理》第 2 辑 1982 年
《成吉思汗》
江苏人民出版社 1982 年
《穹庐集》
上海人民出版社 1982 年
《关于〈蒙古史料四种〉和古行纪四种》
《社会科学战线》第 2 期 1984 年
《读〈史集·部族志〉札记》
《元史论丛》第 3 辑 1985 年

《对匈奴社会发展的一些看法》
《元史及北方民族史研究集刊》第 9 期　1985 年
《简明元史》(中央党校讲演稿)
《中国古代史讲座》　求实出版社　1987 年
《韩儒林文集》
　江苏古籍出版社　1988 年

索 引

A

阿八剌忽311
阿巴干281, 305, 307
阿巴哈纳尔183
阿坝垓185
阿霸哈纳尔185
阿谤步244
阿必失呵81
阿波15, 269, 270
阿波达干14, 15
阿布勒哈齐120, 137, 242, 256-259, 261, 273, 290, 310, 315
阿布列·法拉齐70
阿答儿斤4, 5
阿答儿乞296
阿大里吉歹41
阿大里力歹41
阿的勒62
阿儿孩哈撒儿7
阿儿思阑汗299
阿尔泰102, 104, 107, 128, 169, 174, 175, 185, 186, 191, 198, 226, 257, 281, 285, 288, 294-298, 306, 307, 309, 357, 385, 395, 396
阿辅水244
阿骨打397

阿哈6
阿合马150
阿黑塔臣92
阿浑温396
阿拉克塔勒197
阿剌罕214
阿剌忽失167
阿剌吉227
阿剌鸟1
阿兰答儿301, 315
阿兰豁阿6, 232, 233, 247, 248, 252
阿勒赤236, 258
阿勒达尔201
阿勒迪额儿289
阿勒塔泥19, 20
阿勒坛10, 21
阿勒坛合讷398
阿雷23, 297, 318
阿里不哥42, 64, 84, 171, 223, 296, 299-303, 306, 315, 316
阿里海涯165
阿里三部366, 367
阿力海涯15
阿力麻里299, 316
阿鲁忽316
阿鲁灰318

阿鲁科尔沁180
阿鲁剌19, 46
阿禄阻397
阿那瓌14, 242, 272
阿纳昔木思79
阿浦286
阿沙敢不390
阿失黑296
阿史德252
阿史那242, 244
阿术24, 77, 93, 219
阿术鲁171
阿思83
阿速28, 30, 33, 59, 60, 81, 219, 221-223
阿贤设244, 258
哀德蛮5, 7-12, 19, 34, 42, 44, 45, 47, 51, 64, 66, 81, 105, 107, 170, 230-233, 237, 238, 256, 283, 402
爱马155
爱新396, 397
爱薛72-83
安禅262, 263, 268
安车骨397
安出虎397
安春395
安加拉河280, 287
安居骨397
安童316, 317
庵逻270
俺巴孩12, 258
按赤台38
按出虎397
按答罕山61
按弹154, 314
按台山297, 299, 395
昂吉尔图205
昂可剌286, 287, 292
盎吉剌304

奥都剌合蛮150, 167
奥鲁赤362

B

八八罕77
八白室310
八赤蛮59
八里吉思365
八立托289
八怜292, 317
八邻296, 298, 318
八鲁剌思1
八思巴80, 88, 93, 96-98, 101, 102, 123-125, 322, 323, 348, 356, 362, 364, 365, 368, 388, 393
巴阿邻314
巴歹7, 20, 21, 24, 25, 28, 34, 39, 108
巴德雷285, 293
巴儿忽津296, 309
巴而术阿而忒272, 273, 314, 317
巴尔忽290, 308
巴尔浑289, 290
巴哈失358
巴剌7
巴剌合孙103
巴剌合惕103
巴里坤383
巴里失213, 214
巴塔赤罕252
巴牙兀惕7, 8, 62, 63
巴只吉289, 291, 296
拔都10, 11, 16, 60, 102, 105, 108, 109, 133
拔悉密272, 273, 293
拔也古271
把带39
把儿坛把阿秃儿8
霸邻1
白鞑232

白龙堆383
白鸟库吉86, 269, 276
白山384
白上国387
白霫271
白野山66
百八里316
拜住157
班超385, 386
班秃83
班朱尼313
伴当4, 7
保兀儿臣108-110
报达136, 245
杯禄277, 313, 314
北安王155
北海111, 286, 306, 308, 315
北平王316
北庭15, 60, 275, 299, 316
贝勒190, 337
贝勒津2, 5, 6, 8, 9, 11, 12, 18, 19, 22, 23, 34, 42, 43, 45, 47, 51-53, 59, 64, 66, 106, 107, 116, 119, 230, 231, 233, 234, 237, 238, 273, 277, 290, 294, 303, 304, 306, 308, 309, 391, 402, 403
孛伯318
孛端察儿6, 9, 247
孛儿帖89
孛儿帖赤那252-254, 256-259, 261
孛儿只斤2, 22, 24, 222, 247, 259
孛兰奚156
孛鲁171
孛鲁欢73, 301
孛罗72, 81, 83, 255
孛罗忽勒20, 95, 108
孛徒1, 23
备鲁兀惕46, 237, 238
奔不儿亦思刚366

奔塔出拔都4
俾丘林50
必彻彻148, 149
必阇赤72, 143, 149
苾伽可汗272-274, 321
敝失兀惕8
弊剌265
别迭145, 146
别里古台89, 91, 92
别列古讷台248
别速惕12
别帖里歹41, 42
别帖乞41-43, 47
播里241
伯八22, 316
伯巴儿思59
伯希和14, 26, 49, 59, 60, 67, 72, 79-81, 86, 87, 95, 102, 114-117, 143, 211, 212, 215, 217, 236-239, 246, 249, 263, 267, 277, 279, 284, 285, 288, 289, 291, 293-295, 297, 324, 326, 330, 331, 333, 345, 352, 354, 369, 395
伯牙吾63, 65, 66
伯牙吾台60, 62-64, 66
伯颜15, 27, 28, 32-34, 133, 220, 316-318
伯岳吾8, 63
博尔忽19, 20, 22, 28
博尔术19, 20, 28
渤海132, 220, 224, 312, 393
驳马265, 271, 280
卜古246
卜花儿35
卜怜吉带77
卜鲁罕63-66
卜栾台1
卜颜的斤33
卜欲鲁277
不答安5

不儿罕389, 391
不儿罕合勒敦309, 310
不古讷台248
不合63-65, 258, 289
不合古列坚63, 64
不黑都儿麻298, 314
不花16, 63, 171
不花剌150, 213
不剌合臣309
不里241
不里阿耳145
不里牙惕289, 290
不赛音67
不兀剌314
不亦鲁黑42, 277, 297, 298
布浑察儿20
布拉克183, 184, 186, 189, 194-196, 202-204, 206, 207, 289
布来特施乃德62, 67, 70, 140, 296
布里雅特290
布鲁特16
布罗克尔曼250
布洛晒6, 16, 17, 42, 46, 47, 59, 64, 66, 170, 213, 214, 298-302, 308, 362, 388, 403
布吕涅284
布思端88, 344, 368, 389, 390
步离241, 270
《部族志》1, 5-12, 18-20, 22, 34, 42, 43, 46, 47, 51, 52, 62-64, 66, 105, 107, 116, 119, 230, 231, 233, 235, 237-239, 247, 271, 272, 283, 285-287, 290-292, 294, 296, 297, 303, 304, 306, 308, 309, 391, 402

C
参天可汗道172
璨氏169
仓洋嘉磋341

苍狼121, 240, 248, 250, 252-254, 256-259
测景所308, 317
策凌敦多布358
策特尔56, 379
策旺阿拉卜坦358
曾濂50
叉汗237
叉马251, 396
察八儿318
察哈42, 233-235
察哈尔183, 186, 191, 193, 197, 198, 237, 349
察哈札剌儿42, 234
察罕162, 237, 365, 369
察罕脑儿184
察罕淖尔203
察罕托罗海204, 337
察合台83, 105, 299, 302, 316-318
察剌合领忽9, 12
察乃160
常惠380, 382
敞史279, 282
抄兀儿18, 19, 23
抄真斡儿帖46
车臣汗173, 191, 207, 208
车尔楚56, 379
车师15, 56, 57, 375-386
彻彻秃157, 318
彻兀台30
撤必37
綝氏169, 333
陈时可147
陈元靓113
称海172, 226, 292
成吉思汗1-13, 17-24, 26, 28, 30-32, 34-39, 47, 51, 52, 58, 63, 64, 89, 91, 92, 95, 96, 102, 103, 105, 106, 108, 116, 120-123, 126-145, 154, 155, 211, 213, 215, 219,

221-224, 226, 232, 245, 247, 251, 253, 257, 258, 264, 278, 287-289, 296-300, 304-306, 309-315, 327, 328, 366, 388, 391, 402, 403
程钜夫59, 72, 74-76, 79, 229
赤老温17, 18, 28, 59
赤那思9, 12, 296, 314
赤渠驸马37
赤因铁木儿77
丑驴32
丑奴272
处折水244
啜266, 269, 277
川勒160
床兀儿223, 298, 318
垂河136, 298
绰儿马罕44, 45

D

达怛236, 398
达干13-15, 35, 264, 269, 276, 278, 281, 283
达赖浑台吉337
达鲁花赤99, 101, 103, 225, 278
达延汗310
答答儿歹41, 235
答儿罕7, 16, 21
答儿麻·八剌·剌吉塔364
答己11
答剌赤110, 264
答剌罕13-39, 78, 123, 264
答剌麻八剌32, 102
答剌孙264
答兰版朱思1, 23
答里台8, 9
答邻答里32, 34
答鲁忽318
答摩支279, 284

答纳213, 227
答失蛮73, 227, 388
鞑靼15, 17, 28, 29, 35, 62, 143, 232, 233, 237, 240, 257, 288, 292, 389
打儿汉17, 28
大逻便270
大食2, 53, 69, 72, 74, 77, 106, 117, 118, 240, 268
大元通宝123-125
耽罗134
胆巴65
党项130, 218, 220, 387
岛田翰49
德麦逊120
德寿65, 66
德薛禅89
地勤察274
的斤245, 272-274, 289, 314, 317
登里251
登利275
登坛必究28, 85, 103, 114, 264, 311, 388, 395, 399
邓愈362, 366
狄历274
狄银274, 275
迪列土237
敌烈237
底纳儿213
迭剌272
迭烈德237
迭烈木儿河116, 257
定边左副将军174, 198, 202, 203
都波168, 169, 280-283, 285, 291, 305
都播271, 281
都瓦318
都哇317, 318
独乐168
笃哇318

杜大珪164
杜尔伯特176, 203
段那海79
段贞79
断事官22, 236, 302-304, 306-308, 317
多儿勒斤12, 247, 256
多览葛271, 294
多延温都儿312
咄摩支279
咄悉275, 295
朵奔蔑儿干247, 248, 253
朵儿边21, 81
朵儿朵怀317
朵儿勒斤1, 7-9, 62, 260
朵儿直班227
朵甘思364, 366, 367
朵忽剌惕9
朵郎吉235
朵笼吉儿歹235
朵鲁班18
朵思麻364

E
额儿的失河297, 314
额尔德尼昭173
额尔古纳河112, 116, 127, 257
额客3, 19
额仑184
厄尔德尼50
厄鲁特173
饿支271, 281, 282, 284
鄂毕河285, 293, 298, 299
鄂多里克263, 267, 268
鄂尔浑河134, 154, 276, 294, 298
鄂尔昆284
鄂嫩127
鄂托克161, 190
遏罗支265

尔伏270
耳里匜205

F
范文虎224
范延137
费纳客忒150
费舍285
冯秉正50, 81
冯承钧19, 26, 38, 59, 87, 111, 116, 171, 245
夫余240, 246-248
伏尔加河35, 58, 136, 166, 250, 257, 296
拂林72, 74, 76, 83, 84, 169
符拉基米尔佐夫293
匐168, 249, 250, 259, 261, 269, 275, 276, 282, 292, 295
匐俱245, 275
匐你262-264, 267, 268
福余311, 312
拊离241, 243
附离241, 243, 268
附邻241, 243, 263, 268
覆罗271

G
呷辣吸绐399
噶尔丹173, 174, 186, 199
噶顺布拉克206
噶特麦尔53
甘250, 251
甘麻剌32, 102, 155, 317
甘珠尔338, 346, 347
高昌15, 56, 72, 73, 106, 107, 144, 242, 245, 246, 257, 258, 272, 273, 301, 321-325, 383, 385
高车44, 241, 242, 265, 274
高丽85, 86, 95, 139, 145, 251, 373

哥利247, 262, 264
割利特勤264, 274
歌逻禄271
格坚100, 101, 103, 364
格泥格思44, 46
葛尔底西308
葛哩麻巴356-359, 361
葛哩麻巴哈失358
葛禄275
公哥·列思巴·冲纳思·监藏·班藏卜364
公哥·罗古罗思·监藏·班藏卜364
古出古敦297
古出古惕42
古出鲁克298
古儿·孙366, 367
古格367
古连勒古309
古温兀阿63, 235
谷儿只126
汨168
骨咄禄14, 15, 275, 282, 295
骨利干271, 280
唃厮罗325
固始汗337, 358
观音奴76
广吉剌116
归绥376
贵由60, 81, 102, 215, 217, 223, 237, 258, 310
郭尔罗斯176
郭守敬307, 317

H
哈答斤23
哈卡斯288
哈剌察儿59
哈剌赤60, 92

哈剌噶图彦宗山197
哈剌哈孙20, 28, 32, 39
哈剌和林245, 297
哈剌和卓383
哈剌鲁21, 219, 222, 299, 314
哈剌尼敦198
哈剌契丹314
哈剌乌苏湖202, 203
哈剌亦哈赤北鲁30
哈里发69, 136
哈立麻355-357
哈屯汗369
海都83, 84, 292, 298, 302, 303, 307, 315-318
海敦126
海山196, 299, 318
海屯44, 70
海押立299
憨哈纳思302, 311, 319
韩百诗236, 237, 239, 284, 288, 290, 293, 297
罕伯里尔370
撼合纳283, 287, 291, 302, 303
憾哈纳思314
杭爱山173, 198
杭海226
杭海岭317
杭锦161, 189, 190
郝华45, 231, 237, 238
郝经31, 139, 300
诃额伦3
呵吥252
喝盏24-27, 33
合卜合纳思283, 289
合卜秃儿合思43, 46, 47, 170, 238, 239
合不勒4, 6, 7, 258
合丹22, 59
合儿吉勒失剌20

合儿鲁兀惕298
合刺合勒只惕19
合剌章92, 93
合兰台6
合兰只19
合阑歹5
合撒儿91
合失388
合思合312
合赞汗34, 66, 255
何秋涛287, 311, 369
和端306, 315
和里䚟, 362
和林24, 31, 109, 134, 140, 144, 155, 164, 169, 170, 184, 223, 226, 273, 301, 306, 308, 315, 317
和硕特203, 335, 337, 358
曷剌265
曷萨257, 258
曷思麦里67, 69
曷苏馆312
贺兰262, 265, 266
贺兰苏尼阙262, 265
赫达古洛夫64, 303, 304, 306, 317, 402
赫哲283
《黑鞑事略》21, 22, 26, 70, 90, 118, 139, 141, 143, 146, 148, 215, 216, 310, 399
黑契丹399
黑水177, 393
痕德堇272
弘吉剌23, 65, 66, 116
红袄军131
红崖子沟335, 340
洪皓26, 112, 115, 393
洪钧3, 5, 6, 20, 34, 38, 45, 50, 52, 53, 67, 74, 92, 105-107, 112, 114, 117, 119, 128, 140, 169, 230, 231, 235, 240, 253, 276, 278, 286, 287, 290-292, 311, 391, 403

侯显355, 359, 361
后藏343, 349, 356, 360, 365-368
呼伦泊128
呼罗珊4, 5, 144, 245
呼图克图336, 337, 339-344, 347-353, 356, 360
忽必烈30, 31, 42, 80, 81, 83, 84, 94, 101-103, 122, 134, 139, 140, 142, 150, 155, 161, 222-224, 227, 251, 255, 292, 299-302, 304, 306, 309, 312, 315, 316, 327, 358, 362, 365
忽察儿8, 9
忽都笃100, 101, 103
忽都哈思31
忽都合别乞289
忽都花别乞314
忽都剌10
忽哥赤365
忽里谟子138
忽邻171
忽邻勒塔223
忽木兰术245
忽木升吉儿297
忽神9, 42
忽秃儿245
忽秃黑秃6
忽图黑塔·合敦42
忽图剌10
忽亦勒答儿20
胡粹中49
胡峤112, 115
胡素台河188, 189
花剌子模62, 135-137, 150, 213, 224, 245
华克木河289-291
《华夷译语》85, 87, 91, 107, 108, 114, 120, 312, 388, 396, 398, 399
桓州184
皇太极337

黄台吉237, 337
黄虞稷142
晃豁坛11, 23, 46
回回国子监215, 217
回回国子学215-217, 227
回回令史215, 216
回回炮227
回回文143, 215-217
回回译史215, 216, 227
回回掾史216
浑都海301, 315
浑脱26
混同江311
《混一疆理图》227
豁阿马兰勒252
豁儿赤293, 296-299, 314
豁里剌儿台蔑儿干248
火察儿8, 154
火儿赤20
火儿哈赤318
火里308
火里秃马135
火力台5, 6, 18, 19
火鲁罕8, 9
火鲁剌4, 5, 18, 19, 66, 261
火者81
霍忽30
霍鲁海301
霍渥斯51, 52, 169, 240

J
机泩120
吉儿吉思16, 226, 297, 312
吉尔戛朗202, 203
吉利吉思172, 283, 286-293, 295, 297, 299-309, 311, 313-319
吉谢了夫282
济木萨383

罽宾377
加耳麻哇357
加湿蜜罗324
迦尔毕尼26, 58, 70, 109, 118, 143, 215, 217, 296
迦坚茶寒170
迦湿弥罗274
迦特麦耳403
贾答剌罕32
贾耽57, 172
贾鲁33
贾塔剌浑133, 304, 314
坚昆280, 281
犍河18
俭俭州304
建都赤那9, 12
剑水244
践斯处折施山244
箭内亘13, 28, 41, 86, 116, 212, 237, 288, 311
结都那333
结骨280, 283
颉斤271
颉利271, 275, 277
颉利发269, 271, 277, 278
金本巴瓶350
金城公主331
金满城383
金撒帐21, 27
金山147, 242, 243, 257, 275, 298, 299, 317
金微山385
金毓黻312
金帐汗国39, 285, 288, 293-295
《经世大典图》67, 258
景教38, 72, 76, 80-82, 216, 227, 388
九十五千户13, 17, 23
九姓271, 275, 279
九姓鞑靼15

九罪弗罚21, 22, 24, 25, 29, 34, 35, 123
酒海108, 110, 111
酒局108-111
句骊河202
俱禄282, 292
俱轮泊116
军台58, 174, 175, 185, 186, 191, 198, 203

K

喀尔喀173-176, 186, 194, 199, 203, 232, 343
喀山5, 51, 231, 266, 402
喀什噶里14, 16
卡尔平尼230, 232
卡伦174, 203-206, 297
堪布325, 338, 353, 362, 390
堪察加373
康合思289, 291
康居378
康里8, 62, 66, 67, 136, 219, 222, 223
康里脱脱78
康图175, 177-183, 185-189, 193
栲栳泊128
珂罗便262, 266
珂罗啜262, 266
柯拉克348
柯剌不罗特240
柯劭忞11, 52, 53, 63, 65, 68, 81, 92, 107, 112-114, 170, 230, 231, 237, 252
柯瓦列夫斯基74, 86, 89, 310, 347, 369, 390
科布多196, 201-206, 293, 297
科尔沁176, 178, 179, 182, 193
科伐勒夫斯基16, 17
可贺敦269
可里吉思37
可失合里268, 270, 277, 278
可史襜284, 293

克烈4, 5, 43, 74, 77, 80, 82, 128, 129, 143, 232, 233, 390
克鲁伦河121, 127, 155, 309, 310
克木池克河282, 284, 292, 293, 303, 307
克薛杰38
克孜尔281
客列木臣309
客列亦惕24
客失的迷287, 292
客思的音285, 289, 292
孔温窟哇235
孔元措121
苦烈儿温都儿斤116
苦烈业尔116
库克蒙古勒121, 251
库伦196, 203, 206, 208
库苏古勒289
宽阁59
宽田吉思海296
阔别列318
阔出33
阔丹362
阔端59, 87, 145, 326
阔端赤85-95, 104
阔客318
阔阔不花236
阔阔出318
阔里吉思79
廓尔喀340, 350, 360

L

拉卜楞寺335
拉藏汗358
拉德洛夫14, 102, 249, 263, 271, 281-284, 292, 294, 295, 321
拉提诺371
剌马教224, 226, 227
喇马396

莱顿6, 239, 403
阑遗156
劳费尔13, 14, 16, 17, 253, 329-333, 345, 369
老哈河177, 178
老羌369
老枪369
老萨197
雷弗提21, 25, 27, 135
雷木萨140
李达355
李陵宫291
李陵台184
李槃301, 315
李全131
李赏哥351
李文田26, 287, 311
李心传112, 113, 232, 233, 393
李逸友216
李泽民227
李直夫392
里施26, 44, 58, 70, 108, 118, 143, 215, 230, 232, 233, 296
廉密知儿海牙79
廉希宪79, 145, 150, 301, 315
梁暗都剌79
梁德珪79
列边阿答72, 80, 81
林丹汗347
林木中百姓232, 287-289, 292, 297, 298, 304, 309, 314
岭北83, 157, 286, 291, 303
刘哈剌八都鲁311
刘好礼302-304, 306, 308, 316, 317
刘黑马146
刘敏中16, 20, 27, 39
刘太平301
刘因131, 132, 164

刘应50
刘整222
柳沟河189
楼钥112
卢尼70, 321
鲁不鲁克43, 58, 70, 72, 108, 109, 118, 296
鲁合79, 103
论329-334
罗卜藏丹津336-338, 342, 353
罗叉369
罗耳67-69
罗萨197
吕文德224
吕文焕222

M
麻合没的滑剌西迷149
麻合木·合失合利250
麻速惕35
马可波罗26, 80-82, 110, 111, 118, 126, 211, 213
马礼逊50
马里哈昔牙37, 38
马鲁137
马薛里吉思37, 38, 82
马札儿台33
马札兀歹41
买卖城209
麦地那323
麦里30
麦理30
麦术丁216, 217
蛮子93, 95
满剌388
忙哥撒儿38, 42, 60, 234, 235
忙哥铁木儿74-79, 83
忙古歹41
忙豁勒113, 114, 118, 120

忙豁仑113
盲骨子112, 114, 115, 117
莽官儿114
莽来398
莽阑398
莽通380
毛割石113-115
毛褐112, 115
毛揭室113
毛夕里68, 69, 257
茅元仪113
冒顿130
梅录237, 269, 277
梅禄276, 277
媚禄277
萌古112-115, 117
萌古子113, 115
萌骨113
萌骨子112
萌子113, 115
蒙哥38, 60, 83, 102, 109, 150, 223, 245, 300-302, 310
蒙哥怯只儿哥7
蒙格图乞颜7, 8
蒙国113
蒙国斯113, 115
蒙力克20, 22, 23, 81
蒙瓦112, 114
蒙兀43-45, 91, 112, 114-117, 119, 232, 234, 247, 254, 256-261
蒙兀儿3, 13, 23, 42-45, 52, 53, 60, 63, 69, 72, 76, 91, 112-114, 116-119, 131, 170, 171, 232-238, 240, 254, 273, 287, 299, 317
盟骨112
艨辅113
艨骨112, 115
猛安谋克132, 220

孟德高维奴80
弥娥387
弥列哥271, 281
弥南14
米奴辛斯克280, 291, 292
弭药387
密168, 323
密禄277
密纳克387, 388
密昔儿171
灭里37
灭里吉28, 41
灭里吉歹19, 41
蔑儿吉鳃, 32
蔑儿乞59, 89, 127, 128, 136, 154, 232, 233, 236, 314
蔑里59, 299, 315
蔑年土敦278
蔑怯思83
闵明我371
明安184
明里299
明里铁木儿318
谟葛失112, 114, 115
摩诃末62, 135, 136, 245
磨里秃秃1
磨延啜碑70, 294
末哥315
莫弗263, 264
莫弗瞒咄264
莫何去汾272
莫贺15, 264, 267, 279
莫贺咄264, 270, 275
莫贺弗263, 264
莫离168
莫卧尔114, 117, 118
默啜275, 277, 295
默矩275, 295

谋葛失113
缪勒276, 277, 322
缪荃孙61, 164
母纳山389
木忽儿好兰4
木勒客·脱塔黑1
木里乞41
木怜172, 297
木马突厥271, 281-284
慕哥1
穆勒72, 211
穆麟德398

N
那珂通世63, 65, 287, 288
那木罕155, 316, 317
那颜5, 7, 38, 91
那也勤1
纳·里速366, 367
纳赤思214
纳都六设244
纳忽昆298, 314
纳怜172
纳石失212-214, 227
乃蛮31, 42, 43, 91, 128, 129, 136, 233, 277, 297-299, 313, 314
乃颜311, 318
喃答失157
囊家歹93
曩336, 352
脑忽38, 170, 223
内藤虎次郎345, 347
嫩真8-10
尼布楚369, 371
尼果赖370, 371
尼伦1, 4-6, 8, 9, 11, 12, 47, 232, 247, 259
泥熟匍270, 276
辇真·监藏365

捏古思8, 9, 12, 170, 256, 259, 260
捏坤太石8
捏群1
聂利山387, 395
聂思脱里72, 80, 81
宁古塔396
宁玛352, 360
奴儿干363
奴哈255, 257, 258
努尔哈赤222, 396
女真101, 114, 116-118, 120, 128, 130-132, 140, 141, 143, 145, 215, 218-220, 224, 233, 272, 311, 388, 392, 393, 395-399
女直398, 399

O
欧登堡348

P
帕木古鲁171
帕竹367, 368
裴罗279, 337
毗伽107, 243, 273, 282, 283, 294, 295, 321
仳理伽帖穆尔15
婆卢火128
婆罗门272
仆骨271
扑买150, 151
蒲类383, 385, 386
蒲与路312
普化63-65
普拉诺·迦尔毕尼26, 44, 58, 70, 108, 143, 296
普兰367
普颜笃100, 101, 103, 364
铺马89, 94

Q

齐木柯夫斯基208
俟斤264, 269-272
俟利发268, 269, 271, 276-278, 280
俟利伐277
俟列发277
俟列弗277
俟勤272
乞赤宋忽儿30, 31
乞儿吉思283, 289, 291, 301, 302, 313, 317-319
乞剌失思巴班藏卜366
乞剌思八·斡节儿364
乞里吉思303, 305, 311, 312, 316-318
乞列思91, 92
乞沐儿合9
乞失里黑7, 108
乞失力黑20, 21, 24, 25, 28, 34, 39
乞湿泐巴失297, 313
乞塔敦398
乞塔惕398
乞台普济72, 75, 77
乞牙惕5-7, 9, 256, 260
乞颜8, 9, 119, 256, 259-261
启昔礼39
起儿漫7
起辇谷309, 310
契苾明273
契骨244
契塔特398
恰克图203, 208, 209, 371
谦河286-288, 290, 291, 303, 304, 306, 317
谦谦州226, 289, 306, 313, 314, 316, 319
谦州302-304, 313, 316, 317
钱大昕2, 22, 27, 30, 39, 41, 49, 52, 53, 59, 60, 63, 65, 66, 73, 75-77, 79, 212, 273, 274
乾图175, 177-179, 181-189, 191, 194, 195, 201-203
乾陀罗274
欠河302, 307, 318
欠欠州291, 292, 294, 300, 302-304, 306-309, 312, 313, 315, 316
怯烈哥143
怯鲁连河257
怯薛13, 28, 85, 86, 89, 90
怯薛丹4, 33
钦察8, 30, 32, 51, 58-63, 66, 67, 74, 136, 145, 165, 166, 219, 222, 223, 270, 292
青蒙古121, 251
青突厥121
清浚227
丘处机129, 144, 226, 315
曲出145
曲出律314
曲邻居1
曲律21, 28, 100, 101, 103
曲弥367, 368
屈律啜269, 277
驱口92, 95, 149, 150, 224
渠犁56, 376-383
阙266, 270, 282
阙特勤121, 168, 169, 235, 241, 243, 251, 263, 266, 271, 273, 276, 283, 294, 295, 321, 398
阙亦田313

R

热海257
任尚385
日逐王378, 382
柔克义43, 72, 108, 109, 118, 336
茹茹242
儒略历370
蠕蠕13, 14, 35, 271, 272
褥但270

软奴汪木366
姥羌57

S
撒察别乞6
撒敦32-34
撒合夷8-10
撒花145, 146, 224
撒吉剌257, 258
撒吉思143
撒剌74, 76, 77, 83
撒里答109
撒里蛮316
撒马耳干213
撒术歹41
萨班326
萨里川1
萨里河1
萨满109, 242, 250, 256, 396
萨莫咽281, 284
萨囊彻辰121, 327, 356, 362, 365
萨斯迦253, 352, 356, 357, 359, 360, 365, 368
萨彦岭282, 290, 308
赛夷・宝合丁・剌昔135
三宝奴32, 75, 77, 78, 123
三大罗262, 264
三哈初来4
三姓歌逻禄280
三音哈克178
三音诺颜192, 198, 199
散术兀歹41
桑哥308, 363, 366
桑沽儿310
桑忽答儿30
桑昆278
色克尔205
色楞格河64, 107, 128, 154, 289

色目31, 35, 43, 59, 63, 66, 72, 79, 95, 164, 165, 220, 222, 224, 227, 247, 390
僧格285
杀虎口174, 187-189
沙56, 62, 67, 98, 245, 276
沙宾达巴307
沙波罗263
沙钵略263, 270, 274, 278, 320, 321
沙的366
沙陀218, 220, 234, 313, 351
沙畹14, 86, 103, 266, 294, 295, 387, 392
莎车57
莎儿合秃6
莎合水314
苫婆罗324, 325, 352
珊蛮102, 121, 135, 250
闪257
闪电河184
鄯善55, 57, 58, 383
上都75, 90, 183, 184, 212
上京147, 211
尚329-334
邵远平49
舍儿别227
舍里八37, 38
舍里八赤37
舍利252
舍林・封・贡施塔特347
设98, 168, 244, 268, 269, 275, 276, 295
设里汪67-69
射摩252
摄图243, 270
沈曾植388, 389
沈德符139
审温72
《声教广被图》227
圣路易58
《圣武亲征录》(《亲征录》)1-8, 10-12,

18-20, 23, 37, 41, 63, 91, 92, 151, 154, 233, 235-239, 255, 264, 271, 273, 277, 285-288, 292, 293, 297, 313, 314, 389, 391
失八儿秃184
失必儿289, 292, 304, 307, 317
失都儿忽389-391
失儿湾67-69
失黑失惕289
失吉忽秃忽22, 222
失怜答里65, 66
失烈门38
施拉金威特253, 254
施来格尔294, 295
施密德3, 46, 51, 53, 91, 104, 119, 121, 235, 246, 251, 253, 254, 310, 327, 347, 356, 362, 388, 389, 399
十路课税所147
十三万户367, 368
十三翼1-3, 5, 7-9, 11, 12
石泰因噶思16, 87, 88, 104, 212, 266
石天麟315
史秉直304, 314
史天倪133
史天泽146, 150
史愿113
始毕275
始波罗169, 262, 263
室点密130, 263
室韦112, 116, 257, 264, 278
释迦院碑289
术赤74, 105, 120, 257, 287, 288, 290, 297-299, 310, 314
术忽227
术里歹41
术兹扎尼21
搠赤汗10
搠河312

搠思班362
搠只1
搠只钞鲁罕235
搠只可汗10
搠只塔儿马剌1
思结169
斯米尔诺娃4, 10, 128, 132, 146, 154, 309, 366, 403
斯特兰吉69
斯文赫定55, 58, 107
四杰18, 19, 21, 28
肆叶护270
松巴335, 336, 338, 341, 342, 351, 353, 357, 358
松吉那山207
松州387
松竹340, 349
嵩祝340, 348, 349
宋君荣50
宋子贞142, 143, 145, 146, 149
苏尼特43, 44, 153, 186
苏塞包176, 177, 181-183
苏天爵15, 61, 136, 164
速不台24, 26, 60, 67, 136, 145, 221, 223
速儿麻264
速夫213, 227
速勒都思11
速你带43
宿卫20, 24, 28, 33, 35, 85, 87, 90, 91, 211, 212, 229
粟特文323-325
算端87, 136, 171
岁都哥302
孙波325
孙都思16, 18, 26, 28
孙忽儿245
唆鲁禾帖尼80, 82, 299-301, 306-308, 315
娑陵水15, 273

索葛262, 266, 267
索国244
索果克203-205, 297
索伦167, 369, 400
索约特281
溹豁黑水297
锁儿罕失剌17, 18, 24, 59
锁南藏卜365
锁南普366
锁住76

T
他本格尔176, 179
他本庙176, 179
他钵270
他拉多兰185, 195
他沙尔208
塔本133
塔本陀罗海207
塔宾召189
塔儿忽惕8
塔尔寺337, 338, 340, 351, 352
塔该296
塔寒13-15, 35
塔降吉10, 11
塔拉多伦195
塔拉泉190
塔剌思143
塔里木56, 324, 379
塔米河298
塔思289, 296
塔思不花77
塔塔儿5, 11, 20, 22, 46, 47, 107, 127-129, 154, 231-233, 235-238, 257, 258, 260, 261, 402
拓跋168, 169, 265
挞马279
台吉17, 29, 195, 246, 285, 337

泰不华66
泰赤兀1, 2, 5, 6, 8, 9, 11, 12, 18, 22, 64
泰出6
泰宁311, 312, 343, 366
贪漫山308
探马赤92, 93, 236, 279
《唐蕃会盟碑》169, 329, 333
唐古特336, 337, 346, 388, 390
唐麓岭303
唐努山226, 289
唐努乌梁海280-282, 291, 292
唐其势32, 34, 66
唐兀222, 250, 388, 390, 391
陶木生276, 295, 296
陶宗仪29, 41, 65, 66, 86, 97, 111, 129
忒没真233, 310
忒四蛮388
特勒236, 273, 274
特木尔图201
特勤44, 264, 268, 269, 273, 274, 276, 279, 295, 321
特薛禅23, 116, 257
天可汗332
天竺142, 240, 253, 254, 257, 259, 324, 344-346, 352
田清波85, 87, 104, 246, 310, 311, 336, 389, 398
腆合79
帖卜腾格里108
帖里干172
帖良古惕297, 298, 314
帖良兀271, 284, 285, 287, 293, 294, 309, 372
帖列格秃235
帖木儿26, 34, 35, 171
帖木格斡赤斤91, 311
帖木真6-8, 13, 17-20, 22, 31, 59, 89, 90, 92, 108, 120, 127, 251

帖斯河204
铁木迭儿76, 78, 365
铁木儿不花362
铁木真11, 51, 64, 81, 107, 129, 230, 232, 313, 314
铁穆耳64-66, 317, 403
同罗271
佟锁住162, 163
统吐屯270
鍮屯发278
头韵322, 323
投下155, 221
秃巴281, 283, 289-291
秃不哥逸敦4
秃合思289, 293
秃忽剌245, 246
秃剌乌1
秃鲁花302, 319
秃马惕95, 232, 233, 247, 248, 314
秃麦318
秃满299, 318, 319
秃速儿格108
秃台察儿1
秃秃32, 236
突厥3, 5, 11, 14-17, 19, 25, 26, 35, 37-40, 42-44, 47, 53, 56, 59-63, 70, 103, 107, 116, 120, 121, 130, 136, 137, 166-171, 215-217, 224, 230-232, 235-237, 240-245, 247, 249-253, 255-284, 290-292, 294-296, 299, 310, 315, 320, 321, 323, 324, 337, 347, 369, 379, 385, 395, 398, 399, 402
突骑施267, 296
图尔根淖尔202
图理琛370, 372
图苏湖170
图帖睦尔327, 359
屠寄13, 23, 52, 53, 60, 63, 68, 76, 81, 91, 107, 112-114, 116-119, 170, 171, 230, 231, 233, 234, 240, 254, 273, 287, 300, 317
土伯特336, 344, 345
土敦278
土尔扈特203
土观335, 336, 338, 340, 351-353, 357, 358
土贵乌拉186
土拉127, 128, 136, 207
土剌河155
土门130, 242
土默特176, 187, 247
土土哈59-61, 136, 165, 223, 302, 303, 307, 317, 318
土谢图汗173, 208
吐屯14, 267, 269, 276, 278
吐屯发268, 269, 276, 278
推河198-200
暾叶护275
暾欲谷14, 15, 243, 245, 263, 267, 269, 276, 294, 295, 337
托波尔斯克107
托木河285, 298
托木斯克285, 292
托音343
拖黑帖木儿316
拖雷19, 20, 22, 37, 38, 144, 154, 155, 223, 300, 310, 315
脱必赤颜151
脱端7
脱朵延·斡赤斤7
脱额列思289, 294-296
脱儿豁察儿312
脱黑帖木儿302
脱忽剌温92, 234
脱忽剌兀惕8, 234
脱虎脱75-77
脱欢32, 66, 359

脱里赤301
脱里忽思63-65
脱里思63
脱鲁忽察儿311
脱思麻359, 363, 364, 388
脱帖木儿298
脱脱30, 33, 34, 38, 78, 89, 312, 314, 318
脱脱里236
脱斡劣思297, 298, 314
脱印103

W
瓦剌285, 389
瓦撒夫51
瓦西里耶夫233
瓦西列夫51
嗢昆河294, 295
嗢没斯236
韈劫子112, 114, 115
外剌172, 289, 292, 303, 306, 308, 318
外抹歹41, 42
完颜襄128
完泽77, 93, 319
完泽笃100, 101, 103
万安宫273
万部华严经塔216
万斡亦剌289
汪古18, 42, 132, 155, 167, 216, 232, 233
汪古儿7, 8, 108
汪辉祖74, 167
汪豁真24
王禅214
王国维2, 11, 15, 37, 55, 56, 70, 112, 114, 115, 128, 139, 230, 231, 273, 277, 279, 389, 391
王罕5, 10, 19-22, 27, 80, 108, 297, 313, 390
王纪剌116

王鸣鹤28, 85, 114, 264, 388, 395, 399
王曩336
王罴75, 77
王先谦345, 346
王延德15
王祎211
王幼学277
王恽122, 139, 150, 184, 210
罔留312
往流311, 312
危须56, 376, 378, 380
威尔霍夫斯基403
韦纥271
伟吾而246
卫103, 184, 222, 288, 310-312, 340, 341, 343, 344, 349, 350, 356, 358-360, 362, 366, 367, 396, 399
畏吾儿15, 167, 314
畏吾儿台160
畏兀15, 30, 35, 60, 70, 71, 96-98, 101-103, 106, 107, 120, 143, 171, 215, 219, 224, 232, 233, 235, 244-249, 251, 257, 258, 273, 297-299, 308, 317, 322, 391, 395
尉犁56, 376, 380
尉黎378
尉屠耆57
魏源16, 50, 53, 167, 174, 286, 287, 337, 341, 345, 400
温没司323
温真9, 10
稳儿别里60
翁格198
翁罕古列坚63, 64
翁金河198, 321
翁金台191
翁牛特180, 312
瓮吉刺77
我着311, 312

斡赤斤91, 143, 311, 312, 396
斡耳朵88, 258
斡勒忽讷3
斡里札河128
斡列别克289
斡鲁欢316
斡鲁思318
斡罗陈65
斡罗纳儿10, 19, 20, 34, 46, 81
斡罗思30, 60, 62, 136, 137, 143, 171, 219, 222, 257, 258, 369
斡难河172, 287
斡勤·巴儿合黑6
斡脱25, 26, 150, 224
斡兀立3
斡亦剌287, 289-291, 309, 313, 314
乌德鞬321
乌古思233
乌护汗249, 250, 254-258
乌拉尔河166, 257, 296
乌兰布通174
乌兰察布155, 161
乌垒55-58, 379, 382
乌里雅苏台189, 191, 196, 198, 200, 201, 203, 205, 206, 234
乌梁海203, 281, 305, 310, 311
乌林答胡士30
乌鲁河201, 204
乌鲁克木河281, 282, 293, 303, 307
乌惹312
乌思309, 364-367
乌思藏364, 366, 367
乌斯290, 291, 303, 344, 355, 357, 359, 361
乌孙55, 106, 240-242, 252, 253, 258, 268, 275, 377-381, 383, 384
乌鸦70, 71, 275
乌裕尔312
乌珠穆沁153, 180, 347

吾图撒哈里267
吾者312
吴澄164
五咄陆271
五户丝224, 300
五两案311, 312
五弩失毕271
五十家174-179, 181-183, 185, 186, 188-190, 192
五条河226
五原264, 274, 275, 320, 380
兀儿速232, 287, 289-291, 302, 319
兀勒都85
兀勒忽讷惕66
兀良哈11, 22, 283, 288, 299, 300, 309-312, 315
兀良合24, 77
兀良河312
兀泷古河297
兀鲁䚟, 81
兀鲁黑那颜38
兀鲁黑塔黑297, 314
兀鲁吾1
兀罗罗兀41
兀罗兀41
兀乞八剌67-69
兀惹312, 393
兀速311
兀图·撒罕里151
兀真3
戊己校尉382, 383, 385

X
西辽130, 219, 279, 298, 389, 399
西平王362
西突厥14, 269-271, 277-279, 294, 295
西夏101, 130, 132, 136, 141, 142, 218, 219, 387-391, 395

希尔哈181
希拉穆伦176
昔宝赤184, 254
昔剌151, 156
昔里吉66, 83, 298, 302, 316
昔里钤部390
昔木土脑儿316
奚116, 243, 264, 265, 271, 393
奚斤272
翕侯275
翎侯241
锡拉郭勒178
锡拉穆勒194
锡拉穆楞182
锡喇诺尔178
锡林郭勒43, 153, 158, 185
锡林河185
锡什锡德289
霫271, 393
徙多河324, 325
喜峰口174, 176-178, 180
哑323
哑利失270
匣汗103
霞炉367, 368
黠戛斯168, 250, 259, 271, 273, 276, 278-283, 293, 299, 308, 317, 320, 321
夏德14, 263, 267, 270, 276, 277, 284, 294, 396
夏鼐216
仙密338
鲜昆20
鲜明昆5
暹138
拶锁赤264
县度377
相儿加思365
相加班365

相温278
详衮278
详稳278
想昆278
小月支70
小云石259, 260
辛庆忌383
《新元史》3, 11, 32, 43-45, 52, 53, 60, 63, 66, 68, 73, 81, 92, 107, 113, 131, 170, 230, 232, 236-238, 252
信度250
邢州30, 39
匈奴55, 56, 130, 154, 240-242, 244, 275, 375-386
徐大焯221
徐梦莘113, 132, 392
徐日升371
徐松56, 286, 298, 379, 380, 383
徐霆21, 26, 90, 148, 215
许兀慎9, 19
许有壬133, 151, 165
旭烈兀53, 83, 105, 140, 171, 245, 403
叙利亚38, 72, 81, 216, 228
宣政院362, 363, 365-368
玄阙州280
薛禅100, 101, 103
薛扯朵抹黑7
薛彻别乞6
薛干44, 266
薛灵哥245, 246
薛迷思贤37
薛尼带43
薛延陀242, 270, 271, 279, 295
雪干10, 11, 44, 157, 266
雪你惕43-47, 170, 238, 239, 266
荨麻林212, 213
逊都思18, 59, 395
逊都台18

Y

押忽213
押剌亦儿62
押亦61, 62, 166
押亦黑河58
牙忽213, 227
牙忽都155, 317
牙老瓦赤149
牙亦黑257
崖山223
雅伏牺255, 257-259
雅砻江388
亚美尼亚53, 126
呀乞嘿赞博253, 254
焉耆56, 378, 379, 382, 383
严实146, 149
盐漠念284
阎复19, 59, 61, 136, 164, 165
阎洪达14, 269, 279
燕然都护280
燕帖木儿66
燕铁木儿32, 223
燕只斤氏66
阳八井340, 360
阳翟王299, 319
阳关55-58, 383, 386
杨安儿131
杨士奇85
杨维桢103
杨瑀29, 65, 302, 303, 313, 319
杨允孚211
杨志玖81
姚枢142, 226
姚燧15, 60, 74-76, 79, 149, 164
咬难79
药罗葛387
药杀水387
耶律阿保机116, 272, 393

耶律楚材139-151, 223, 224, 226, 267
耶律大石299, 399
耶律留哥139, 147
耶律履142
耶律铸26, 273, 306, 315
耶蒲河209
耶蒲息209
耶失克332, 387
耶稣会50, 118, 371
也的里61, 62, 166, 250, 257
也迪亦纳勒289
也儿的失297-299, 302, 314-316
也可林合剌41
也可抹合剌41
也可那延37, 38
也客扯连7
也里的失318
也里古纳河257
也里可温37, 72, 74, 80, 89, 227, 388
也里牙75, 76, 79
也蒲甘卜390
也摄班珠尔325, 353
也速迭儿214
也速该8, 89, 90, 258, 310
野里术143
野理牙76, 78, 83
野仙帖穆而77
业朗寺360
叶波罗274
叶护168, 263, 268, 269, 273, 275, 278, 295, 387
叶隆礼112
叶密立171, 299
叶尼塞河134, 280-284, 286, 287, 290-292, 303-305
叶什202, 203, 205
叶子奇26, 103, 211
曳莽270

嚈哒274
伊本·阿昔尔26, 323
伊儿140, 171
伊尔库茨克336, 371
伊克布拉克201
伊克昭161
伊离277
伊利140, 171, 277
伊利汗34, 39, 51, 64, 65, 83, 231, 259, 260
伊利克木河305
伊敏河128
伊难术282
伊吾56, 375, 377, 379, 381, 383-386
伊循377, 383
伊质泥师都244
夷离堇272
宜宛372
移剌楚材143, 215, 216
移剌晋卿144
移里堇272
移米河128
移相哥301, 315, 316
遗可汗263, 268
乙斤269
乙失钵263
义迭思371
亦必儿292, 304, 307, 317
亦的勒62, 296
亦都护245, 269, 270, 272, 273, 322
亦都兀惕272
亦怜真103, 363, 364, 366
亦怜质班100, 101
亦邻真171
亦纳思59
亦辇真246
亦乞剌思1
亦乞列思23, 66
亦摄思·冲纳思365

亦思马儿甘366
亦思替非216, 217, 227
异密6, 35, 306, 307, 315, 390
益福的哈鲁丁216, 217
益兰302, 303, 306-308, 316
懿璘质班96, 103, 364
英贺弗262, 263
英金河181
鹰坊88
佑宁寺325, 335-341, 351-353, 357
扜泥57
于敏中165, 166
於除鞬385
俞希鲁37
俞正燮370
虞集16, 18, 26-28, 59, 61, 73, 91, 94, 156, 164, 213, 214, 244-246, 298
宇文懋昭113, 399
玉出干151
玉耳60, 62, 80, 81, 108, 118
玉理伯里58, 60-62, 66, 136, 165, 166
玉龙歹失83
玉龙杰赤137, 150
玉律赤那9
玉律哥泉1
玉哇失292, 307, 317
玉须286
郁督军15, 242, 273
元明善19, 63, 164
元音和谐律43, 169-171, 357
袁昶139
约罗61, 166
月儿斤6, 233
月儿乞6
月即别35
月里麻思31
月伦3, 19, 22, 23
月脱25, 27, 33, 35

月祖别276
岳钟琪337
云丹嘉磋335
云都赤85, 86, 95

Z

匝盆河201, 202
咱马211
赞咄331
赞普324, 331-333, 339, 390, 391
赞吐331
扎鲁忽赤22
扎鲁特176, 178-180
扎牙黑296
札阿绀宇390
札答阑1
札绀宇313
札合敢不80
札忽敦398
札忽惕398
札剌儿6, 7, 42, 47, 63, 65, 232, 233, 235
札剌吾思10
札剌亦儿7, 30, 62, 63, 232, 233, 235
札兰丁7, 54, 62, 136
札木合1, 6-9, 18, 128
札撒19, 62, 137, 211
札萨185, 190, 198, 200, 201, 340, 344, 350, 353, 403
札什伦布350, 356, 360, 368
札牙黑62, 166
诈马210-215
蘸八儿监藏366
张诚371
张德辉150, 315
张尔田251, 389, 390
张溥85, 139
张荣131, 133
张柔73, 131, 146, 150

张相文139, 310
张瑄225
张养浩162
章嘉335-351
章京189-191
长史278, 279, 282, 283, 386
长孙晟243
昭莫多172, 184
昭乌达182
爪哇138, 224
召哈窝儿186
召烈台18
赵璧31, 32
赵复226
赵国宝366
赵良弼165
赵良嗣113
赵翼21, 124, 320, 322, 400
肇州311, 312, 318
折连川61
哲蚌寺341
哲布尊丹巴呼图克图173, 343, 349, 350
哲林木197
者勒篾20-22
真腊138
震旦344
镇海134, 143, 148, 151, 213, 215-217, 315, 316
镇南王66
镇西武靖王卜纳剌362
郑景贤149
郑思肖226
直拏斯9
职使278, 279, 282, 283
止贡364, 367
只儿忽318
只儿斤4, 5
只孙210-214

志费尼24, 25, 38, 40, 51, 59, 127, 141, 245, 246, 258, 298, 314
质孙210-214
中都8, 131, 147, 149, 236, 313, 316
《中原音韵》4, 87, 399
周伯琦211, 212
朱刺338
朱里扯特398
朱里真392, 398
朱理真392, 393, 399
朱清225
朱思本365
珠申399

竹里真392
主儿扯敦398
主儿扯惕399
主儿乞6
主儿勤233
主因44, 45, 238
准噶尔173, 174, 188, 284, 285, 342, 343, 358
拙赤10, 289
宗喀巴326, 337, 340, 353, 356, 359, 365
宗弄赞331, 344, 389, 390
总制院363, 366
佐伯好郎72, 81, 89